Ernst Kretschmer | **LKW**

Satz: Urs van der Leyn, Basel
Titelfoto Cover: Katharina Kretschmer, Varese
Gesamtherstellung: CPI | Clausen & Bosse, Leck
Siehe auch www.dielmann-verlag.de
und www.ernst.kretschmer.it

ISBN 978 3 86638 153 7

Ernst Kretschmer

LKW

Roman

axel dielmann – verlag

Kommanditgesellschaft in Frankfurt am Main

Die Kapitel | **LKW**

1. Kapitel | SPURENSUCHE

Karl wurde von seiner Mutter Krüger gerufen, obwohl sie schon drei Söhne hatte, die ebenso hießen. Als er zu laufen begann, gingen die Brüder längst ihrer Wege, brachen im Morgengrauen einzeln zur Arbeit auf und kehrten zurück, wenn am Abend im Topf die Kartoffeln dampften. An den Wochenenden zogen sie über das Land, ein jeder für sich, und pflegten die Zeit als Geheimnis, indem sie darüber verstockten. Eines der ersten Wörter, die Karl erlernte, war „nichts“, das die drei den Fragen nach dem, was sie erlebt und getrieben hatten, stur entgegen hielten. Für ihn bedeutete es „alles“. Es umfasste die Welt, die jenseits des Wiehen lag. Er hätte sie gern dorthin begleitet, aber sie wollten es nicht. Wer sich allein auf die Socken macht, sagten sie und scherten sich nicht um den Widersinn, dem schiebt man nichts in die Schuhe, und leiteten ähnlich verschroben – wer nichts sagt, dem sagt man auch nichts Falsches nach – die Vorteile ihrer Verschwiegenheit ab. Die Erinnerung, die Karl von ihnen bewahrte, beschränkte sich auf spärliche Züge. Die feinen Schattierungen, in denen ihre Blaumänner verblassten, die dunklen Flicken darauf, vergaß er so wenig wie den Duft von Pomade und Schweiß, in den sich die Jahreszeiten mischten. Die Namen der Möbelfabriken, in die sie gingen, kannte er – Stuke, Niehaus, Wellmann –, doch was sie dort machten, ahnte er nur. Fragte er sie danach, sagten sie zum Zeichen der Verbundenheit „nichts Besonderes“. Als eines Winterabends der erste von ihnen am Tisch vor dem eisgeblümten Fenster saß, mit einem Verband an der Hand, der nicht der natürlichen Größe des Fingers entsprach, schwante Karl von der Bosheit der Sägen, die geduldig wie Krokodile auf ihren Anteil am Leben warteten, um ihn bei günstiger Gelegenheit mit einem Happs zu schnappen. Die Brüder nahmen auch dies mit Gelassenheit hin – aus den Augen, aus dem Sinn –, bis sie sich der Macht der Fingerfresser, einer nach dem anderen, durch den Gang in die Fremde entzogen. Sie wollten, sagten sie zum Abschied, als ob sie es abgesprochen hätten, das Zählen nicht ganz verlernen. Sie sagten es kurz, wie aus einer Verstimmung heraus und doch zugleich versöhnlich. Denn obwohl sie so selten lachten wie sprachen, besaßen sie Sinn für Humor. Woher dieser stammte, war Karl als Kind ein Rätsel, da die Familie ein ernstes und, wie er damals meinte, freudloses Leben führte, das zum Scherz keinen Anlass bot. Erst als erwachsener Mann, in der Rückschau auf die verschwundenen Jahre, vermutete er, dass sie ihn der Mutter verdankten, hörte ihn in jenem Ton nachklingen, mit dem sie, bevor sie den Topf auf den Küchentisch stellte und dann den Deckel hob, das Essen anzusagen pflegte. „Heute gibt es mal Kartoffeln", sagte sie und legte der Eindeutigkeit der Tatsache selbst ihre Stimmungen bei, die von leichter, verfliegender Heiterkeit bis zu einem Sarkasmus reichten, der wie ein Fallbeil niederfuhr. Die Hartnäckigkeit, mit der sie den Brüdern fragend zu Leibe rückte, war schnippisch wie die scheinbare Gleichgültigkeit, mit der sie ihr Schweigen entgegennahm. Wandten die Brüder genervt die Augen zur Küchendecke, leuchtete in den ihren Befriedigung auf.

Als Karl zum ersten Mal vor seiner Schule stand und sein Blick den Kastanienblättern folgte, die wie schwere Falter zur Erde schwebten, hatten die Brüder das Haus verlassen. Allein zurückgeblieben, beschloss er, seine Kindheit für beendet zu halten. Nicht, dass er glaubte, die Zeit oder er seien reif gewesen, es trieb ihn vielmehr das Alter der Eltern an, die Furcht, nicht pünktlich erwachsen zu sein und sie als Waise zu verlieren, der noch ein Knabe wäre. Denn er konnte sich nicht erinnern, dass sie je anders als grau und in des anderen Abwesenheit nicht der und die „Alte" für einander gewesen waren, auch wenn sie es durchaus respektvoll im Sinn von

Chef und Chefin meinten. Früh nahm er die fahrige Unruhe wahr, mit der sie das Leben durch ihre Finger rinnen und aus den Händen gleiten sahen, das Zittern im Griff, mit dem sie die Dinge darin zugleich noch zu ordnen versuchten. Dass Eltern in Kindern weiterlebten, bezog er so auf die seinen, dass sie ihm Opa und Oma ersetzten, die er nur vom Hörensagen kannte.

Die Mutter war ihm wie die Weser, in deren Einförmigkeit die Jahre verflossen. Wie die Sonne sich im Wasser spiegelte und die Wolken Schatten darauf warfen, so zeichnete der Alltag seine Spuren in ihr Gesicht und konnte sie ebenso wenig verändern wie das Wetter den Strom. Sie blieb zeitlos alt, behielt die versunkenen Schätze für sich, ihre Träume, die im Schlick der Vergangenheit lagen, die Liebe zu ihrem Mann, die eines Tages darin erstickt sein musste.

Der Vater war ein Bisammann. Bei seinem Begräbnis im Wiehen, als der Nebel schamvoll den Kindersarg, in dem man das, was noch geblieben war, zur letzten Ruhe trug, umhüllte, hörte Karl das Wort zum ersten Mal. Er hörte es eindringlich flüstern, so als stände jemand neben ihm, seinem Ohr zugeneigt, um ein Geheimnis mitzuteilen. „Da ist es hin, das Bisammänneken", sagte die Stimme und trat in den Nebel zurück. Karl behielt das Wort, um seinen Vater darin zu bewahren, und schloss die Anspielung auf dessen Körpergröße daraus nicht aus. Ein schmächtiger Bisammann war er und auch darum von großer Wendigkeit.

Als er in den Stand der Ehe trat, als er es noch konnte, wie er zwischen Hader und Hohn erzählte, seinerzeit, als er beide Beine besaß, war der Vater Eisenbahner gewesen und war es solange geblieben, bis in einer verschneiten Winternacht, als auf den Fenstern zu Hause die Eisblumen blühten, der Kiepenkerl kam. In jener Nacht zerbrach sein Leben auf einem Bahndamm zu vorher und nachher. So kalt erwischt, wie er selbst spöttelte, dass er nicht einmal Schreck empfand, glitt er aus und rutschte unter das Rad eines rollenden Kieswaggons. Solange er lebte, verlor er darüber zu Hause kein Wort. Die Beschreibung dieser Nacht verdankte Karl den Tagen, an denen die Mutter ihn zur Wallücker Kurve schickte, um den Alten zu rufen, wie sie es nannte, damit er zum Abendbrot kam. Leise betrat er dann das Lokal, ging mit leichten Schritten hinüber zum Spielautomaten und wandte sich den Walzen zu, die sich im Leerlauf drehten, den sich jagenden Zahlen und den fliehenden Engeln dazwischen, die mit Zylindern und Zauberstäben auf Hockern ihr Gleichgewicht suchten. In Wahrheit ließ ihn die Maschine kalt, er nutzte sie nur als Vorwand, um den Männern in seinem Rücken, die am Tresen zusammensaßen, vermeintlich unbeteiligt zuzuhören. Während der Rauch der Zigarren von dort aus den Raum erfüllte und von der Süße des Biers gesättigt auf ihn heruntersank, verfolgte er, wie die Kollegen, die der Vater von früher kannte, in breiter Schwerfälligkeit ihre Sätze rangierten und sich im Netz ihrer Schienen verfingen. Karl langweilten die Geschichten als solche, er wartete auf die Pausen, den günstigen Augenblick, in dem der Vater das Wort ergreifen und von dem Bein erzählen konnte. Denn in Gegenwart des Sohnes sprach er in der Wallücker Kurve nur davon, so als habe er darauf gewartet, dass dieser am Spielautomaten stünde und seine Erinnerungen in heimlichem Einverständnis mit ihm teilte. Auch wenn dem Unfall selbst, einem Hergang von beschämender Einfachheit, nichts mehr hinzuzufügen war, verdichtete sich Mal um Mal das Bild davon in frostigen Farben. Bitterkalt war die Nacht gewesen, als der Kieswaggon das Bein vom Körper trennte und der Schmerz dem Vater die Sinne nahm. Wie Holz, erzählte man ihm später, lag es im Mondschein neben ihm und stand, als er erwachte, steif wie ein Hagestolz im Stroh der Kiepe, die der hinkende Fremdling zielstrebig zum Horizont trug. „He“, rief der Vater ihm nach, bevor die Ohnmacht ihn erneut von den Schmerzen erlöste, „wohin damit?“ Doch der Kiepenkerl war unter dem klirrenden Sternenhimmel für immer verschwunden.

Das Bein war nicht nur als Gliedmaß mit all seinem Nutzen verloren, sondern auch als Erinnerungsstück, das von dem Schicksal dessen hätte zeugen können, der es besessen hatte. Einen Stein hätte der Vater ihm setzen wollen, ein Denkmal eigener Art, unter dem es begraben war. An den Tagen des Trübsinns, wenn die Vermeidbarkeit ihn anfiel, der Überfluss jener winzigen Fahrigkeit, wäre es ihm ein Trost gewesen. Das Bein aber tauchte nach jener Nacht nicht mehr auf, so sehr er danach forschte und den missgebildeten Hinkefuß suchte, der es in seiner Kiepe weggetragen hatte, im Stroh und ohne zu sagen, wohin. Es wurde vermisst, wie er anfangs erklärte, und blieb zum Schluss verschollen. Dass es zum Gehen fehlte, unwiederbringlich, erkannte er an und nahm es schließlich auch hin. Dass es aber weg war, ein Teil seiner selbst, das wollte er nicht verwinden. „Verschollen", sagte er und unterbrach sich, um sein Glas zu leeren, „das kann ich nicht verknusen. Und nun nach Hause", winkte er ab, als wäre das Letzte gesprochen, dem nichts hinzuzufügen war, „die Alte wartet schon." Während er schleifend zu seinem Sohn hinüber humpelte, der sich umgewandt hatte und ihn so kommen sah, schwankend, ohne dass er betrunken war, wie einen gestrandeten Seemann, schwiegen die Männer am Tresen betreten. Man hörte das Knarren von Leder und Holz, begleitet vom schnarrenden Lauf der Walzen, die sich im Blauen Engel drehten.

Auf dem Rückweg folgte der Vater dem Sohn im Abstand eines Schrittes, des Qualmes halber, wie er selbst meinte, denn er rauchte auch hierbei Zigarre, in Wahrheit aber, so vermutete Karl in späteren Jahren, aus Scham oder doch aus Verlegenheit, die nicht der ungleichmäßig schleppende Gang bedingte, der längst alltäglich war, sondern der heimliche Bruch des Tabus, die versteckte Vertrautheit, mit der er ihn teilnehmen ließ am Verlust seines Beines. Denn sobald er knarrend die Straße betrat, verstummte er trocken, so als sei er dem Fluss der am Tresen strömenden Rede entstiegen und habe noch dort die letzten Worte abgeschüttelt. Die ersten, die er dann wieder sprach, „Guten Abend auch“, dienten der steifen Begrüßung der Mutter, die der Gewohnheit folgend über den Töpfen ihre Ungeduld zeigte.

Karls frühe Träume standen im Zeichen von Kiepe und Bein. Als er den Spuren der Brüder zu folgen begann, in ihre Stapfen trat und sich Felder und Wiesen eroberte, war ihm das Bild so gegenwärtig wie das Rosa der Apfelblüten und das Gelb der Schlüsselblumen, wie der Tanz der Mücken über dem Fluss und die Lustlosigkeit der Raben im Schnee. Er sah es vor sich, wie das Bein steif in der Kiepe steckte, sah den Rücken des Buckligen, der hinkend damit davonzog, und malte sich den Zufall aus, dass er diesem begegnete und das sähe, was in des Vaters Erzählungen im abgewandten Dunkel blieb: sein Gesicht mit den seltsamen Augen. Auf den Wegen zwischen Weser und Wiehen trug der Kiepenkerl das Ungewisse und Unheimliche durch die Kindheit Karls, verbreitete es und hütete es zugleich, war bedrohlich und dabei vertraut. In ihn bannte er seine Zweifel und Ängste, die dadurch nicht verschwanden, aber versammelt fassbar wurden. Ein Knochensammler war der Hinkefuß, der im Bund mit den Gliederfressern Beine und Finger zu Seife verkochte. Auf ihn ging die schweigsame Unruhe der Brüder zurück, die seinetwegen unterwegs gewesen waren, vielleicht auf der Suche nach ihm, um einen Ausgleich einzufordern, vielleicht auf der Flucht, um sich in den Schutz der Bäume zu ducken und dort, die Hände in den Hosentaschen, zu warten, dass er kam und ging und sie nicht sah. Des Nachts in den Träumen hüpfte er um sein Feuer, um die Knochensuppe im brodelnden Bottich herum, und sang von der Königin Schenkelchen, die er sich am Morgen holen wollte.

Im Licht der ersten Erzählungen, die Karl auf Kirchen- und Schulbänken hörte, aufsog wie ein kostbares Nass, das er von zu Hause nicht kannte, erhielt die Gestalt des Kiepenkerls seine Konturen und Schatten. In den kirchlichen Zeiten, als

Karl vor dem Katechismus saß, bei Jesaja, Jeremia, Hesekiel und dem Pastor, der Klusmeier hieß, sah er in ihn den Beelzebub schlüpfen und, Hörner und Schwanz durch Zauber verbergend, unerkannt hinkend die Welt durchstreichen, was Gott, dem Herrn, die Gelegenheit gab, seine Größe an ihm zu erweisen. Staute der Teufel, was durchaus passierte, die Weser, um die braven Westfalen darin zu ertränken, sandte der Herr, wie der Pastor in leiblich wogender Fülle enthüllte, einen Blitz aus dem heiterem Himmel, schlug ein Tor in den Wiehen und schickte das Wasser, das ihm aufs Wort gehorchte, schnurstracks nach Bremerhaven. Zerbrach er die Externsteine, um mit ihnen nach Priestern zu werfen, fuhr der Herr mit einem Kreuz dazwischen und lenkte die Felsen ab, als wären es Kiesel gewesen. In diesen großen Dingen, pflegte der Pastor sich überbordend vorzulehnen, die Hände rettend am Kanzelrand, war kein Ankommen gegen Gott. Nur das Böse im Kleinen, wippte er leicht, auf einem Fahrradsattel sitzend, da ihn das Stehen schmerzte, ließ dieser den Kiepenkerl treiben, wie jenen Schuss vor Stalingrad, der ihn selbst an empfindlicher Stelle getroffen hatte, wie jenen Kieswaggon auch, der einen unter ihnen – er hob, um nicht hinzusehen, die Augen zur Kirchendecke und senkte die Stimme dezent – eines ganzen Beins gleich beraubt habe. Musste das sein? Auch hier hätte der Herr seine schützende Hand durchaus dazwischenschieben können, aber er wollte es nicht. Warum nicht? Das wusste der Pastor nicht und nannte auf seinem knartschenden Sattel die Wege des Herrn unerforschlich. Als die Kastanienblätter auf den Schulhof fielen, schickte das Fräulein Maus, ohne dass es das wusste, den Kiepenkerl in den Krieg zu den Franken und Sachsen. Mit einem Zeigestock hieß sie ihn die Scharen des Kaisers begleiten, um die Reste, die blieben, im Namen des Herrn in die Kiepe zu lesen. Denn die Schwerter durchpflügten in ihren unheilvollen Worten die Lande, und der rote Hahn fraß sich satt an den Dächern aus Stroh. Während die Häscher des großen Karl an Wiehen und

Weser hinauf und hinab erbittert den Herzog jagten, zog der Knochensammler still seiner Wege, um am rechten Ort zur Stelle zu sein. Ob Wittekind nach Wallücke oder nach Lübbecke kam, um sich dort zu verstecken, war der Alte schon da und trieb sich Wind und Wetter missachtend herum, als ob er davon gewusst und darauf gewartet hätte. So war es auch, als die christlichen Franken die Babilonie des Herzogs entdeckten und mit ihren Bündeln aus Feuer sturmreif zu schießen begannen. Seht den Kiepenkerl, sagten sie, da sie ihn sahen, er wusste schon wieder bescheid, bevor wir es erfahren durften. Auch dass sie die Burg erobern und schleifen würden, hatte dieser vorausgeahnt und sich bereitgestellt, als des Herzogs Familie durch geheime Gänge den Weg in die offene Freiheit fand. Er passte das Töchterchen ab und erbot sich, ihm die Kiepe noch rasch mit Schätzen zu füllen. Zu ewiger Gefangenschaft verdammte er sie, denn die Mauern und Türme, die stürzten und die Burg Babilonie zu einem Haufen Schutt verschütteten, schlossen die Kleine im Keller ein, wo – Fräulein Maus hob den Stock, fügte „Kinder“ zwischen die Worte, um deren Bedeutung anzuzeigen – sie immer noch saß. Denn auch jener Unbekannte – wer mochte es gewesen sein? –, dem drei Lilien später das Tor zum Keller öffnen sollten, schaffte es nicht, sie zu befreien. Das hatte sie davon. Für unbegreiflich erklärte das Fräulein die Torheit der Tochter und die Dummheit des Fremden und munkelte dunkel vom Mantel des Geheimnisses, der Herzog und Kaiser umgab.

Wer hatte Wittekind verraten, als man ihn bei Porta gefangen nahm, wer ihn in Paderborn befreit? Wer schaffte den Fels auf die Quelle, an dem sein Rappe scharrte, und legte die Steine bereit, die zum Bau seiner Kirche fehlten? Fragen über Fragen, sagte sie steif, den Stock vor ihrem Schoß in beiden Händen haltend, die wohl niemand beantworten konnte und auf die Karl doch eine Antwort wusste, die er für sich behielt. In seiner traumhaften Vorstellung hatte all das, ob Gestein ob Geschmeide, in der Kiepe des Knochenmanns Platz. Er war es gewesen, der den Herzog auf seinen einsamen Wegen begleitete, als von den Sachsen nur noch ein Häuflein übrig war. Blind ließ er ihn in Fallen tappen, verriet ihn hinterrücks, um ihn dann heimlich zu erretten und in dem Wechselbad aus Sieg und Niederlage, Freude und Enttäuschung, sein stolzes Heidentum zu brechen. So kam es, dass Herzog Wittekind in seiner schlappen Mürbheit sich nicht nur taufen ließ, sondern gar seinen schwarzen Rappen mit dem weißen des Kaisers tauschte. Welche Treulosigkeit alles in allem, stellte das Fräulein trocken fest. Zum Lohn erhielt der Kiepenkerl die herzoglichen Knochen, was im Grunde noch bescheiden war und das Geheimnis löste, dass diese nach dem Begräbnis sogleich verschwunden waren.

Der Kiepenkerl nahm und gab. Er hatte dem Vater das Bein gestohlen und dabei für ihn doch auch vorgesorgt. Wäre er nicht gewesen, wäre dieser nicht der Bisammann geworden, hätte das Tier gar nicht jagen können. Ihm verdankte der Vater den an sich nicht erklärbaren Zufall, dass der Bisam plötzlich in Prag erschien und mit rasender Zeugungswut im Nu Europa überzog. 1905 war das geschehen, der Vater kannte das Jahr und nannte die Tiere vertraut Prager Racker. Auf welchen Wegen aber und mit wessen Hilfe sie aus dem fernen Amerika in die Tschechei gekommen waren, wusste er nicht und hielt es, während sein Sohn sich das seine dachte, für ein großes Geheimnis. So kam dem Kiepenkerl sein Anteil an der Bedeutung des Bisams zu, der nach dem Unfall am Bahndamm der Familie als Wappentier eingebrannt war.

Der Schuppen hinter dem Haus diente dem Vater als Werkstatt. War er während des Tages nicht unten am Fluss, dann dort im Bisamkotten, wie die Mutter die Hütte nannte, und verließ diese nicht vor dem Abendessen. Dort tüftelte und bastelte er an seinen mechanischen Krokodilen, wie er die selbst ersonnenen Fallen nannte, kriegerischen Metall- und Holzapparaten mit Hebeln, Schlingen und Klingen, verborgenen Tritten und Tasten, die von den Tieren nur berührt zu werden brauchten, damit sie – erschlagen, geköpft und erwürgt – den schnellen Tod darin fanden. Denn das war das Ziel: getötet werden sollte der Bisam und keinesfalls gefangen. Entging eines der Tiere dem Schicksal, das er ihm so kunstvoll angebahnt hatte, und konnte sich nicht befreien, löste der Vater es heraus und nahm neben Kratzern und Bissen auch die Gänge zum Arzt in Kauf, die gewöhlich, wie er es verkürzte, in den Tetanus führten. Er wollte sich das Gewissen bewahren, kein Mörder zu sein. Es mit eigenen Händen zu töten – „komisch“, sagte er selbst – brachte er nicht übers Herz und ließ sich darum von dem Ansporn treiben, den Bau der Fallen so weit zu verfeinern, dass durch die Unschuld der Mechanik und die Selbständigkeit, mit der sie an fernem Ort zu arbeiten begann, die Skrupel auf immer verschwanden. Um deren Vermeidung willen trug er die toten Tiere auch zum Förster, dem Waidmann, wie er ihn nannte, der gegen Kartoffeln und Bohnen ihnen das Fell über die spitzen Ohren zog, um es in saure Bäder zu tauchen und von Fleischesresten befreit, glänzend wie Nerz, auf Gestellen aus Holz zu trocknen. „Komisch“, sagte er auch, „auswaiden kann ich die Racker nicht, da muss der Waidmann ran.“ Denn neben den nackten, schmalen Schwänzen, die den Bisam zur Ratte machten und als zählbarer Nachweis zur Berechnung der Fangprämien dienten, brachte der Vater die Felle nach Hause, die denen des Bibers glichen, und setzte Stücke und Decken daraus zusammen, Jacken, Mäntel und Mützen. Verschenken wollen hätte er diese, wenn jemand bereit gewesen wäre, sich mit ihnen beschenken zu lassen. Aber selbst die Mutter, deren Zorn seine in Aussicht gestellte Großzügigkeit zunächst erregte, lehnte beruhigt und humorlos dankend ab, als sie das erste Stück in den Händen hielt: eine Weste, deren unbeschreibliche Grobheit man einem Erfinder von solcher Raffinesse, wie der Vater es war, niemals zugetraut hätte. Trotzig darauf beharrend, dass er, obwohl er doch könnte, davon nichts verkaufen wolle, schneiderte er fortan nur für sich. Wurden die Herbsttage kühl, begann Karl darauf zu warten, dass der Vater die Küche im neuen Pelz betrat, wie er die weiten, in den Nähten verquollenen Umhänge nannte, die bis auf den Boden reichten und seine schmächtige Statur mit der Aura eines greisen Barbaren umgaben, der nicht wusste, wer Jesus Christus war. Karl war gebannt, wenn er ihn so sah, konnte sich der Fremdheit der Gestalt nicht entziehen, die doch der Vater war, und schwankte in seinen Empfindungen zwischen ungläubiger Bewunderung und der lähmenden Scham auf dem Rückweg von der Wallücker Kurve, wenn er ihm im Winter vorausging und neben dem Knarren des Beines auch den Pelz hinter sich hörte, der schleifend den Schnee berührte.

An einem Samstag im Oktober sprangen die Zweifel gegenüber dem Vater, der ein Bisammann war, von ihm ab wie der Ring von der Form. Herzog Wittekind stob schon auf seinem schwarzen Rappen durch die Kastanienblätter, auf der Flucht vor den Schergen des Kaisers, der gute Cowboy Tex jagte die ersten Komantschen in ihrer grauen Kriegsbemalung, als Karl seine eigene Welt in einem neuen Licht entdeckte, dessen Wärme auch dem Kiepenkerl die ruhelose Schwere nahm. An jenem Nachmittag gab ihm der Vater eine Mütze. „Hier“, sagte er beiläufig, „die kannst du haben. Sie ist wie aus Biberfell.“ Sie leuchtete im Sonnenlicht, und obwohl sie nicht weniger klobig als die üblichen Stücke war, erkannte Karl die Sorgfalt, die der Vater auf sie verwendet hatte. In der Innenseite trug sie ein Band, auf dem in kantigen Großbuchstaben Karl Krüger geschrieben stand. Als er sie aufsetzte, durchströmte ihn ein wundersamer Zauber von Nähe und Ferne, Vertrautheit und Wildnis, der ihn bis zum Tod des Vaters nicht wieder verließ.

In einer Bibermütze, die aus Bisamfell war, behütet vom eigenen Namen, begann Krüger Karl die Wege an Wiehen und Weser als Fährtensucher zu lesen, entzifferte Stiefel, buchstabierte Pantinen, wiederholte die endlosen Schlangensätze der

Fahrrad- und Motorradreifen. Er lernte Fuchs und Hase unterscheiden, deutete aus ihren Spuren Verfolgung und Flucht, Erwartung und Not. Wie auf eine Schnur gereiht setzte Reineke die Pfoten, wenn er mit der gewandten Lässigkeit des Kavaliers die Welt durchstreifte und dabei das Seine im Schilde führte. Meister Lampe war als Bäckerlehrling unterwegs, der plump und arglos hoppelnd die Spuren seiner Hinterbeine als schmale Schrippen hinterließ. Schrumpften diese, so hatte die Jagd begonnen, war der Jäger in Sprünge verfallen, in denen die Pfoten nun als Paare den Boden berührten, leicht versetzt aneinander, die hinteren den vorderen in getrecktem Abstand folgend. Dem Dachs, der behäbig auf Händen und Füßen schritt, die fünf Krallen wie menschliche Finger und Zehen besaßen, schrieb er eine Neigung zur Schwermut zu, der seinem Eigenbrötlertum entsprang, dem Wildschwein die Herzlosigkeit einer Maschine, die gleichförmig stampfte und wahllos wütete, wenn sie den Weg verfehlte und in die Büsche schlug. Er bewunderte die enge Ordnungslosigkeit der Wieseltapfen, die von des Tieres Flinkheit zeugte, und bestaunte das tantenhafte Schwanken der Hirschkuh, die bemüht war, Spur zu halten. Karl trat das Erbe der Brüder an. Kehrte er abends nach Hause zurück und fragte ihn die Mutter nach dem, was er getrieben hatte, so gab er „nichts" zur Antwort, und das nicht, um es den Brüdern gleichzutun, sondern weil er darüber zu sprechen lieber vermied. Was hätte er der Mutter von dem Dachs berichten können, der schüchtern durch den Mondschein schritt, was von dem Wildschwein, das dem Trieb gehorchend blindlings seine Rotte suchte? Er war ihnen nie begegnet. Er hätte Geschichten erzählen müssen, die nicht auf verbürgter Wirklichkeit fußten, die zwar aus Zeichen abgeleitet waren, die sich in dieser fanden, doch letztlich Traumgebilde blieben. Er wusste es selbst. Vor allem aber wagte er nicht, sie in das Wesentliche seiner Fährtensuche einzuweihen, das Fräulein Maus eines Morgens, als draußen die Flocken fielen, in klare

Worte fasste. „Eine Kopfbedeckung“, lehrte sie die Kinder, „macht noch keinen Fährtensucher. Da fehlt recht eigentlich noch etwas Wesentliches“, und sie stellte ihnen die Frage danach. „Der Kopf“, sagte Sabine Sandmann, die auch dieses, doch hier nur die halbe Wahrheit wusste. Während der Dachs in seiner Höhle döste und die Schweine aneinanderrückten, erzählte das Fräulein von der Klugheit des jungen Wittekind, der seinen Rappen umgekehrt beschlagen ließ, so dass die Hufeisenspuren in die entgegengesetzte Richtung wiesen und die Knappen des Kaisers dorthin schickten, wo der Herzog längst gewesen war. Obwohl sie in ihrer Einfalt, hob sie mahnend den Zeigefinger, ihn lange nicht fanden, zeichnete sie doch eine Eigenschaft aus, um die man sie beneiden musste. „Sie wussten“, sagte Fräulein Maus, „genau, wonach sie suchten“, und führte, den Stock im Griff wie einen Mopedlenker, durch den Schnee ihre Rede dem Ende entgegen: „Das Wichtigste, Kinder, das ein Fährtensucher braucht, ist ein Ziel. Hat er keins, ist er keiner. Alles andere ist nur ein Traum. Und nun zurück zum Thema. Sabine, wer hat sich im Bonstapel versteckt?“ Der Teufel? Ja, das stimmte.

Krüger Karl war ein Fährtensucher. Er hatte ein Ziel, das wie flüssiges Gold die Fährten mit Gefühlen von Heldentum und Abenteuer füllte. Er suchte, um die Tochter des Herzogs zu finden, las, um den Keller zu entdecken, in dem sie verschüttet eingeschlossen war und aus dem der Kiepenkerl, der es verschuldet hatte, sie hätte retten sollen und es doch nicht schaffte. Nach den drei Lilien hielt er Ausschau, damit er sie pflücken und als Schlüssel verwenden konnte, um durch ein Eisentor in den Wiehen einzutreten und dort das Mädchen zu erlösen. Durch dunkle Grüfte wäre er gekrochen, an schwarzen Hunden vorüber, deren Atem er roch, und schließlich, die drei Lilien noch in seiner Hand, in eine Halle gelangt, deren Licht wie das des Tages war und doch von all dem Geschmeide nur stammte, das dicht den Boden deckte. Dort aber, mitten darin, hätte sie gesessen, zur Jungfrau erblüht, und ihn angesehen und ihn ihren Fährtensucher genannt. „Mein Fährtensucher“, hätte sie gesagt, „mein Held mit der Biberfellmütze, ich danke dir, dass du gekommen bist. Nun such dir aus, was du tragen kannst. Nimm es mit, doch vergiss mir das Beste nicht.“ Es wäre das der Augenblick gewesen, in dem der Kiepenkerl versagte. Er hatte nicht gewusst, was das Beste war, hatte die Tochter danach gefragt und, als diese schwieg, wahllos die Kiepe zu füllen begonnen. Nein, so töricht wäre Karl nicht gewesen. Hochachtungsvoll hätte er sich verbeugt und der Tochter des Herzogs die Lilien gereicht. Er hätte sie Thekla genannt, auf gut Glück, und „nimm nun die Lilien“ gesagt, „denn auch sie, obwohl sie der ewige Schlüssel zu deinen Schätzen sind, Thekla, sind nicht das Beste.“ Oh, ein großartiger Augenblick wäre das gewesen. Auf den Wegen am Wiehen ließ Karl ihren strahlenden Blick auf sich ruhen und wärmte sich an ihrem Lächeln, das scheu und glücklich war. Saß er am Ufer der Weser, floss das Ereignis in immer wieder neuen Bildern an ihm vorüber, während Licht und Schatten wechselnde Portraits des Mädchens auf die Wasseroberfläche warfen, bewegte Gemälde von eigener Lebendigkeit mit Gestalten, die tanzten, oder jenem edlen Ausschnitt auch nur, den Fräulein Maus das Antlitz nannte. Was flussaufwärts noch die Zukunft in sich barg, rührte er in Gedanken nicht an, für das Allerbeste fehlte ihm noch die Vorstellungskraft. An den Kiepenkerl aber, für den des Herzogs Tochter Vergangenheit war, dachte er hämisch zurück. Nicht einmal die Lilien, den ewigen Schlüssel zu ihren Schätzen, hatte er als das erkannt, was sie für das Beste hielt, und war, als er die Höhle verließ, seiner Strafe nicht entgangen. Vorzeitig und ohne Warnung fiel die Pforte in ihr Schloss und zertrümmerte dem schwer Beladenen die Ferse.

Der Tochter des Herzogs Wittekind verdankte Karl nicht nur die Sonnenjahre seiner Kindheit, sondern ließ sich auch von ihr begleiten, als er als junger Mann die Schule verließ. Nicht dass er so kindisch gewesen wäre, die Sage vom Besten für bare Münze zu nehmen. Dass sie nicht stimmen konnte, errechnete er schon, als Fräulein Maus sie ihnen erzählte. Er wusste nicht, wie Lilien aussahen und wollte es auch nicht wissen, und dennoch war ihm das Mädchen mehr als ein bloßes Traumgebilde. Auch wenn er es als Kind nicht einmal ahnte, Thekla verkörperte für Karl die Zukunft, und er verband mit ihr die Zuversicht, dass sich alles darin zu dem wenden würde, auf das sie in ihrer Höhle hinwies: zum Besten.

An einem frühen Sommermorgen sah Karl zum ersten und einzigen Mal in seinem Leben das Holzbein seines Vaters vor sich liegen. Der Nebel begann sich aus den Ähren der Felder zu lösen, die Schwalben hatten die Jagd nach den Mücken aufgenommen, die unterkühlt und verschlafen eine leichte Beute waren und ihr Schicksal nicht bemerkten. Er ging zum Fluss hinunter. Nach Wochen der Trockenheit waren auch die Fährten ausgeblieben. Im Warten auf Wasser versagte sich ihnen der Boden, gab wie gebrannter Ton nur nach, wenn man ihn brach. Er träumte in den Himmel hinein, wie er Thekla in das Klassenzimmer führte, um sie Fräulein Maus vorzustellen. „Hier ist des Herzogs Tochter“, hätte er gesagt, „mit Fährtensuchen habe ich sie gefunden, weil ich sie finden wollte. Das war mein Ziel.“ „Oh“, hätte Fräulein Maus gesagt, „das ist doch gar nicht möglich, die ist doch mausetot, und das seit mehr als tausend Jahren.“ Welch ein Triumph wäre Theklas Lächeln gewesen. Sie hätte dem Fräulein die Hand gereicht, majestätisch schweigend, aus alter Gewohnheit. „Es freut mich sehr“, hätte sie schließlich vollendet gesagt, „dass ich Sie kennenlernen durfte. Krüger Karl hier hat mir viel von Ihnen erzählt.“ Im Gehen noch hätte sie „sehr viel“ hinzugefügt, oder „recht viel“, weil das Fräulein das Wort so gern mochte, „und nun auf Wiedersehen.“ Karl grinste bei diesem Gedanken, als er zum Fluss hinunterging, schmeckte noch einmal den Honig auf dem Frühstücksbrot. „Recht viel, Fräulein Maus“, das hätte sogar gestimmt.

Wie er das Bein entdeckte, sollte er nicht mehr vergessen. Er saß am Fluss, als er es sah und es nicht gleich erkannte. Am Ufer lag es wie ein abgebrochener Ast, zu dem kein Baum gehörte. Er stand auf, um nachzusehen, was es sei, und da war es, das Holzbein des Vaters. Es steckte in dem stets gleichen Stiefel, der aus der Kammer der Eisenbahn stammte, und lag auf der sorgsam gefalteten Hose neben dem anderen, leeren, der zum verbliebenen Bein gehörte, so dass beide Stiefel gerade aneinander ausgerichtet waren, wie ein Paar auf einer Fußmatte, nur dass die Spitze des einen befremdend in den Himmel wies, so als ob er an Krankheit und Tod gemahnte. Karl nahm das Bild in dem klaren Bewusstsein auf, dass er es nur einmal und niemals wieder sehen würde. Es prägte sich in einem Augenblick in sein Gedächtnis ein. Unterhalb der Ledermanschette, unmittelbar vom Ansatz an bis ganz hinunter zu den nutzlosen Socken verzierte das schnittig und glatt geformte Holz ein Relief aus Rillen und Kerben, von eingebrannten Konturen durchwirkt, die Licht und Schatten betonten. Eng gedrängte Figuren traten daraus hervor, Fratzen und Masken, groteske Arabesken, die Trauer und Bitterkeit oder dumpf überspannte Freude zeigten. Unter ihnen, wie versteckt in der Menge und doch sogleich sichtbar, war auch er, der Beinedieb. Er gab sich durch die Kiepe zu erkennen und zeichnete sich durch eine kunstvolle Räumlichkeit aus, die ihm, im Unterschied zu den anderen Figuren, die Echtheit der Wirklichkeit verlieh. Er ging weg, bewegte sich in das Holz hinein und blickte sich um, so dass sich die eine Hälfte seines Gesichts zurückwandte, während die andere hinter der Kiepe verborgen blieb. Er grinste, der Kiepenkerl. Herausfordernd zeigte er die Zähne, zog eine Grimasse, die über die Unerbittlichkeit der geschnitzten Starre hinaus durch ihre Halbheit eine dämonische Häme erhielt. Karl sank in ihren Sog hinab, sah den Knochensammler triumphierend um das nächtliche Feuer tanzen, um den brodelnden Bottich herum, hörte den Gesang vom „Ach wie gut, dass niemand weiß“ in seinen Ohren, spürte die Furcht in sich aufsteigen, als heimlicher Beobachter entdeckt zu werden, und löste sich erst aus der Beklemmung, als er den Vater hörte. „Wo kommst du denn her?“, sagte dieser atemlos.

Die Vertrautheit der Stimme beruhigte Karl, der Vater selbst aber schien soeben der feindlichen Welt seines Holzbeins entstiegen, die Nass gewesen war. In langer Unterhose, deren eine Hälfte als schlaffe Hülle schwer zu Boden hing, stand er triefend und tropfend am Ufer. „Was machst du denn hier?“, bemühte er sich, das Gefühl, erwischt zu sein, zu überwinden, und suchte mit den Augen nach Bein und Kleidungsstücken, mit denen er die Versehrtheit und Magerkeit seines Körpers wieder hätte verbergen können. Karls Antwort auf die Frage kam ohne Vorbereitung. Angesaugt durch den luftleeren Raum, in dem der Vater und er sich atemlos gegenüber standen, stieg sie von fern aus seinen Traumgebilden auf und griff so plötzlich Platz, dass sie nicht aufzuhalten war. Der Befangenheit, die sie befallen hatte, ein schnelles und überraschendes Ende setzend, sagte Karl: „Ich suche nach dem, was das Beste ist.“

Der Vater lachte. „Soso“, rief er, als er nun näherhüpfte und wie von einem Tier die Tropfen von ihm sprangen, „aha“, und wiederholte diese Hinweise auf sein ironisches Interesse, während er im Sitzen sich das Holzbein an den Stumpf des Schenkels schnallte und hastig Hemd und Hose überstreifte: „Soso, aha, verstehe“, sagte er, „das Beste also suchst du. Das ist ja interessant“, und fügte einen Satz hinzu, den Karl nur ein einziges Mal von ihm hörte: „Komm, darüber müssen wir reden.“

Sie setzten sich an das Ufer zu den Bisamratten, die dort aufgereiht aneinander lagen, Backe an Backe, so als ob sie sich wärmen wollten, mucksmäuschenstill und mausetot, wie der Vater betonte, an der eigenen Haustür von den Krokodilen geschnappt, die er dort hineingestellt hatte. „Dafür lohnt es sich, auch einmal unterzutauchen“, sagte er und zündete eine Zigarre an, „dafür steige ich gern in den Fluss. Lass die Racker ihre Löcher ruhig noch tiefer in das Wasser graben.“

Jenseits der Weser, von flachem Dunst gesäumt, lag der Wiehen im jungen Morgenlicht. Die Köpfe gegen die Strömung gewandt standen die Fische im lautlos fließenden Wasser und träumten mit offenen Augen.

„Nach welchem Besten suchst du denn?“ fragte der Vater. Er hatte die Ironie aus seinem Ton genommen und blickte dem Qualm der Zigarre nach, der in sanften Schwingungen auf den Fluss hinunter schwebte und in der Berührung mit diesem in nichts verschwand.

Karl rückte an seiner Mütze herum. Er hätte die Geschichte vom Hinkefuß erzählen wollen, der es nicht gewusst und in der Höhle, als er des Herzogs Tochter gegenüberstand, nur das Drittbeste ausgewählt hatte. Aber er traute sich nicht. So wenig der Vater mit ihm je über das Holzbein sprach, so vermied Karl in dem, was er sagte, alles, was in dessen Nähe lag, umging, umschlich, umkurvte Gebrechen und andere Auffälligkeiten wie Steine, mit denen er ihn hätte treffen können. „Weiß nicht“, wich er der Frage aus und fügte, als der Vater schwieg, zaghaft „und du?“ hinzu.

Der Bisammann schwankte unter der Berührung. Er, der seit Jahren in die Einsamkeit des Außenseiters eingesponnen war, seine vermeintliche Unbrauchbarkeit in skurrile Fallen verschraubt, seine Verletzbarkeit in wallende Felle gekleidet hatte, spürte, dass es um Wichtiges ging, und zögerte, es ohne Vorsicht zuzulassen. Er hätte dem Jungen gegenüber die Frage nach dem Besten als falsch gestellt entfernen können, als Unmöglichkeit als solche, da man doch wissen musste, für wen und für was das Beste zu benennen war, so dass eine allgemeine Antwort darauf nichts weniger als ausgeschlossen war. Aber er öffnete sich und stellte sich dem Sinn des Lebens, der darin als Geheimnis lag, dem Zweck und dem Ziel, die darin schlummerten und deren Existenz der Sohn mehr erahnte als erkannte. Dieser dankte es ihm, indem er ihn als Sphinx in der Erinnerung behielt.

„Das Beste“, sagte der Vater, „ist das, was noch nicht ist.“

Der Wiehen labte sich am Tau zu seinen Füßen, die Fische ließen stumm die Weser durch die Kiemen strömen, als Karl nach seiner Mütze griff, um sie zurechtzurücken.

„Es ist das“, orakelte der Vater, „was im Leben noch kommt,“ und zog, um nun Zeit zu gewinnen, an seiner Zigarre, verfolgte mit Ruhe den Rauch, der über dem Wasser verschwand.

„Kommt nichts mehr“, sagte er stockend, „beginnt der Mensch zu sterben.“

Karl brauchte den greisen Bisammann nicht anzusehen, um zu erkennen, dass er für sich sprach, dass er seine Weissagung aus dem eigenen Schicksal las, in dem er sie erfüllt sah. Sein Bestes hielt er seit jener Nacht im Winter für verloren, als der Kiepenkerl das Bein ihm nahm und ohne einen Blick zurück auf immer damit verschwand. „Endgültig“, fügte er schließlich an, setzte es so verzagt und selbstverloren hinzu, dass das, was zu sagen war, zu versiegen drohte, noch bevor er es ausgesprochen hatte. Als er die Gefahr selbst bemerkte, überließ er sich entschlossen dem Fluss der freien Wörter.

„Zum Beispiel ist das Beste ganz anders als der Bisam“, begann er zu sprechen. „Der buddelt sich am Ufer ein, und da kann man ihn suchen. Es braucht nur einen guten Sucher, um ihn zu finden, und ein paar gute Krokodile, die nach ihm schnappen und ihm die Knochen knacken, als ob sie Nüsse wären. So einfach ist die Sache, ob er will oder nicht. Das Beste aber“, zog er den Rauch aus der Zigarre, beruhigt darüber, dass die Wörter nun flossen, und blies ihn, den Kopf im Nacken, nach oben zu Ringen aus, „das lässt sich nicht suchen. Das kann man nur finden.“

Langsam hatte sich eine dunkle Wolkenschicht zwischen Sonne und Wiehen geschoben und begann nun, den Fluss mit einem Schattenflor zu überdecken, der stromaufwärts ziehend die Fische aus ihren Träumen schreckte und sie wie Dackel wedelnd in den Schutz der Uferpflanzen trieb.

„Wie der Hecht“, sagte der Vater, „kreuzt das Beste unvermutet auf, aus dem Nichts, wann und wo es das will. Es gerade dann und gerade dort auch anzutreffen, ist aber nichts als Glück."

Als Karl der erste Tropfen traf, so früh am Morgen, da eben noch die Sonne klar am Himmel stand, hielt er es für kleinen Vogelkot und nahm seine Mütze ab, um auf dem Fell nach dem Rechten zu sehen. Da aber war die Wolke über ihnen auch schon aufgebrochen und ließ in Strömen ihre Wassermassen auf sie ab, denen sie schutzlos ausgesetzt waren. Er blickte den Vater an, so als wenn es auch dafür eine Erklärung gäbe, doch dieser tat etwas Außergewöhnliches, das er ihn noch nie hatte tun sehen. Der greise Bisammann legte den Arm um seinen Sohn und begann in einem Augenblick der Lebensfreude, der ihn überrumpelte, ihn überfallartig aus dem Hinterhalt ergriff, aus tiefem Herzen zu lachen.

„Weißt du, was ein Bestes ist?" suchte er lachend seine Worte zu sammeln. „Dass der, der schon nass ist, es nicht mehr werden kann."

Als sie zurückgingen, trug Karl die Prager Racker gebündelt über der Schulter. An seiner Seite dachte der Vater, dem die Zigarren ausgegangen waren, über das Schlechteste nach, das ganz im Gegensatz zum Besten ja immer schon vergangen sei. Denn was davon bleibe, seien die Folgen allein, die von Natur aus und im Grundsatz stets weniger schlecht als ihr Ursprung waren. Als er die Nähe dessen, was er sagte, zu jener Nacht im Winter dann erkannte, als ihm mit seinem Bein das Beste auch abhanden ging, brach er die Überlegung ab und fiel in sein übliches Schweigen. Karl aber blieb auf der Höhe des Vaters, indem er das fehlende Gleichmaß des schleppenden Gangs durch kleinere Schritte ersetzte, und kehrte in diesem Rhythmus zu der Frage zurück, warum der Kiepenkerl vor dem Besten Theklas so kläglich versagte. Auch wenn er, ein hinkender Unhold, kein Mitleid verdiente, so war er dort in der Höhle doch ohne Chance gewesen. Mit ihrem warnenden Orakel – oh, Kiepenkerl, vergiss das Beste nicht – hatte die Tochter des Herzogs ihm diese genommen. Als er zu grübeln und unter den Schätzen zu suchen begann und der Zweifel an ihm nagte, war das Beste für ihn schon verloren. Nein, um Theklas Bestes zu erhalten, musste man es als solches auf den ersten Blick erkennen und ihr nach dem Eintritt in die Höhle auf den Kopf gleich zusagen, so dass sie ihre Warnung gar nicht erst aussprechen konnte. Oh, Tochter des Herzogs Wittekind. Ich, Krüger Karl, habe das Beste gefunden, und das, meine Liebste, bist du.

Es war früher Nachmittag, als sie zurück nach Hause kamen und schnurstracks, wie der Vater drängte, in die Küche gingen. Der Topf stand auf dem Tisch. „Es gibt Kartoffeln“, sagte die Mutter, ohne aufzublicken, „heute lauwarm“, und fügte als Spitze zu ihrer Verspätung „die Herren“ hinzu.

„Was ist denn?“ fragte sie, als sie saßen.

„Nichts“, sagte Karl und sah den Vater an, der tatsächlich lächelte, „nichts Besonderes jedenfalls.“

„Aha, interessant“, sagte sie, „na denn, Mahlzeit.“

„Ja, Mahlzeit.“

Dann begannen sie schweigend die Kartoffeln in die Sauce zu drücken.

Krüger Karl blieb der Tag wie ein Fest in der Erinnerung. Nicht nur, dass das Gespräch mit dem Vater am Fluss als solches in des Wortes eigentlicher Bedeutung einmalig gewesen war, die Welt erschien ihm danach verändert. Der Gedanke, dass man das Beste darin nicht suchen, wohl aber finden konnte, verließ ihn nicht wieder. Aus ihm leitete er in den Jahren, die kamen, immer wieder einen Grund für Geduld und Zuversicht ab, auf ihn ging das Bewusstsein der Offenheit gegenüber Menschen und Dingen zurück. Denn sie alle trugen in sich die Möglichkeit, das Beste zu sein, und verlieh ihnen dadurch zuweilen einen eigentümlich warmen Glanz, den er neugierig bestaunte. An jenem Vormittag am Fluss war er, der Fährtensucher, ein Fährtenleser geworden.

Wenige Wochen später löste die Wirklichkeit seine Furcht ein, nicht pünktlich erwachsen zu sein. An einem Samstag holte sich der Kiepenkerl den Vater mit Haut und Haaren und ließ am Weserufer nur das Holzbein liegen. Karl war klar, dass die Suche der Schutz- und Feuerwehrmänner, die in langen Anglerstiefeln und auf schwankenden Booten mit ihren Stangen unbeholfen den Fluss duchstocherten, zu nichts führen würde. Er hielt sogleich an dem Gedanken fest, dass sich der Vater noch einmal auf die Fahrt zu seinem Besten begeben hatte, mit einem neuen Bein, das er sich heimlich im Kotten zurechtgebastellt hatte, um mit dem alten am Ufer ihnen allen eine falsche Fährte zu legen. Tage noch, nachdem die Männer in ihren Uniformen abgezogen waren, strich Karl zwischen Weser und Wiehen umher und suchte nach einer Spur, die er hätte aufnehmen können, aber er fand sie nicht. Der Bisammann blieb verschwunden und wurde für tot erklärt.

Der Tag, an dem das Holzbein seine letzte Ruhe fand, stellvertretend in einen Kindersarg gebettet, in Holzwolle gehüllt, damit es beim Tragen nicht klopfte, war klamm von Kälte durchdrungen. Den jungen Herbst hatte die Sonne im Stich gelassen und ihn der Vorhut des Winters wehrlos preisgegeben. Während der Wiehen seine Farben im schwebenden Nebel davor verbarg, suchten die Igel Zuflucht im Laub, das der Raureif drückte. Karl fröstelte, er spürte die Seelen der Franken im Unterholz spotten, fühlte den Kiepenkerl um den Friedhof schleichen, der spitz durch die Zähne pfiff. Unheil lag über der Welt.

Von den Brüdern kehrte nur der älteste zurück. Pförtner einer Brotfabrik war er geworden und dabei einsilbig geblieben, auch wenn das „Nichts“ nun eine neue Richtigkeit besaß. In seinem Kabuff, wie er es lieblos nannte, hatte ihn die Langeweile angefallen und aufquellen lassen wie einen Sauerteig, der als Laib in den Ofen gehörte. „Dick geworden“, meinte die Mutter kurz. Die beiden anderen hatte der Tod des Vaters verschont, nicht ereilt, gewissermaßen, wie

Pastor Klusmeier meinte. Sie waren, so hieß es in amtlicher Nachricht, ihrer Meldepflicht nicht nachgekommen und galten als nicht erfasst. Vermisst nannte die Mutter sie. Der jüngste, der das Begräbnis gern vergessen hätte, beneidete sie darum.

Die sechs Eisenbahner, die dem Vater dem Herkommen nach die gebührende Ehre erwiesen, passten, so sehr sie sich drängten und ihre Schritte zum Tippeln der Damen verkürzten, als Träger nicht unter den Sarg. Wie Katzenbuckel suchten ihre Schultern nach dem leichten Widerstand und setzten schmiegsam nach, wenn dieser zu entgleiten drohte. Als sie den Sarg zu Grabe ließen, schaukelte er in den Tauen und begann, als sie an diesen zogen, zu rutschen und den Kopf dem Boden zuzuwenden, so dass sie eilig balancieren mussten, damit er nicht zur Sohle sauste. Da erhob sich der Pastor von seinem Fahrradsattel, der wie ein Mahnmal auf einem Stab in der Erde steckte, um in der Grube nachzuschauen, ob dort der Teufel kauerte. Die Mutter aber missachtete das Spiel in ausdrucksloser Starre. Sie schien zu Eis gefroren, als müsste sie zerspringen, wenn man sie berührte, und in tausend Stücken auf das Nichts hinunter hageln, das ihren Mann verkörpern sollte. Als Karl, um ihr zuvorzukommen, seine Mütze auf den Kasten warf, lächelte sie abwesend, in der Ferne der Tage verloren, an denen sie Kartoffeln vor ihn stellte.

Auch ohne dass er des Teufels Hand entdecken konnte, spürte Pastor Klusmeier den Schwefel der Groteske, welcher der Feierlichkeit in den Falten steckte und die Trauer von dem Toten trennte, der nicht anwesend war. Während die Eisenbahner ohne nachzudenken vom einen Bein auf das andere traten, sprach er auf seinem Sattel wippend, der Kälte wegen und der Güte Gottes halber, wenige Worte, deren letztes, Amen, sie als erlösendes Zeichen in die Wallücker Kurve entließ, wo sie sich am Wacholder wärmten. In den Gläsern löste sich langsam der Alp. Der Bruder, der mechanisch trank, fand darin Wörter und Sätze über das Leben. Dass dieses trotz allem nicht schlecht sei, sagte er, um die Mutter zu trösten, und kam, geübt mit drei Fingern greifend, auf die Ruhe zu sprechen, die sie alle suchten und die er, der Vater, nein, da brach er lieber ab, die er, der Sohn, gefunden hatte. Vom Auskommen sprach er behäbig, nach dem ein jeder suche, vom Einkommen auch, das man nicht missen mochte, und gefiel sich unvermutet in der Rolle des Familienoberhaupts, das Ratschläge erteilte. Für Karl fand an jenem Tag, als das Holzbein des Vaters unter Scham in der Erde verschwand, in der Wallücker Kurve das Begräbnis des Bildes statt, das er von seinem Bruder besessen hatte. Nicht, dass ihn das Ende der Wanderschaft betrübte, das der Älteste als Glück beschrieb. Dass es ein solches war, wenn man ein Ziel erreichte, war auch dem Jüngsten klar, und er wünschte es von Herzen auch den beiden, die wer weiß wo waren. Ohne dass er es hätte aussprechen können, spürte er vielmehr hinter der Väterlichkeit der Worte die Gleichgültigkeit dessen, der aufgesteckt und sich abgefunden hatte, fühlte dass das, was der Bruder Sesshaftigkeit und Sicherheit nannte, Endgültigkeit und Aussichtslosigkeit bedeutete. Karl, der in seinem Leben das Beste nicht suchen, aber doch finden wollte, erschreckte das und ließ ihn zweifeln, ob auch die beiden anderen die Unfehlbarkeit verloren hatten, mit der er sie bis dahin wie Traumwandler auf ihren Wegen schreiten sah. Als ihn der Bruder beim Abschied am Morgen einlud, er solle ihn besuchen, in seinem Kabuff, wie er witzig meinte, wich Karl ihm aus. „Mal sehen“, sagte er und dachte an das leere Wort, ohne sich den Ort, an dem die Langeweile als Seelenfresser hauste, darunter vorzustellen.

Die Zeit nach dem Tod des Vaters ging hilflos ins Land. Es schneite wochenlang. Karl saß am Ofen und verfolgte, wie die Mutter kleiner wurde, schrumpelte wie eine Frucht. Im Februar, als der Tau einsetzte und die Raben die Felder in Besitz zurückzunehmen begannen, legte sie sich in ihr Bett und stand nicht wieder auf. Sie sei verbraucht, sagte der Doktor, als ob er einen Dichtungsring meinte. Am Tag ihres Todes saß Karl bei ihr und schwankte, als er ihre Hände streicheln wollte. Ihr verknöcherter Vogelkopf lag auf dem übergroßen, steif gestärkten Kissen und drückte kaum in den Bezug.

„Krüger Karl“, sagte sie und wandte ihm das Gesicht zu.

„Ja, was ist denn, Mutter?“

„Du musst weg von hier“, sagte sie und atmete schwer. Das Schmelzwasser tropfte vom Dach. „Du musst irgendwo hin“, sagte sie und fragte beunruhigt: „Versprichst du mir das?“

Karl zögerte ohne nachzudenken, hörte die Tropfen langsam fallen, zählte sie grundlos, fand sich betäubt als Rabe unter Raben, Schollenspringern, Klutenklaubern, die nichts verstehen und keine Fragen stellen mussten.

„Ja“, sagte er, ergriff ihre Hände und fügte erschrocken hinzu: „Bloß wohin?“

Da lächelte sie ein letztes Mal in ihrem Leben, als gäbe es Kartoffeln.

Krüger Karl hielt sein Versprechen. Weg ging er und irgendwohin. Doch löste er es in einem Übermaß ein, das dem Rat der Mutter zuwiderlief. War es ihr Wunsch gewesen, dass er die Kindheit im Kotten hinter sich ließ, bevor seine Jugend begann, so wurde ihm das Abschiednehmen zu einer Gewohnheit im Leben. Anfangs trieb ihn noch des Herzogs Tochter, die Frage nach dem Besten, das er nicht suchen durfte und doch nur finden konnte, wenn er die Welt bereiste. Denn wenn das Beste nur die Glücks- und Zufälle bescherten, so mussten diesen auch die passenden Gelegenheiten geboten werden. Wo gab es mehr davon als unterwegs? Allmählich dann verblasste die Erinnerung an Thekla und ihr Bestes, und als er eines Morgens wieder einmal aufbrach, leicht bepackt mit Hab und Gut, war ihm der Grund dafür entfallen. Im Handumdrehen, ohne dass er es bemerkte, war ein Herumtreiber aus ihm geworden, über dessen Ziellosigkeit heimlich die Jahre schwanden, sich auflösten zwischen dem Hier und dem Dort, und die Brocken der Jahrzehnte zu Staub zerfielen, der unnütz die Orte bedeckte. Er verlor auf diese Weise mit der Zukunft auch die Vergangenheit, das Gedächtnis seiner selbst. Er vergaß, wer er war.

2. *Kapitel* | *UNTERWEGS*

An einem späten Abend im Dezember stand Krüger Karl als erwachsener Mann am Fenster eines leergeräumten Zimmers. Das Gas war abgestellt. Der Atem überzog das Glas mit Schleiern, in deren zarte Schichten er seine Kindheit träumte. Sich leicht nach vorne beugend drückte er schließlich die Nase hinein und ließ ein Loch zurück, durch das die erinnerten Bilder flink in die Kälte entschwanden und ihre Plätze der Wirklichkeit räumten, dem Trübsal der Wochen, die vorausgegangen waren, der Rat- und Mutlosigkeit, die sie verklebten.

Die Tage hatten sich in ihre Stunden verhakt, die Kilometer sich in den Zahlen verfangen. Pikiert wie Gäste, die keine Zuwendung fanden, waren ihm die Samstage davongelaufen, im sauren Dunst geöffneter Konservendosen die Sonntage erstickt. Er kannte solche Lähmungen des Lebens, in denen er zu verlottern drohte. Doch selten zuvor hatte er sich den Brücken so nahe gefühlt, unter denen die Vagabunden schliefen, die von all dem nichts mehr wissen wollten. Koffer und Tasche neben sich, die seinen Besitz enthielten, sah er den Flocken zu, die wie Funken das Laternenlicht durchflogen, darin verglühten und als weiße Asche in den Schmutz der Straße sanken. Als das Taxi vorfuhr, ergriff er seine sieben Sachen, spürte die Wunde am rechten Arm, die nur langsam verheilte, löschte das Licht, schloss ab, stieg an den Türen und den Geräuschen der Fernsehprogramme vorüber die Treppe hinunter, schob die Schlüssel in den Schlitz des Kastens, der am Eingangstor hing, und sah noch einmal hoch. Das war es.

„Guten Abend, Karl“, sagte der Fahrer, „was ist das denn? Heute mit Koffer?“

„Ja, heute mit Koffer", lachte Karl, als er ihn aussteigen sah, zum ersten Mal, solange er ihn kannte, und der Schnee sich auf die Schiffermütze setzte, die immer noch dieselbe war. Mit weiten Armschwüngen, als ob er durch Wasser watete, ging der alte Albers zum Kofferraum und stellte geübt das Gepäck hinein.

„Na", fragte er, als sie im Taxi saßen, „wohin geht denn die Fahrt in die Ferne?", und Karl dachte an Meere und an Stürme, wie meistens, wenn Hans das altmodisch fragte, denn so hieß er – einer Marotte der Mutter folgend – Hans Albers, dessen La Paloma und ähnliche Lieder auch Eingang in seine Sprache gefunden hatten.

„Nach Neapel", sagte Karl und dachte an das Milchpulver und die Mächte der Schwerkraft, die ziehend und schiebend, bergan und bergab, stur nach unten strebten.

„Milchpulver durch den Gotthard?", fragte Hans Albers und kehrte, als Karl das bejahte, zum Koffer zurück, der ihm ungewohnt war.

Karl scheute sich, von der Endgültigkeit des Abschieds zu sprechen, die in dem Koffer lag. Das war es, Hans Albers, hätte er sagen müssen, wie immer er es auch wandte: Wenn nicht ein Zufall uns wieder zusammenführt, ist die Fahrt mit dir heute die letzte.

„Sicher ist sicher", sagte er, „mal sehen, vielleicht dauert es diesmal länger als sonst."

„Aha", sagte Hans Albers, während die Scheibenwischer ihre Halbkreise aus dem Schnee ineinander schoben, „für den Fall der Fälle?"

„Ja, genau", sagte Karl, „du kannst Gedanken lesen."

Die Straßen und Häuser der Stadt waren mit Schneegardinen verhängt, die unruhig im Gegenlicht wehten. Geriet das Taxi in sie hinein, schoben die Scheinwerfer sie zu den Seiten hin auf, so dass es hindurch schlüpfen konnte. Dahinter fielen sie, vom Rot der Rücklichter durchwirkt, wieder zusammen und wichen geschlossen zurück.

Auch wenn Hans Albers so wenig Kapitän war wie sein Namensvetter und so wenig wie dieser die weite Welt besegelt hatte, besaß er Menschenkenntnis, kannte, wie er es selbst zu sagen pflegte, seine Pappenheimer, die Tag für Tag als Fahrgast in sein Taxi stiegen. Als sie den Hof erreicht hatten und zusammen am Kofferraum standen, sagte er:

„Ich sag dir was, Karl Krüger. Es geht um eine Frau."

Karl gab ihm die Hand. „Schiff ahoi!"

„Ein Abschied auf immer?"

„Mal sehen", sagte Karl, „für den Fall der Fälle eben", und stellte zum Winken den Koffer in den Schnee, als Hans Albers davonfuhr und hupte.

Der LKW stand dort in seinem Rot wie ein träumender Weihnachtsmann. Über den 25 Tonnen Milchpulver hatte sich eine dichte Schicht Schnee auf die Plane gelegt, die ihn noch tiefer in die Achsen drückte. Karl zog Leiter und Besen hervor und befreite ihn, so gut es ging, davon. Dann öffnete er das Führerhaus und stieg hinauf, stellte den Motor an und sog, als wäre es Waldluft gewesen, die Ordnung in sich ein, die darin herrschte. Er legte die Tachoscheibe ein – Ludwigshafen, 4. Dezember, Kilometerstand 328 866 – löschte das Licht im Führerhaus und fuhr an. Es schneite weiter, als der LKW den Hof verließ.

Karl war angespannt, doch guter Dinge. Ich bin gut vorbereitet, sagte er sich. Kein Zimmermädchen hätte das Bett in der Koje besser richten, kein Packer Kocher und Kaffeefilter so fest verzurren können, dass sie nicht klapperten. Die Dinge befanden sich an den Orten, wo er sie blind ergreifen konnte, und er war entschlossen, sich von dem Chaos, das unterwegs lauerte und ihn früher oder später, aber unausbleiblich anfallen würde, diesmal nicht überrumpeln zu lassen. An der Ordnung des Führerhauses würde auch er sich aufgeräumt halten. Er war nicht in Eile. Er hatte Wellensiek, der wie er aus Westfalen stammte, dazu überreden können, die Tage der Fahrt nicht zu zählen, sondern ihm dieses eine, einzigartige

Mal die Zeit zu lassen, die er brauchte. Denn alles kam nur auf den 7. Dezember an, den Tag des Heiligen Ambrosius, an dem er in Mailand zur Stelle sein musste. An der Fahrt hing sein Glück. Denn er war auf dem Weg zu seinem Besten, einer Frau selbstverständlich.

Durch die karge Winterlandschaft der Tankstellen, Möbel- und Supermärkte und ihre Einsamkeit suchte der LKW sich seinen Weg zur Autobahn. Ein vermummtes Herrchen führte seinen Dackel vor dem Schlafengehen an der Leine, ein später Gast kehrte im hochgeknöpften Mantel aus seiner Kneipe zurück. Verwunschen wie ein Knusperhäuschen, in dem Hänsel und Gretel sich in ein Bettchen kuschelten, lag das Bordell im Schnee und strahlte sein buntes Licht auf die fallenden Flocken ab. Winde erfassten diese und formten sie zu ungestümen Figuren, die in wilde Tänze miteinander sprangen, auseinander stoben und sich zu Paaren fanden. Karl spürte seine Empfindlichkeit. Obwohl die Nacht so beschaulich begonnen hatte, drohte sie im Sog der Wirbel sogleich in ein Schüttelglas eingezogen zu werden, in dem die flockigen Wesen zu Ehren des Bräutigams tanzten, der seine Hochzeit feierte. „Ach wie gut dass jeder weiß“, sangen sie jubilierend und spöttisch zugleich, „dass der Heilige Santo heißt.“ Er wollte das Fenster schon öffnen, um den Fahrtwind die Schläfen kühlen zu lassen, als aus einer der dunklen Seitengassen der Kiepenkerl in das Licht der Scheinwerfer trat und ihm in die Augen sah.

Blass und hager stand er dort in einem langen Mantel und trug eine lederne Motorradmütze, deren Seitenlappen unter dem Kinn fest verknotet waren. Eingeschneit war er, musste lang gewartet haben. Mit der Rechten, die in einem groben Handschuh steckte, hatte er die Augen vor dem Licht geschützt und war herangehinkt. Er wollte mitgenommen werden.

Karl war, als träfe er jemanden wieder, der zur Familie gehörte, so als wären sie beide ohne Abschied in die Ferne gegangen, im Unfrieden, ein jeder seiner Wege, die sich nach all den Jahren nun kreuzten, so als hätte sie das Schicksal wieder zusammen führen wollen. Auch wenn der Kiepenkerl der Dieb des Beines war und dem Vater Leid dadurch zugefügt hatte, trat die Feindseligkeit der Kindheit hinter eine eigenartige Vertrautheit zurück, die, nicht frei von Argwohn, durch Erwartung und Neugier geprägt war.

„Steig ein", rief er hinunter, und der Kiepenkerl warf seinen Rucksack voraus und kletterte ungelenk nach.

„Wo ist deine Kiepe?"

„Ich bin mit der Zeit gegangen", sagte der Kiepenkerl und fügte grinsend „Salewa" hinzu.

In der Wärme des Führerhauses schmolz rasch der Schnee von ihm herab und sammelte sich als Wasser zwischen seinen Stiefeln. An seiner Nasenspitze zog sich die Feuchtigkeit zu einem Tropfen zusammen, der sich der Schwerkraft widersetzte und den Bewegungen des Kopfes in leichten Ausformungen folgte. Karl erkannte im Profil das Halbgesicht wieder, das auf dem Holzbein am Fuß des Wiehen ruhte. Während der Geruch von Herbstlaub sich im Führerhaus verbreitete, warteten beide darauf, dass der andere das Wort ergreifen würde.

„Was willst du?" fragte Karl schließlich.

„Ich bin hier", sagte der Kiepenkerl, „um dir zu helfen."

Karl schwankte unter dem Satz und suchte nach seinen Gedanken. Die Prüfung, die in Mailand auf ihn wartete, lastete wie ein Alb auf ihm, und obwohl er sehr genau wusste, dass er sie allein bestehen musste, hätte er davon träumen wollen, dass jemand ihm helfen konnte. So unvorstellbar es schien, war jemand aus dem Nichts auf den Plan getreten und bot in klaren Worten seine Hilfe an. Doch gerade der Kiepenkerl? Der Beinedieb und Knochenkocher, den die Erinnerungen nur mit Gefahr verbanden? Flüchtig glitt Karl durch die Gänge und nahm kaum wahr, dass sich der Motor in schleppenden Drehungen, die ihm nicht passten, auf seine Kolben stemmte. Er spürte das Stechen im Oberarm.

Der Kiepenkerl erahnte Karls Gedanken.

„Ich bin hier", sagte er, „um an dir etwas gut zu machen, für das ich nichts kann. Ich werde dir helfen, die Jungfer zu retten. Denn die Mächte, zu denen du reist, wirst du wund, wie du bist, nicht besiegen."

„Oh, Kiepenkerl", lachte Karl, der mit „Jungfer" und „wund" zwei Wörter der Kindheit wieder fand, die zu Fräulein Maus gehörten. „Wie solltest gerade du mir helfen?"

Der Kiepenkerl verschränkte die Arme vor der Brust und strömte in der Bewegung den Duft alter Steinpilze aus.

„Na gut", sagte er, „sagen wir schwach. Du bist zu schwach, um dem heiligen Dichter mit seinen Gefährten entgegenzutreten, zu hinfällig und zu zerbrechlich, um dir die Jungfer zu holen."

„Die Wunde ist fast verheilt", sagte Karl. „Mir geht es gut."

„Das meine ich nicht", sagte der Kiepenkerl, „es geht nicht um deinen Leib."

Die Augen zum Himmel des Führerhauses wendend, so dass der Tropfen an seiner Nasenspitze sich rutschend zwischen die Löcher legte, sagte er bedeutsam: „Es geht um deinen Geist. Du wirst es solange nicht schaffen, wie der Geist sich seiner nicht sicher ist."

„Nie war ich mir in meinem Leben so sicher", sagte Karl und suchte Rücklichter zwischen den Flocken, als sie die Autobahn erreichten. Er nannte, als das vergeblich war, die Welt eine Waschküche, vielleicht auch eine Spelunke, in der man in frühen Morgenstunden die Hand nicht mehr vor Augen sah. Doch die Ablenkung führte am Geist nicht vorbei.

„An deiner Liebe zur Jungfer", sagte der Kiepenkerl, „zweifle ich nicht. Was dir fehlt, ist der Geist des Fahrenden."

„Du meinst, des Fahrers", sagte Karl, doch das meinte der Kiepenkerl nicht.

„Erst im Geist des Fahrenden", sagte er langsam und bedeutungsschwer, „füllt sich das Dasein des Menschen mit Sinn."

Während die Dörfer sich in ihre Mulden duckten, die Lichter zusammen rückten und Rauchzeichen gegen den Himmel sandten, teilte der Kiepenkerl dem Fahrer Karl eine runzelige Offenbarung mit.

„Im Geist des Fahrenden“, sagte er, „verschlingen sich Anfang und Ende. Im Aufbruch wirft er immer schon seine Ankunft voraus und ruft so die Zeit an seine Seite.“

Der LKW brummte wie ein arktischer Bär, die Raben träumten auf dem Feld, sie seinen Pinguine, als der Kiepenkerl die gerufene Zeit beschrieb, als wäre sie Fräulein Betty.

„Die Zeit“, sagte er, „ist ein entzückendes Geschöpf. Einfühlsam und anschmiegsam, ist sie bereit sich hinzugeben. Sie will jedoch, sonst wird sie kühl, umschmeichelt und umbuhlt sein. Dem, der sie ruft, leiht sie sogleich ihr Ohr, auf dass er ihr was flüstert.“

„Was flüstert?“

„Siehst du, Krüger Karl“, sagte der Kiepenkerl, indem er ihn zum ersten Mal beim Namen nannte, „das eben meine ich. Der Fahrende weiß von allein, was es der Zeit zu flüstern gilt. Behutsam und überaus leise, so dass sie es kaum vernehmen kann, spricht er der Lauschenden, das, was geschehen soll, ins Ohr. Der Fahrende erzählt der Zeit die Reise, zu der er aufgebrochen ist.“

„Augenblick“, sagte Karl, „er kennt doch die Zukunft nicht. Vielleicht wird ihm ein Reifen platzen, vielleicht ein Unfall in die Quere kommen. Wer weiß?“

Der Kiepenkerl schüttelte zum Zeichen seines Missfallens den Kopf, während der Tropfen an der Nase sich bedrohlich streckte und nur knapp der Fliehkraft widerstand. Wie ein Troll aus dem Unterholz vom Duft der Farne und Moose umgeben, nannte der Kiepenkerl Karl den ältesten Grünling unter den Fahrenden.

„Natürlich kennt er die Zukunft nicht. Wie sollte er wohl? Nicht einmal die schöne Zeit weiß, was geschehen wird. Im Flüstern aber, das sie hören will, soll ihr ein Plan erscheinen, der Anfang und Ende miteinander verbindet und beiden einen Sinn verleiht. Die Zeit will vom Fahrenden wissen, ob er mit einer Geschichte reist."

„Oh je", sagte Krüger Karl.

„Das gilt nicht", sagte der Kiepenkerl. „Hier heißt es wakker sein. Nur so lässt die Zeit sich bezirzen. Sie liebt die Mutigen unter den Fahrenden, die Geschichten von sich erzählen, deren Gang sie nicht kennen. Sie bleibt den Tapferen treu, die ihren Anfang nicht mehr ändern wollen, und tröstet sie, wenn sie das Ende erst am Schwanz erfassen und nichts mehr ist und alles schon war. Den aber verehrt sie bedingungslos, der ohne Scheu zurück und ohne Furcht vorausschaut und jeden Augenblick der Reise mit einem kräftigen Sinn erfüllt."

Karl schwieg. Er ahnte, was der Kiepenkerl dazu noch sagen wollte, und irrte sich nicht.

„Die Zagen", sagte dieser, „die oh je nur sagen, lässt sie links liegen und rauscht achtlos an ihnen vorüber, da sie des Fahrens nicht würdig sind."

Die Eichen stemmten sich in ihren Wäldern heroisch gegen die Last des Schnees. Über den Birken, die wie begossene Pudel im Frost versprengt waren, breiteten die Spannungsmasten stoisch ihre Arme aus und bewegten sich nicht, als der Kiepenkerl mit dem Geist des Fahrenden zur schrumpeligen Frage nach dem Sinn des Lebens kam.

„Die größte Reise", sagte er, „ist das Leben selbst."

„Oh je."

„Der wahre Fahrende verleiht ihm Sinn, indem er Tag um Tag das Gestern und Morgen zu seiner Geschichte zusammenbindet, und weißt du was, Krüger Karl?"

„Sag es mir, Kiepenkerl."

„Weil der Fahrende die Zeit dabei an seiner Seite weiß und spürt, wie sie in Liebe an seinen Lippen hängt, lebt er seine Reise mit Würde und Stolz."

Es war nach Mitternacht, die LKWs hatten sich auf die eisige Nacht eingerichtet und zogen dicht beieinander nach

Süden. Karl wusste, worauf der Kiepenkerl es abgesehen hatte. Auch wenn er dem heiligen Dichter und seinen Gefährten die Würde der Fahrenden rundweg abgesprochen hätte, standen sie doch mit Stolz im Leben, so sicher und so selbstgewiss, als hätten sie den sinnvollen Zusammenhang zwischen gestern und morgen für den Rest der Reise schon gebucht und bräuchten sich darum nicht mehr zu kümmern. Ihm hingegen war diese Fähigkeit, ohne dass er recht wusste, warum, abhanden gekommen. Zwischen dem Damals des Fahrers und seinem Jetzt klaffte ein dunkles Nichts.

„Das eben ist sie", sagte der Kiepenkerl, „die wunde Stelle deines Geistes, die dich als Fahrenden verletzlich macht: Der Geschichte deiner Reise, die dich zu deiner Jungfer führen soll, fehlt das Gestern. Verhöhnen werden dich der Dichterfürst und seine Helfershelfer. Seht nur, werden sie spotten und sich vor Lachen in die Hosen machen, da kommt der Fahrer, der kein Fahrender ist, nicht Fisch noch Fleisch, hoho. Er reist ganz ohne Gestern, missachtet von der Zeit, hoho, die mit ihm nichts anzufangen weiß."

Er brach ab im Aufschwung seiner Rede und blickte aus dem Fenster.

„Also, was ist?" sagte er kurz. „Deine Jungfer wirst du nur erobern, wenn du sie mit der Kraft des Fahrenden umarmst, der weiß, woher er kommt, und weiß, wohin er geht. Sonst wirst du untergehen, das steht fest, wenn es in Mailand morgen wird."

Es hatte zu schneien aufgehört. Der Himmel war wie mit dem Tuch poliert, von durchsichtiger Tiefe, in der die Entfernungen der Sterne zur Erde in ihren Unterschieden zu erkennen waren. Im Licht des Mondes fluoreszierten die Eiskristalle und ließen die Schneeflächen schimmern, als der Kiepenkerl sagte: „Sonst wird sie dir entschwinden."

Das saß. Der Kiepenkerl hatte das Seil durchtrennt, an dem Karl sich in den Wochen zuvor mit großer Mühe die Furcht von der Seele gehoben hatte, er könne Cecilia verlieren. Nun war sie wieder auf ihn eingestürzt und löste einen Schrecken aus, der seinen Mut zu erschlagen drohte. Auch wenn er sich die Möglichkeit, sein Gestern und Morgen zu einem Sinn zusammenzuraffen, kaum vorstellen konnte, wäre doch in jedem Fall ein Morgen ohne seine Cecilia Meucci aus Mailand von vornherein sinnlos gewesen. Wenn eins in der Welt nicht geschehen durfte, dann das.

„Bring endlich deine Jahre auf Trab", nutzte der Kiepenkerl die Wirkung seiner Worte, um nachzulegen. „Sieh nur, wie sie dir schwerfällig folgen, dich hemmen und an den Schößen ziehen. Sie lähmen deinen Gang und beugen dein Gemüt. Bring sie auf Gleichschritt, in Reih und Glied mit dir. Mit ihnen eins kannst du Del Santo Liquido und allen Dichterfürsten dieser Welt erhobenen Haupts entgegen treten."

„Kiepenkerl", sagte Krüger Karl, „ich kenne die Geschichte meiner Jahre nicht. Ich weiß nicht, zu welchem Sinn sie sich fügen. Ich trage meine Jahre nur in Geschichten durch mein Leben."

„Sei wacker", sagte der Kiepenkerl, „mutig und tapfer. Erst aus Geschichten kann Geschichte werden. Ruf nur die Zeit an deine Seite. Anders wirst du vom Sinn nichts erfahren."

Er schlug mit der flachen Rechten auf den Rucksack, der noch immer zwischen seinen Beinen stand. Diesem entströmte dabei der Duft der Jahreszeiten, worin sich die Süße der Äpfel mit der Bitterkeit des Kohls geheimnisvoll mischte.

„Salewa", sagte er. „Sag leis die Wahrheit. Die Zeit mag sich an deine Wange schmiegen, um dir dabei zu lauschen. Es ist dein Sack. Ich habe ihn für deine Geschichten dabei. Sie alle haben Platz darin, du brauchst ihn nur zu füllen. Ich aber bin dein Rucksack-öffne-dich und werde darauf achten, dass nichts von dem, was du als Wahrheit leise sagst, daneben fällt. Eindauern werde ich deine Geschichten, Stück um Stück, zum Met deiner Vergangenheit. Auf deiner Fahrt wirst du dich daran stärken können, laben und nähren, um dann in Mediolanum die Jungfer dir zu holen."

„Eindauern?“ fragte Karl.

„Selbstverständlich“, lachte der Kiepenkerl erleichtert, „ein edles Wort, nicht wahr? Nun aber ab – die Zeit erwartet dich – in Richtung Morgenland!“

Karl deutete die Aufforderung als bildhafte Ermutigung im Sinn von der Sonne entgegen, dem Tag zwischen gestern und morgen, doch das meinte der Kiepenkerl nicht. Er meinte, als sie am Autobahndreieck Karlsruhe waren, den Abzweig nach Osten.

„Stuttgart, da steht es doch“, sagte er ungehalten, „wir nehmen den Brenner.“

Karl ließ sich darauf ein. Um gerüstet zu sein für das, was unausweichlich kommen würde, beschloss er, mit Hilfe des Kiepenkerls den Beistand der Zeit zu gewinnen. Während er in sternenklarer Nacht zum Brenner und nicht zum Sankt Gotthard reiste, eine Ladung für Neapel auf dem LKW, versuchte er sich an das zu erinnern, was gewesen war, und es als Geschichte in den Rucksack zu erzählen, den der Kiepenkerl auf die Oberschenkel gezogen und umständlich geöffnet hatte.

„Nun erzähl schon“, sagte der Kiepenkerl.

Während die LKWs eng aneinander gedrängt im Schnee geduldig die Linie hielten und die zeitlose Sphäre des Himmels kristallen erstrahlte, ließ Karl sich von seiner Erinnerung zurück in die Lehrzeit führen, die er im Schoß der Kolonne verbracht hatte, die Jahre der Freundschaft zu den Kollegen, von denen ein jeder in seiner Weisheit dem heiligen Santo und seinen Genossen das Wasser hätte reichen können.

„So ist es“, sagte der Kiepenkerl.

„Und ich denke“, fügte Karl hinzu, „das gilt sogar für Gustavs Dichtungen, von denen ein Santo nur träumen kann.“

„Unbedingt“, sagte der Kiepenkerl und hielt den Sack geöffnet. „Und nun los! Halt es wie Gustav. Wende dich um und wirf deinen Blick über die Jahre hinweg, die dir in der

Ferne erscheinen. Lass dich von den Inseln leiten, auf denen du die Wärme der Erinnerung spürst, von den Punkten, an denen diese sich bündelt wie im Fokus des Spiegels das Sonnenlicht. Gib ihnen Namen, als ob sie Tage wären. Benenne sie nach dem Mond und der Sonne oder den Göttern des Firmaments, an die noch der Heide Wittekind glaubte, bevor ihn ein Gaul zum Christentum bekehrte. Beginn auf einfache Weise", sagte er, legte den Finger auf den Mund und flüsterte: „Sprich leise, so dass die Zeit sich gleich an deine Lippen heftet, um alles zu erlauschen. Im Übrigen füll nur den Sack, den Rest lass meine Sorge sein. Wenn erst die Worte darin zappeln, kann ich sie schütteln und rütteln und tütteln, und Abrakadabra, sieh da, schon sind sie gezähmt und gerichtet."

„Tütteln kenne ich nicht", sagte Karl.

„Das macht nichts", sagte der Kiepenkerl. „Ci penso io. Ich bin auf alles vorbereitet. Sogar Italienisch habe ich gelernt."

3. Kapitel | DIE KOLONNE

Als Karl am Tag des Mondes zum ersten Mal zur Arbeit fuhr, war er ein junger Mann, der sich noch nicht rasierte. Er trug seine alte Hose, die an Gesäß und Knien glänzend dünn und in den Beinen kurz geworden war, so dass die festen Stiefel aus dem Bestand der Eisenbahn gut sichtbar an die Knöchel reichten. Weser und Wiehen waren in seiner Nähe geblieben, den Kotten hatte er nicht mehr wieder gesehen. Den frischen Morgen im Gesicht radelte er hinunter zum Teich von Lewitte, an dem der Bauhof lag, und stand zu früh am Gittertor, das unberührter Tau bedeckte. Er hörte sein Herz schlagen, als er zwischen dem glänzenden Kies und den schimmernden Fässern die Holzhütte sah, die Bude, deren Inneres das Geheimnis des Neuen barg. Am Teich sangen die Vögel, als ob Gottesdienst wäre, im flachen Sonnenlicht tanzten die Mücken über dem Schilf.

Es war der Tag, an dem er die Kolonne kennenlernte, die Männer in ihren braunen Jacken aus Cord, die ihm die Familie ersetzen und ihn mehr als das Teeren lehren sollten. Wie später so oft, sah er Dieter zum ersten Mal aus dem alten DKW steigen, die speckige Ledertasche unter dem Arm, die dampfende Zigarre zwischen den Lippen, hörte Rudi Hupe beschwingt von den Zwergen erzählen und erregt bis in die Haaresspitzen auf sein Biest, die Teermaschine schimpfen. Den hünenhaften Paul traf er, der einen Hut mit Feder trug und dem ein Kuss als bloßes Wort die Röte der Verlegenheit bescherte, den hageren Schwatten, der beharrlich schwieg, wenn er nicht unkte, und nur darum den Zeigefinger der Rechten nicht hob, weil er ihn nicht heben konnte. Gustav und Johann fehlten. Den einen hatte der Frühling in den Wiehen gerufen, wo er ein Haus baute, den anderen die Freundschaft, damit er beim Dach helfen konnte.

„Komm rein in die Bude“, sagte Dieter, der wie immer der erste war und behutsam die Fensterläden öffnete.

Zur Tür hin wie ein Hufeisen geformt, führte an den Wänden ringsum eine Holzbank entlang, auf der, wie Kissen aneinander, sich ihre Hintern abgezeichnet hatten. An Haken hingen die Blaumänner herab, die man sitzend im Rücken spürte. Der Tisch in der Mitte war so groß, dass man von allen Seiten Platz daran fand, den Eisenofen vorn im Blick, auf dem mittags das Wasser kochte.

„Es riecht ganz schön nach Teer hier“, sagte Karl.

„Stimmt“, sagte Dieter und streifte sich, in langer Unterhose rauchend, den Blaumann über. Dann ging er hinaus auf den Hof und rückte die Fässer zurecht, ohne dass er sich helfen lassen wollte.

Pauls MAN und der kleine Kolonnenbus, den der Schwatte fuhr, erreichten den Hof nacheinander. Die Männer waren in Eile, fanden kaum Zeit, Karl zu begrüßen, setzten mit dem Kran die Fässer auf den LKW, spannten die Teermaschine an und packten ihre Schaufeln ein. Als sie den Bauhof verließen, hatte die Glocke von Holsen noch immer nicht sieben geschlagen.

Karl saß auf der Rückbank des Busses, sah vor sich das Bild der gelben, schwarz verschlierten Teermaschine, die dem MAN wie eine Tigerschlange folgte, und nahm zum ersten Mal das rituelle Schweigen hin, das erst ein Ende fand, wenn sie dem Mann begegnet waren, dem ihre Eile stets galt. Auch an diesem Morgen kam er ihnen in seinem Ford entgegen und betätigte, als es passierte, aufgeregt und schon von weitem die Lichthupe, Schwake, der Wilde, um eine Dringlichkeit anzuzeigen. Doch auch diesmal würdigten sie ihn keines Blickes, so als hätten sie ihn übersehen, seinen Ford und seine Zeichen, weil sie sich Dingen in der Ferne widmen mussten. Denn sie waren auf dem Weg nach Lohe, wo sie teeren wollten: Fahrbahnausbesserungsarbeiten ausführen, wie es in Rudis Kalender stand.

Als der Wilde, tüüt-tüüt, im Ford vorüber war und die Begegnung mit ihm auf ihre Art nicht stattgefunden hatte, begann Rudi Hupe, wie es gewöhnlich nach den Schauen am Sonntag geschah, mit rosigem Gesicht von seinem Zwerghahn zu berichten, Winnetou, der ihm wieder einmal Preise eingetragen hatte, und führte, während sie der Sonne entgegenfuhren, die ihnen einen milden Tag eröffnen wollte, eine Lobrede auf den Zwergenwuchs der Hühner, der ein riesiger Vorteil im Vergleich zu normalen Kawenzmännern war, die einem bloß das Haar vom Kopfe fraßen, um dann die Höfe vollzukäckeln. Da lohne sich die Aufzucht bloß, sagte Rudi, wenn man sie auch äße, für die Pfanne also, Dieter, aber nicht doch für den Wettkampf.

Dieter nickte, wenn Rudi sein Federvieh auf ihn schickte, und zog an der Zigarre, da nichts hinzuzufügen war. Der Schwatte aber schwieg auf eigene Art und strich als Ausflucht oder als Zeichen der Gleichgültigkeit, mit der rechten Hand, an der Mittel- und Zeigefinger fehlten, sein schwarzes Haar zurück.

Der Kolonnenwagen stand, als sie Lohe erreichten, auf hohen Rädern im Schatten eines Waldwegs, frisch gestrichen wie eine Apfelsine und wegen des Krachs von der Straße so weit entfernt, dass man ihn von dort auch nicht sehen konnte. Es war Zeit für die Frühstückspause. Rudi, der den Schlüssel bei sich trug, Schloss auf, und sie stiegen nacheinander über die Holzstufen hinauf. Karl setzte sich als letzter und lernte den ersten Benimm der Kolonne.

„Eigentlich“, brach der Schwatte sein Schweigen, „sitzt du da auf Schaminskis Platz.“

„Das geht schon“, sagte Paul.

Rudi schwante Übles und öffnete seine Dose.

„Ich sage es ihr immer wieder“, sagte er, „dass Käse nichts ist. Warum schmierst du nicht Blutwurst darauf, das ist doch billiger, und man hat mehr davon.“

„Ich meine ja nur“, sagte der Schwarze, „Schaminski kennt da nichts. Der sägt Bäume mit einer Hand.“

„Ach du Schande“, sah Rudi den ganzen Schlamassel, „Schweizer Käse, auch das noch. Den kann doch keiner essen, der ist doch viel zu streng. Ich sage ihr das immer wieder, Rita, sage ich, wenn schon Käse, dann doch keinen Löcherkäse, der nicht mal richtig deckt.“

Den Federhut noch immer auf dem Kopf, der diesen kaum beschützte, hatte Paul den Hintern von der Bank gehoben und sah aus dem Fenster hinaus, so als habe er da ein Mädchen entdeckt.

„Der Wilde?“ fragte der Schwatte und dann, als Paul sich ihm versperrte, „he, Rudi, was ist das denn da auf deinem Brot? Käse?“ Und während er noch nach den Löchern darin fragte – „mit Löchern? das deckt doch gar nicht richtig“ – und Paul dort draußen die Damen Lewittes beim Völkerballspiel zu beobachten schien, zog Rudi aus seiner Tasche ein in Zeitungspapier gebündeltes Ding hervor, das er umständlich auszuwickeln begann, auspackte wie einen Säugling, bis das Lila seines Kopfes sich allmählich wieder verflüchtigt hatte.

Einen Stänkerpott nannten sie Heinz, den Schwatten, der dennoch, fügten sie schnell hinzu, nur bellte, Gott sei Dank, insofern er von seinen vermeintlichen Ränken sich leicht wieder ablenken ließ und lieber nach neuen dann suchte anstatt an den schon angebrochenen noch weiter festzuhalten, wie an Schaminski Johann etwa, der bei Gustav im Wiehen war, und seinem Sitzplatz im Wagen.

„Jetzt wollen wir aber“, sagte Rudi und stellte, indem er die Zeitungen beiseite schob, die Flasche auf den Tisch, „erst mal den Einstand begießen, von diesem jungen Mann hier“, griff noch einmal in seine Tasche und stellte ein Wacholderglas dazu, das er füllte und Karl hinüberreichte.

Wie alle jungen Männer am Wiehen war dieser gewöhnt daran, Wacholder zu trinken, und wusste darum auch, dass er nicht auf einem Bein stehen durfte. Als Rudi es aussprach, als er sagte, „auf einem Bein kann man nicht stehen“ und ein zweites Mal einschenkte, fühlte sich Karl zu Hause, so als sei die Welt doch die selbe.

„Schön kühl ist er noch“, sagte er.

Rudi Hupe lachte. „Und tut auch gut – oder?“ sagte er und schenkte auch den anderen nun ein. „So was braucht der Mensch zum Einstand. Nachts lege ich ihn ins Eisfach, morgens wickle ich ihn in Zeitungspapier. Da hält er sich eine Weile. Gegen Mittag wird er dann natürlich lau. Dem Wilden habe ich auch schon mal gesagt, ob wir uns nicht einen Eisschrank in die Bude stellen könnten, einen kleinen wenigstens. Da hat er gleich gesagt: wozu? Na, wegen dem Eis, sage ich. Sagt er, Herr Hupe, wozu brauchen Sie denn Eis in der Bude. Na, sage ich, für den Fall der Fälle. Dass, wenn einer sich irgendwo stößt, an dem Biest von Teermaschine zum Beispiel, und eine Beule kriegt, man das da drauflegen kann. Vergessen Sie nicht, Herr Schwake, wie schmerzhaft so eine Beule manchmal sein kann. Ach was, hat er gesagt, das kommt überhaupt nicht in Frage.“

Sie sprachen von ihren Gärten, mit deren Bestellung sie begonnen hatten, und, wie meistens dann, von dem, was nach den Kartoffeln kam und Fruchtwechsel hieß. Von den Fresssäcken erfuhr Karl da, die in der Erde nur steckten, um diese leerzunuckeln, Salat, Kohl, Spinat, die nichts anderes kannten, als sich vollzusaugen, ohne ein bisschen auch nur von sich wieder abzugeben, von Wurzeln und Rüben, die nicht viel besser waren und dazu keinen Mist vertrugen. Gäbe es Erbsen und Bohnen nicht, sagte Paul, die neben dem Nehmen das Geben nicht vergäßen, wäre der Ofen schnell aus für die Erde, da hülfe selbst die Kartoffel nicht mehr. Er nannte sie, die bescheiden im Nachtschatten wuchs, den Samariter unter den Pflanzen.

Nichts für ungut, sagte Heinz, der Schwatte, er habe nur gemeint, dass Schaminski da nichts kenne.

Auch an diesem Morgen erfüllte Dieters Zigarre den Wagen mit Schwaden, in denen die Dinge verschwammen, und wähend das Wacholderglas die Runde machte, begann Karl halb wach, mit roten Ohren träumend den Tag schon abzuschließen, auf Säcken von Kartoffeln sitzend, die eigenhändig aufgelesen waren, im Nachtschatten, der über Lewitte lag, bei Tabak und Tomaten. Kolumbus hatte ausgepackt und alles auf den Tisch gelegt. Das Runde hier, sagte er und zeigte darauf, heißt Kartoffel, und dieses andere hier, und nahm es in die Hand, um es ihnen zu zeigen, ist im Prinzip dasselbe, ein Nachtschattengewächs, doch nennt man es Zigarre. Und weil man damit Rauch erzeugen kann, nämlich so, und er machte es vor, gibt es von heute an auch das Rauchen oder auch Paffen meinetwegen, obwohl es Paff nicht gibt.

Auch die Zwiebel, sagte Paul, ist, auf ihre Art, mit der Kartoffel eng verwandt, denn auch sie gibt ihr Bestes dezent im Verborgenen, im dunklen Erdreich, ohne dass es jemand sieht, und stärkt, ganz ohne Aufhebens, die Manneskraft dabei. Die Kartoffel aber, dachte Karl sich heimlich, die luftig Krumen lockern mochte, war mühsam in der Hocke doch zu ernten und darum letztlich dazu da, sich dem Menschen hinzugeben. Und während Rudi Hupe im immer dichter werdenden Zigarrennebel weitflächig Mais zu ernten begann, obwohl zwischen Frühjahr und Herbst noch der lange Sommer käme, und einen Zwerghahn damit fütterte, der Winnetou hieß und das alles nicht verputzen konnte, saß Karl in verschwommener Vorausschau am Tisch bei Adolf Lückemeier, hatte zwanzig Pfennig in die Musikbox geworfen und bestellte sich ein platt geklopftes Jägerschnitzel mit Pommes Frites.

Der erste Arbeitstag schien vorüber, bevor er begonnen hatte, und wäre Stunde um Stunde noch auszuhalten gewesen, wenn Heinz nicht vom Wilden gemunkelt hätte, der davon nichts wusste und doch durchaus hätte, wer weiß, erfahren können. Das reichte als Hinweis.

„Das Leben“, sagte Rudi Hupe, als sie verraucht auf der Straße standen und er Karl bei Seite nahm, „folgt in der Kolonne ganz bestimmten Regeln. Ein Einstand gehört zum

Beispiel dazu, ob der Wilde das weiß oder nicht. Schreib dir vor allem dieses hinter deine Ohren: Achte darauf, dass du nie einem andern die Arbeit wegnimmst, und achte dann darauf, dass du selbst eine hast. Das ist der halbe Monatslohn. Wenn der Wilde wie der geölte Blitz dann auf der Matte steht, verstehst du auch warum. Der will nur sehen, ob wir auch alle schön beschäftigt sind."

Er ging mit Karl den Graben auf und ab, knuffte ihm in die Seite dabei und erklärte wie ein Kaufmann, dass sie vom Ortsausgang die Straße nun hinunterzögen, um wie Hausfrauen Löcher zu stopfen, Paul mit dem Splitt auf dem MAN ihnen allen voran, an der Spritze der Schwatte, der den Teer hineingab, gefolgt von Dieter, der mit der Schaufel den Splitt darauf warf. Karl sollte dafür sorgen, dass Dieter zum Werfen genug davon hatte, indem er mit der Schubkarre vom MAN aus, den Paul dann kurz kippte, so dass der Splitt über ein Blech hineinrutschen konnte, hin und her fuhr, voll also und leer.

„Nur keine Langeweile zeigen", sagte Rudi Hupe, „mach es wie Schaminski. Der singt beim Sägen Lieder auf Latein. Johann, was singst du denn da eigentlich, habe ich ihn mal gefragt. Das verstehst du sowieso nicht, hat er gesagt, das ist Latein, das habe ich schon in Breslau so gesungen. Gut, also los dann, auf gehts Männer, packen wir es", rief er ihnen zu und spuckte wie an jedem Morgen in die Hände, „Fahrbahnausbesserungsarbeiten Ortsausgang Lohe Süd, also los nun und ran an den Speck. Kalle fährt Karre heute, damit er ein bisschen Farbe bekommt."

Die Hände sich immer noch reibend ging er auf die Teermaschine zu, um diese anzulassen, ergriff die Kurbel, die er auf die Welle steckte, und drehte zweimal, dreimal kräftig, ohne dass sie darauf antwortete.

„Na", sagte er leichthin, „sie will wohl noch nicht so recht."

„Das geht schon", sagte Paul.

Sie standen um Rudi Hupe und die Teermaschine herum und hörten das schnarrende Geräusch der Welle, als er es noch einmal versuchte, hörten die Maschine leise stöhnen, in Abständen, die sich allmählich verkürzten, bis sie zu ächzen und heiser giftige Wolken auszustoßen begann, hell wie Wasserdampf anfangs, dunkler und dunkler dann, bis schließlich rußig schwarz ein trockenes Knallen sie begleitete, das, während Rudis Blaumann in den Achselhöhlen sich verfärbte, schneller und schneller werdend dem erlösenden Geknatter entgegentrieb und im allernächsten Moment, als durch das graue Haar hindurch sich deutlich schon die Kopfhaut zeigte, tatsächlich zu erreichen schien. Aber es erreichte es nicht.

Die Kurbel auf den Boden werfend, verächtlich und ergeben, trat Rudi Hupe den Rückzug in den Kolonnenwagen an, um sich rufen zu lassen, wenn sie lief. „Eines Tages“, drohte er, dem Biest von Teermaschine mit Abstand zugewandt, „werde ich dich mit Kind und Kegel noch in die Weser schieben, und dann kannst du sehen, wo du bleibst.“ Es war sein Schicksal.

„Sie mag ihn nicht“, sagte Paul, bevor er sie anwarf, „aber sie geht.“

„Schaminski“, sagte der Schwatte, „schafft es durch bloßes Angucken. Der braucht sie bloß anzugucken, und schon kommt sie, aus lauter Angst.“

Es war später Vormittag, auf der Straße schien die Luft zu schwingen und ließ die Bäume wackeln, in denen wie trunken die Vögel sangen. Karl büßte das Frühstück. Wie mitten in der Kartoffelernte fühlte er sich, wenn der Rücken vom Bücken schon schmerzte und der Boden schwer an den Schuhen hing, nur dass es die Füße selbst nun waren, in denen bleiern der Schnaps saß, und die Arbeit gerade begonnen hatte. Als Dieter, der es bemerkte, ihn fragte, ob ihm die Arme schon jetzt zu lang geworden seien, grinste er blöd, doch lösten sich die Schwaden schließlich auf.

Karl lernte das richtige Schieben, also so, dass er die Arbeit der anderen nicht unnötig aufhielt, und doch auch wiederum so zugleich, dass er niemanden antrieb dabei, sondern vielmehr auf den Rhythmus der Kolonne achtete, der dem einer großen Wanduhr glich: Sie hielt ihre Zeiten ein, ohne unruhig darüber zu werden. Auch das Schnippeln lernte er, das Dieter ihm zeigte: Der Splitt war mit der Schaufel geschnitten zu werfen wie beim Tischtennis unten im Freibad, so dass die Steinchen daraufhin sich weit und dünn verteilten. Denn auf das Dünne kam alles an. Man musste dünn spritzen und musste dünn splitten, auch wenn man tiefe Löcher traf, Kawenzmänner, die zum Völlen leicht verführten. Stur galt es Dünnes auf Dünnes zu schichten, bis die letzte der Schichten die Straßendecke erreichte und sich glatt mit ihr verband. Meistens aber war es so, dass diese sich im Winterfrost nur pellte, so wie die Haut bei Sonnenbrand, und eine oder zwei reichten.

Frisch dufteten die Felder, saftig die Wiesen, über deren Grün und bunten Sprenkeln eine surrende Ruhe schwebte. MAN und Teermaschine zogen wie Schiffe die Weser hinauf. Die Motoren klopften leis und dumpf und waren doch weithin zu hören. Die Autos, die vorüberfuhren, waren so selten, dass Rudi ein jedes auch anhalten konnte, um ihren Verkehr zu regeln. In großen Abständen folgten einander die Höfe, die aus der Ferne verlassen hätten scheinen können. Das Weiß der Kühe, das zwischen Hecken und Büschen erschien, blieb vag wie die Flecken der Hühner am Boden. Leicht benommen noch vom Winter dösten die Dinge zufrieden dem Mittag entgegen.

Als Karl vor einem der Höfe den Alten am Straßenrand entdeckte, der dort in Holzpantinen wartete, und den Kasten Bier, der neben ihm stand, hatten die anderen ihn längst bemerkt. Das macht der Blick, sagte Rudi. Paul grinste wie einer aus der Panzerknackerbande, wenn man sie wieder ertappte. Ja, das geht wohl, hörte Karl ihn sagen. Sie legten eine Pause ein.

Über den Platz, auf dem nur Pflug und Leiterwagen standen und ein Misthaufen lag, den die Fliegen aufgeweckt betanzten, folgten sie dem Alten an flachen Ställen vorbei zum strohgedeckten Fachwerkhaus. Man hörte die jungen Schweine streiten und Kühe blöken, als ob sie die Unruhe störte. Die Dielentür war geöffnet, sie gingen, ohne gebeten zu werden, hinein, wo ihre Schritte auf dem Steinfußboden hallten. Den Raum erfüllten eine kühle Feuchte und die herbe Süße von Tabak, daraus Fräulein Maus im Klassenzimmer die Tuberkulose hervorbeschworen hatte. Auf einem Sims in der Ecke zog Thorwaldsens Christusfigur, de lütke Jesus, noch immer die unheilvollen Bazillen und Bazickeln in sich hinein, um sie in Gips zu binden.

In den seitlichen Nischen, in denen früher das Vieh den Winter überdauert hatte, standen Tische mit Bündeln von Tabakblättern darauf und Schuhkartons gefüllt mit Wickeln, aus denen Heinz sich einen gleich fischte, ihn zwischen Daumen und Zeigefinger drehte, so dass der kleine Finger verloren abseits stand, und einen Torpedo nannte, den man auch besser hätte pressen können. An einem der beiden Rollbretter hatte jemand gearbeitet. Das in Streifen geschnittene Deck-blatt lag noch darauf, das Zigarrenmesser und der noch zu rollende Wickel daneben. Kleisterbacks und Tülle, erkannte Karl wieder, die links und rechts am oberen Rand des Brettes standen, wie Wasser und Kerze auf einem Altar, wie geweiht, falls Thorwaldsen es nicht schaffte, obwohl sie doch vor der Schulzeit schon verschwunden war, die Schwindsucht, von einem Fleming, den Fräulein Maus kannte, glatt niedergerungen.

Das junge Mädchen, das am zweiten Rollbrett saß, eine Flasche Limonade neben sich, und Wellenformen in die Blätter schnitt, beachtete den Schwatten nicht und hielt ihnen allen den Rücken zugewandt.

„Na?" sagte Rudi.

Durch die Tür neben der alten Feuerstelle kam die Hausfrau auf die Diele und trug ein rundes Tablett, auf dem fünf Gläser standen, die mit Klarem gefüllt waren. Jeder nahm eins.

„Auf die Hausfrau“, sagte Paul.

Sie lächelte nur kurz, stellte das Tablett ab und setzte sich wieder neben das Mädchen, nahm den verbliebenen Wickel auf und rollte ihn wie ein Eichhörnchen in seine Deckblattstreifen.

„Na gut“, sagte Rudi Hupe, „schönen Dank. Schönen Dank auch, junge Frau,“ rief er dem Mädchen im Hinausgehen zu, aber sie antwortete nicht.

„Sie ist taub“, sagte die Hausfrau.

Karl trug den Bierkasten zum MAN, bevor er wieder mit der Schubkarre dahinter stand. Der Schwatte spritzte, und Dieter splittete ab, bis die Einfahrt zum Hof, die der Frost hier und da durchbrochen hatte, geflickt war.

„So wie die beiden bei der Arbeit waren“, sagte Heinz, „schaffen sie glatt ein paar Hundert am Tag, und das sogar in Torpedofasson.“ Das war so viel wie er früher, bevor das Unglück mit der Säge geschah, mit Zeige- und Mittelfinger, in guten Zeiten allein geschafft hatte. Schaminski, sagte er, bekommt nicht einen zustande.

Mit diesen Unterbrechungen, Einfahrten, Eingängen, Übergängen, spritzten und splitteten sie die Loher Straße hinab, bis Feierabend war und sie drei Kästen Bier in den Kolonnenwagen stellten. Das übrige kam in den Bus: die Flaschen Schnaps und Hausmacherwürste, Eier und Schinken, einen Korb mit Rettichen, die der Manneskraft dienten. Auch ein Lufthansa Cocktail war darunter, geschenkt von einer alten Dame, die ihr silbernes Haar in einem Netz geknotet trug. Diesen vorzüglichen Likör, hatte sie strahlend erzählt, habe sie vorletztes Jahr auf der Goldenen Hochzeit ihrer Schwester zum ersten Mal getrunken, seitdem aber trinke sie jeden Morgen ein Gläschen davon, genau wie ihr Mann, Gott hab ihn selig, sein Gläschen Korn getrunken habe, morgens, vor dem Frühstück noch. „Vorzüglicher Likör“, hatte sie gesagt und ihre Lippen so gestülpt, als ob sie hätte pfeifen wollen.

„Rudi“, sagte der Schwatte, als er sah, dass Paul die Flasche ins Führerhaus brachte, „du weißt doch, dass ich kein gefärbtes Zeug trinke. Man kriegt einen dicken Kopf und eine harte Leber davon. Du hättest der Frau sagen sollen, dass wir mit der Flasche Lufthansa Cocktail nichts anfangen können, und fragen sollen: Haben Sie nicht was Klares?“

„Heinz“, sagte Rudi Hupe, „die Frau wollte uns eine Gefälligkeit erweisen. Hätte ich ihr sagen sollen: Behalten Sie besser Ihren Lufthansa Cocktail. Das gefärbte Zeug kann doch kein Mensch trinken.“

„Trotzdem, du hättest sie doch fragen können, ob sie nicht auch was Klares im Hause hatte.“

Als sie im Bus saßen, um, wie sie witzelten, den geordneten Rückzug anzutreten, kehrte eine müde Ruhe unter ihnen ein. Mit Blick auf das gezähmte Biest von Teermaschine hielt Rudi über dem Bauch die Hände gefaltet.

„Weißt du noch, Dieter, als wir mal vom Teeren zum Bauhof zurückkamen und den Bus ziemlich voll hatten, und der Wilde stand da? Und ich sehe ihn erst gar nicht und steige aus und rufe noch so: Männer stellt das Zeug erst mal in die Bude. Und der Wilde sagt: Herr Hupe, sagt er, was ist das? Ich sage: Was denn? Und er zeigt mit dem Finger drauf: Na das da. Und macht ein Gesicht als ob er auf ein Klo zeigt. Ich sage: Das sind ein paar Flaschen Schluck und ein paar Würste und Rettiche. Herr Hupe, sagt er, ich bitte um eine Erklärung. Ich sage: Herr Schwake, sage ich, wir sind fahrendes Volk, wir sind den ganzen Tag auf dem Land unterwegs. Das ist kein leichtes Leben, sage ich. Herr Hupe, sagt er, eine Erklärung bitte. Na gut, sage ich, wenn sie darauf bestehen. Ich habe mich heute in der Mittagspause von der Kolonne entfernt und bin einkaufen gegangen. Herr Schwake, ich sage Ihnen, nirgendwo kaufe ich bessere Rettiche für meinen Rettichsalat und nirgendwo bessere Hausmacherwurst für den Winter als auf den Bauernhöfen. Das ist ja alles ganz frisch. Gut, sagt der Wilde, und der ganze Fusel da? Da habe ich den Wilden ganz fest angeguckt. Fusel? Herr Schwake, mein Vetter feiert heute abend Silberhochzeit, und Sie meinen, wir trinken dabei Fusel. Von wegen, da kann ich mich nur bei Ihnen bedanken. Dieser Schluck da ist einwandfrei, und nicht eine einzige Flasche Gefärbter ist darunter. Jawohl, schönen Dank auch, da wird sich mein Vetter aber freuen, wenn ich ihm das erzähle. Und dann habe ich mich um-gedreht und gesagt: Heinz, hilf mir mal den Schluck in den Taunus stellen. Ich habe meinem Vetter versprochen, dass ich die Flaschen gleich nach Feierabend bei ihm vorbeibringe, damit er sie auch noch kühl stellen kann, denn lau will er den Gästen natürlich nichts davon anbieten. Die Wurst und die Rettiche lasse ich erst mal in der Bude. Das hält sich ja bis morgen und passt sowieso nicht alles in den Kofferraum. Auf Wiedersehen auch, Herr Schwake, ich muss jetzt los."

Als die Kolonne auf den Bauhof fuhr – die Glocke von Holsen schlug fünf –, stand der Wilde da. Rudi Hupe sprang noch heraus, bevor der Bus hielt. Lila im Haar, lief er auf ihn zu und rief schon von weitem: „Herr Schwake, ich mache das nicht mehr mit. Irgendwann kann der Mensch einfach nicht mehr. Muss ich dieses Biest von Teermaschine erst in die Weser fahren, damit wir endlich eine neue kriegen, die was taugt?"

Er fasste den Wilden leicht am Arm und zog ihn zur Maschine hinüber, die noch am MAN hing, und während die anderen den Bus leise leerzuräumen begannen, hatte er sich die Kurbel gegriffen und kurbelte. „Sehen Sie, Sehen Sie selbst, Herr Schwake", hörten sie ihn schnaufen, „sehen Sie nur", und als sie mit leeren Händen dann bei ihm standen: „Ich mache das nicht mehr länger mit. Das sage ich Ihnen ganz offen hier. Da kenne ich nichts."

Am Abend seines ersten Arbeitstages saß Karl bei Lückemeiers Adolf vor einem Glas Bier und fühlte sich zu schwer, um ein Schnitzel zu essen, aber zufrieden war er. Über der Stuhllehne hing die Kolonnenjacke aus Cord, die Rudi Hupe ihm gegeben hatte, als der Wilde weg war. Überreicht, wie er es empfand, als Anerkennung dafür, dass alles gut gelaufen war. Machen Sie sich nichts daraus, Herr Hupe, hatte der Wilde aus seinem Ford heraus noch gesagt, es kommen auch wieder bessere Tage. Man tut was man kann, Herr Schwake.

Eingeschlagen in dünnes weißes Papier, sah sie kostbar aus, als Karl sie auspackte. Der feste braune Stoff roch wunderbar neu. Vier Außentaschen waren in sie eingesetzt, die oberen längs, so dass man von den Seiten die Hände bequem hineinschieben konnte, die unteren quer und mit einer Klappe abgedeckt, damit nichts herausfiel. Links saß eine Innentasche, die so geräumig war, dass sogar Heftchen in sie passten. Praktisch und schön zugleich, dachte Karl, und überaus haltbar zudem.

Obwohl die Woche erst begonnen hatte, waren die Tische besetzt. Seit Menschengedenken, wie Fräulein Maus es nannte, löschte nach einem Tag in den Zigarren- und Möbelfabriken von Lewitte nichts besser den Durst als Bier vom Fass. Karl verlor sich in den Gesprächen um Fußball und kehrte in seinen Gedanken zurück an die Karre, hörte Paul am MAN noch einmal von den Frauen erzählen, die im Katalog die Unterhemden immer höben bei der Unterwäsche, damit man die Unterhose auch sehe, so ganz lässig, als sei gar nichts dabei, und man den ganzen Körper doch sehe, praktisch, obwohl das andererseits auch ganz normal sei. Nur machten das eben die Männer nicht, die ihre Unterhemden einfach in die Unterhosen steckten. Das geht natürlich auch, sagte er, aber komisch ist das trotzdem. Karl stellte sich Fräulein Maus im Katalog vor, wie sie gleichzeitig mit ihrem dünnen Stock auf die Zigarrenformen zeigte, auf das Schaubild von Nolting mit den Torpedos und Trabucillos, den Coronas und Kreiseln darauf. Was ist das, würde sie fragen. Ein Torpedo, Fräulein Maus. Falsch, sagte sie, es heißt Torpedo-Fasson und kommt aus dem Französischen, wo es die Form bedeutet. Ein Torpedo ist nur für Schiffe. Und Achtung, wer von euch noch einmal sagt, dass Kolumbus uns den Tabak brachte, bekommt eins auf die Finger. Wer brachte uns den Tabak nach Europa? Sir Francis Drake? Die Tuberkulose? Ich sterbe, Hilfe. Der brachte uns doch die Kartoffel. Wie heißt das, was die Finger gelb färbt und mit Zitrone entfernt werden kann? Richtig, Sabine, genau, Gott sei Dank. Jean Nicot war es, französisch auch er, der uns den Tabak zum Rauchen brachte, von wegen Kolumbus aus Genua, sagte sie, das Näseln noch im Gaumen. Der sah den Indianern nur zu dabei.

Lückemeiers Adolf stellte ein frisches Glas Bier vor Karl ab. „Na Kalle", sagte er, „wie war es in der Kolonne. Erzähl doch mal."

Karl schüttelte den Kopf. „Für heute", sagte er, „reicht es mir voll und ganz."

„Ja", lachte Adolf, „das kann ich mir wohl denken. Allein schon Ruschemeiers Gustav füllt einen ganzen Kopf."

„Ja genau", sagte Karl, obwohl er Ruschemeiers Gustav noch nicht kannte. Er trank aus und ging über die Treppe im seitlichen Flur nach oben. Lückemeiers Adolf war auch sein Hauswirt in Lewitte. Über dessen Wirtschaft bewohnte er ein Zimmer mit einem Fenster zur Straße, durch das der milde Abend den Duft der Küche trug. Wie an vielen der Feierabende, die dem ersten folgen sollten, schob Karl, bevor er sich schlafen legte, einen Sessel an dieses heran und sah hinaus. In der Dämmerung lüpfte auf der Litfaßsäule neben der blühenden Linde eine Frau von der Kaufhalle das Hemdchen über der Unterhose und nannte diese Slip.

Karls zweite Schulzeit hatte begonnen, die keine Hausaufgaben kannte. Die Kolonne unterrichtete ihn, ohne dass sie davon Aufhebens machte, unauffällig wie die Kartoffeln, welche die Männer nach Feierabend pflanzten, damit sie ihr Bestes im Verborgenen gaben. Er erfuhr von der Süße der Freundschaft, dem Verständnis und der Großzügigkeit, die in ihr steckten wie der Kern in der Kirsche. Er lernte, auch bei widrigem Wetter auf der Straße zurechtzukommen und seine

Arbeit so zu verrichten, dass ihm das Leben nicht sauer wurde, sondern als unverhofftes Glück erhalten blieb. Er entdeckte Dinge, die es ihm wert schienen, nicht wieder vergessen zu werden.

Am Tag des Tiwas, des streitbaren Schutzherrn des Things, erlernte Karl, was Stärke ist. Johann Schaminski aus Breslau lehrte es ihn, dessen sagenhafte Kraft nicht aus Muskeln, die man hätte sehen müssen, sondern aus den Knochen und Sehnen rührte, die der Haut erhabene Konturen gaben. Seine Nase überragte seine großen Zähne und zog magisch das Wort Erker an, das Fräulein Maus so gut gefallen hatte, Gesichtserker, weil das die Nase überflüssig mache, als Wort natürlich nur, wie sie zur Sicherheit meinte, nicht etwa, dass man ihn nicht mehr zu putzen brauchte. Sein dunkles Haar lag dank der Pomade, die er stets benutzte, flach auf dem Schädel auf und war in der Mitte gescheitelt, haarscharf, wie er zu sagen pflegte. Seine ruhigen braunen Augen nahmen im Rauch der Zigarren, die er wie Dieter mit Ausdauer zu rauchen pflegte, einen feuchten Glanz von Wehmut an. Er sah aus wie ein Pferd, und das auf so verwirrende Weise, dass man es nicht nur beim erstenmal, sondern jedesmal dachte, wenn man ihn sah, auch wenn man ihn längst kannte und gewöhnt daran war. Johann, dachte man dann, sieht wirklich wie ein Pferd aus, und zwar wie ein gestriegeltes. Denn er legte Wert darauf, dass sein Blaumann morgens frisch, gewaschen und gebügelt, war. „Das macht Gerda“, sagte er, wenn man ihn flachsend darauf ansprach, „die kann das.“

Eines Morgens gaben Johann und Dieter das beste aus ihren Zigarren, so dass selbst Rudi, der sonst unempfindlich war, sich mit Daumen und Mittelfinger von außen nach innen über die geschlossen Augen zu fahren begann, als ob er vor dem Frühstück schon müde wäre, um schließlich seinen Tagesplan aus dem Gedächtnis aufzusagen. Böschungsbegradigungsarbeiten, hüstelte er umständlich und nannte die Nummer der Straße und die Zahl auf dem Kilometerstein, in dessen Nähe die Büsche und Sträucher zu schneiden waren. Sie sollten die Äxte mitnehmen, die Sägen und den Knattermann, womit er die Motorsäge meinte. Die Lagebesprechung war damit beendet, obwohl sie eigentlich, dachte Karl, der sich auf Johanns Geschichten freute, noch gar nicht begonnen hatte.

Die Kolonne fuhr mit ihrem Bus hinaus, Paul mit dem MAN voran. Er hatte den apfelsinenfarbenen Kolonnenwagen eingehängt, in dem sie an Ort und Stelle gemeinsam Mittag essen wollten. Hinter ihnen bildete sich der übliche Stau, der die Zeit der Anfahrt noch länger erscheinen ließ als sie es ohnehin war. Klagte der Wilde, die Kolonne habe die Ruhe weg, nahm diese es gelassen hin. Das bedeute nicht, stellte Rudi klar, dass sie eine ruhige Kugel schöbe. Während der Fahrten aber hinter dem MAN erfüllte den Bus bisweilen eine Art gelangweilter Ungeduld, in der selbst der Kampfhahn Winnetou auf aussichtslosem Posten stand.

„Ich sagte neulich noch zum Wilden", erklärte Rudi, „Herr Schwake, sage ich, wenn wir eine neue Teermaschine kaufen, dann sollten wir diesmal eine kaufen, die man an die Bremse vom MAN anschließen kann und die automatisch mitbremst." „Und dann", fuhr er fort, nachdem die Kolonne ihm schweigend zugestimmt hatte, „kaufen wir direkt auch einen neuen Kolonnenwagen dazu, nämlich auch einen, der mitbremst. Mit den alten ungebremsten Dingern Muss Paul nämlich vorsichtig sein und kann gar nicht richtig auf die Tube drücken. Sie können sich gar nicht vorstellen, Herr Schwake, was für eine Zeit dabei draufgeht, Tage, ach, was rede ich, Wochen." Noch als sie angekommen waren, nörgelte er und verdarb sich im Grunde den Spaß daran, Paul auf seine zeremoniell aufwendige Weise in den Waldweg einzuweisen, über den der Wagen rückwärts auf eine kühle Lichtung gelangte. „Herr Schwake, habe ich gesagt", kam Rudi noch einmal auf das Gespräch mit dem Wilden inmitten von Farn und Brombeerbüschen zurück, „ich weiß nicht, ob Sie schon mal miterlebt haben, wenn so ein ungebremster Anhänger einem bei einer Vollbremsung der Zugmaschine von hinten um die Ohren fliegt. Ich sage Ihnen, das ist dann kein Spaß mehr. Und das fiele nämlich bei einem gebremsten Anhänger flach, und Paul könnte mal so richtig schön auf die Tube drücken. Aber nachdem er noch einmal bedenklich auf die Zeit zu sprechen kam, die man dadurch gewinnen könne, Tage, wenn nicht Wochen sogar, erinnerte sich Rudi wieder daran, wie philosophisch sich der Wilde daraufhin gegeben hatte. Herr Hupe, hatte er gesagt, woher nehmen, wenn nicht stehlen? Na ja, war Rudis Antwort da gewesen, über der sein Gesicht wieder hell wurde, da haben Sie andererseits natürlich auch wieder recht.

Der Straßenverkehr, den die Kolonne lange aufgehalten hatte, war im Wald nicht mehr zu hören, das Summen der Bienen und das der dicken blauen Fliegen im Gesang der Vögel kaum zu unterscheiden. Karl hoffte darauf, dass sie noch frühstücken würden, aber Rudi drängte, er wolle nun endlich den Knattermann hören.

Bis zur Mittagspause fiel nur selten ein Wort. Mit Schlägen und Schnitten arbeitete die Kolonne sich die Ungeduld von der Seele, die sich hinter dem MAN aufgeschichtet hatte. Der Duft des Holzes erfrischte, verdichtete sich aber im Lauf des Vormittags zu einer weihrauchigen Schwere, in der Karl dann zum ersten Mal Johanns Sägegesänge hörte. Obwohl er von diesen längst wusste, war er von dem Bass, der des Knattermanns Lärm mit kraftvoller Leichtigkeit überdeckte, auf immer bezaubert und sollte die Eingangsworte einzelner Sägegesänge wie „Requiem aeternam, aeternam dona eis“ oder „Dies irae, dies illa“ auch später nicht wieder vergessen.

Während der Mittagspause war es sehr heiß im Kolonnenwagen. Der Ofen, der vorn, rechts am Eingang stand, knisterte und knackte in seinem Schamott. Der Geruch von dicken Bohnen, von Kartoffeln und Speck und Rudis Steckrübensuppe füllte feucht den Raum. Johann erzählte vom Gardasee.

„Dieses Jahr", begann er, als alle saßen, „hatten wir Pech mit den Gläsern. Wir hatten eigentlich für jeden Tag was dabei. Gerda hatte das alles eingekocht, für mittags Gläser mit Kartoffeln und Kohl und Fleisch oder Klöpsen, für abends Blut- und Leberwurst oder auch schon mal Sülze. Aber schon in Österreich sage ich zu Gerda: Gerda, sage ich, wenn das man gut geht bei der Hitze hier. Und als wir dann oben am Brenner waren, da fing es auch schon an zu riechen aus dem Kofferraum."

Johann verstand es, seine Erzählungen gut einzufädeln und wusste, die rechten Pausen zu setzen, indem er auf einige Sekunden sich seinen Löffel in den Mund schob und scheinbar dessen Inhalt prüfte, bevor er bedächtig zu kauen begann, oder abwesend auf etwas schaute, das man zu entdecken versuchte, aber, weil es nicht da war, nicht fand. „Am Zoll", sagte er, den Löffel im Henkelmann, „haben sie uns dann schnell durchgewunken, und bei Bozen sage ich: Gerda, sage ich, das riecht jetzt aber aus dem Kofferraum, wir gucken lieber mal nach." Und während die Kolonne seinem Blick folgte, der auf irgendetwas im Suppendampf gerichtet schien, ließ Johann anhalten und nahe Bozen den Kofferraum öffnen. „Da mussten wir", sagte er, „erst einmal wegtreten und das Ganze auslüften lassen, notgedrungen, allein schon, weil man nicht rankam. Gerda, habe ich da gesagt, wenn wir da rankommen, lassen wir die Gläser hier lieber stehen."

„An der Autobahn?" fragte Heinz.

„Ja", sagte Johann, „das fragte Gerda auch. Wie, an der Autobahn? sagte sie. Weißt du denn, was so ein Einmachglas kostet? Ja sicher, sage ich."

„Ja und?"

Davon wollte Johann jetzt nicht unbedingt weitererzählen, von dem ganzen Schlamassel, sagte er, der vom Glas befreit da an der Autobahn gelegen habe. Schließlich äßen sie gerade, stellte er fest und schob sich einen Löffel mit Bohnen in den Mund, auf denen er nach Prüfung ihres Inhalts ausdauernd kaute.

„Unten am Gardasee“, fuhr er fort, „war das Wetter so gut wie in Bozen. Wir hatten eine kleine Hütte auf dem Zeltplatz mit zwei Betten und einem Gaskocher darin. Das reicht voll und ganz. Tagsüber liegt man sowieso unten am See. Mittags geht man vielleicht rein und krault seine Alte ein bisschen. Aber ansonsten ist man eben draußen.“

„Was habt ihr denn mit dem Essen gemacht“, fragte Paul, den das besonders interessierte, „wo doch die ganzen Gläser jetzt vergammelt waren?“

„Nudeln. Das ist ja die Gegend, wo sie Nudeln essen. Gerda hat Mehlschwitze dazu gemacht, das ist ja kein Problem, und dann kauft man sich eben ein paar Dosen dazu. Ich habe schon zu Gerda gesagt: Gerda, warum machen wir das nicht immer so, dann brauchen wir die ganzen Gläser nicht hin und her zu fahren. Das schmeckt doch gar nicht so schlecht, diese Nudeln in der Mehlschwitze und die Dosen dazu. Das ist doch viel praktischer.“

Johann nahm einen langen Zug aus seiner Bierflasche, indem er den Kopf zurück in den Nacken legte und dabei seine Nasenlöcher senkrecht stellte, Erkerhöhlen, wie Fräulein Maus sie hätte nennen können. In dieser Haltung entdeckte er etwas an der Decke des Kolonnenwagens, das den andern schon darum verborgen blieb, weil Rudi die Kolonne zum Anstoßen einlud: „Prost Johann“, sagte er, „auf den Gardasee.“

„Wo du aufpassen musst“, erzählte Johann, als er die Flasche abgesetzt hatte, „ist beim Handeln. Angenommen“, sagte er und strich sich den Handrücken über den Mund, „du willst eine Lederbrieftasche kaufen, wie ich das gemacht habe, dann musst du direkt erst immer nur die Hälfte von dem Geld hingeben, was auf dem Schild steht, und dann geht das so hin und her. Das muss man erst lernen. Wisst ihr, was der zu mir auf dem Markt gesagt hat, als ich die Lederbrieftasche kaufen wollte und das so hin und her ging?“

Nein, sie wussten es nicht, so dass Johann den rechten Unterarm nach oben anwinkelte, ihn mit gestrecktem Zeigefinger vor und zurück bewegte und das erzählte, was jener dort am Gardasee gesagt hatte. „Stellt euch vor“, sagte er, „da sagt der doch zu mir: Du, großer Cavallo. Und wisst ihr, was ich zu ihm sage?“ Nein, das wussten sie auch nicht. Woher auch, meinte Heinz. „Du, sage ich“, klärte Johann sie auf, „und klopfe ihm dabei noch so auf die Schulter, du auch großer Kavaliero. Du und ich große Kavalieros.“

Die Kolonne fand das gut gekontert, aber Johann dämpfte ihr Gelächter, indem er den gestreckten Zeigefinger seiner Rechten nun durch die übrigen Finger zu einer vollständigen Hand ergänzte und deren Innenfläche dem Tisch zukehrte:

„Moment, Moment“, sagte er, „es geht noch weiter. Er sagte nämlich: Nein, du nix Kavaliero, du Cavallo. Wie? sage ich. Ich Schaminski. Und er sagt: Nix Schaminski. Du großer Cavallo. Und er geht dabei leicht in die Hocke, streckt die Arme nach vorn, als ob sie Zügel halten würden, und schnalzt mit der Zunge.“

Johann machte es vor. Dass die Kolonne längst wusste, was jener Lederwarenhändler da am Gardasee gemeint hatte, war ihm so klar wie allen andern.

„Wie?“ sagte Heinz, „Cavallo heißt Pferd?“

„Ja genau, Heinz, du hast es erfasst“, lachte Johann und hörte auf zu reiten. „Von wegen Kavalier. Der wollte mir sagen, dass ich ein großes Pferd bin.“

„Komisch“, sagte Heinz, „das verstehe wer will. Wie ist er denn bloß auf Pferd gekommen?“

„Weil mein Kopf wie ein Pferdekopf aussieht. Oder?“

„Ja genau, Johann, das stimmt“, sagte Paul mit rotem Gesicht, da er es für überflüssig hielt, das auch noch auszusprechen. „Gardasee“, fügte er nachdenklich hinzu, den Hintern von der Bank erhoben, um aus dem Fenster zu sehen, „das ist schon was.“

Er könne das allen jedenfalls nur empfehlen, fasste Johann sein Urteil zusammen. Nach der Devise „probieren geht über studieren“ müsse man auch von der Welt etwas sehen, die jenseits von Harz und Sauerland liege. Denn sonst lerne man nichts mehr dazu und vergehe wie die Zwiebel im Griebenfett. – Jetzt aber ran an den Knattermann, sagte er, er wolle pünktlich Feierabend machen, da er zu Hause noch so einiges zu sägen habe, so einiges, fügte er hinzu, den Blick auf etwas gerichtet, das an der Wagentür hing.

„Ja genau, Männer", klatschte Rudi leicht in die Hände und bewegte sie umeinander, als ob er sie wasche, „auf gehts, ran an den Speck und ab in die Büsche. Lasst uns zusehen, dass wir fertig werden."

Im Holz schien es kühl, als der Geruch der Kartoffeln und Bohnen, der heiße Dunst, der aus den Henkelmännern kam, der natürlichen Frische der Harze wich. Wie schon am Vormittag aber steckte die Kolonne bald in einer dichten Schwüle, die von der Kuppel des Blätterwerks nach oben abgeschlossen noch immer im Unterholz hing. Die Fliegen schwankten schwer im Flug, von Feuchte vollgesogen. Fanden sie Halt, verharrten sie reglos, als ob sie dort festgeklebt wären. Karl war froh, als er die Säge ablegen und Paul dabei helfen durfte, das Holz auf den MAN zu laden. Johann begleitete den Knattermann mit seinen Sägegesängen.

Am frühen Nachmittag stellte sich plötzlich Stille ein. Karl, der am MAN stand, las darin das Vorzeichen einer Pause, wusste aber, dass er sich irrte, als er Rudis aufgeregte Rufe hörte und ihn dann auf die Straße treten sah. Sein Gesicht war alarmierend lila und durch den roten Rand um seinen Mund, der von Brombeeren stammte, befremdlich entstellt.

„Kalle", rief er, „hol den Bus."

Johann wartete stehend am Straßenrand, als Karl zurückkam, von Paul mehr gehalten als auf ihn gestützt. Er hatte eine Zigarre angezündet und blickte dem Rauch hinterher in den Himmel hinein. Das rechte Bein, das er leicht angewinkelt hatte, war nah am Schritt mit einem Gürtel abgebunden. Darunter färbte Blut den Blaumann. Rudi schimpfte wie ein Rohrspatz mit Brombeermund, zuerst über Johann, der sich nicht hinlegen wollte, dann auf Rita mit ihrem Modefimmel, die es ihm letztlich eingebrockt hatte, dass nun die Hose rutschen musste, bis er schließlich, als sie Johann in den Kolonnenbus luden, ohne dass er helfen konnte, mit sich selbst in Ungnade fiel. O ja, er sei selbst schuld daran, sagte er, beide Hände fest am Hosenbund, das habe er nun davon. Von wegen Schick ohne Träger.

Rudi war durcheinander. Schon in dem Augenblick, da er Karl den Kolonnenbus holen schickte, war das deutlich geworden und hatte an diesem Nachmittag, an dem Johann in das Hosenbein blutend am Straßenrand stand, unter anderem dazu geführt, dass Karl Krüger zum ersten Mal in seinem Leben ein Auto fuhr, atemlos vor Spannung, ohne Führerschein und ohne über den ersten Gang hinauszukommen, aber insofern mit Erfolg, wie Paul ihn im Bus dann beruhigte, als er es immerhin vom Standplatz zur Kolonne schaffte. Als die beiden losfuhren, um Johann nach Holberg zu bringen, kam Rudi noch einmal zur Fahrertür gelaufen, mit den schwankend schleppenden Schritten des Glöckners, und gab Anweisungen, die er selbst gleich als überflüssig erkannte. Er werde jedenfalls, schloss er resignierend mit einem Ruck am Hosenbund, die Stellung solange halten.

Die Fahrt nach Holberg zum Kreiskrankenhaus ging schnell und in Schweigen vonstatten. Johann saß, das Bein hochgelegt, auf der hinteren Rückbank und zog an seiner Zigarre. Karl, der als Beifahrer mitgekommen war, für den Fall der Fälle, wie Rudi meinte, ohne sagen zu wollen, für welchen, wagte nicht sich umzudrehen. Die Vorstellung, Johann habe sich, da doch kein Fleisch an ihm war, die Sehnen durchgetrennt und dann den Knochen angesägt, mit Schnitzeln und Spänen, bedrückte ihn, und er beschränkte sich darauf, ab und zu im Innenspiegel den großen, blassen Kopf zu suchen, den dichter Rauch umschwante. Als sie sich Holberg näherten, kehrte Johann in der Erinnerung an die Ufer des Gardasees zurück und begann verhalten von einem fliegenden Holländer zu erzählen, den er von dort aus gesehen hatte, einen Dreimaster mit einer Totenkopfflagge, die im Vergleich zum Schiff so übermäßig groß gewesen sei, dass man das Ganze für ein Kinderspielzeug hätte halten können, wenn es nicht so weit weg gewesen wäre. Die Beschreibung der Langsamkeit und doch der Stetigkeit, mit der das Schiff wuchs und die Flagge samt dem Totenkopf sich zur Größe eines Betttuchs blähte, verhieß nichts Gutes, bis Johann Entwarnung gab. Es sei wohl, meinte er, für einen Film gewesen. Wer sonst könne es sich erlauben, als Pirat durch die Gegend zu kreuzen. Allein schon, was das koste. Dann begann er zu singen, „tuba mirum spargens sonum“, zart und leise wie jemand der an seine Jugend denkt, und sang fort, bis sie das Krankenhaus erreichten, wo er sich geduldig, ergeben wie zum Abendmahl, auf eine Trage heben ließ. Als die junge Ärztin ihn dann aber fragte, was um Gotteswillen er denn da gemacht habe, und aufgeregt seine Hose zu öffnen begann, schlug er ihr leicht auf die Finger. „Gesägt“, sagte er. Das sehe man doch wohl von weitem.

Es war halb so schlimm. Knochenspäne waren keine gefallen, Sehnen keine gesprungen. Soweit sie das sehen könne, meinte das Fräulein Doktor schnippisch, müsse die Wunde lediglich genäht werden. Versorgen allerdings und verfolgen, fügte sie strafend hinzu, werde man alles im Krankenhaus. Johann musste bleiben, eine Nacht mindestens, wohl oder übel. Als sie ihn verließen, lächelte er, ein Pferd von einem Mann, der Teermaschinen durch Gucken zu Tode erschreckte, wie ein Schulbub.

Karl nannte Johann Schaminski aus Breslau einen seltsamen Mann, als sie zurück zur Kolonne fuhren. Paul lachte. „Da hast du recht, Kalle“, sagte er, „er ist ein Säger und Sinnierer in einem.“ Manchmal denke er, Johann säge und singe nur so gern, damit er ungestört sinnieren könne. So ein Sinnierer vor dem Herrn, knüpfte er daran an, sei auch Ruschemeiers Gustav, den Karl noch nicht kannte.

„Er baut sich, Kalle“, erzählte Paul, „an der Porta ein eigenes Haus, nur für sich allein, einfach so, ohne Architekt, ohne Ingenieur und ohne Baugenehmigung. So ein Haus zu bauen, sagt er, ist nicht schwer. Man braucht nur Phantasie dazu und ein paar Freunde, die einem bei Speiß und Steinen ein bisschen zur Seite stehen. Und weißt du was, Kalle?“

„Nein, was denn?“

„Er kann sich voll und ganz dabei auf uns verlassen.“

Karl wusste längst, wie wichtig es der Kolonne war, dass jeder auf den andern sich verlassen konnte, voll und ganz, wie sie nicht müde wurden zu betonen, und doch wunderte er sich, dass diese Zuverlässigkeit auch Heinz betreffen sollte, den Schwatten. Ob er denn auch helfe, wollte Karl wissen.

„Aber ja doch“, sagte Paul.

Natürlich wusste er, was Karl meinte, den Hang zum Miesepeter, zum Stänkerpott, der dem Schwatten deutlich eigen war, und erklärte ihn doch unumwunden zum ärmsten Schlucker von ihnen allen, dem das Schicksal schlecht mitgespielt habe. Im Bus auf der Rückfahrt zur Kolonne erfuhr Karl von den drei Söhnen des Schwatten, die ihm sein Ein und Alles waren. Mit allem verwöhnte er sie, was er hatte. Während die anderen in ihre Gärten gingen, um Kartoffeln ein- und auszugraben, zog der Schwatte nach Feierabend zur Sägemühle unten am Fluss und sägte schwarz bis in die Nacht hinein, damit das Geld auch reichte. Das habe er nicht gewusst, meinte Karl betroffen, als Paul ihm davon erzählte, das erkläre natürlich so manches. Und doch erklärte das, wie er erfahren musste, nichts. Es war der Sägemüller, der das Schicksal war, ein Dickwanst von einem Schlitzohr, den auch Karl schon bei Lückemeier hatte schwadronieren hören. Dieser hatte insofern das Unglück in das Leben des Schwatten gebracht, als dessen Söhne seine waren.

„Stell dir vor, Kalle“, sagte Paul auf der Fahrt zurück zur Kolonne, „wie aus dem Gesicht geschnitten sind die dem Kerl.“

„Mensch Paul,“ sagte Karl.

„Ja Kalle, so ist das.“

Die Straße, auf der sie von Holberg zurück zur Kolonne fuhren, führte über Hügel und durch Mulden, die so weich ineinander übergingen, dass sie weit eher einem zu Erde verkrusteten Meer glichen als den Moränen und Sandern, die Fräulein Maus am Ufer des Baggersees zu bauen pflegte, zumal wenn der Wind durch die Wiesen und Kornfelder wehte und ihr Grün und Gelb in Wellen bewegte. Flach in die Mulden geduckt, hinter Hecken und zwischen Bäumen und Büschen versteckt, lagen vereinzelt die Höfe. Ein Sommergewitter zog sich darüber zusammen. Während der Himmel sich schon staubig trüb verdunkelte, flogen noch immer Flecken von Sonnenlicht über die Landschaft und ließen den weißen Lehm in den Rahmen der Fachwerkbalken durch das Laub wie Spiegel blinken.

Hinter einem der nächsten Hügel stieg Rauch in die Höhe, den der Wind im Nu ergriff und verteilte. Karl sah den Mann von weitem, der im Blaumann auf einen Stock gestützt neben seinem Feuer stand und es betrachtete. Er sah ihn, als es zu regnen begann, dort stehen, am Stock, und sich nicht rühren, und als der Regen weiter zunahm und den Rauch nun zur Erde drückte, vom Stock sich lösen und mit diesem die Glut richten, damit sie nicht erlösche. Als er den Kolonnenbus bemerkte, blickte er auf, winkte mit weiten Armbewegungen und lachte dabei auf eine Weise, die Karl verwirrte, Paul aber hupen und seinerseits winken ließ. Dieser breit- und rotgesichtige Mann, dessen Alter unbestimmt zwischen dreißig und fünfzig Jahren lag, lachte ungeachtet des Regens, ungeachtet der Haare, die ihm nun nass in die Stirne hingen, so offen, dass man sein Zahnfleisch sah, und sah, dass alle Zähne darin fehlten, lachte so vertrauensvoll und unbeschwert, wie sonst nur Kleinkinder lachen: Das war Köstrings Klaus, Kläuschen, wie Paul erklärte, des alten Pastors blöd geborener Sohn.

Als sie den Kolonnenwagen erreichten, war es nach fünf. Heinz, Dieter und Rudi saßen um den Tisch herum. Auf den Wagen prasselte der Regen, und dort, wo das Ofenrohr durch das Dach nach außen führte und einen schwarzen Ring um sich gebildet hatte, tropfte er herein und landete hörbar im Kochtopf.

Rudi hatte im Krankenhaus angerufen, Dienstgespräch, und wusste um die Lage der Dinge, die nicht mehr dramatisch war. Er erzählte, wie er sich einmal als Schulkind während der Rechenstunde mit seinem Taschenmesser ganz tief in seinen Finger geschnitten habe, als er unter dem Tisch einen Bleistift anspitzte.

„Und der Klute, der Rechenlehrer, sagt, Rudolf, sagt er, warum bist du plötzlich so kreidebleich? Und ich sage: Herr Klute, sage ich, ich blute stark, ich habe mich geschnitten. Mein Gott, sagt er, Rudolf, wo denn? Und ich sage: An meinem Taschenmesser, Herr Klute."

„Wie lange muss er denn bleiben?" fragte Heinz in ihr Lachen hinein und meinte, als das noch unsicher schien: „Dann wird ja wohl vorläufig nichts daraus werden, mit dem Sägen nach Feierabend, das kann er sich abschminken."

„Ja, genau", sagte Paul.

Als sie über die nassen Straßen zurück zum Bauhof fuhren, saß wieder Heinz am Steuer, mit verkniffenen Augen, und strich wie sonst auch bisweilen mit seiner Rechten, an der Zeige- und Mittelfinger fehlten, sein volles schwarzes Haar zurück.

Es kam der Tag des Wodan, der Tag des ewig Suchenden, an dem die Wochen sich zu Hälften scheiden, an dem Karl erlernte, was Klugheit ist. Die Kolonne saß am Budentisch und dachte über die Fenster nach, die Gustav talwärts einzusetzen plante, vier sollten es sein, was Rudi übertrieben, Paul aber vernünftig nannte, da Gustav viel zu gucken hatte. Sie sprachen von der Macht der Tatsachen im Leben und fragten sich, ob vier große Löcher in der Wand zwangsweise vier Rahmen und Scheiben verlangten, als sie der Besuch eines Mannes unterbrach, der so klein und schmal war wie Dieter.

„Morgen Detlef“, begrüßte ihn Rudi, „schon so früh auf den Beinen? Aber richtig“, begann er zu kichern, „du bist ja Frührentner jetzt.“

„Morgen allerseits. Ich muss doch mal ab und zu bei euch nach dem Rechten sehen – oder? Damit ihr mir auch nicht versumpft – oder?“

„Komm setz dich, Detlef, und trink einen mit. Hier den kennst du noch nicht. Das ist Krüger Karl, unser Benjamin. Kalle, das hier ist Schuppmanns Detlef, Dieters großer Bruder. Wie läufts denn so, Detlef, so als Frührentner, meine ich. Ungewohnt, was?“

Detlef setzte sich mit an den Tisch und trank das Glas Wacholder.

„Komm, Detlef, auf einem Bein kann man schlecht stehen. Wie gehts denn Ilse?“

„Geht so.“

„Und August?“

„Geht so. Seine Frau kriegt wieder ein Kind.“

Die Kolonne erschrak, und es war nicht August und nicht seine schwangere Frau, sondern Dieter, der sie erschreckte. Er schlug mit der Hand so hart auf den Tisch, dass ihm die Zigarre daraus entwischte und auf den Boden fiel.

„Dieser Kerl“, rief er stehend, „das darf doch wohl nicht wahr sein. Dieser Kerl macht seine Frau kaputt. Guck sie dir doch bloß mal an, die hat doch nichts mehr auf den Rippen, die wird doch von Tag zu Tag dünner, und die Ringe unter ihren Augen da, die kriegt sie nie in ihrem Leben wieder weg. Und Detlef, Mensch, warum unternimmst du denn nichts dagegen. Das ist doch schließlich dein Sohn. Den musst du dir doch mal vorknöpfen.“

Detlef stierte auf den Tisch, als sein Bruder sich bückte, um die Zigarre darunter zu suchen, sich dann wieder setzte und, zwischendurch rauchend, nun ruhiger weitersprach.

„Das muss sich nur mal einer vorstellen. Elf Kinder in die Welt zu setzen, nichts gelernt und Hilfsarbeiter in der Möbelklitsche. Und sie muss dann auch noch arbeiten, weil er das Kindergeld im Puff verhurt. Das muss sich nur mal einer vorstellen."

„Dieter, du weißt, wie oft ich ihm das schon gesagt habe, aber er hört nicht auf mich. Er sagt: Halt die Klappe, Vater, das ist nicht dein Bier, das ist allein mein Bier. Und ich sage: Denk doch mal an deine Frau. Und weißt du, was er mir antwortet? Er antwortet: Ist das nun meine Frau oder deine? Kümmere dich lieber um Ilse. Daran hast du genug zu tun. Mehr als genug."

Die Kolonne in der Bude schwieg.

„Und dann die Leute", begann Dieter nach einer Weile erneut, „das wird auch immer schlimmer. Neulich kam doch einer bei Lückemeier an meinen Tisch, den kannte ich gar nicht. Fragt er mich: Sag mal, du bist doch Schuppmanns Dieter, Augusts Onkel oder? Ja, sage ich, der bin ich. Was ist denn? Hör mal, ganz im Vertrauen, sagt er, der August muss sich vorsehen, sonst fliegt der bald aus der Firma. Vor ein paar Tagen haben sie ihn und seine Alte in der Mittagspause erwischt. Da hat er sie oben unter dem Dach auf den Sägespansäcken gerammelt. In der Mittagspause kann natürlich jeder das machen, was er will, aber wenn dem Chef das zu Ohren kommt, dass August da seine Alte gerammelt hat, dann fliegen die, und zwar beide. Die haben doch nun auch schon zehn Stück. Das reicht doch wohl auch – oder? Da müssen sie doch nun nicht auch noch in der Mittagspause auf die Sägespansäcke."

Dieter schwieg wieder und zog an seiner Zigarre. Rudi schenkte Detlef noch einmal ein.

„Sag mal, Detlef", sagte der Schwatte, „wie viele von den Kindern sind denn Jungen und wie viele Mädchen?"

„Wieso?" fragte Detlef, nachdem er sich am Wacholder verschluckt und sich geräuspert hatte.

„Nur so, Detlef."
„Acht Mädchen und zwei Jungen."
„Ah, interessant."
„Wieso das denn?"
„Dann stimmt das nämlich tatsächlich, dass, wenn die Frau beim Rammeln keinen Spaß hat, meistens Mädchen dabei rauskommen, wenn sie aber ganz wild dabei ist, meistens Jungen. Sag mal, Detlef, die beiden Jungen, die wievielten sind die denn von den zehn?"
Während Dieter zum zweiten Mal an diesem Morgen aufsprang und mit der Hand auf den Tisch schlug – „noch ein Wort, Heinz, und ich werfe dich hier eigenhändig raus, und zwar sofort" –, griff Rudi in die Jackentasche und holte hastig das Notizbuch hervor, öffnete es kurz und las ohne Brille:
„Tagesplan heute: Fahrbahnausbesserungsarbeiten auf der L 7 ab Ronninghausen. Los Männer! Detlef, tut mir leid, wir müssen jetzt wirklich los."
„Das scheint mir allerdings auch so", sagte der Wilde, der in diesem Moment die Bude betrat. „Was zum Teufel ist hier los? Warum sind Sie immer noch hier. Es ist sieben Uhr fünfzig. Hupe!"
Rudi war blass.
„Herr Schwake", setzte er zu einer Erklärung an, „Herr Schwake. Die Kurbel der Teermaschine ist plötzlich verschwunden gewesen, und da haben wir gerade Schuppmanns Detlef gefragt, ob er vielleicht … Herr Schwake, wir hängen dafür heute Nachmittag eine Dreiviertelstunde dran. Wir haben, ganz ehrlich gesagt, hier gerade über eine ziemliche Familientragödie gesprochen. Schuppmanns Detlef hier ist fix und fertig, der hat die ganze Nacht über Schluck getrunken. In der Flasche, die er da mitgebracht hat, ist ja kaum noch was drin. Sie kennen doch den Bruder von Schuppmanns Dieter, Herr Schwake?"
Offenbar war auch der Wilde von der Situation überrascht. Verwirrt reichte er Schuppmanns Detlef die Hand und sagte:

„Angenehm.“ Und dann: „Was für Probleme haben Sie denn. Sie sind doch Maurer, nicht wahr? Warum sind Sie denn heute nicht zur Arbeit gegangen?“

Detlef sagte: „Mein rechtes Ellbogengelenk ist ganz ausgeleiert von dem vielen Speis an die Wand Werfen. Und da hat der Arzt gesagt: Herr Schuppmann, hat er gesagt, das ist nicht weiter schlimm, das ist ein klassischer Tennisarm, Sie müssen nur sofort mit dem Spielen aufhören. Und als ich dann sagte, das wäre nicht vom Tennis, das wäre vom Speis an die Wand Werfen, da hat er mich gleich kaputtgeschrieben.“

„Wie, kaputtgeschrieben?“ sagte Schwake, „er kann Sie doch nicht einfach so kaputtschreiben.“

„Herr Schwake, Herr Schuppmann meint, in Rente schreiben. Er ist jetzt Frührentner.“

„Ja genau“, sagte Paul.

„Ach so, ich verstehe, das gibt natürlich Probleme in der Familie. Ich kenne das noch von meinem Vater. Als der seinerzeit pensioniert wurde, da wusste er nichts mehr mit sich anzufangen, rein gar nichts, sage ich Ihnen, meine Herren, und er und seine Frau fielen sich nur noch auf die Nerven.“

„Die Ilse“, sagte der Schwatte, „die Frau von Herrn Schuppmann, die Ilse, die hat auch schon mal E 605 genommen, und da mussten sie ihr den Magen auspumpen, und sie ist gerade noch vorhergekommen.“

„Wirklich?“

„Ja, das stimmt“, sagte Detlef, „das ist allerdings schon zwanzig Jahre her.“

„Ach so.“

„Das war auch nicht das Problem“, sagte der Schwatte, „es ging eigentlich darum, dass der Sohn von Herrn Schuppmann hier zehn Kinder hat.“

„Donnerwetter“, sagte der Wilde. „Prost Mahlzeit. Aber das scheint ja wohl in der Familie zu liegen“, und er wandte sich an Dieter, „Sie haben doch auch sechs, nicht wahr, Herr Schuppmann, wenn ich nicht irre, ja?“

„Ja genau", sagte der Schwatte, „sechs Mädchen."

„Na ja, meine Herren, das ist natürlich dann wirklich nicht so leicht. Da gibt es auch schon mal Probleme. Dann will ich mal ein Auge zudrücken. Also, heute nachmittag hängen Sie dann eine Dreiviertelstunde dran, ja?"

„Alles klar, Chef", sagte Rudi, „wird gemacht, Chef."

Als der Tag des Donar kam, des Schirmers ohne Falsch, erfuhr Karl von Lust und Leid. Am Morgen, der noch sonnig war, begleitete der Benjamin den Fahrer Paul nach Finkenbeck, wo die Kolonne teeren wollte. Sie hatten Splitt und Teerfässer geladen und den Kolonnenwagen eingehängt. Ihnen voraus schob sich die große Schnauze des MAN die Straße entlang. Die Richtstangen an den Kotflügeln rechts und links standen wie Fühler empor und trugen die Schnecke zum tierischen Wesen des LKWs bei. Gutmütig wie eine Kuh, belastbar wie ein Gaul, war er auch langsam und, vor allem, wenn er noch kalt war, unerwartet empfindlich. Paul behandelte ihn wie ein Junges, so als befürchtete er, ihm mit seinen groben Händen weh zu tun, lenkte glatt und flüssig und schaltete sauber, indem er aufwärts einen Augenblick zwischen den Gängen verharrte, abwärts aber empfindsam Zwischengas gab. Dass er sich bisweilen verschaltete, wenn er abgelenkt war, von einer Erzählung fortgetragen oder mit Schimpfen beschäftigt, bewies nur die Sorgfalt, die er dem LKW widmete. Er fluchte, wenn er die Zahnräder hörte, und kehrte sofort zum Fahren zurück.

Der Weg nach Finkenbeck führte durch Besebrink, das am Fuß eines Berghangs lag. Hinter dem Dorf kletterten sie die Schleifen der Straße hinauf, die talwärts durch schweres Steinwerk befestigt war und dennoch so schräg abfiel, dass sie gleich wegzurutschen schien. Am Straßenrand stand der Teerbelag in Wülsten über, wie der Kuchen über die Backform, und Paul erzählte, wie kitzlig das Teeren dort war, da man gar nicht so schnell splitten konnte, wie das alles abwärts suppte. In einer der Schleifen lag eine Fachwerkkapelle, deren Balken nicht senkrecht, sondern zum Berg geneigt standen, so als stemmten sie sich gegen den drohenden Absturz, als sähen die hohlen Fenster starr in den Himmel hinaus, um den Abgrund nicht sehen zu müssen. Das war die Kapelle, die Köstring, der alte Pastor, dort hatte errichten lassen.

Als sie die halbe Höhe erreichten, trafen sie auf die Winschinski-Kolonne. Sie war damit beschäftigt, den Straßengraben auszuheben, der vom Berg zum Dorf hinunterlief und durch Geröll und den vom Regen aufgeschwemmten Boden so verschüttet war, dass er an manchen Stellen die Höhe der Fahrbahndecke erreichte. Ein Bagger der Weserhütte hatte den Arm zum Hang gesenkt und kratzte im Dreck. Die Schnauze talwärts, war vor ihm ein Magirus festgekeilt, der seine Sonnentage hinter sich hatte. Er wartete darauf, dass sein Maß sich füllte, damit er beladen zurückkehren konnte. Auf ihre Schaufeln gestützt standen zwei Männer dabei.

Paul kannte den Baggerführer aus der Zeit, als der noch bei ihnen den Kolonnenbus fuhr, bis ihm der Wilde wegen des Trinkens kündigte. Sie nannten ihn „Onkel". Paul erinnerte sich noch daran, wie Onkel manchmal bei Feierabend mit dem Bus zurück auf den Hof gekommen war, ihn rückwärts neben die Bude gesetzt hatte, wie eine Eins, aber dann, wenn er ausgestiegen war, mit dem Schlüssel das Schlüsselloch nicht mehr fand. Man erzählte sich auch davon, wie sie Onkel später den Führerschein abgeknöpft hatten. Rein zufällig soll er in eine Kontrolle geraten sein, wie eine Eins, aber dann, als sie die Tür des Wagens öffneten, war er ihnen wie eine Pflaume entgegengeplumpst und als solche dort liegen geblieben. In seiner Art, erinnerte sich Paul, war auch auf Onkel Verlass. Seinen Führerschein hatte er im Fallen noch aus der Jackentasche gezogen, so dass sie ihm den nur aus der Hand zu nehmen brauchten.

Sie beschlossen, kurz anzuhalten, um Guten Tag zu sagen. Oberhalb des Baggers stellte Paul den MAN ab, Karl schob Keile unter, dann gingen sie hinunter. Am Bagger betäubte der Lärm des Motors die Ohren. Es roch noch Dieselöl und frischer Erde. Paul wartete ab, als Onkel sie nicht bemerkte, und beobachtete die Bewegungen des Baggerarms, auf die er auch Karl dann hinwies, ohne dass dieser das Beachtenswerte begriff. Es ging um das Schwenken des Arms, dem seine Aufmerksamkeit galt, um die Geschicklichkeit, ihn zu schwenken und dabei zugleich auch, je nachdem, zu heben oder zu senken. Onkel konnte das. Auch dass er den Graben gleichmäßig aushob, war, bei einer Straße, die seitlich so abfiel und dabei so abschüssig talwärts lief, ein Zeichen seiner Kunst.

Erst als Paul näher heran ging und winkte, bemerkte ihn Onkel und stieg zu ihnen in den Motorlärm herab. Verknöchert, abgemagert, fahl im Gesicht, erschien er neben Paul, der unter seinem Federhütchen stattlich war, großväterlich und gar nicht onkelhaft.

Sie begrüßten sich, reichten sich die Hände. Eine halbe Ewigkeit hatten sie sich nicht mehr gesehen. Auf die Frage, wie es ihm gehe, wiegelte Onkel ab. Er wolle nicht klagen, sagte er und ließ doch verstehen, dass er Grund dazu hatte.

„Weißt du was“, sagte Paul und sah auf die Uhr, „ich mache den Kolonnenwagen hinten auf, und dann frühstücken wir erst mal. Hier in dem Dieselgestank kann doch kein Mensch frühstücken, da gehen wir lieber nach hinten. Du kannst ja den beiden andern da sagen, dass sie mit reinkommen können, erst mal raus aus dem Gestank.“

„Die wollen nicht“, sagte Onkel, „das kann ich dir gleich sagen. Die sprechen kein Wort Deutsch. Der Jugoslawe hockt immer nur im Führerhaus und will da gar nicht raus, und der Türke setzt sich zum Essen in den Graben. Immer. Da kannst du Gift drauf nehmen.“

„Wie?“ sagte Paul, „wieder ein Jugoslawe und ein Türke?“

„Ja, genau, Paul, wie Ivo und Ilhan. Aber jetzt mach erst mal den Kolonnenwagen auf, damit wir hier aus dem Diesel rauskommen. Das kann ich dir ja beim Frühstück erzählen.“

Sie gingen hoch zum Kolonnenwagen, der sich im Fahrtwind mit morgendlicher Frische aufgefüllt hatte, stiegen hinein und packten ihre Stullen aus. Pauls Brote waren mit Blutwurst belegt und dicken Zwiebelringen, was ihm wegen der stärkenden Wirkung auf seine Manneskraft unangenehm war. Er gab kurzerhand Erna die Schuld daran und griff schnell, da das keine gute Ausrede war, unter dem Tisch nach einer Flasche Bier, die er Onkel anbieten konnte.

„Lass man, Paul“, schlug dieser ab, „die Zeiten sind vorbei. Herr Brinkmann, hat der Arzt zu mir gesagt, ich schwöre Ihnen hoch und heilig hier in Ihre nackte Hand, dass Sie in einem halben Jahr vom Fenster weg sind, wenn Sie nur einen Tropfen wieder anpacken. Herr Doktor, habe ich gesagt, da können Sie sich voll und ganz drauf verlassen. Ich packe nicht einen Tropfen mehr von dem Alkohol an.“

In das Wort Alkohol bannte Onkel die Geister des Korns und Wacholders, das böse Wort, das Fräulein Maus den Alchimisten in die Schuhe schob und das sie auch in der Kolonne mieden, und sein Gesicht erinnerte daran, dass selbst Thorwaldsen, de lütke Jesus, Bazillen- und Bazickeltöter, dagegen machtlos war, bei Missbrauch, wohlverstanden. Paul lenkte das Gespräch auf den Jugoslawen und den Türken ab, die beide mit I begonnen und der Winschinski von A bis O gehört hatten.

„Nun erzähl mal, Onkel, was war denn nun mit Ivo und mit Ilhan? Warum sind die denn weggegangen?“

„Na ja also, hör zu“, näherte sich Onkel ihnen umständlich an, „du weißt doch, dass die Winschinski hier am Berg noch diesen Hof hat, mit Kühen und mit Schweinen drauf.“

„Ja, genau, da wohnten doch auch die beiden und machten ihr die Hofarbeit.“

„Ja, genau, da wohnen jetzt auch wieder die beiden neuen und machen ihr die Arbeit. Und du weißt ja, Paul, dass Ivo und Ilhan ihr nicht nur die Hofarbeit gemacht haben.“

Paul wusste es offensichtlich, schrieb es sich selber ins Gesicht, bevor er es aussprach. „Ja“, sagte er, den Hintern leicht angehoben und kurz aus dem Fenster schauend, „die besorgten es ihr wohl auch“, klappte er eine der Stullen auf, „im Bett. Oder was?“

„Ja, genau“, sagte Onkel, „du hast es erfasst. Jedem das Seine, sag ich nur, du kennst ja die Winschinski.“

„Ja“, meinte Paul, „hässlich wie die Nacht ist die.“

„Und schlecht wie die Gelbsucht, sage ich dir. Ich fragte Ivo mal: Sag mal, Ivo, wie kannst du bloß auf diese Alte da draufsteigen? Also ich könnte das nicht. Die ist doch hässlich wie die Nacht. Onkel, sagte Ivo da, da mache ich bloß die Augen zu, und dann gebe ich es ihr und stoße sie, bis sie fast platzt.“

Auch Karl holte sich da eine Flasche Bier aus dem Kasten unter dem Tisch. Er müsse ja nicht fahren, sagte er überflüssigerweise. Ganz im Gegensatz zu Paul, oder?

Für Ivo, glaubte Onkel, war das wie Lust und Rache in einem, und er hielt es für sicher, dass es für Ilhan genauso gewesen war, dass auch er sie gestoßen habe, bis sie fast platzte, aus Lust und Rache in einem, bis sie beide dann eines Tages, was vorher noch nie geschehen war, nicht mehr zur Arbeit kamen.

„Ich bin gleich rausgefahren zum Hof“, erzählte er, „um zu gucken, was los war. Und da waren die beiden am Packen. Ich sage: Ivo, was ist denn los? Wieso seid ihr denn nicht auf Arbeit? Und er sagt, dass sie abhauen wollten, und erzählt, dass sie es ihr in der letzten Nacht auf einmal besorgen mussten, zusammen und gleichzeitig.“

„Wie? Zusammen und gleichzeitig?“ fragte Paul, „das geht doch gar nicht.“

„Ja siehst du, Paul, genau das fragte ich Ivo auch: Wie? Zusammen und gleichzeitig, Ivo, na hör mal, alles was recht ist, das geht doch gar nicht. Doch doch, sagte Ivo, das geht. Jedes Fahrrad, sagt er, hat einen Sattel und zwei Räder. Der eine hat sich auf den Küchentisch zurückgelehnt, und die Winschinski draufgenommen. Der andere hat sich in derselben Zeit von rückwärts rangemacht, an ihren Hintern und im Stehen."

Paul fand nicht einmal die Zeit, den Blick aus dem Fenster zu werfen. „Igittigitt", sagte er.

„Ja, genau, Paul", sagte Onkel, „das sagte ich auch. Igittigitt, Ivo, sagte ich, und das auch noch in der Küche. Und weißt du, was Ivo sagte, Paul? Er sagte: Ja genau, Onkel, und darum verschwinden wir jetzt. Zurück in die Walachei. Und weißt du, was die Winschinski da sagte? Das war überhaupt das Stärkste. Die Winschinski sagte: Dann suche ich mir eben ein Paar neuer Schwänze, einen jugoslawischen und einen türkischen, einen für hinten und einen für vorn, und beide blitzeblanke neu. Das ist doch wohl die Stärke – oder? Blitzeblanke, sagt sie einfach."

Sie teilten Onkels Empörung, die schließlich in eine Sprachlosigkeit auslief, aus der herauszufinden sich keiner mehr die Mühe gab. Paul begann auf der Bank herumzurutschen, Karl beeilte sich, seine Flasche zu leeren. Sie müssten. Noch während Onkel zurück zum Bagger ging, an die Tür des Magirus dabei klopfte und den Mann rief, der im Graben kauerte, stiegen Paul und Karl in den LKW ein.

„Im Grunde", sinnierte Paul, den Kopf leicht nach links aus dem Fenster geneigt, die Feder seines Huts im Wind, „kann sie ja nichts für ihre Hässlichkeit. Die ist ja eigentlich, ganz anders als der Suff, vom lieben Gott gegeben. Aber dennoch," sagte er und überließ sich schweigend weiteren Betrachtungen, bis er sich schließlich verschaltet hatte. „Schönen Gruß vom Getriebe auch", errötete er, „der Gang ist drin. Aber gleich mit zwei auf dem Tisch, in der Küche, von vorn und von hinten, das ist schon ein starkes Stück."

Als sie aus Finkenbeck zum Hof zurückkehrten, war es Mittag. Aus der Bude dufteten Bohnen, Kohl und Rudis Steckrübensuppe.

„Mahlzeit Männer", rief er, als Paul und Karl eintraten, „ihr kommt gerade noch rechtzeitig. Wir überlegen gerade, ob

Gustav sich in seinem Haus nicht vielleicht doch eine Küche bauen sollte. Er meint ja, er braucht keine, und da erzählt Heinz hier gerade vom Sägemüller unten am Fluss. Wie der mal vor Jahren ein Haus erbte und mit dem ganzen Haus nichts anfangen konnte und da lieber einen Neubau für hinbauen wollte."

„Ja genau", sagte Heinz, „und eines Abends brannte das Haus, und die Freiwillige Feuerwehr aus Lohe kam, Und wisst ihr, was passierte? Da stand der Sägemüller bei dem brennenden Haus und hatte Kartoffelsalat und Würstchen dabei und ein Fass Bier aufgemacht und sagte: Männer, bevor das alte Haus gelöscht wird, ist erst mal der Durst an der Reihe. Den Schornstein kriegen wir auch nachher noch runtergerissen. Der muss nämlich runter, weil sonst die Versicherung nicht voll bezahlt. Stellt euch vor, das sagt der denen so ganz offen."

„Ja und dann, Heinz?"

„Dann haben sie das Haus noch ein bisschen brennen lassen und dann eben den Schornstein runtergerissen. Und haben es sich dann noch so richtig schön schmecken lassen. Ich sage euch", sagte Heinz, „der Sägemüller ist ein Schlitzohr, der weiß, wie man es anstellen muss."

„Mahlzeit Männer," sagte Rudi, „jetzt lassen wir es auch uns so richtig schön schmecken. Und ich würde sagen, wir fangen am besten auch erst mal mit dem Durst an. Auf dein Wohl, Heinz."

Am Tag der Freya, der Liebreizenden, lernte Karl die Schönheit kennen. Ruschemeiers Gustav stellte sie ihm vor. Er hatte rotes kurzgeschnittenes Haar, das er im Grunde glatt nach hinten kämmte. Wenn er am Morgen in die Bude kam, war es nass und rostig, um gegen Mittag sich zu hellen Feuerwirbeln aufzurichten. Deren Funkenregen hatte sich in sein Gesicht als Sommersprossen eingebrannt. Er trug eine Brille mit so dickem Glas, dass seine Augen mit all ihrer Lebhaftigkeit nicht dahinter, sondern, eingelassen, eingeschlossen, in diesem selbst zu sitzen schienen. Baten die Kinder ihn, sie abzusetzen, tat er es gern und sie hielten sie prüfend wie einen Bernstein in der Hand, bis sie ihm ins Gesicht zu blicken wagten. „Na?“ lachte er über ihr Staunen, „zufrieden?“

Gustav wohnte oben im Berg in seinem kleinen Haus, auch wenn dieses noch nicht fertig war. Das muss ja nicht sein, sagte er, und hat später noch Zeit. Dass es ein Dichterheim war, fand Karl dank des Wilden heraus. Dieser war Kassierer des Porta-Wandervereins und hatte die Kolonne dazu verpflichtet, einmal im Monat den Fuß des Kaiser-Wilhelm-Denkmals und die Wege darum herum von Unrat zu befreien, wie er sich ausdrückte, was sich in der Dienstsprache Rudis als Kaiser-Wilhelm-Säuberung niedergeschlagen hatte. Für die Kolonne war die Befreiung des Kaisers pro Monat ein lästiger Müßiggang, denn in seinem Stolz als Kassierer überschätzte der Wilde die Anzahl der Denkmalbesucher, die dort ihren Unrat hätten lassen können. Das eigentliche Problem bestand indes darin, dass er sie heimlich dort besuchte, seinen Ford unten parkte und horchte, ob es auch klapperte in ihren Eimern. „Kaiser-Wilhelm-Säuberung“, hieß es, wenn es so weit war, „Männer, ihr wisst, was zu tun ist.“ Mit den Blecheimern im Bus fuhr die Kolonne die Weser entlang und dann die dunklen Windungen zum Kaiser Wilhelm hinauf, der, den linken Fuß leicht vorgestellt auf seinem Stufensockel stand und mit gegossener Würde weit über die Weser hinaus in die Ferne blickte, bis nach Frankreich hinein, nach Versailles vielleicht, wenn die Richtung stimmte, wo Fräulein Maus ihn in prächtiger Uniform hatte ausrufen lassen, zum Kaiser der Deutschen, wohlverstanden.

Auch als Karl der Benjamin zum ersten Mal daran teilnehmen durfte, war der Unrat des Kaisers schon vor dem Frühstück aufgesammelt, Flaschen und Dosen, Tüten, Papier aller Art, ein Pornoheft auch darunter, das Rudi angewidert zwischen zwei Fingern hielt, um es ihnen zu zeigen. Nach dem

Frühstück verteilte die Kolonne sich am Berg, hinein in die Büsche, wo sie alle bis zur Mittagspause mit Steinen auf ihre Eimer klopften.

Kalle und Gustav hatten sich einen schattigen Platz mit Blick auf den Fluss gesucht und saßen dort, die Eimer wie Trommeln zwischen den Beinen, wie zwei alte Mohikaner, denen im Leben nicht mehr geblieben war, als ihre Jahre in diese hineinzuzählen. Unten glänzte in sonniger Stille die Weserschleife, und Gustav sagte in gestochenen Worten: „Sanft windet sich die Weserschleife durch das satte Gelb der Felder. Leicht streicht der Wind durch dunkelgrüne Wälder. Die Zeiten im Sommer sind golden."

„Das klang ja", sagte Karl, „wie ein Gedicht."

„Ja genau, das war auch eins."

„Und wer hat das geschrieben?"

„Keiner", sagte Gustav.

Karl erinnerte sich nicht mehr an die Gedichte, die Fräulein Maus sie hatte lernen lassen. Des Dichters Größe, die sie darin suchen mussten, stand ihm vor allem in der wütenden Verzweiflung vor Augen, mit der das arme Fräulein daran scheiterte, ihren Jungs das westfälische R auszutreiben, das sich als A in ihnen eingenistet hatte. Die Glocke von Schilla brachte sie aus der Fassung, Goethes Dea Fischa an den Rand des Wahnsinns, wie sie selbst gestehen musste. Daran konnte auch Martin Luthir, mit dessen Größe Sabine Sandmann sie entzückte, letztlich nichts ändern. Eine Tatsache aber stand für sie alle außer Frage: ein Gedicht stammte, wie wäre es anders möglich gewesen, von einem Dichter, der, auf die eine Art oder die andere, seine Größe dort eingepflanzt hatte.

„Wie, keiner?", fragte Karl, „das ist doch gar nicht möglich."

„Das hat noch keiner geschrieben", lachte Gustav, „weil es noch nicht geschrieben ist. Das habe ich eben gedichtet."

Gustav dichtete. Er konnte es sogar erklären, das Dichten. Zu Füßen des Kaisers sprach er lachend von der Schönheit, der es zuzuschreiben sei, vom Wind des Dichtens, der aus der Wärme der Schönheit und der Kälte des Alltags entstehe und einen, wenn man sich nicht ducke, mir nichts dir nichts mit sich nehme. Wie der wirkliche, der da durch dunkelgrüne Wälder fahre, sei auch der Wind des Dichtens ein Naturereignis, das einfach so geschehe.

„Guck dir mal die Weser an", führte er ein Beispiel an, „wie schön sie da unten liegt. Manchmal ist sie überhaupt nicht schön. Nehmen wir mal einen dieser trüben Tage, wenn einem morgens schon der Kopf in Stücke springt, und man sieht die alte Eisenbahn, wie sie da schmutzig und laut den Fluss lang fährt. Dann sagt man ganz normal: Ach Gott, die alte Weser mit der schmuddeligen Eisenbahn da dran. Wenn sie aber schön ist und man will dann etwas über sie sagen, dann kann man das nicht einfach normal sagen. Verstehst du, Kalle?"

Karl kam das Prangen in den Sinn, das sie in ihrem Glauben an Fräulein Maus als ein Wort ihrer Sprache hingenommen hatten, ein Erker auf seine Art, obwohl sie mit den goldenen Sternlein, in die Mathias Claudius durch das Prangen seine Größe hatte legen können, nichts anzufangen gewusst hatten. Denn wer sagte das schon, prangen, meinte Karl.

Gustav gab ihm recht: „Wie auch die Sternlein ganz und gar unnormal sind", fügte er hinzu. „Und siehst du Kalle, das ist es, da liegt der Hund begraben. Wenn man was nicht normal sagt, sondern was schön sagt, dann dichtet man. So einfach geht das."

So einfach das zu gehen schien, so blieben bei Karl doch Zweifel. Ob manche nicht auch dichteten, wenn sie traurig sind, fragte er, was ja eigentlich nicht so schön sei. Trotzdem sagten sie dann etwas Nicht-Normales und Schönes darüber.

„Ja, das stimmt, Kalle, da hast du recht. Das kommt natürlich drauf an. Sagen wir mal so, was Schön und Traurig verbindet, ist, dass sie beide was Besonderes sind, eben anders als das Normale, und das Besondere will man vielleicht eben besonders schön sagen. Nehmen wir mal an, deine Frau ist mit einem Macker abgehauen und du guckst jetzt runter auf die Weser, dann würdest du natürlich was ganz andres dichten als ich vorhin. Dann würdest du vielleicht dichten: Nebel auf der Weserschleife. Feucht und schwer das Gras. In die Wirbel hinab zieht es das spröde Laub. Da muss man sich beim Dichten drauf einstellen, verstehst du? Die Hauptsache ist, dass du es anders als normal sagst. Eben nicht einfach: Meine Frau ist mit einem Macker weg, und ich laufe zum Klo, um zu reihern. Das wäre keine Dichtung. Pass auf, Kalle, ich mache es dir noch mal vor, noch mal so richtig schön."

Gustav stellte den Eimer an die Seite und stand auf, verschränkte die Hände auf dem Rücken und hob den Kopf ein wenig an, um mit seinen Bernsteinaugen in das Wesertal hinabzublicken. Die Wirbel seines Feuerhaars standen lodernd empor. Er sagte:

„Wo versteckte ich mich?
Im Gelb der Sommerfelder?
Oder täuscht der Nebel
Doch so gewaltig?
Oder sitze ich
Auf der Abendsonne
Die eben verschwand
Aber niemals verschwindet
Nur zum Schein
Sich hinter den Bergen verbirgt?
Der Abenddunst wird bald
Zum Morgentau."

„Mensch, Gustav", sagte Karl, als der sich setzte, und meinte es ehrlich, „das war schön, das war wirklich echt gedichtet."

Gustav lachte, wie er oft lachte, wenn er der Kolonne etwas aus dem Stand gedichtet hatte und sie ihn dafür lobte. Es war ein seltsames Lachen, überspannt und überhöht, mit dem Karl schwer zurechtkam, bis er merkte, dass es den anderen ebenso ging, und er sich ihnen anschloss, indem auch er zu lachen be-gann, sobald Gustav den Einsatz gab. Mit ihrem Lachen fingen sie das seine auf, so dass es abfedern und sich schließlich darin beruhigen konnte.

„Das ist nicht weiter schwer“, sagte Gustav schließlich, „man muss sich nur ein bisschen zusammenreißen. Aber hast du was gemerkt? Hast du gemerkt, dass die Porta und die Felder in dem Gedicht noch vorkommen, dass es da aber schon Abend ist, obwohl es doch jetzt gleich erst Mittag ist? Wenn ich was dichte, dann hängt das immer davon ab, wo ich gerade bin, und davon, wann ich da bin, überhaupt nicht. Ist das nicht merkwürdig? Sagen wir mal so, ich könnte jetzt auch was dichten von gestern oder vorgestern, aber ich müsste jetzt hier immer von der Porta runterdichten. Verstehst du?“

Karl vermutete, dass jeder echte Dichter wohl seine Eigenarten habe, einen Tick vielleicht, wie er meinte.

„Wahrscheinlich ist es so“, setzte Gustav den Gedanken fort. „Denn man kann sich ja auch einen vorstellen, der den ganzen Tag in seinem Garten sitzt und nur im Kopf von der Porta runterdichtet, obwohl er da gar nicht ist, der aber nicht von gestern oder vorgestern dichten kann, sondern der dichtet dann aus seinem Garten raus: Ich sitze auf der Porta hier und kraule mir gerade die Klöten.“

Da war es wieder, dieses Lachen, das hart gegen die Bäume schlug, springend am Hang sich verfing und Karl zu der Frage drängte: „Sag mal, Gustav, wenn du dichtest, dichtest du immer Gedichte?“

Meistens, meinte er gefasst, aber er könne auch Geschichten. Ob Karl eine hören wolle. Und ob, sagte dieser. Den Blecheimer zwischen den Beinen, einen Stein darin rollend blickte Gustav suchend in das Tal hinunter. „Da, guck mal“, sagte er schließlich, „siehst du das Haus da hinten an der Eisenbahn? Da dichte ich jetzt mal rüber.“

Er stand auf, nahm die Brille ab, behauchte von innen und außen die Gläser, putzte sie zwischen Daumen und Zeigefinger mit einem Zipfel seines Blaumanns, setzte sie wieder auf und rückte sie umständlich hinter den Ohren zurecht. Die Hände verschränkt auf dem Rücken, hob er den Kopf ein wenig, atmete durch und hielt das Haus an der Eisenbahnstrecke jetzt fest in seinem Blick. „Der Titel", sagte er, „heißt: Saustall." Während Karl sich wie eine Kirchenmaus verhielt, trug Gustav, ohne einmal nur zu stocken oder einmal nur sich zu versprechen, seine Dichtung vor:

„Die erste, Lewitte im Westen weit umgrenzende Linkskurve der Eisenbahnstrecke streifte mit ihrer Innenseite das Streckenhaus von Finkenbeck, das man Saustall nannte. Der Name ging auf den Streckenwart Starke zurück, der seinen Dienst im Saustall schon dreiunddreißig Jahre lang gewissenhaft versah, und dieser Starke war Bahnbeamter aus Leidenschaft. Auf die Frage, wann der Winterfahrplan des vorletzten Jahres den letzten Zug von Lewitte nach Holberg schickte, schüttelte er den Kopf und antwortete fest, es gebe niemals einen letzten Zug. Solange er, Starke, dabei gewesen sei, habe auf jeden stets ein Nachfolger gewartet, um das Wort ‚letzter' in einem immer wiederkehrenden Akt aufzuheben. Als er zwei Jahre lang bei der Reichsbahn gewesen war, es war im Januar 1935 und er arbeitete seit dem Jahreswechsel im Streckenhaus, trennte er sich von seiner ersten Frau, um, wie er den Verwandten knapp mitteilte, endlich der Arbeit, seiner wahren Geliebten, mehr Zeit zu widmen. Und um mit ihr ganz ungestört zu sein, ließ er sich noch einmal seine drei blauen Dienstanzüge reinigen, packte eine Dose schwarze Schuhcreme, Stoff-, Zahn- und Schuhbürsten und seine breiten silbergrauen Hosenträger in einen harten Weihnachtskarton, verschnürte diesen und zog damit in das Streckenhaus hinüber, um dort, mit seiner Arbeit nun vereint, bis an sein Lebensende zu bleiben. In Finkenbeck sprach man über Starkes Umzug mit Verständnis. Dass er seine Arbeit liebte, war lange bekannt. Verwirrung und schließlich Ablehnung stellten sich ein, als Starke einige Wochen später auf dem Standesamt das Aufgebot bestellte: Er habe nun auch vor, sie zu heiraten, eine wilde Ehe widerstrebe seinem sittlichen Empfinden. Der Weigerung des Pfarrers und des Standesamtmanns aber, ihn und sie zu trauen, fügte Starke sich nicht. Er wolle vielmehr gegen den Verfall der Arbeitsmoral und Moral überhaupt öffentlich Klage führen. Den Pfarrer aber, den Standesamtmann und die Gemeinde Finkenbeck aus ihrer Not befreiten im September desselben Jahres die Nürnberger Gesetze. Er, Starke, könne sie, seine Arbeit, nun nur noch heiraten, wenn sie nachweislich keine Jüdin sei. Da Starke das nicht nachweisen konnte und auch gar nicht wollte, zog er sich mit seiner Liebe für immer in sein Streckenhaus zurück, ohne jemals wieder eine andere Person zu treffen. Und da sich der Verdacht hielt, dass er dort gemeinsam mit einer Jüdin wohne, nannten der Pfarrer, der Standesamtmann und die Gemeinde Finkenbeck das Streckenhaus fortan den Saubau. Den Nationalsozialismus hindurch, den zweiten Weltkrieg hindurch, arbeitete Starke, und als dann alles vorüber war, wagte niemand, ihn zu besuchen. Die Arbeit werde aber, so berichtete man sich, noch immer liebevoll verrichtet."

„Mensch, Gustav", sagte Karl, wollte weitersprechen, hielt schon den Stein in der Hand, der in den Blecheimer sollte, aber Gustav setzte sich nicht, sondern richtete die Brille und ließ, während er wieder die Hände auf dem Rücken verschränkte, seinen Blick über die Weserschleife schweifen. „Putzger Sumpf", sagte er und sprach nach kurzer Pause abermals an einem Stück:

„Jeder zahnlose Alte wird, ohne sein Zigarillo aus dem Mund ziehen zu wollen, bestätigen, dass der Putzger Sumpf sich schon ewig, also wenigstens schon seit vor dem ersten Weltkrieg, auf der linken Seite des Bahndamms feucht und gefährlich ausgebreitet und in jedem neuen Frühjahr, wenn die Weser schmutzig über die Ufer trat, das Hochwasser aufgesogen habe, um auch in trockenen Sommern mutige Kinder anlocken und auch die verschlucken zu können. Er wird sich gut an jenen lauen Herbstabend mit Freibier und Blasmusik erinnern, als ein Vertreter des großen norddeutschen Versandhauses dem Vorsitzenden des Schützenvereins das neue Festzelt übergab und tags darauf dem Gemeinderat den Vorschlag antrug, den Sumpf für eine große Summe Geld als Bauland zu erwerben – sumpfig oder nicht sumpfig, das Gebiet liege mit seiner Nähe zur Bahn verkehrsgünstig. Der Sumpf aber war zugleich ein Naturschutzgebiet, denn ein einzigartiger Vogel mit farbigem Gefieder hatte sich ihn zum Brutplatz erwählt und damit zu einem Mekka der Vogelforschung gemacht. Entdeckt hatte den Vogel der Lateinlehrer Behrensmeier, und als dieser von den Plänen des großen norddeutschen Versandhauses hörte, gründete er den gemeinnützigen Verein zur Verbreitung des außerordentlich bunt schillernden Vogels im Putzger Sumpf, als dessen Vorsitzender er geeignete gerichtliche Schritte einleitete, die das Bauprojekt zunächst vereitelten. Bis in den Mai des folgenden Jahres hinein war vom großen Geschäft nicht mehr die Rede, weder im Lokalteil der Zeitung noch nach Feierabend über die Gartenzäune hinweg oder beim Bier bei Heinrichsmeier. Nur einige Herren in dunklen Anzügen und Limousinen waren bisweilen hier, bisweilen dort, bald bei diesem, bald bei jenem. An einem lauen Maiabend überreichte bei Freibier und Blasmusik der Vorsitzende des Schützenvereins dem Lateinlehrer Behrensmeier eine Medaille, nannte ihn Heger und Pfleger der Vogelwelt und pries ihn als großen Gelehrten und jener Ehrendoktorwürde mehr als würdig, die eine Universität in Norddeutschland ihm soeben verliehen habe. Zwei Monate später, in einer heißen Julinacht, kam die Gemeinde nicht zur Ruhe, und am folgenden Morgen drückte die Luft so schwer auf den Sumpf, dass sie faulig über seine Ränder quoll. Am Nachmittag räumten sie die Gemeinde. Vom Sumpf her hatte sich ein Gestank verbreitet, der unbeschreiblich, aber zweifelsfrei gesundheitsschädlich war, da er zu Brechanfällen und Ohnmachten führte. Im Putzger Sumpf vermoderten zu hunderten Kadaver von Kühen und

Schweinen, die in unruhiger Nacht dort versunken waren. Jeder zahnlose Alte weiß, dass das Licht in den Lagerhallen des großen norddeutschen Versandhauses, die nun auf dem Sumpfgebiet liegen, was keines mehr ist, auch des Nachts nicht erlischt, ganz anders als Zigarillos zum Beispiel, die man wegschnippen kann."

„Gustav, Mensch, Gustav", sagte Karl zum dritten Mal, „wie machst du das bloß?"

Gustav lachte. Die Töne sprangen den Hang hinunter, bis sie zerplatzten. „Kalle", sagte er, „das ist wirklich nicht schwer. Nimm nur die Dichtung vom Saubau. Guck mal, der Kotten ist dir vielleicht noch gar nicht aufgefallen, aber da unten steht der noch. Da denkst du den Gedanken rein, dass einer seine Arbeit heiraten will, schiebst den Gedanken dann ins Dritte Reich zurück und erzählst das Ganze anders als normal. Mir nichts dir nichts hast du so über den Kotten was rübergedichtet. Mit Lagerhallen funktioniert das genauso. Kirchen, Freudenhäuser, was du willst, einfach drüberhalten und fertig."

Er hatte sich gesetzt und legte sich nun zurück, die Hände unter dem Kopf ins buschige Gras. Seine Augen blickten ausdruckslos zum Himmel hinauf.

„Der Schluss war gut – oder?" sagte er nach einer Weile. „Mit den Zigarillos, die man wegschnippen kann. Das musst du dir merken, Kalle, mit dem Schluss steht und fällt so eine Dichtung, besonders so eine kurze. Und was du dir noch merken musst, ist dieses: Wenn du über so ein paar Lagerhallen zum Beispiel rüberdichtest, dann kannst du nicht einfach ‚Otto Versand Hamburg' sagen oder so einfach Lateinlehrer ‚Kleinemann' oder ‚bei Lückemeier', dann musst du das ein bisschen abändern, damit nicht gleich jeder merkt, um was es da geht."

Gustav war müde. Er schloss die Augen, und während Karl noch nach kleineren Steinen suchte, um das Geschepper zu dämpfen, war er ruhig atmend eingeschlafen. Karl kam das dichterische Prangen noch einmal in den Sinn, das Gedicht des Mathias Claudius, in dem Fräulein Maus sie nach dessen Größe hatte suchen lassen. Von wo aus und worüber dieser Dichter wohl gedichtet hatte? Er erinnerte sich nur an ihrer aller schlechtes Gewissen damals, weil sie sich über seine zwölf Kinder vor Lachen ausgeschüttet hatten. Der Mond ist aufgegangen, hatten sie es zu erklären versucht, wenigstens verstünde man da, für wen er das gedichtet habe. Dass Fräulein Maus errötete, hatten sie nicht gewollt. Ihr Schlingel, sagte sie verschämt.

„Es ist nicht weiter schwer", sagte Gustav, als er aufgewacht war und sich in der Sonne streckte, „aber wenn man so an einem Stück hintereinander wegdichtet, ist das doch ganz schön anstrengend. Darum sind auch Gedichte viel leichter. Da hat man zwischen dem einen Gedicht und dem nächsten immer eine Pause und kriegt trotzdem schnell ein paar davon auf die Reihe."

„Gustav", sagte Karl, „beide Geschichten, die du da vorhin gedichtet hast, waren irgendwie so traurig. Das erwartet man gar nicht von dir, wenn man dich so kennt."

„Ja, das stimmt, Kalle, jeder denkt, der Gustav da mit seinen ganzen braunen Sommersprossen im Gesicht und dieser dösig dicken Brille vor den Augen, das ist ein komischer Vogel. Und das stimmt ja irgendwie auch. Wenn ich aber irgendwo rüberdichte, dann wird da fast immer eine traurige Dichtung draus. Das ist so, und da will ich auch gar nicht mehr gegen an. Das ist wohl meine Natur."

Weit hinten im Tal zogen die Wolken einer Lokomotive auf und formten still einen Schweif. Als man den Zug näher kommen hörte, waren sie als Bäusche zu erkennen, die das Stampfen der Dampfmaschine einzeln aus dem Schornstein trieb. Auf der Weserbrücke ließ der Führer pfeifen.

„Und?" fragte Karl, „wann schreibst du es auf?"

Gustav lächelte leise. „Das geht nicht, Kalle", sagte er. Er nahm die Brille ab und blinzelte schweigend ins Tal hinunter, so als müsse er, um die Weser zu sehen, die Augen an ein neues Licht gewöhnen. „Die Gedanken wollen das nicht", sagte er. „Solange sie in der Luft schweben, nur so als Schall und Rauch, folgen sie mir aufs Wort. Will ich sie aber am Schlafittchen packen, um sie mit Tintenkringeln auf Papier zu binden, werden sie streng und widerspenstig."

„Das tut mir leid", meinte Karl und konnte nichts weiter dazu sagen.

„Ach was, ich kann das gut verstehen, denn wer will schon gern gebunden sein. Hut ab sogar, vor den Gedanken, auch wenn dann alles futsch ist."

„Weißt du was", sagte Karl, „das glaubt mir keiner, dass ich mit einem echten Dichter aus einer echten Kolonne auf der Porta gesessen habe und dass der direkt von der Porta runtergedichtet hat."

„Kalle", sagte Gustav, „sag doch einfach, das hättest du dir gedichtet, und ich hätte in Wirklichkeit Hagemeiers Werner geheißen. Und dann sagst du, das ist nämlich so beim Dichten, sagst du, dass man das so sagt, dass nicht jeder gleich Bescheid weiß."

Rudi war inzwischen auf den Sockel des Kaisers gestiegen, hatte seine Hände vor dem Mund zu einem Sprachrohr geformt und rief: „Mittag, Männer. Kaiser-Wilhelm-Säuberung für eine halbe Stunde unterbrechen!"

Am Tag des Saturn, den die Erde dem Himmel als Sohn gebar, entdeckte Karl die Liebe. Wenn er nicht oben im Wiehen war, um Gustav beim Hausbau zu helfen, fuhr er am Wochenende nach Holberg, denn in der Kreisstadt Holberg gab es Dinge, die es im Kreis nicht gab: ein Kino gab es, das Wittekind hieß und Filme zeigte, die gleichzeitig in Hannover liefen, oder es gab ein Freibad mit einem Zehnmeterturm und Schwimmfesten im Scheinwerferlicht, auf denen Autos im Becken versanken und die Menschen darin nicht ertranken, weil sie die Luftblase kannten, die unter dem Dach sich bildet, und auch das wichtigste dabei beachteten, das hieß, jegliche

Panik vermieden. Vor allem aber gab es in Holberg die britische Armee. Nicht dass sie Karl als solche angezogen hätte, die netzbehangenen Panzer und die kleinen Kanonen, die wie Dackel an der Leine wedelnd den LKWs folgten, ließen ihn kalt. Seit jenem Nachmittag, als drei Tiefflieger über der Kolonne übten, eng zusammen ihre Kurven zogen, steil nach oben stiegen und zurück zur Erde stachen und, noch immer eng zusammen, genauso auch im Becker Baggersee verschwanden, gestreckt wie die Turmspringer, so dass es nicht einmal spritzte, schien die Armee ihm unnütz und unwirklich fremd. Sah er in Holberg Soldaten salutieren, so sah er immer auch die steife Band am Baggersee stehen und ihren Trauermarsch spielen, als die Kränze über das Wasser schifften, allmählich sich vollsogen und dann gleichzeitig und alle drei in schwerer Schräglage wegsanken.

Die beiden Dinge, die Karl nach Holberg zogen, verdankte er dennoch der britischen Armee. Das eine war Wittkötters Tanzlokal, in das mit den Soldaten auch ihre Musik und ein englischer Disc Jockey eingezogen waren und das nun wie der in Hannover, sagte Wittkötter, Star Club hieß, eine alte Lagerhalle, die er so hatte umbauen lassen, dass die Gäste in Abteilen um die Tanzfläche herum saßen, in denen jeweils ein Tisch stand, und die, auch weil er an die Wände Sättel und Zaumzeug hatte hängen lassen, an Pferdestallungen erinnerten, so dass schließlich auch die Soldaten den Star Club nur „stable" nannten und die Mädchen darin „mares", Stuten.

Besuchte Karl am Samstag das Lokal, setzte er sich in eines der vorderen Abteile, nahe dem Podest, auf dem der Disc Jockey saß und die Platten ansagte, und sah so bei Coca Cola mit Rum nicht nur diesen, sondern auch das Treiben der Tänzer im Saal. Sie tanzten voreinander, hüpften, wenn der „Yesterday Man" aus den Lautsprechern dröhnte, polternd von einem auf das andere Bein, um dabei mit dem jeweils freien auszuschlagen, oder verlagerten nur das Gewicht, indem sie das eine Bein im Knie leicht knickten und dabei mit dem anderen vor- und rückwärts auf dem Boden scharrten, wenn Petula Clark ihr „Down Town“ sang. Schmachtete aber Tom Jones, der Tiger, nach seinem „Green Green Grass of Home“, schmusten die meisten miteinander im Kreis. Die Luft war heiß und dicht vom Zigarettenrauch und immer dann, wenn die Tür dorthin sich öffnete, durchströmt von der süßlichen Frische der Pissoirbeckenkugeln.

Der Star Club besaß neben dem Haupt- auch einen Hintereingang, durch den man auf einen Hof ins Freie hinaus gelangte. Gegenüber, auf der anderen Seite, lag das Petit Paris, Wittkötters altes Wohnhaus, das unter der Leitung von Madame Chouchou, die aus Manchester kam, für die Armee in ein Bordell verwandelt worden war. Dieses war Karls zweiter Grund, nach Holberg zu kommen und dort seine ersten Zigaretten zu rauchen, der Anlass, am Abend mehrmals aus dem Star Club auszutreten. Dann lehnte er sich an die Zinkmülltonnen an der Außenwand des Saals, zündete eine Zigarette an und sah, während es drinnen weiterhin scharrte und polterte, rauchend zum Petit Paris hinüber, zum roten Neon-Eiffelturm, der über dem breiten Eingang hing, und in diesen selbst hinein: Rechts, gleich vorn an ihrem Empfangstisch im hellen bläulichen Licht saß Madame Chouchou, und dahinter, in rotem Dämmerlicht geheimnisvoll abgedunkelt, standen die Mädchen.

Madame Chouchou hatte zwei sehr große Brüste, die sie auch zeigte, so groß und so offen, dass die Soldaten nur in der Mehrzahl von ihr sprachen. Dort sitzen sie, sagten sie, dort passen sie auf. Obwohl sie, wie sie erzählten, selbst längst keine Kunden mehr zu sich nahm, hatte sie ihren schweren Körper mit aufreizend funkelnden Stoffen und Stücken, mit Pailletten, Spiegeln und geschliffenen Gläsern bekleidet und schien Karl darin von seinen Mülltonnen aus wie eine Gestalt aus Tausendundeinernacht, eine gewiefte Harems-Matrone, die ihre Sultane mit kunstvollem Liebesspiel noch immer an sich band.

Karl sah die Soldaten an ihr vorbei hineingehen, sah sie im abgedunkelten Hintergrund entschlossen die Mädchen am Arm ergreifen und über die ersten Stufen der Treppe geleiten oder noch zögernd und musternd vor ihnen stehen. Er erkannte die Mädchen bald – waren sie zusammen, zählten sie zehn –, kannte ihre Arten, sich zu geben und zu kleiden, ihre engen Lederröcke und beinlangen Stiefel, ihre glänzend glatten Leibchen und hohen Absätze, die Farben, die sie bevorzugten, ob dunkel oder hell, und die Frisuren, die sie häufig wechselten, und verliebte sich in ihrer eine und nannte sie auf Englisch Pearl, obwohl sie, was er noch nicht wusste, weder englisch noch gar amerikanisch, sondern wie die meisten der Mädchen westfälisch war und Erika Flachmeier hieß. Für Karl stammte auch sie aus Tausendundeinernacht. Sie trug durchsichtige indische Blusen, durch die wie Pfirsiche die Brüste schimmerten, und in Falten fallende Hosen, hatte dunkles Haar und blutrote Lippen in ihrem blassen Gesicht und war unglücklich wie eine verschleppte Prinzessin, die nun gefangen war. Sie, träumte Karl von seinen Mülltonnen aus und rauchte, würde er eines Tages aus Madame Chouchous großen Brüsten befreien, um mit ihr zu fliehen, und die Kolonne verlassen müssen. Er suchte Pearls Blick, wenn sie im Dämmerlicht des Eingangs stand, um Selbstaufgabe oder Sehnsucht darin zu erkennen, doch er fand ihn nur wenige Male und dann auch nur kurz, da sie, wie ihm schien, scheu zur Seite sah. Fehlte Pearl im Eingang, wartete Karl oft lange vergebens auf sie, sah er sie aber mit einem Kunden über die Treppe steigen, warf er sogleich die Zigarette weg und ging zurück in den Saal.

Die Stunde, um derentwillen Karl eigentlich nach Holberg kam, begann gegen elf. Es war die Stunde, die er, ohne dass sie bei ihm war, zusammen mit Pearl im Star Club verbrachte. Dann begleiteten die Oberschülerinnen sich nach Hause und die Soldaten einander hinüber ins Petit Paris, und die wenigen, die blieben, rückten um das Podest und Bill Miller zusammen, um jene Platten zu hören, die er nur dann, nur in der letzten Stunde spielte, bevor der Star Club Schloss, the real stuff, wie er es nannte. Dort am Podest hörte Karl zum ersten Mal die Musik, in die hinein er Pearl und sich fortan träumte, die Byrds und Doors und Janis Joplin und jene Platte, auf der ein Wanderer in so sonnigen Bildern vom Bär sang und einem großen Haus voll Blues und ein Gitarrist so saftig und kräftig dazu spielte, dass Karl ein Schauer von Glück durchlief. Das waren John Mayall und Mick Taylor, und der Bär hieß Bob Hite „All the men of Canned Heat", sang Mayall, „are part of my family." Und: „I've got to be moving, they call me wandering John."

Karl konnte das nicht oft genug hören, kannte den Text bald auswendig und zählte Pearl und sich dazu, wenn es hieß: „Everybody 's gonna booggie, blues roll night and day." In Mayalls Laurel Canyon zögen sie, träumte er, in Eric Burdons San Francisco, zu Jaspers Farm in Woodstock, dorthin, wo schon die Jungen erwachsen waren. Noch wenn er nach Mitternacht im Zug von Holberg nach Lewitte saß, ließen ihn diese Orte und das Lebensgefühl, das er mit ihnen verband, nicht los, zogen die Bilder mit ihren merkwürdig fremden Formen und Farben am Fenster vorbei, die nicht der Wirklichkeit entsprachen, wie Karl sie kannte, die Gesichter der Sänger und Musiker, die niemals lachten, nicht einmal lächelten, sondern ernst und wissend aussahen, die Byrds, die Doors, alle. Ihr Wissen wollte auch Karl besitzen.

Die Kolonne begann zu fragen, was los sei, warum er nun gar nichts mehr sage, ob ihn etwas bedrücke. Wenn er dieses verneinte, sagte er anfangs damit die Wahrheit und konnte es doch nicht weiter erklären. So nahe sie sich standen, so gern sie sich mochten, die Kolonne hätte es nicht verstanden. Karl lachte mit, wenn sie sich über „Blue Jeans" lustig machten: Kalle hier kann Englisch – oder Kalle? Der weiß, was Nietenhose heißt. Was aber wäre dem Blues in der Bude widerfahren?

ENDE

Nach einiger Zeit war es auch nicht mehr die Wahrheit, und die Kolonne merkte es und fragte, je kürzer er es abstritt, um so öfter danach. Karl war bedrückt, als er sich als bloßen Träumer erkannte: Worauf wartete er eigentlich?

Eines Samstagabends ging Karl ins Petit Paris hinein. Pearl stand allein im Hintergrund des Eingangs, nur Madame Chouchou saß vorn, und da warf Karl die Zigarette weg und ging, ging, ohne ein Wort zu sagen, den Blick fest auf Pearl gerichtet, an Madame Chouchou vorbei, sah das blasse Gesicht noch blasser und die roten Lippen noch blutiger werden und hatte schon das Dämmerlicht erreicht, als Madame Chouchou tief und kräftig „aber hallo“ rief. Karl blieb stehen, drehte sich um und folgte schließlich ihrem Zeigefinger.

Madame Chouchous Brüste lagen an diesem Abend in einem silbrigen Brokat, warm aneinandergedrückt wie zwei frische Brote.

„Aber hallo“, wiederholte sie sanfter, als er vor ihnen stand, „wer wird denn gleich an die Luft gehen?“

Karl war durcheinander: „Wieso an die Luft gehen?“ sagte er, „ich will zu ihr“, und zeigte mit dem Finger auf Pearl und schämte sich vor ihr, als er das tat.

Was Madame Chouchou wollte und Karl wusste und darum auch bei sich trug, waren dreißig Mark, die er abgezählt auf die Tischplatte legte und die sie lässig einstrich, indem sie mit der linken Hand die Schublade öffnete und gleichzeitig mit der rechten über die Platte fuhr. Als Karl immer noch vor ihr stand, so als wartete er auf eine Eintrittskarte, sagte sie etwas, das orakelhaft orientalisch war. Sie sagte tief und sanft: „Auf gehts. Nur wer wagt, gewinnt.“

Pearl stand schon auf dem Treppenabsatz, als Karl sie erreichte, und stieg die Stufen voraus.

„He“, rief Karl ihr leise nach und flüsterte, als sie nur kurz sich umwandte und weiterging: „Pearl.“

Im Zimmer, dessen Tür sie wortlos öffnete, stand ein Stahlrohrbett mit Nachtschrank und hing einer der weinenden

Clowns an der Wand, die übergroße Kinderköpfe haben. Es duftete nach Nivea Creme.

Pearl setzte sich auf das Bett, öffnete den Nachtschrank, reichte Karl mit ausgestrecktem Arm ein Präservativ, einen Petit Pariser, und lehnte sich zurück. Sie war blass wie immer, doch sah Karl nun, dass es Puder war, der das bedingte und große Poren bedeckte, und dass das Rot der Lippen daraufgemalt war. Kunstvolle orientalische Pearl. Unter der indischen Seidenbluse erhoben sich deutlich die Brustspitzen.

„Hör mal", sagte Karl, „ich bin nicht deswegen hier. Ich bin gekommen, weil ich dich liebe."

Wie oft hatte er diesen Satz in Gedanken gebildet und im Zug allein vor sich ausgesprochen. Hör mal, listen, ich bin gekommen, weil ich dich liebe, because I love you, falls sie kein Deutsch sprach.

Erika Flachmeier aber sprach gut Deutsch. Sie sagte: „Ach du liebe Güte", und nannte Karl „Süßer".

Er meine es ernst: Ob sie mit ihm weggehen wolle, weit weg, nach Amerika.

Pearl lachte schallend, Karl hörte es noch, als er schon auf der Treppe stand, fuhr unten zusammen, als Madame Chouchou „aber hallo" rief, „das nenne ich aber flott", und lief über den Hof. Rücksichtslos blind, nur Pearls Lachen im Ohr, drängte er sich durch den Star-Club, ging, als er draußen war, mit schnellen Schritten weiter und war, ohne dass er recht wusste wie, am Bahnhof angekommen und in den Zug gestiegen. Am Fenster flogen diesmal keine Bilder vorbei, aber in Karl selbst begannen nun die Bluesbreakers zu spielen. The night is falling baby, the hard road is calling me. Blind Owl sang „On the Road Again", und Karl fasste trotzig den Entschluss, dass er nun ohne Pearl der Straße folgen werde, ohne Geld und ohne Unterschlupf und ohne Mutter, zum ersten Mal hinaus in den Regen und Schnee, out in the rain and snow.

Schließlich brach der Tag der Sonne an, welcher der Ruhe galt. Gustav weihte sein Haus im Wiehen ein. Er hatte die

Kolonne zu einem Frühschoppen eingeladen, den sie festlich im Freien begingen, mit Blick auf das weite Wesertal. Er führte sie zu einem großen, weiß gedeckten Tisch hinaus, an den sie alle passten.

„Hier“, sagte er, „könnt ihr den Hausherrn später begraben“, brach in sein Lachen aus, dem sie helfend zur Seite sprangen, und fügte versöhnlich hinzu: „Nicht gerade heute, aber dann, wenn der Sensenmann kommt.“

Den Tisch hatte er an den Stamm einer Birke gerückt, die ihm als Sinnbild bescheidener Schönheit und genügsamer Freude galt, damit auch sie dabei sein konnte. Da ein leichter Wind ihre Blätter bewegte, durch welche die Sonnenstrahlen fielen, spielten Licht und Schatten darunter Verstecken.

Gustavs Haus hätten andere, die ihn nicht kannten, eine Hütte genannt. Es war aber ein Haus. Wenn ich es gewollt hätte, sagte er gern, wäre es auch ein Palast geworden. Aber er brauchte keinen Palast, er brauchte nur den Blick auf die Weser und um diesen herum einen Raum. Allein nach dieser Vorgabe, streng ohne jeden Pillefitz, wie er es nannte, hatte er es geplant, gebaut und sich dann darin eingerichtet: ein einziges Zimmer, an dessen grob verputzten Außenwänden rechts ein Klo und links ein Gartenschuppen lehnten, geschützt von einem Wellblechdach, das über allem auf niedrigem Giebel ruhte. Stachel- und Johannisbeersträucher hatte er darum gepflanzt und junge Apfelbäume, die er halbstark nannte, wie Fohlen beim Namen rief und mit derselben Fürsorge pflegte wie die dunkelroten Rosenstöcke, die einst über das Wandspalier das Dach erreichen sollten. „Dann“, sagte er, „wenn mich der Senesenmann lässt, kann ich sogar noch Dornröschen küssen.“

Sie saßen zur Feier des Tages in weißen Hemden am Tisch, tranken Bier aus Gläsern und knabberten das Salzgebäck, das Gustav ihnen in Schälchen vorbereitet hatte und grinsend Cocktailmischung nannte. Über das Leben sprachen sie, Dornröschen und andere Perlen, die wie diese am Ende auch in den Hafen der Ehe eingelaufen waren, stießen auf Rita und Gerda an, die das Schicksal schon durch das A verband, auf Herta, die der Welt sechs Kinder geboren hatte, die alle Mädchen waren, und – entschuldige, Heinz, dass sie hier die letzte ist – auf Waltraut und ihre drei Söhne.

„Warum muss es denn gerade Dornröschen sein?“, fragte der Schwatte. „Nur zum Küssen, meine ich. Denn aus dem Hafen der Ehe kann da ja wohl nichts werden.“

„Ach, Heinz“, sagte Gustav und griff Paul und Karl um die Schultern, „wir drei hier können davon doch träumen.“

„Reich doch mal die Fischlis rüber“, sagte Paul, sich aus der Umarmung lösend, und hatte auf der Weser ein weißes Schiff entdeckt, das in wer weiß welchen Hafen laufen würde.

Johann und Dieter zogen zufrieden an ihren Zigarren, Rudi drehte auf dem Bauch die Daumen umeinander, als ob er von Zwiebeln träumte, als Gustav aufstand und suchend das Tal überblickte.

„Liebe Kolonne“, sagte er, „zur Feier des Tages dichte ich euch was den Wiehen runter“, hob leicht den Kopf und sammelte sich, an einem Ort, den er in der Ferne gefunden hatte. „Der Titel ist Martha“, sagte er und führte ohne abzusetzen aus:

„Waclaw Gombrowicz hatten die Stürme des Krieges aus Polen herübergeweht. Er fand im Betonwerk Arbeit, wo er Ziersteine für fremde Gärten goss, im Maschinenlärm sein Gespür für Musik und für Menschen verlor und dabei das Reden verlernte. Als er Martha kennenlernte, vereinte er sein Schweigen mit dem ihren, das an der Porta tief und fest verwurzelt war. Wie das Meer schweigt und doch nicht schweigt, wenn man es liebt und gerne hört, so schwieg auch Martha. Waclaw Gombrowicz sagte am Tag ihrer Hochzeit: Reden ist Schöpfen aus den Wassern der Gedanken. Wie kann ich reden, wenn der Quell, der sie speist, nicht mehr mein ist? Im Erlenwäldchen am Rande von Lewitte besaß er einen Garten, den er täglich besuchte. Rief die Sirene des Werks um fünf die

Erinnerung an Warnung und Entwarnung wach, bestieg er sein schwarzes Fahrrad und fuhr, den grauen Staub der Steine sich aus der Lunge atmend, den Fluss und dann der Eisenbahn entlang. Schweigend setzte er sich zwischen seine Apfelbäume, inmitten von Quecken und Winden Hahnenfuß und Hasenklee, die auch dem grausten Staub trotzten, und blieb, bis ihn die Dunkelheit nach Hause rief, wo Martha auf ihn wartete. An einem Abend im April nahm Marthas Warten ein Ende. Über dem Wiehen waren unter der Last des Wassers die Wolken gebrochen, die Weser führte Hochwasser. Um Mitternacht standen zwei Polizisten durchnässt an der Tür. Frau Martha Gombrowicz, sagten sie und zuckten bedauernd die Achseln, Ihr Mann liegt tot auf den Gleisen ..."

„Dies irae, dies illa", war die Nachricht der zwei Polizisten an den Ufern der Weser zu hören, „quantus tremor est futurus quando Judex est venturus."

Denn auch Johann hatte sich erhoben und wie ein biblischer Seher zu singen begonnen, der grollend seine Gegenwart verdammte und die Reinheit der Zukunft beschwor. „Cuncta stricte", sang er, „stricte discussurus", und als er geendet hatte, standen beide, Gustav und er, noch immer nebeneinander und blickten schweigend in das Tal hinunter. Dann setzten sie sich.

„Mensch, Johann", sagte Dieter, „das war ja ein mächtiges Sägelied. Da traute man sich gar nicht mehr, auf den Fischlis herumzubeißen"

„Und ganz ohne Sägen", sagte Paul, „einfach so."

Während Johann gesungen hatte, war ihm die Zigarre in der rechten Hand erloschen. Nun hatte er sie wieder angezündet und rauchte zufrieden daran. Er grinste, nahm einen Schluck Bier aus der Flasche und lehnte sich zu Dieter hinüber.

„Dieter."

„Was ist denn, Johann?"

„Dieter, soll ich dir mal was verraten?"

„Ja los, Johann, was denn?"

„Dieter, diese Lieder hier auf Latein sind in Wirklichkeit gar keine Sägelieder. In Wirklichkeit sind die nämlich aus dem Requiem von Mozart. Das habe ich im Bass in Breslau gelernt."

„Johann, Mensch", sagte Gustav, „aus einer Totenmesse."

„Ja genau, Gustav, und als du vorhin da den toten Vater auf das Bahngleis gedichtet hat, da musste ich einfach lossingen, da war es passiert. Kannst du mir das verzeihen?"

„Also mich", sagte Paul, „wundert das in keinster Weise. Gustavs Dichtungen sind immer so traurig. Da fällt einem natürlich direkt so eine Totenmesse ein. Gustav, das habe ich dir aber auch schon oft genug gesagt. Gustav, habe ich gesagt, deine Dichtungen sind echt gedichtet, aber warum müssen sie denn bloß immer so traurig sein? Das ist doch nicht nötig. Oder?"

„Paul, ich sagte das neulich noch zu Kalle: Kalle, sagte ich, ich bin nun mal ein tragischer Dichter. Damit muss ich mich abfinden. Ich kann nun mal nicht gegen meine Natur andichten."

„Ganz genau", sagte Johann, „das kann ich voll und ganz verstehen. Das muss man einfach akzeptieren, Paul. Gegen seine Natur, da kann man nicht gegen an. Gustav ist echt ein echter Dichter."

„Lass man, Johann, ich bin doch nur ein kleines Licht vor dem Herrn, bin nur ein Zaungast des Lebens. Ich dichte da von der Porta runter und über die Weser rüber. Das kann gar keine große Dichtung werden. Für echt große Dichtungen, da braucht man viel mehr Platz. Guck dir nur mal diese berühmten russischen Dichter an. Dass die so große Dichtungen gedichtet haben, ist doch bei dem weiten Land, über das sie da rüberdichten können, überhaupt kein Wunder – oder? Für so was muss man mehr rumkommen und was sehen, aber ich selbst gucke eben einfach zu gern von der Porta auf die Weser runter und denke mir, das ist doch schön hier, und hier hast du deine Freunde, auf die du dich voll und ganz verlassen kannst. Was soll einer wie ich denn in Russland, China oder

Amerika? Jetzt aber, Männer“, sagte er, „möchte ich hier das Glas auf euch erheben, meine hochverehrten Freunde, die ihr zu mir gekommen seid. Ich danke euch.“

Alle standen nun um das weiße Tischtuch herum und hatten die Schnapsgläser erhoben.

„Auf dich, Gustav, und deine Perle von Haus.“

So trank und knusperte die Kolonne unter der Birke, wo Licht und Schatten spielten, dem Mittag entgegen. Dann nahmen sie Abschied.

Durch ein aufgeheiztes Mückengeflimmer hindurch fuhr Karl mit seinem schwarzen Fahrrad den Fluss entlang, am Streckenhaus vorbei zum Bauhof am Teich, über dem eine schwere Trägheit lag. Die Läden der Bude und das eiserne Einfahrtstor waren geschlossen. Er roch den Teer. Durch Sundern hindurch ging es weiter den Sunderkamp hoch bis zur Eisenbahnbrücke, auf der Kläuschen stand, des Pastor Köstrings Sohn. Er warf Kieselsteine auf die Züge, die unter ihm hindurchfuhren, wobei er sich weit über das Geländer beugte und „Gute Reise“ hinunterrief. Karl begrüßte ihn, aber Kläuschen schämte sich. Er drückte die Tasche, in der er die Kiesel trug, fest an sich und sagte „Eisenbahn“. „Gute Reise“, sagte Karl. „Gute Reise“, sagte Klaus, lachte jetzt, so dass man sein Zahnfleisch sah, und warf Karl, als dieser weiterzufahren begann, eine Handvoll Kiesel hinterdrein.

Karl hatte Hunger und Durst, als er zu Hause angekommen war. Adolf stand hinter der Theke und zapfte Bier, für sich selbst, denn in der Wirtschaft saß niemand sonst.

„Tag Adolf, wie siehts denn aus? Viel Betrieb ist ja wohl nicht gerade – oder?“

„Mahlzeit, Kalle, du weißt doch, sie sitzen zum Essen jetzt alle bei Muttern. Vorhin, beim Frühschoppen, war schon mehr los. Da kam ich mit dem Ausschenken kaum nach. Was möchtest du, Kalle, eine Wurst oder ein Jäger?“

„Mach mir ein Jäger, ganz platt geklopft und schön dick paniert, mit viel brauner Pilzsauce drüber und ordentlich Pommes dabei. Aber erst mal zapf mir ein Bier. Ich bin gerade von Gustav her hochgeradelt und habe einen ziemlichen Durst."

Als Adolf das Bier brachte, sagte Karl: „Weißt du was, Adolf?"

„Was denn, Kalle?"

„Adolf", sagte er, „ich gehe weg."

„Wohin denn, Kalle?"

„Nach Amerika. Ich möchte mal rumkommen und was andres sehen."

„Das verstehe ich", sagte Adolf, „das sage ich auch immer, das habe ich neulich noch zum Schwatten gesagt. Heinz, habe ich gesagt, man muss einfach mal rumkommen und was andres sehen. Aber sag mal", sagte Lückemeiers Adolf, „warum denn gerade Amerika? Das muss doch nicht sein."

Es wurde Herbst. Die Sonne begann, den Wiehen für den Frost zu rüsten, indem sie ihn mit Gold und Purpur überzog. Die Mücken versteckten eilig ihre Eier im Schilf und verschwanden. Gänse und Störche teilten auf dem Weg nach Süden ihre Kräfte mit schweren Flügelschlägen ein, Finken und Meisen füllten sich emsig den Wams und suchten nach Plätzen, die mehr Schutz bieten würden. Allein Krüger Karl bewegte sich nicht. Als der erste Schnee fiel, nahm er seine Zaghaftigkeit, seine Angst vor dem Sprung in das Neue mit in den Winterschlaf.

Im Dezember nahm Paul ihn zur Seite. Es war kurz vor Feierabend. Sie wuschen Streusalzreste von der Ladefläche des MAN. „Wenn ich dir einen guten Rat geben kann", sagte er, „dann melde dich bei Neddermann an und mache Klasse Zwei. Das ist eine Art Lebensversicherung, denn egal, wo du bist, ein guter Fahrer wird immer und überall gebraucht. Und wenn du klug bist, Kalle, dann machst du auch etwas anderes, dann bleibst du nämlich hübsch bei der Kolonne und wirst, für den Anfang jedenfalls, ihr zweiter Fahrer."

Noch am selben Abend gingen sie gemeinsam zu Hermann Neddermann, einer knorrigen Eiche von Mensch, Fahrlehrer aller Klassen, keine ausgenommen. Paul nahm seinen Hut ab, als sie das Wohnzimmer betraten.

„Das ist mein Kumpel Kalle“, sagte er und drehte den Hut in den Händen. „Er möchte Lastwagen fahren lernen, und ich weiß es aus eigener Erfahrung, dass du, Hermann, der beste Lehrer bist.“

„Er kann, wenn er will“, sagte Neddermann, „am nächsten Montag anfangen. Ab wann hat er abends denn Zeit?“

Paul sah Karl fragend an.

„Ab fünf“, sagte der.

„Ab fünf?“ fragte ihn Paul.

„In Ordnung“, sagte er, „also um fünf.“

Er glaube, er wolle das lieber doch lassen, sagte Karl, als sie gegangen waren, so kurz vor Weihnachten, das würde wohl nichts. Nicht ein einziges Wort habe Neddermann an ihn gewandt.

„Mach dir nichts draus“, sagte Paul, „das ist nicht weiter schlimm, er ist nur dein langes Haar nicht gewohnt. Das Fahren wird er dir trotzdem zeigen.“

Hermann Neddermann nannte jeden MAN, auch wenn er nicht im alten Büssing-Werk gebaut war, Büssing und sprach der Grammatik entgegen von Lastwagen im allgemeinen, auch wenn er nicht „die“ Büssing sagte, wie von Frauen.

Er sagte: „Einen Büssing musst du mit Gefühl schalten, Gefühl. Sie mag es nicht, wenn du ihr ein anderes Zwischengas gibst als das, was sie will.“

Der Fahrunterricht fand auf einem alten Büssing-Bus statt, der während der Arbeitsstunden in einer Mülltonnenfabrik im Einsatz war und dort nach Feierabend ausgeliehen werden konnte. Neddermann, der sich das Kopfhaar im Nacken und seitwärts über den Ohren bis hoch zur Schädelplatte ausrasieren ließ, von seinem Schwager, einem Friseur, dem er Zigarren dafür gab, die er selbst zu gern rauchte, nannte diesen Bus „Lady“. Er sprach es mit dem langen „ä“ der Zähre als „Lädi“ aus. Um fünf Uhr nachmittags fuhren er und Karl in seinem

Opel zur Fabrik hinaus, freitags um vier oder samstags – dann haben wir das ganze Tageslicht und kommen nicht in die Dunkelheit – um zehn Uhr vormittags. Es taute während der ersten Stunden, die Karl nahm. Der alte Harsch tropfte von den Dächern, die frischen Flocken, die schon feucht zur Erde fielen, fanden keinen Halt. Das Schmutzwasser der Straße legte sich im Lauf der Fahrten als milchige Schicht auf die Windschutzscheibe. Sie fuhren von Sundern nach Holberg, weil dort mehr Verkehr zum Üben war, und wieder zurück nach Sundern. Neddermann saß vorn rechts auf dem Sitz, auf dem, als Lady noch bessere Tage durchlebte, ein Reiseleiter gesessen haben musste. Links unten waren auf die Scheibe mehrere Abzeichen aus verschiedenen Städten aufgeklebt, darunter eines, das eine Gondel und die Aufschrift „Venezia" zeigte.

Lady hatte sechs Gänge, aber schalten ließ sie sich nur vom zweiten bis zum fünften. Als der Prüfer später nach dem sechsten fragte, fuhr Neddermann ihn rot und zornig an: „Wie oft muss ich Ihnen das noch sagen, Herr Bökemeier, dass sie das einfach nicht mehr mag. Sie ist aus dem Alter, begreifen Sie das endlich, heraus."

Auf der Rückfahrt von Holberg nach Sundern erzählte er gern von seiner großen Reise nach Hannover, wo er die Fahrlehrerprüfung bestanden hatte, in anderen Zeiten, als Scheibenwischer beileibe keine Selbstverständlichkeit, Holzbänke aber die Regel noch waren. Bei Tanken Heini hielten sie an, wo Neddermann ausstieg, um kurz zu Hause anzurufen, vorzuwarnen, sagte er und kam wenig später frisch nach Wacholder duftend zurück. Sobald der Bus wieder rollte, schlief er, mit derselben Regelmäßigkeit, ein, hatte aber für die verbleibende Viertelstunde von Tanken Heini bis zur Fabrik im Lauf der Jahre ein solch feines Gespür entwickelt, dass er nicht ein einziges Mal seinen Unterricht schlafend beendete, sondern kurz vorher aufzuwachen pflegte und „Das war es denn aber auch für heute" sagte.

Paul und Karl begossen die Klasse Zwei bei Lückemeier, der Prüfling gab ein Jägerschnitzel aus. Sie sprachen wieder einmal über die Zukunft, über das Alter der Weser und die neuen Quellen, die an der Porta noch zu entdecken waren, was schon Wittekind, sagte Paul, der Herzog, habe erfahren und zugeben müssen, als er sich zum Christentum bekehrte. „Wirf den Spatz in der Hand nicht aus dem Fenster raus", sagte er, zwischen Ernst und Scherz schwankend.

4. Kapitel | *IM RASTHAUS*

Karl sträubte sich gegen die Müdigkeit, hatte das Fenster zwischendurch heruntergelassen, den Kopf in die nächtliche Kälte gesteckt und war erleichtert, als gegen drei die erste Schicht gefahren und Zeit für eine Rast gekommen war. Ruschemeiers Gustav hatte recht gehabt. Selbst wenn man sie nicht zu erdichten, sondern sich nur an sie zu erinnern brauchte, strengten Geschichten an. Der Kiepenkerl lachte. „Ja, ja“, sagte er, „die Erinnerung ist eine Arbeit, die der des Zimmermanns gleicht. Im Schweiße seines Angesichts erbaut man sich eine Vergangenheit, in der man sich heimisch fühlen kann. Geborgen und gefeit. Und weißt du was, Kalle?“

„Nein, was denn?“

„Anders als Gustavs Haus im Wiehen wird die Erinnerung einfach nicht fertig. Der Mensch kann es nicht lassen, an ihr herumzufummeln, zu tüfteln und zu basteln, bis er in einer Kiste liegend schließlich auf sie pfeifen muss.“

Karl begann herunterzuschalten, bis er den LKW behutsam über die Ausfahrt hinaus zum Autohof lenkte, vorbei an der Aral-Tankstelle, in deren Licht das zu Haufen aufgeschobene Eis von arktischer Tiefe schien. Auf dem Parkplatz hatte Frau Habermas, die Pächterin, schon die Tanne schmücken lassen, auch in diesem Jahr mit bunten Kugeln, die groß wie Pampelmusen waren, und an Stelle des Sterns einem Weihnachtsmann auf der Spitze, der dort mit Sack und Pack wie Popeye, der Seemann, schwankte. Der Kiepenkerl schlug sich vor Kälte die Arme um den Oberkörper und atmete unruhige Wolken aus, als sie zum Rasthaus gingen. Er sei den Wechsel nicht gewohnt, sagte er. An dem riesigen Tresen und den pompösen Hockern vorüber, deren Plastikpolster in der weihnachtlichen Wärme aufgequollen schienen, betraten sie die „Truckstopstube“. Der Kiepenkerl trug seine Motorradmütze und hatte die Ohrenklappen unter dem Kinn aneinander geknotet.

„Was für ein Name“, sagte er.

„Sag einfach Stube dazu“, sagte Karl.

Sie setzten sich in der Stube auf eine breite Bank unter Bilder von Steppen und Wüsten, durch die glänzende LKWs fuhren. Aus einer Musikbox mit Wülsten aus Chrom sang Peter Alexander ein Lied von seinem Leben, das lebenswert war. Sie waren allein. Als sie Betty mit dem Kaffee kommen sahen, öffnete der Kiepenkerl, der sich noch immer die Hände am eigenen Atem aufwärmte, die Mütze und ließ die Ohrenklappen wie Dackelohren schwingen, wenn er den Kopf bewegte.

„Hello, Charly“, sagte Betty, die ihn wegen Mississippi und Michigan auch „boy“ oder „brother“ nannte, und fügte wie immer „how do you do?“ hinzu.

„Hello, Betty Habermas“, sagte Krüger Karl, „you're looking swell“, ganz Klasse sah sie aus.

Der Kiepenkerl rollte mit den Augen.

„Thanks“, sagte sie.

Karl mochte Betty sehr, nicht nur wegen Mississippi und Michigan, was sie wie Bruder und Schwester verband. Er liebte die Fremdheit ihrer Augen und wurde nicht müde, das Geheimnis des goldenen Glanzes zu bestaunen, mit dem sich ihr rotes Haar überzog, wenn es im Licht der Lampen ihre dunkle Haut berührte. Der Kiepenkerl raunte von der Aura der Elektrostatik und missbilligte kalt ihren kurzen Faltenrock, der wohl eher zu den Mädchen passte, die beim Footballmatch am Feldrand ihre Beine heben, ihre Stampferchen und Schenkelchen, aber kaum zu einer melancholischen Indianerin.

Betty setzte sich vorsichtig. „So viel Zeit muss sein“, sagte sie gern, auch wenn es ihr nicht daran fehlte, und fragte, wohin es gehe.

„Nach Neapel.“

„Und?“

„Milchpulver."

Sie sprach ihn auf die Schulter an.

Karl wich aus. „Fast wie neu", sagte er und lachte, als Betty ihn neckte.

„Ich hoffe, du rutschst nicht wieder", strich sie ruhig ihr schimmerndes Haar zurück, „in deinem Leben aus."

Karl hatte aus Verlegenheit geschwindelt und den Flintenschuss, den er für pathetisch hielt, lieber verschwiegen. Keine Angst, wollte er antworten, aber der Kiepenkerl trat ihm gegen das Schienenbein, stark genug, um als Wink mit dem Zaunpfahl zu gelten. Peter Alexander sang Heidschi Bumbeidschi Bum Bum.

„Ehrlich gesagt, Betty", sagte Karl, „bin ich gar nicht ausgerutscht."

„Ach so, na denn", lächelte sie und strich sich noch einmal das Haar zurück, „und was ist tatsächlich passiert?"

„Jemand hat auf mich geschossen", wandte sich Karl vor ihrem Lächeln, „angeschossen, genauer gesagt, ein Humpelnder, den sie Lo Zoppo nennen, den Humpelnden. Witzig, oder?"

„Ja, witzig", sagte sie, „und warum?"

„Weil er meschugge war", sagte er, „plemplem, nichts weiter."

„Ach so", sagte sie, „na denn. Und wo?"

„In einem kleinen Dorf in den Abruzzen, fernab von allem."

„Zwiebeln?"

„Nein", lachte Karl und bewunderte ihr Gedächtnis, „ich war mit dem PKW dort, geliehen, du weißt ja, ich habe gar keinen."

„Im PKW in den Abruzzen?" fragte Betty.

„Na, ja", sagte Karl und fügte, als der Kiepenkerl die Finger seiner Rechten auf dem Tisch wie ein Klavierspieler abzurollen begann, „ich hatte dort zu tun" hinzu.

„Ach, so", sagte Betty, „na denn. Und was?"

„Eine Familienangelegenheit“, sagte er in Bedrängnis.

Auch Betty wusste, dass er im eigentlichen Sinne keine solchen Angelegenheiten hatte, und dennoch, sagte sich Karl, war etwas Wahres daran. Ja, eigentlich, beruhigte er sich, war es sogar die Wahrheit: Cecilia Meucci, geboren in Tortona, wohnhaft in Mailand, gehörte zu ihm, wem auch immer sie versprochen war.

„Ach, so“, sagte Betty.

Karl fragte nach ihrer Mutter, die sie liebevoll beim Vornamen nannte.

„Hildegard geht es wie immer“, sagte sie und wickelte, während sie sprach, eine Strähne ihres Haars um den Zeigefinger, „du weißt, was ich meine.“

Hildegard Habermas war eine traurige Frau. Vertrocknet, meinte der Kiepenkerl kurz. Sie hatte den Hohlraum des Glücks, das nicht mehr war, mit Musik ausgeschäumt. Betty seufzte.

„Wie dieselben Platten sich immer wieder drehen“, sagte sie, „steht sie Tag für Tag an der Kasse und lässt Jahr für Jahr den Christbaum mit demselben Schmuck bestücken. Du hast es gesehen, oder? Soll ich das begrüßen oder bedauern? Es könnte auch schlimmer kommen.“

„Mhm“, sagte Karl, „und selbst?“

„Wie immer“, sagte sie, zog aus dem Lederbeutel, den sie am Gürtel des Faltenrocks trug, ein Päckchen Kim Menthol hervor und zündete sich umständlich eine Zigarette daraus an. Nein, der Mann, von dem sie träumte, der eines Nachts den Autohof betreten und eine Tasse Kaffee trinken würde, extra groß, und sich in sie verlieben und sie dann fragen würde, ob sie nicht mit ihm kommen wolle, der war ihr noch nicht erschienen.

Schade, meinte der Kiepenkerl. Peter Alexander sang von Mandolinen um Mitternacht, als der dicke Herr Müller aus Schwaben die Stube betrat. Er setzte sich eilig in eine Fensternische, von wo aus er seinen Opel sah.

„Fräulein Betty“, rief er schnaufend, „ein Kännchen Kaffee bitte. Danke“

Herr Müller war Weinvertreter. Er hatte sich eine besondere Art des Import- und Exporthandels eingerichtet, indem er südlich der Alpen Trollinger vertrieb und von dort zugleich Proben zurück mit nach Deutschland nahm, Vernatsch aus Südtirol oder Merlot aus dem Tessin. Entstieg er dem mit Weinkartons beladenen Wagen, sich seufzend zwischen Steuerrad und Fahrersitz hinausbugsierend, sackte dieser breitbeinig in seine Hinterachse ein und glich, vor dem Fenster geparkt, einem sitzenden Dackel, der mit großen, auf sein Herrchen gerichteten Augen darauf wartete, dass es weiter ging.

„Ich komme, Herr Müller.“

„Danke, Fräulein Betty.“

Betty legte die Zigarette im Aschenbecher ab.

„Ich möchte nicht wissen“, sagte der Kiepenkerl, „wie viele Viertele der drollige Herr Müller davon in seinem Leben schon gekostet hat.“

Die Fahrer mit den breiten Hüten über ihnen grinsten von den Bildern.

„So kann es gehen, wenn man alleine bleibt“, sagte Karl.

Herr Müller machte Betty, seit Karl sie beide kannte, den Hof. Er behandelte sie als Kavalier, erwies ihr Achtung, indem er sie Fräulein nannte und ihr unermüdlich dankte. Auch wenn es eine natürliche, in seinem Wesen liegende Höflichkeit war, konnte diese leicht für gespielt und anbiedernd gehalten werden, da er nun einmal Vertreter war. Er war so klug, das zu wissen, aber er konnte nicht anders.

„Hier ist Ihr Kännchen, Herr Müller“, hörten sie Betty sagen.

„Oh, vielen Dank, Fräulein Betty.“

Auch Betty mochte Herrn Müller, aber nicht so, wie er es sich gewünscht hätte. Sie sprach gern von ihm und dem Opel, die sie als Paar in ihr Herz geschlossen hatte. Bello nannte sie das Auto. Doch zum Verlieben? Nein, das lag ihr fern. Allein das Frotteehandtuch, das er sich zwischen Steuerrad und Bauch zu klemmen pflegte, um so das Oberhemd zu schonen, schreckte sie ab.

„Na, wie geht es, Herr Müller?“ fragte sie.

„Oh, Danke der Nachfrage“, lächelte er, „wie immer, meine ich sagen zu können, frisch wie ein Trollinger, wenn Sie das Wortspiel gestatten.“

Herr Müller gab nicht auf. Er wähnte sich in seinem Werben von Bettys Mutter unterstützt, die ihm, sobald er in die Stube trat, ein Lied bescherte, in dem Peter Alexander von dem Fräulein Wunderbar sang – es war wie Weihnachten – oder ihm mit der Bitte, schenk mir ein Bild von Dir, ganz aus der Seele sprach.

Wie immer sah Betty aus dem Fenster, gerührt von des Opels sehnsüchtig traurigem Blick, doch auf den Charme seines Herrchens einzugehen, überwand sie sich auch diesmal nicht.

„Na denn“, sagte sie und kassierte, „wohin geht diesmal die Reise?“

„Sie werden es nicht glauben“, sagte er, „in das schöne Tessin durch den Heiligen Gotthard. Da wächst ja fast nur der rote Merlot.“

„Na denn, Hals- und Beinbruch.“

„Vielen Dank, Fräulein Betty. Bis zum nächsten Mal.“

Sie kam an den Tisch zurück, nahm ihre Zigarette auf, die bis auf einen Rest zu einer Rolle Asche verglüht war, und atmete im Stehen den letzten Rauch in ihre Lungen.

„Weißt du, wer vorhin da war?“ fragte sie.

„Nein, wer denn?“ fragte Karl und zog derweil den Geldbeutel hervor.

„Finger-Max.“

Was für ein Name, meinte der Kiepenkerl und verdrehte die Augen.

Der Name war Betty zu verdanken, da Max nur Frankfurter Würstchen aß, aus reinem Schweinefleisch, die er quer durch den Raum bei ihr bestellte, sobald er diesen betrat. „Ein Paar Polizistenfinger“, rief er dann, „mit viel Senf und extrascharf. Du weißt, was ich meine“, womit auf den ursprünglich harmlosen Spitznamen ein anzügliches Zwielicht fiel. Auch „Scherzkeks“ oder „Plaudertasche“ nannte Betty ihn. Denn Max erzählte gern und am liebsten Witze, über die er mit angestrengt zusammengedrückten Lippen lachte, durch die Nase pfeifend und unter dem Zwerchfell glucksend, so als wolle er es sich verkneifen. Er selbst sprach von sich gern als Tuareg, da er in Afrika gefahren war. Karl war mit ihm befreundet.

„Und?“ fragte er.

„Er ist auf dem Weg nach Sizilien“, sagte sie und drückte den angekohlten Filterstummel endgültig im Aschenbecher aus. „Er holt Zitronen.“

„Na denn“, lachte Karl und sah seinen Freund schon in der Bar am Zollhof von Ragusa sitzen, während er in seinem krausen Italienisch und der ihm eigenen Lautstärke den Witz von dem Schnurrbart erzählte, durch den die Männer dort den Müttern ähneln wollen.

Der Kiepenkerl grinste und bewegte aus dem Handgelenk die wie zum Gruß gereichte Rechte auf und ab.

Die Zeit war vorüber. Karl bezahlte.

„See you, Betty“, sagte er, bis später, und tat dann etwas, das nicht nur Betty, sondern auch den Kiepenkerl verblüffte. Aus einem Gefühl, das er selbst nicht genau hätte beschreiben können, in dem sich Zuneigung und Dankbarkeit mit der Vorfreude auf die Dinge mischten, die in Mailand geschehen mussten, küsste er ihr die Wangen.

„He, was soll das?“ sagte sie, bevor sie lachte. „Willst du mich heiraten?“

„Das geht nicht“, sagte er flunkernd, „ich bin verlobt.“

„Echt? Mit wem?“

„Mit Cecilia Meucci.“

„Einer Italienerin?“

„Ja, genau, einer Verwandten des alten Antonio Meucci, der das Telefon erfand."

„Echt?"

„Einer Wesensverwandten."

„Na denn", lachte Betty Habermas, „Hals- und Beinbruch. Bis zum nächsten Mal."

Auf dem Weg zur Tür wünschte Karl Herrn Müller gute Fahrt. Er schien den Opel vor dem Fenster durch Zusprache trösten zu wollen. Er komme gleich.

„Wenn es nach Plan gegangen wäre", sagte Karl, „hätten wir uns am Gotthard treffen können."

„Ist etwas dazwischen gekommen?"

„Eigentlich nicht", sagte Karl, während der Kiepenkerl grinste, „ich habe es mir nur anders überlegt. Es geht über den Brenner."

„Gute Fahrt also", sagte Herr Müller, „bleiben Sie frisch", und rief, als Karl die Tür schon geöffnet hatte: „Herr Krüger, hat nicht Herr Bell das Telefon erfunden?"

„Keineswegs", winkte Karl zurück, „Bell war ein falscher Fünfziger."

Während Peter Alexander in der Stube seine Sorgen zu zählen begann, stapften Karl und der Kiepenkerl durch die eisige Kälte zurück zum LKW.

„Wirklich Schade", sagte der Kiepenkerl, als sie wieder fuhren.

„Ja, das finde ich auch", sagte Karl, „ich wünschte ihr wirklich, dass einer sie fragte, vielleicht sogar einer aus Michigan."

Aber das meinte der Kiepenkerl nicht. „Ich finde es schade", sagte der, „dass du deine Freunde für unwürdig hältst", und erklärte, bevor Karl sich empören konnte: „Du sprichst ihnen die Würde ab, dich, den Fahrenden, zu begleiten. Du enthältst ihnen die Möglichkeit vor, durch das, was davon zu erzählen ist, an deinen Fahrten teilzunehmen."

Als Karl das schlichten Unsinn nannte, führte der Kiepenkerl Old Shatterhand ins Feld, den letzten Mohikaner auch und wie sie sonst noch hießen, nach deren Bildern sich dieser das Trapperleben seiner Kindheit zurecht geträumt hatte.

„Während Weser und Wiehen sich unter deiner Bisammütze zum Wilden Westen wandelten“, klagte der Kiepenkerl mahnend, den Blick in die Weite der Nacht gewandt, „hast du deine westfälische Einsilbigkeit, die doch nur die ererbte Mundfaulheit war, in heroische Höhen erhoben. Von sich selbst zu schweigen, galt dir fortan als Zierde, davon zu sprechen als Protzerei“, und fasste, um der Schwere dessen, was er meinte, auch in der Form Gewicht zu geben, es zu einer Sentenz zusammen: „Der du dich zierst seitdem, bist unter den Protzern der erste.“

„Junge, Junge“, lachte Karl aus tiefer Brust, um so Überzeugung zu zeigen, „alles was recht ist.“

Der LKW brummte. Der Kiepenkerl verströmte faulen Trüffelduft, in dem sich das Lachen verflüchtigte. „Ja, ja“, sagte er, „alles und recht“, und fragte mit zur Schau gestellter Belanglosigkeit, warum, wenn er fragen dürfe, Karl seine Freundin Betty, deren Augen er doch liebte, deren Haar er verehrte und deren Wangen er seit neustem küsste, mit einem Plemplem und einer Lüge abgespeist habe.

„Dass Lo Zoppo meschugge war“, sagte der Kiepenkerl, „ist ganz richtig und war doch nicht, du weißt es wohl, der Grund des Flintenschusses. Warum hast du ihr, anstatt von Verlobung zu flunkern, nichts von der wahren Cecilia erzählt, der Mailänder Jungfer, die du befreien willst, nichts von Armando Massimo Del Santo Liquido, dem heiligen Dichterfürsten, der seinen Hochmut im Namen trägt wie ein Kranker sein Virus im Blut, nichts von Maria Pia Pupi, der frommen Wächterin?“

„Die gute Betty“, sagte Karl, um Lässigkeit zu zeigen „hat durchaus Besseres zu tun, als sich Geschichten vom armen Fahrer anzuhören.“

Da rief der Kiepenkerl Frau Freundschaft in das Führerhaus, das Teilen von Freud und Leid beschwörend, das Wörtchen „und“ vor allem, das sie in ihrem Schoße trage. „Ob

Dick und Dünn, ob Gut und Schwer, ob Geben oder Nehmen, im Und", hob er den Zeigefinger und hielt den Fluss der Rede für einen Augenblick geschickt gestaut, „besteht der Freundschaftsdienst. Und weißt du was, Karl?" sagte er.

„Nein, was?"

„Sich mitteilen heißt teilen."

„Und?"

„Und zuhören heißt dazugehören."

„Junge, Junge."

„Nichts da", sagte der Kiepenkerl. „Betty hat das schon damals verstanden, als sie dir entdeckte, dass sie lieber Smith statt Habermas geheißen hätte, und dich einlud, in jenen fernen Sommer mit ihr zurückzukehren, als Hannelore, die nicht weniger unter dem Nachnamen litt, im siebten Monat mit ihr schwanger ging. Welchen Vornamen hatte der Vater noch, der Spender und Zeuger?"

„Sam", erinnerte sich Karl, „Sergeant Sam Smith, den sie auch Tripple-S oder einfach nur Tripple nannten, weil er sein Leben lang Sergeant war."

„Richtig", sagte der Kiepenkerl, „und ein waschechter Sioux war er dazu, der statt in der Vaterschaft sein Seelenheil in einem Supermarkt in Michigan zu finden glaubte."

„Grand Rapids"

„In keinem Falle aber in einer Raststätte an einer deutschen Autobahn. Als Betty dort als Tochter einer Rothautbraut die Welt erblicken musste ..."

„Als Halbblut, wie sie sagt."

„Da warst du, Krüger Karl, der du dich, wie ich sehe, wohl daran erinnerst, im nachherein dabei, weil sie es dir erlaubte. Großzügig hat sie dir all das mitgeteilt, damit eure nächtlichen Begegnungen, die selten mehr als eine Viertelstunde dauern, die Würde der Freundschaft erhielten."

In sternenklarer Winternacht, von der Karl sich am Steuer wünschte, dass sie sich dem Morgen neigen wolle, fragte der Kiepenkerl ihn. „Und du?"

„Du hältst vor ihren Augen dein Leben in der Hinterhand“, sagte er, „und führst die Geschichten, die dir die Freundschaft zu ihr abverlangten, im Schilde. Das nenne ich“, sagte er und zögerte einen Augenblick. „Ich nenne es Hochmut“, schloss er zufrieden ab, „superbia, das gefällt mir am besten.“

Mit einem LKW im Bunde, der nichts von all dem hörte und umso weniger davon verstand, zogen die beiden weiter durch die winterliche Nacht in Richtung Süden. Es ging auf fünf.

„Es ist spät“, murmelte der Kiepenkerl. Von den alten Zeiten hätte er gern noch sprechen wollen, den uralten, als Sachsen und Franken sich einander die Dächer über den Köpfen angezündelt hatten und das Gras unter den Füßen und dann doch zum Zeichen der Versöhnung sich im Kreise sitzend das Kostbarste schenkten, das sie besaßen: ihre Geschichten. Er aber schnürte nun den Rucksack wieder auf.

„A – me – ri – ka“, skandierte er und zurrte die Mütze fest. „Wie würde Betty sich freuen, wenn sie dich begleiten dürfte, hinüber zu Sitting Bull und Buffalo Bill, zu Chuck the Buck und seinen Brüdern, um von den zwei Squaws zu schweigen, die dich die Liebe lehrten, eine jede auf ihre eigene Art. Erklimme den Camelback-Mountain und ergründe die Tiefen der Baltimore-Street.“

„Oh Kiepenkerl“, seufzte Karl, „muss das sein?“

„Oh ja“, sagte er, „gerade weil du beide so schmählich im Stiche ließest. Du hast etwas gut zu machen.“

Er umfasste den Rucksack wie ein Kind auf dem Schoß und strich sanft darüber. „Ich glaube“, sagte er bedächtig, „ich werde ihn zwei Mal schütteln, für Dio zuerst und dann für Gloria. Eine jede soll diesmal ihr Recht erhalten, das Verdienst und die Dankbarkeit, die ihnen gebührt, einer jeden auf ihre Art.“

5. Kapitel | DIO

Karl hatte den Herbst, die Zeit des Reifens, abgewartet, bis er ein Flugzeug bestieg und über Island hin der Neuen Welt entgegen reiste. In tiefem Schlaf verstaute er seine Erinnerungen, legte die Jahre der Kolonne gefaltet darin ab und meinte im Dröhnen der Propeller das Alte zerstieben zu hören. In die Träume vom Kommenden aber, deren Schemen er in den Wochen zuvor noch mit kräftigen Farben ausgemalt hatte, die keine Nuancen verlangten, drang in der künstlichen Kabinenluft eine leere Kälte ein, die seine Erwartungen zu einem Unbehagen, ja tief im Herzen zu einer Verzagtheit erstarren ließ, auf die er nicht vorbereitet war. Worin das Neue bestehen sollte, das vor ihm lag, hatte er schon in den ersten Stunden seiner Reise mit den Erinnerungen weggeräumt und fiel ihm im Schlaf nicht mehr ein. Nur der Blues war geblieben, aus dessen Klängen und Rhythmen sich fiebrige Gefühle nährten. Als er zum letzten Mal erwachte, sah er New York im Morgendunst, ein dampfendes Großstadtmeer, dessen Häuser bedrohlich darauf schwankten.

Die Stunden, die Karl in der Stadt verbrachte, ließen sich in die Hand zählen. Sie standen im Zeichen eines großen schwarzen Gepäckträgers, der in der Flughafenhalle athletisch den Koffer ergriff und zielstrebig zum Ausgang trug. Karl hatte nicht die Absicht, ein Taxi zu nehmen und fand sich doch in einem solchen wieder, nachdem der Koffer – Klappe zu – darin verschwunden war. Gelähmt war er, verstummt vor einer Sprache, die nur in Andeutungen dem Englisch aus dem Star Club glich und in der Frage des Trägers, ob er ihm helfen könne, missverständlich war. An der Grenze zum Selbstmitleid folgte er der dumpfen Eingebung, dass es besser sei, das Weite und Freie zu suchen, und ließ sich zum

Busbahnhof bringen, suchte sich aus dem Fahrplan einen Ort namens Millridge in Georgia heraus, kaufte bei einem Schalterbeamten, der Ärmelschoner trug und beim Sprechen – na, was nehmen wir denn da? – wie ein Huhn den Kopf zur Seite neigte, eine Fahrkarte und saß wenig später in einem Bus, der zügig stadtauswärts fuhr. Das war New York gewesen.

Um nicht noch einmal von dem, was nicht vorherzusehen war, mit Schrecken überrascht zu werden, hatte Karl sich in die letzte Reihe hinter zwei große Negerinnen gesetzt, die sich wie Zwillingsschwestern glichen. Zwei weite Hüte trugen sie auf ihren Köpfen und hielten auf den Schößen die dazugehörigen Schachteln. „O Lord have mercy", lachten sie und schäkerten mit den Reisenden, die in ihrer Nähe saßen. Karl verstand aus dem, was sie sagten, sehr allgemein, dass sie auf dem Weg nach Birmingham in Alabama waren, um dort ihren Vetter zu besuchen, einen Prediger, der seine Orgel nicht nur im Gottesdienst von seinen Konfirmandinnen bedienen ließ. Als Karl das nicht so komisch fand wie andere Reisende und eine der Schwestern sich zu ihm wandte, um lachend auf seine Hose zu zeigen, o Lord have mercy, begann Karl damit, sein Englisch zu bereichern. O, yes, sagte er, als er die Doppeldeutigkeit des Wortes „organ" verstand, und brachte mit „Pillermann", das sie erfragten, die Zwillingsschwestern dazu, sich schier schiefzulachen, so dass die Krempen ihrer Hüte wie Flügel auf und ab schlugen und diese sich wie zwei Pelikane gleich in die Luft zu erheben schienen. O Lord have mercy, wiederholten sie das Wort, Pillermann, das war zu komisch. Die beiden unterhielten die Gesellschaft, bis der Bus die freie Autobahn erreicht hatte, der Fahrer aus der Aktentasche neben seinem Sitz einen kurzen Stock herausholte und ihn zwischen Lenkradsäule und Gaspedal klemmte. Da nahmen sie ihre Hüte ab, öffneten die Schachteln auf dem Schoß, legten tatsächlich ihre Hüte hinein, setzten die Deckel darauf und schwiegen. Karl aber Schloss wieder einmal die Augen und träumte in große Tüllblüten hinein, die am Rande der Straße erblühen und leuchtend die richtigen Wege weisen würden. Träumend kam er durch Baltimore und Washington, durch Virginia und Carolina, aß im Dunkeln an einem der Halte ein Sandwich mit Fleischsalat – sein Hemd war feucht und schmutzig – und drückte sich wieder in den Winkel zwischen Sitz und Fenster, um zu schlafen. „Millridge, Georgia, Mister", weckte ihn schließlich der Fahrer, „Sie sind angekommen." An den beiden Negerinnen vorbei, die schlafend ihre Schachteln wiegten, ging Karl leise den schmalen Gang entlang und stieg, vom Schein einer Straßenlaterne geblendet, vorsichtig aus. Der Fahrer hatte schon den Stauraum aufgeschlossen, zog mit sicherem Griff den Koffer heraus, legte noch den Zeigefinger an den Schirm der grauen Mütze und fuhr auf und davon. Es war drei Uhr nachts.

Der Greyhound-Halt von Millridge, Georgia, war eine dunkle Tankstelle am Ortseingang, die das Licht der Laterne als schwacher Schein berührte. Über den Zapfsäulen schwankte ein Schild im Wind, auf dem „Gasoline Gus" stand. Karl fand einen Platz zwischen Autowracks, um sich ins Gras zu legen. Den Sternenhimmel über sich, fand er es an der Zeit, über die ersten Fährnisse der Reise nachzudenken, die nun überstanden waren, über die Notwendigkeit, auch in schwierigen Lagen nicht zu verzagen, wie es im Taxi hätte leicht geschehen können, über den Tiefsinn der Sprache, den es zu ergründen galt, aber er fand nicht mehr die Kraft dazu. Das erste Fazit übermannte ihn, bevor er es ziehen konnte: die ungeheure, bleischwere Müdigkeit, die ihn in der neuen Welt erfasste.

Am Morgen weckte ihn der Tankwart Gus, der seinen Namenszug gestickt auf einer Schiebermütze trug. Er hielt ein Gewehr in den Händen, zeigte Karl dann aber bei frischem Kaffee und zu den Choralgesängen eines Radiogottesdienstes seine Sammlung von Daumenkinos, die er mit Geschick bediente. Abgesehen von ihrem pornographischen Inhalt konnten diese Hefte von der Größe einer Zigarettenschachtel als

Sinnbild für Karls erste Abenteuer in der neuen Welt gelten. Denn es kennzeichnete diese sowohl die episodische Kürze als auch eine Vorbestimmtheit, die in ihnen lag, sobald ihr Lauf begonnen hatte. Die Begegnung mit Bob, dem Sportreporter, der bei Gus am selben Morgen tankte, war eine solche Episode. In dessen schwarzem Oldsmobile fuhr Karl zum ersten Mal per Anhalter in seinem Leben und gelangte so, ohne es geplant zu haben, durch Tennessee nach Memphis. Ob er Heinz Maegerlein kenne, fragte er Bob, der seinen Haarkranz auf der linken Seite so gescheitelt hatte, dass eine dünne Schicht von Strähnen zum rechten Rand hinüberreichte, und dadurch, aus einiger Entfernung, den Anschein natürlichen Wuchses erweckte. Aber Bob kannte nur den Ketchup Heinz und seufzte seinerseits, dass auch Bill Handy in Vergessenheit geraten sei, gegen den selbst Elvis, auch er aus Memphis, der Abglanz eines Musikus nur sei. Auch Ma und Pa, wie sie sich gegenseitig nannten, und ihre vier blonden Kinder zählten dazu, mit denen er nach Oklahoma City kam, zwischen Ma und Pa auf der vorderen Sitzbank eingeklemmt, in einer der Limousinen, deren Karossserie mit Holz getäfelt schien, in Wirklichkeit aber, raffiniert lackiert, auch nur aus Blech bestand. Über Karls Kopf hinweg warfen Ma und Pa sich ihre Gründe gegen Darwin zu, den großen Antichristen, das Teufelswerk der Selektion, und hielten beseelt dagegen, dass die Geschichte der Schöpfung nicht anders zu lesen sei als der Schöpfer sie selbst hatte schreiben lassen. „God bless you", sagten sie, als er ausstieg, und winkten, als sie weiterfuhren. Die meisten der Menschen, die Karl auf der Reise traf, behielt er ohne Namen in Erinnerung, manche von ihnen auch ohne Gesicht wie den treuen Texaner, den eine große Prostata dazu zwang, mit dem Bild seiner Frau in der Hand sein Wasser zu lassen, oder die neckischen Verlobten aus Ohio, die mit einem klemmenden Gaszug den Vollzug ihrer Ehe gefährdeten, so dass Karl das Wort für Kupplung lernen musste, um es der jungen Frau vor den Kurven zuzurufen –

„clutch! clutch!“ –, wenn sie zu schnell hineinzufahren drohte. Andere lebten nur als Schatten fort, der trinkende Leichenwagenfahrer, von dem Karl sich heimlich davonstahl, der nüchterne Bankangestellte, der Al Capone persönlich gekannt hatte, der Koch, dem Hunde schmeckten. Im Trosper Park in Oklahoma City blickte Karl noch einmal zu den Sternen hinauf, lag starr im feuchten Gras und suchte mit Mühe in den Schlaf, um am Morgen wieder das Glück des Sonnenaufgangs zu erleben.

In Oklahoma City nahm die Reise einen anderen Lauf. Karl stieg in ein offenes Mustang Cabriolet, das einem jungen Paar gehörte. Sie glichen schlanken, edlen Rassehunden und schienen Zwillinge zu sein, die dieses zeigen wollten. Denn sie trugen das gleiche dunkle Haar in Schulterlänge, gleiche Blue Jeans und Cowboystiefel. Karl nahm sich vor, besser den Fahrtwind zu beachten als die beiden, deren Augen sich darin gerötet hatten, und nichts auf ihre Wortkargheit zu geben, zudem in dem luftigen Getöse, durch das sich Musik aus dem Radio wand, nur wenig zu verstehen war. Er entdeckte aber, dass beides auf die selbstgedrehten Zigaretten zurückzuführen war, deren Rauch sie in den Lungen hielten, als ob sie tauchten. Sie reichten ihm freigiebig eine davon, und da er nicht wusste, wie sie schmecken musste, fragte er danach. Ob es Marihuana sei, rief er gegen den Wind. Sie lachten. Ja, das war es, „shit“, wie sie einsilbig sagten. Da zog auch Karl den würzigen Rauch tief in die Lungen, so oft der Joint zu ihm kam, und wartete darauf, dass etwas eintreten würde, das dem Rausch aus Bier und Wacholder glich. Aber das geschah nicht. Heimlich begann er schon, sich und die Zwillinge drei Lokustieftaucher zu nennen, und als er den beiden das Wort zu erklären versuchte, auf Englisch, Lokustieftaucher, wegen des Rauchs, den sie anhielten als ob sie tauchten, hatte ihn unvermittelt, ohne dass er den Übergang bemerkte, ein Gefühl erfasst, das er von Geburtstagen und Bescherungen unter dem Weihnachtsbaum kannte. Der Lokomotivtaucher stellte sich ein, der Kesselflicker, der mit Rauch zu schaffen hatte, mit dem Dampf und den Dämpfen. Die Doors spielten den „Roadhouse Blues", roll baby roll, während er gerade westwärts fuhr, die Route 66 entlang, die – weiß Gott – eine Straße genannt werden konnte, und an Häusern in Hülle und Fülle vorüber. „People are strange", sang Morrison, was ebenso zufällig war, unglaublich eigentlich und doch ebenso stimmte, wie alles andere auch zur rechten Zeit genau am rechten Ort zusammentraf. Als der Fahrtwind „Riders on the Storm" zu ihm trug, begann Karl zu lachen, als liefe er einen Abhang hinunter, ohne sich halten zu können. Oh, Krüger Karl, lachte er, Reiter auf dem Sturm in einem offenen Mustang und dazu noch das Glück, dass dein Wetter besser als das ist, was die Doors auf ihrer Reise hatten. Kalle, Kalle, nun bist du echt in Amerika.

Bis zum Abend fuhren sie, das Tanken ausgenommen ohne Pausen, durch Texas an Amarillo, durch New Mexico an Albuquerque vorbei, tranken Coca Cola und aßen Schokoladen- und Erdnussriegel wie die Schlaraffen, wie Hänsel und Gretel im Knusperkabinett. Als die Route 66 in Flagstaff westwärts der Eisenbahnlinie folgte, bogen sie nach Süden ab, die Windungen hinunter, die durch Wälder in steile Schluchten führten, in deren Spalten sich Nebel verfangen hatte, und stiegen dann zur Ebene hinan, die oben daran anschloss. Zwischen Yuccapflanzen, die aus ihren Bodenblättern heraus auf langen dünnen Hälsen ihre Blüten in die Höhe reckten, an Bergen vorbei, auf die der Abenddunst sich senkte, glitten sie über die flacher und flacher fallende Landschaft weiter nach Süden, trafen auf die ersten Kandelaberkakteen im schwarzen Fels und erreichten schließlich in der Dunkelheit die Heimatstadt der beiden, Phoenix in Arizona.

Mary und Gene waren keine Geschwister. Sie besaßen gemeinsam ein großes Apartment in einer weißen Wohnanlage, die sich terrassenförmig verschachtelt um ein Schwimmbecken herum in einen bonbonblauen Himmel erhob.

Eingeladen, dort zu übernachten, stand Karl bald auf ihrer Veranda, die er als Dach der Wohnung darunter erkannte, bückte sich, um den Rasen zu befühlen, der tatsächlich echt war, und staunte. Wie babylonisch das Land doch war, wie geheimnisvoll reich und gepflegt, wie orientalisch die Gastfreundschaft seiner Menschen. Am Rand des Schwimmbeckens, das im Licht von Unterwasserlampen smaragdgrün erstrahlte, saßen Männer in Bermudahosen und Frauen in Tennisröckchen, hielten Cocktail-Gläser in den Händen und lachten leise, während sanfter Bossa Nova sie umspielte. Dahinter lag eine Bar mit dem Namen „Dive-Inn". Von oben las Karl die Leuchtschrift.

Im Widerschein des Wassers, im Nachklang der Musik und auf die Terassenbrüstung gelehnt, begann Gene von Crosby, Stills, Nash und Young zu philosophieren, von Déjà vue, genauer gesagt, und der Wiedergeburt, die das erklärte. Er berichtete bedächtig, dass er in seinem vorherigen Leben ein Inder gewesen sei, Sohn einer reichen Familie aus einer hohen Kaste. Philosophiert habe er da, nichts als philosophiert, habe die Tage im kühlen Schatten verbringen können und von Dienern sich Luft zufächeln lassen und habe dabei eines Nachts das Problem der Unendlichkeit, des fehlenden Anfangs und fehlenden Endes, gelöst. Wie die Lösung lautete, nach der Karl ihn hellhörig fragte, wusste er leider nicht mehr, schade, weil er sie in das Nun und Jetzt nicht hatte herüberretten können. Aber sei das nicht unglaublich, dass er noch wisse, dass er das Problem damals löste? Das beweise, dass es grundsätzlich lösbar sei, obwohl es im Nun und im Jetzt scheinbar gar niemand lösen könne. Er begann das Zimmer zu beschreiben, in dem er das Problem gelöst hatte, mit all den Einzelheiten, an die er sich – unglaublich – noch erinnern könne, und ließ sich von Mary dabei nicht unterbrechen, die ihn ermahnte, er solle den Rauch nicht wie Bogart im Film verschwenden, wofür sie „to bogart" verwandte. Das Fenster beschrieb er, ein Loch eigentlich, das keine Scheibe hatte, durch die der Morgen hätte dämmern können, den Hocker darunter mit dem Wasserkrug darauf, das durchgeschwitzte Linnen, dem ein ranziger Geruch entströmte, komischerweise, und allmählich die Kammer erfüllte, bis sich ein Nebel zu bilden begann und jemand klopfte. Hallo, rief eine Stimme vom Korridor, hallo sweeties, Gottseidank, was gar nicht indisch war, so dass Karl sich erleichtert der Echtheit des Rasens vergewissern konnte, auf dem er noch immer stand.

Oh, auf hohen Absätzen kam sie herein, in Schuhen aus glänzendem Leder, die noch den Ansatz ihrer Zehen zeigten. Das Braun ihrer Beine reichte weit nach oben bis zu einem kurzen Kleid aus dünnem Stoff, das sich um ihren Körper schmiegte. Das war Dio. Während Gene den Weg zurück nach Indien suchte, in sein Zimmer, und inzwischen vergessen hatte, warum, setzte sich Dio auf eine Hollywoodschaukel und schlug die Beine übereinander. Für Karl war sie damit entrückt. Ihre Fingernägel, ihre Lippen und Lider waren so zart, ihr wellig frisiertes blondes Haar und ihre Augen glänzten so fragend, wie es nur auf Zelluloid geschah. Dazu, auch das noch, zierte ihre rechte Wange ein kleiner brauner Fleck. Karl sah sie, er merkte es selbst, von Beginn an unentwegt an. „Das ist Charly“, sagte Gene, „er übernachtet heute hier.“

Sie rauchten, erwiesen Bogart alle Ehren, tranken Coca Cola und aßen Pizza, die Mary telefonisch bestellt und ein als Bäcker verkleideter Junge in die Wohnung geliefert hatte. Während Gene mit der Geduld eines indischen Priesters die Möglichkeit erörterte, das vorherige Leben als Donald Duck verbracht oder doch wenigstens mit dessen Stimme gesprochen zu haben, weilte Karl schon nicht mehr bei ihm, hörte die Ente nur noch im Jenseits quaken, im Rücken des Nun und des Jetzt, und war in eine Weltlichkeit ganz eigener Art versunken. Dio lächelte, ägyptische Sphinx, und beschränkte sich darauf, im Schein des Sternenhimmels schweigend ihre Beine über- und untereinanderzuschlagen, zu schieben, genauer besehen, wodurch sie sanfteste Geräusche in Krüger

Karls Leben rief. „Meint ihr nicht auch“, sprach sie schließlich, „dass Charly besser bei mir übernachtet?“ Vom Mangel an Platz orakelte sie, von den wenigen Schritten zu ihr hinauf, was Karl ihr willenlos glaubte. „Ganz wie du meinst, Dio“, sagte er. Also denn los, meinte sie. „Well“, sagte Gene, „there goes Charly.“ Das war Karl.

Durch einen Steingarten, in dem über Stufen ein niedliches Gewässer träufelte, stiegen Dio und Karl den Weg zu der Wohnung der nächsten Terrasse hinauf, die der unteren verwirrend glich. Sie öffnete, ließ ihn wortlos vorbei und lehnte sich, nachdem sie selbst hineingeschlüpft war, mit ihren Schultern von innen gegen die Tür. Ihr rechtes Bein leicht angewinkelt, legte sie die Hände flach auf ihre Hüften und schob ihren Schoß einen Daumenbreit vor, um in dieser Haltung stumm zu verharren. Karl verstand das als eine letzte Weissagung und schloss daraus, dass er sie küssen durfte. Als er es aber tat, erschrak er vor dem, was nicht vorhergesehen war. Vergeblich versuchte er, einen Fußbreit zurückzutreten, einmal, zweimal, gelähmt im Bann eines Zaubers. Dio hatte, ohne sich mit anderen Dingen aufzuhalten und ohne wieder locker davon zu lassen, ihre Hand in seine Hose gesteckt. Da sagte Karl etwas, das gar nicht stimmte. „Aber Dio“, sagte er, „ich bin doch verlobt.“

Karl war nicht verlobt, aber Dio war Witwe. Ihr Mann war Pilot und in Phoenix stationiert gewesen, und über Vietnam – „ratatatata“, rief sie am nächsten Morgen zur Zimmerdecke empor – hatte man ihn vom Himmel heruntergeschossen und habe sich – „platsch“ – sein Fallschirm nicht mehr geöffnet. Mit der Witwenrente aber, lachte sie, lebe sie auch nicht schlecht, mit diesem großen Apartment und diesem herrlichen Blick daraus auf den Camelback Mountain, der doch mit seiner nur einen sich straff emporspannenden Wölbung eigentlich Dromedaryback heißen müsse.

Als er unausgeschlafen erwachte, lag Dio schon nicht mehr im Bett, und als er auf die sonnige Veranda hinaustrat, sah er, dass sie unten im Becken schwamm. Er winkte ihr zu, ging dann hinunter in das Dive-Inn und bestellte ein Glas Orangensaft, dessen frische Farbe zur leuchtend blauen Uniform und den goldenen Knöpfen des Barkeepers passte.

„Standen Sie nicht eben auf Miss Diotimas Veranda und winkten herunter?" fragte dieser mit einem Air von Beiläufigkeit.

„Ja, warum?"

„O, nichts weiter. Sie schwimmt jetzt gerade, nicht wahr? Sie schwimmt jeden Morgen. Wissen Sie, wie wir das Schwimmbecken nennen, seit sie hier eingezogen ist?"

„Nein."

„Wir nennen es nach diesem großen runden Loch bei Flagstaff den Meteor Krater."

„Und wissen Sie", sagte Karl seinerseits, „wie ihre Freunde Miss Diotima nennen?"

„Nein."

„Wir nennen sie Miss Camelback Mountain."

„Wirklich?"

„Ja, wirklich."

Karl nahm auf einem der weißen Korbsessel am Beckenrand Platz und betrachtete, wie Dio dem Wasser entstieg. Ihr Badeanzug war so eng und aus so feinem Gewebe, dass in berückender Deutlichkeit darunter ihr Schamhaar buschig spross und ihre Brustspitzen blühten. Von ihren schlanken braunen Beinen perlten über unerforschte Wege glitzernd die Tropfen herab.

„Warum springst nicht auch du einmal kurz hinein?" fragte sie, „das erfrischt ungemein und weckt die noch schlummernde Manneskraft, glaub es mir, Charly."

Oh, Karl glaubte ihr auch das, auch wenn er sich dann, da Dio schon vorausgegangen war, auf ein Plätschern beschränkte. Als er zurück in die Wohnung kam, lag sie auf ihrer Hollywoodschaukel, in einem weißen seidenen Unterrock, der nichts verbarg, und las Cosmopolitan.

„Gleich, Charly“, sagte sie.

Karl war ihren Weissagungen mit Haut und Haaren verfallen. Obwohl sie las und dabei aus einer Schale Weintrauben pflückte, die sie versonnen in den Mund schob, bemerkte sie unbewusst, dass er sie wie die Sphinx bestaunte. Da formte sie einen Kuss mit den Lippen, ergriff eine der Trauben und zeigte ihm diese zwischen Daumen und Mittelfinger wie einen Gegenstand, mit dem sie ein Kunststück vollführen wollte. Mit dem Handballen über den Seidenstoff gleitend führte sie die Frucht zum Saum des Unterrocks hinab, hob leicht das Becken an, öffnete die Schenkel, und ließ ihre Hand zwischen diesen verschwinden, kostbare Augenblicke lang, in denen sie Karl erneut mit der Andeutung eines Kusses bedachte. Als sich die Hand dann löste und mit Leichtigkeit erhob, waren Daumen und Mittelfinger zu einem leeren O aufeinander gestellt. Die Traube war verschwunden

Oh Dio, dachte Karl, die guten ins Töpfchen, die schlechten ins Kröpfchen?

„Komm, Charly“, sagte sie, „ich möchte Traubensaft. I want some sugar in my bowl.“

Dio mochte diese Dinge. Sie schätzte es mit schäumendem Champagner. Letzten Endes, meinte sie, reiche an diesen kein Mann heran, man müsse nur die Flasche kräftig schütteln. Komm, sagte sie, stellen wir das Ganze auf den Kopf. Das nannte sie „heading“ und hielt es für aufregend „thrilling“. Sie mochte es, morgens im Bett noch vor dem Schwimmen gefettet zu werden. „Get me greased, Charly“, sagte sie dann, und wiederholte es, wenn sie im Badeanzug auf hohen Absätzen vor ihm stand: komm, Charly, fette mich schnell noch einmal im Stehen, schieb doch den Anzug hinten ein bisschen zusammen. Das rubbelt so schön in der Rille. All das mochte Dio so gern.

Mary und Gene, die bald nach der Ankunft in Phoenix wieder abgereist waren, riefen irgendwann aus Chicago an. Dio solle nach Tuscon fahren, um von dort etwas nach Kalifornien zu bringen, das auch im Sprachgebrauch zwischen Karl und ihr immer nur „something“ blieb. Er beschloss, sich über seine Ahnungen hinaus nicht weiter darum zu kümmern und freute sich auf die Reise. „Allein die Vibrationen deines weißen Ford Mustang“, sagte er, „werden uns, wie du ganz richtig meinst, mächtig erregen.“

Nach dem Bad im Pool brachen sie auf und reisten an Baumwollfeldern und Kakteenkolonien vorbei dem dunstigen Horizont so lange entgegen, bis schemenhaft die Stadt aus ihm hervortrat. Dio durchquerte das Zentrum und hielt in der Nähe des Flughafens vor einem spanisch gebauten Hotel, trippelte in dem engen weißen Kostüm, in das sie an diesem Morgen geschlüpft war, wie eine Stepptänzerin die Treppe hinauf und saß, nachdem sie eine Aktentasche in den Kofferraum geworfen hatte, kurz darauf wieder im Wagen. „Here we go“, auf gehts, Charly, lachte sie und fuhr mit quietschenden Reifen an, die dunkle Streifen hinterließen. Sie waren unterwegs nach Kalifornien. Nachmittags überquerten sie den Colorado, trafen dort auf glühende Hitze, die ihnen in die Wüste folgte und sie energisch bedrängte, bis sie in der Dämmerung allmählich erlahmte und lustlos verschwand. Am späten Abend erreichten sie San Diego, über dem ein rötlicher Mond von planetarischer Größe stand, Los Angeles dann in tiefer Nacht, das Sodom und Gomorrha glich. Als sie im Morgengrauen auf den Cabrillo Highway stießen, Big Sur, wie Dio ihn nannte, lag dichter Bodennebel auf der Fahrbahn, so als sei er von den Felswänden herab gerutscht und aufgehalten worden, weil auf dem Pazifik kein Platz mehr für ihn war. In Tropfen schlug er an die Windschutzscheibe. Aus einer Kurve heraus lenkte Dio geradewegs auf den Pazifik zu und traf einen schmalen Weg, auf dem sie hielt und zwischen Büschen und Bäumen unvermutet ausstieg. „Wir sind da“, sagte sie, „hier wohnt Dornröschen.“ Durch Brombeergestrüpp führte sie Karl einen Pfad zum Meer hinab, dessen Brandung er hörte, noch bevor sie den Strand und die Felsen darauf erreichten, an denen sich schäumend die Wellen brachen. Oberhalb davon, im vernebelten Grün, stand das Haus, das Dio suchte. Als sie die überdachte Veranda betraten, knarrten die Dielen und begann der Schaukelstuhl darauf zu schwingen.

„Hallo Dornröschen", sagte Dio, nachdem sie geklopft und ohne Antwort abzuwarten die Tür geöffnet hatte. Die märchenhafte Anrede galt einem Mädchen, das ihnen gegenüber im Schneidersitz auf dem Fußboden saß, in einem Kranz von Räucherstäbchen, und reglos in ein Kerzenlicht sah. Sie schien nichts anderes wahrzunehmen. Dio wiederholte ihren Namen, ohne sich aufzuhalten, ging zielstrebig zu einer Innentür, klopfte, trat ein und zog die Tür ins Schloss. Eine Männerstimme hatte ihr geantwortet. Karl sagte „hallo", als er sich allein mit Dornröschen fand, sein Name sei Charly, doch sie ließ sich nicht erwecken. Er betrachtete ihre blutleere Blässe, die der Versunkenheit entsprach, maß ihr langes schwarzes Haar, das über den Rücken den Boden erreichte, und ging, als Dio verschwunden blieb, hinunter zum Strand.

Der Nebel hatte sich aufzulösen begonnen, auf dem Meer zeichneten Schemen von Felseninseln sich ab, die den Formen von Helmen und Hüten glichen. Tang lag an Land, Wurzelholz, Stücke darunter, die das Meer seidig glatt zu bizarren Figuren geschliffen hatte. Über den harten kalten Sand ging Karl barfuß dem Wasser entgegen, aus dem er eine Handvoll schöpfte, und das Gesicht darin erfrischte. Aber die Müdigkeit der Nacht ließ sich nicht mehr vertreiben. Zwischen den landnahen Felsen fand er einen windgeschützten Platz, knöpfte die Jacke zu, versteckte die Hände darin und schlief ein. Als er erwachte, war es Nachmittag. Eine Schar von Raubvögeln hatte den Strand bevölkert, lärmte und plündete das Volk der Krebse, das triebhaft aus den Wellen hüpfte und sein Heil darin suchte, sich im Sand zu vergraben.

Zum Haus zurückgekehrt, traf er Dio schon auf der Veranda wieder, mit einem ihrer zarten Slips und einem großen Oberhemd bekleidet, das nicht das ihre war. Sie saß dort am Tisch mit einem Mann, trank Tee und rauchte.

„Hallo Charly", sagte sie, „das ist Matt."

Matt trug kein Hemd. Er hatte sein Haar zu einem Pferdeschwanz gebunden und seinen Bart an Kinn und Lippe als Musketier zurechtgestutzt. Auf seine dicht behaarte Brust hing eine Kette mit einem silbernern Tomahawk herab.

„Hallo", sagte Matt.

Er hatte Kekse gebacken.

„Ohne Zucker und Weißmehl", erklärte Dio aufgeräumt, „unglaublich, oder? Nur mit Honig und Vollkorn und frischen Karotten. Sei so frei", sagte sie, „nimm ruhig davon", und lächelte wie eine Tante.

Karl aber wollte nicht kosten. In trüben Ahnungen verfangen missbilligte er die Schamlosigkeit, mit der Matt sein Brusthaar zur Schau trug, und nannte den kitschigen Schmuck im Stillen ein Tomahäkchen, Winnetous Tand. Oh, wie konnte Dio nur sogleich in sein Oberhemd schlüpfen?

Als Dornröschen die Veranda betrat, wurde sie von zwei blonden, bärtigen Männer mit Pferdeschwänzen begleitetet. Als Luke und Mark stellte Dio sie vor und nutzte geschickt ihre Anwesenheit, um die Selbstverständlichkeit der Lage zu betonen, in der sie sich dort befanden, den Musketier und sich als erste inbegriffen. Luke und Mark trugen Hämmer an ihren Gürteln, mit denen sie, wie Dio ihm reizend erklärte, aus eigener Kraft ein Haus erbauten, das einige Meilen nördlich auf einer Klippe lag. Mit den Bonbons meines Papas, fügte Dornröschen kalt hinzu, des Bonbonfabrikanten aus Florida, sagte Dio.

Im Pazifik ging langsam die Sonne unter. Der Himmel erglühte purpurn und vergoldete die verdampfenden Wolken wie schließlich die Gischt auch, in der sie versank. Die Zimmermänner entzündeten eine Pfeife, die auf der Veranda die Runde machte.

„Ich weiß nicht, was ich falsch mache, Matt", sprach Dornröschen im Schneidersitz, „drei Tage und drei Nächte habe ich streng meditiert und gelange doch nicht dorthin, wo ich sein möchte, ich dringe nicht durch in meine früheren Lebensalter, nicht einmal, um von dort aus eventuell weiterzusehen, in mein letztes."

Matt Tomahawk spielte ihre Schwierigkeit väterlich herunter. Es bedürfe eben, sagte er gestelzt, seiner Zeit und vor allem der Übung, und jeder Versuch, auch der vergebliche, sei ein Schritt in die richtige Richtung.

„Matt", wandte sich Dio vertraulich an Karl, „hat es wirklich beisammen – has got it together", sagte sie. „Er weiß nicht nur, dass er in seinem vorherigen Leben Indianer war und als solcher Wild Stallion hieß. Nein. Weißt du was?" sah sie ihn aufmunternd an.

„Nein, was?"

„Er kann sich noch an so viele Einzelheiten seines Indianerlebens erinnern, dass er das Bild der Geschichte damit verändern, ja auf den Kopf stellen kann. Ist es nicht so, Matt?"

„Ja, das ist richtig", sagte Matt Tomahawk gnädig, „oder doch wenigstens eines davon, nämlich das Bild von Custer's Last Stand am Little Big Horn."

Er berichtete zufrieden, dass er auf dem Weg der Meditation sein früheres Sein als Wild Stallion entdeckt und dabei Erkenntnisse über jenen denkwürdigen Sonntag des Jahres 1876 erworben habe, als Custer dort stand, „Yellow Hair", wie sie ihn nannten.

„Er stand dort", sagte Matt Tomahawk, „aus einem geschlechtlichen Grund."

„Geschlechtlich?" wiederholte Dio das Wort.

„Oh ja", sagte er und spannte sie mit Mata Hari auf die Lauer, die ebenfalls mit ihrer Fleischlichkeit den Gang der Geschichte beeinflusst hatte.

„War Custer impotent?" fragte sie, „und musste das kompensieren?"

„Nein, nein, for heaven's sake", sagte er, „doch nicht der General, um Gottes Willen."

Matt Tomahawk führte Lonny von Hippius ins Feld am Little Big Horn, die heimliche Braut des Generals, ein schwerblütiges und verschlossenes Wesen aus Königsberg, das in der heimlichen Hochzeitsnacht die Schenkel zusammenkniff und erklärte, dass sie sich erst öffnen werde, wenn er ihr ein Massaker machte.

„Für jeden toten Roten", spielte Matt Tomahawk seine Trumpfkarte aus, „ein Himmelreich auf Erden, für jeden roten Toten ein Stück Glückseligkeit."

„Oh Matt", sagte Dio, die unruhig ihre glatten Beine über- und untereinander schob, „weißt du, was ich in meinem vorherigen Leben war?"

Nein, das wusste selbst Matt Tomahawk nicht.

„Komm", sagte sie, „ich zeige es dir. Ich liebte genau wie du die wilden Ritte durch die Prärie."

„How", sagte Matt Tomahawk, stand auf und ging mit ihr.

Karl, den das nicht mehr überraschte, nahm es gelassen hin. Die Vorstellung, dass Dio in ihrem früheren Leben eine Stute gewesen war, bedrängte ihn eher als dass sie ihn beflügelte. Er ließ die Dielen der Veranda knarren und stieg zum Strand hinunter, um dort darüber nachzudenken, was er im vorigen Leben wohl hätte sein wollen, ob auch Indianer oder Inder, damit auch er davon erzählen und mit Einzelheiten erstaunen könne, die jeder, der sie hörte, für ganz unmöglich hielt. Zwischen den Felsen, bei den Möwen, die stehend schon schliefen, und den Krebsen im sicheren Sand wäre Karl der Bauer Nalop gewesen, der seine Schuhe nicht fand, als er vom Tod des Herzogs Wittekind hörte, den man auch Widukind nannte, und darum zu spät zur Beerdigung kam. Von seinem Schrecken hätte er berichtet, da schon alles vorüber war und die Blumen schon welkten und der Herzog leibhaftig aus dem Kirchenschiff trat und fragte: Warum kommst du zu spät zu deinem Herzog? Bin ich dir den Weg nicht wert gewesen?

Karl, der Bauer Nalop, stieg auf einen der Felsen an der Pazifikküste, knöpfte seine Jacke auf, breitete die Arme aus, so dass der Wind hineinwehte, und begann im Kopf zu singen. „All the leaves are brown", sang er, „and the sky is grey."

Nur in einem der Zimmer brannte noch Licht, als er zurückkam. Er klopfte. Es war Dornröschen, sleeping beauty, die noch nicht schlafen konnte. Sie hörte Joni Mitchell und las ein Buch von Rilke. Er fragte, wo er schlafen könne. Sie fragte, was er in seinem vorigen Leben gewesen sei. „Bonbonfabrikant", sagte Karl. Sie flüsterte ihm mit Leidenschaft „O Dad" dafür ins Ohr und schenkte ihm ein Smartie. Für schlechte Zeiten, sagte sie, solle er sich den Süßstoff aufbewahren, für schlechtere als die an diesem Abend.

Am folgenden Morgen knarrten früh die Dielen der Veranda. Nalop, Dornröschen und Dio, Matthäus, Markus, Lukas und, wenn er dabei gewesen wäre, gewiss auch Johann, wurden geweckt und verhaftet.

Dio weinte. Am Abend zuvor hätte Karl leicht sagen können, sie habe geweint, als ob sie in ihrem vorherigen Leben ein Schoßhund gewesen sei, nun aber gab es keinen Anlass zu Scherzen, sie weinte Rotz und Spucke. Er hätte Matt Tomahawk vergessen, sie in seine Arme schließen und trösten wollen, aber sie legten ihnen, nachdem sie an die Wand gestellt und abgetastet waren, Handschellen an. „Charly", presste Dio in Krämpfen und immer wieder Anlauf nehmend hervor, „ich werde das nicht aushalten." Als Karl sie dort stehen und in dem großen Oberhemd sich krümmen sah, wusste auch er, dass das stimmte.

Wie viele Polizisten es waren, zählte er nicht, aber es waren genug, um sie alle, mit Ausnahme Matt Tomahawks, der mit sich selbst zu zweit war, paarweise an verschiedene Orte zu fahren. Karl verlor Dio aus den Augen, er wurde mit Luke fortgebracht. Für den Sheriff und seinen Deputy, die sich ihrer annahmen, war es wie Heiligabend, auch wenn sie an Luke, der seine Sammlung psychodelischer Pillen verschluckt hatte, als die Verandadielen knarrten, das ihre zu tragen hatten. Als Karl hereingerufen wurde, um vor des Sheriffs Schreibtisch zu erscheinen, hatte dieser seine gestiefelten Füße daraufgelegt. Den Bauch- und Hüftspeck in lässiger Haltung zu wulstigen Ringen zusammenschiebend rauchte er glatt rasiert Zigarre und ließ wortlos verlauten, mit einem leichten Wink nur, der dem Deputy galt, dass andere Gründe sich erübrigten, dass sein Anblick allein gewissermaßen genüge, um Karl in eine Zelle zu stecken. Zwischen drei weißgetünchten fensterlosen Wänden und einem Gitter, das vom Boden zur Decke reichte, verbrachte dieser den übrigen Tag und die folgende Nacht, ohne dass er im kalten Neonlicht den Übergang bemerkte. Die Stunden verflossen zu formlos verrutschten Bildern aus Halbwelt und Tagtraum zugleich. Im oberen Stock des Stahlrohrbetts versuchte Karl schlafend sein Schicksal zu verdrängen, es Luke gleichzutun, der unter ihm ruhig atmend in einem anderen Leben weilte. Aber die Gedanken an das, was er hätte bleiben lassen sollen, um seine Lage, die er als unmoralisch empfand, zu vermeiden, hörten nicht auf, ihn zu quälen. Erschöpfung ließ ihn schließlich in einen tiefen Traum fallen, zurück nach Berlin, als er Nalop war und mit Buffalo Bill in dessen Wilden Westen ritt, in der wildesten Show seit der Schöpfung. Vom großen Berliner Tipi träumte er, in dem sie vor der Premiere saßen, im Federschmuck alle Indianer, als ob sie Kriegsrat hielten, und auf den Kaiser warteten. Und der Kaiser kam. Einen Spitzhelm tragend und in einen weiten Mantel gewandet, trat er ein, den Kronprinz hinter sich, und blickte wie der Große Manitu erhaben in die Runde. Und Nalop stand auf, ging ihm entgegen und sagte „Nalop, Häuptling der Sioux, grüßt den großen Häuptling der Deutschen“, sagte es, wenn auch gebrochen und schleppend, auf Deutsch. „Willkommen, Wilhelm, die Zunge, im großen Rat des Krieges.“ Der Kaiser setzte sich, vom Kronprinz gefolgt, in ihren Kreis, so dass sie zusammenrücken mussten. Er setzte sich in den Schneidersitz, der in den

Stiefeln breit geriet. Man reichte die Friedenspfeife, und wie sie alle zog auch der Kaiser daran, um sie seinem Sohn zu reichen. Der Kronprinz aber, ein junger Mann von über zwanzig Jahren, verschluckte sich am Rauch und brach in Husten aus, so dass der Kaiser ihm kräftig auf den Rücken schlug und seinen Namen rief. „Wilhelm!" rief er, „reiß dich zusammen." Karl Krüger träumte davon, dass Nalop der Indianer dem Kaiser eine Pfeife schenkte, mit schwarzen und weißen Bändern daran, und das Geschenk mit dem Schwur aller Sioux verband, niemals gegen einen deutschen Stamm das Kriegsbeil auszugraben. Und der Kaiser schmunzelte, erhob sich knarrend aus dem Schneidersitz und sprach, den Helm leicht in die Stirn gerutscht, dass deutsche Stämme niemals auf Indianer schießen würden, nie und nimmer. Nur auf Franzosen, das ja. Das sollten sie auch den anderen sagen, wenn sie zurück in die Jagdgründe kehrten. Ein schönes Tipi hätten sie da, in dem er, nebenbei gesagt, weitaus besser empfangen worden sei als an so manch einem Herrscherhof, so manch einem, wiederholte er und warf die Stirn in Falten. Auf Wiedersehen jetzt, er müsse los, der Kronprinz auch, die Staatsgeschäfte riefen.

Von Tatsachen sprach am Morgen der Sheriff. Tatsache sei, sagte er, die Füße auf dem Tisch, dass Karl in einem Auto in Tuscon vor einem Hotel auf seine Freundin gewartet habe, die eine Aktentasche in ihren Kofferraum stellte, in der keine Akten, sondern Pakete mit Traumtabak waren. Tatsache sei, dass er in einem Haus am Pazifik geschlafen habe, in dem sich jene Tasche mit Traumtabak befand, als sie ihn wecken mussten. Tatsache sei aber auch, fügte er schnaufend hinzu, indem er die Rechte mit dem Ring seiner Schule und der Zigarre zwischen den Fingern auf seinem Bauch ablegte, dass ein gewisser Bonbonfabrikant aus Florida für Karl und für seine Tochter die Hände seiner Anwälte ins Feuer lege.

„Wie dem auch sei", wischte der Sheriff den Anflug von Ärger beiseite und rutschte, um es sich wieder bequemer zu machen, mit dem großen Gesäß auf dem Stuhl herum, „die anderen werden eingelocht. Auf Wiedersehen."

Good bye. Die beiden Wörter wollte Karl sich nicht zweimal sagen lassen. Zwischen Erleichterung und den Sorgen um Dio innerlich schwankend wandte er sich ohne zu zögern dem Ausgang zu. Er hielt schon die Klinke in der Hand, als der Sheriff etwas vergessen hatte. „Ach übrigens", rief er ihm nach, „schöne Grüße auch vom Chief." Des Sheriffs Bauchspeckringe federten, als er kichernd den Namen nannte, Wild Stallion, und schlugen rhythmisch aufeinander, als er nach Haltung suchend erklärte, dass Karl in Wirklichkeit der Colonel war, Buffalo Bill, den der Häuptling grüßen lasse.

Nein, während ein ungezügelter Raucherhusten den Sheriff jeglicher Formen beraubte, ließ Karl sich auch jetzt von Matt dem Tomahawk kein C für ein K vormachen, keinen Cody für einen Krüger, aber er lachte nicht darüber, er nahm es grüblerisch hin: Was wäre, wenn er in seinem vorherigen Leben wirklich Buffalo Bill gewesen wäre und hätte den Wilden Westen geliebt? Dann hätte er in Berlin zu Wilhelm dem Zweiten gesagt: Verehrter, wir drei sind, wenn nicht mehr, in jedem Fall doch Namensvettern. Ob Kaiser, Kronprinz oder Colonel, Wilhelm heißen wir alle, nicht wahr? Tun wir uns also zusammen, gründen wir eine Weltunion des Wilden Wilhelminismus, damit jeder die Friedenspfeife rauchen lernt und keiner es mehr nötig hat, sich auf den Rücken schlagen zu lassen.

Karl Krüger erfuhr vom Deputy, dass Dio im Bezirksgefängnis war. Vom nächsten Fernsprecher aus rief er ein Taxi, um ihr dort beizustehen, und gab das Geld doch vergeblich aus, da man Besuchszeiten einhalten musste. In einer Bar, die dem Gefängnis gegenüberlag und „Mayflower" hieß, quälte er die verbleibenden Stunden mit Coca Cola und belegten Weißbroten zu Tode, die ihrer Form entsprechend und sinnhaft zum Namen der Bar gehörend als „Subs" auf der Karte standen, Unterseeboote.

Er erkannte Dio in ihrem verwaschenen Kittel kaum wieder. Ihr sonst luftig wippendes Haar hing stumpf auf den Kragen herab. Ihre Augen waren hinter dunklen Tränensäcken eingesunken.

„Hallo Dio", sagte er zaghaft, „wie geht es dir?"

Dio war nicht in der Lage zu sprechen. Sie weinte, als Karl sie mit überflüssigen Sätzen aufzuheitern versuchte und ihr den nahen Tag vor Augen führte, an dem alles vorüber wäre und nur als Alptraum zurück in der Erinnerung bliebe. „Es sieht schlimmer aus", sagte er, „als es ist", und fügte grundlos „glaube mir" hinzu. Gelogen half es ihr kurz aus den Tränen heraus.

„Oh Charly", sagte sie und sprach ein letztes Mal von dem, was sie „bodyness" nannte, ihrer Körperlichkeit. „Sie haben mir", sagte sie, „meine Körperlichkeit genommen", und verglich, als er das Wort nur fragend wiederholte – „bodyness?" –, ihren Körper mit einer Violine, der man die Saiten nahm.

„Der Sinn einer Violine", sagte sie, „ist es, zu klingen. Nimmt man ihr die Saiten, verliert sie ihn und ist nur noch ein Kasten."

Karl fragte nach dem Violinisten, aber sie meinte es anders und so ernst, dass sie vom Tod und der Wiedergeburt zu sprechen begann.

„Wenn es wirklich so ist", sagte Dio, „dass unsere Seelen sich von unseren Körpern trennen, wird die meine es bedauern. Schade, wird sie sagen, so eine Violine findest du so leicht nicht wieder."

Karl erkannte ihre Körperlichkeit in der Erinnerung wieder. Es war ihre Seele gewesen, die in den Wochen der Liebe ihren Körper wie eine Violine gestrichen hatte. Wenn sie in hohen Schuhen vor ihm ging und ihre Backen sich im Rock geschmeidig auf und ab bewegten, war es der Rhythmus ihres Spiels gewesen, in dem sie sich sanft wiegte. Wenn sie dem Pool entstieg und ihre Oberschenkel sich berührten, ihre Brüste leicht dabei erbebten, waren es zarte Harmonien gewesen, die sie durch ihr Spiel erweckte. Eine Sirene war Dio gewesen, die sich an den eigenen Klängen ergötzte und Karl auf ihre Art geliebt hatte, weil er von diesen heillos angezogen wurde.

Eine Aufseherin, die dem Sheriff wie eine Zwillingsschwester glich, zeigte mit dem Finger auf ihre Armbanduhr, die in einer Fleischfalte des Unterarms steckte. Es war Zeit zu gehen.

„Pass auf dich auf, Dio“, sagte Karl, „take care. Wir sehen uns.“

Dio weinte und lächelte, als er an der Tür ihr noch einmal winkte. „See you, Charly“, rief sie ihm nach.

Er ging zurück zur Mayflower, und ahnte, während er Whisky zu trinken begann, dass er Dio nicht wiedersehen würde. Sie tat ihm leid, er haderte mit ihrem Schicksal, das ungerecht gewesen war, mit Matt, dem falschen Tomahawk, dem sie das zu verdanken hatte, doch Glas um Glas gewann Erleichterung die Oberhand, das Glück der Freiheit außerhalb der Mauern, das schließlich auch auf die Vorstellung übergriff, sich aus dem Bann einer Frau gelöst zu haben, deren Körper wie eine Violine war und gnadenlos überwältigend klang.

Am andern Ende des Tresens hatte während des Abends ein junger Mann namens Hank gesessen und den Gefängniskummer mit Bier zu beherrschen versucht. Unter der nutzlosen Aufsicht der Pilgerväter, die hohl von den Wänden blickten, tranken sie gemeinsam und wechselten kaum ein Wort dabei. Als das rote Neonlicht die Dunkelheit verklärte, erhob sich Hank, er fahre nach Ohio. Karl schloss sich ihm an und fiel, als sie in salziger Pazifikluft Big Sur nach Süden folgten, in einen tiefen Schlaf.

Las Vegas im Morgengrauen war kühl. Sie wechselten das Steuer. Über den breiten Boulevard fuhren die Streifenwagen der Polizei und der Wach- und Schließgesellschaften neben den Lieferwagen der Wäschereien und Bäckereien schon ohne

Scheinwerferlicht. Wie eine satte Raupe kroch eine Kehrmaschine an den Bürgersteigen entlang, auf denen Männer in Gruppen sorglos lachten und Paare sich umarmten. In Utah tranken sie Kaffee in einer Bar am Straßenrand, überquerten das flache Land, auf dem spärliche Sträucher wuchsen. Selbst die Luft schmeckte dürr. Vor den schneegefleckten Bergen westlich von Denver, die in kristallener Klarheit lagen, verfing sich das Sonnenlicht in den Zweigen der Fichten und schmückte die vom Tau besetzten Spinnennetze mit spektralen Perlen. Dann war der Tank leer. In einem der Dörfer, die an der Straße lagen wie die Rinde am Stamm, beschloss Hank eine Arbeit zu suchen, um sich den Rest des Wegegelds zu verdienen. Karl kaufte von den letzten Cents in seiner Tasche eine Tüte Krapfen, bei denen sie schweigend Abschied nahmen.

Ohne ein klares Ziel vor Augen, glaubte Karl im Glück zu sein, als er auf der Pritsche eines Pickups unterwegs nach Milwaukee war. Doch die Nacht war so kalt, dass er im Morgengrauen die schlechten Zeiten für gekommen sah, die Dornröschen gemeint haben musste, als sie ihm den Smartie schenkte. Mit dem Beschluss, sich den Tag zu versüßen, leitete er ahnungslos das Ende der ziellosen Reise ein und hatte tatsächlich insofern Glück, als er dabei nicht verlorenging. Das bunte Bonbon überlieferte ihn hilflos einer Sinnenwelt, die ihm durch Schönheit die Freiheit nahm. Die Farben erblühten, die Töne entfalteten sich, die Wirklichkeit strotzte vor Kraft wie die Bäume im Frühling. Karls Wahrnehmung wuchs über die Sinne hinaus, sein Körper verwandelte sich in eine Membrane, durch die sich jeder Eindruck mit einem Gefühl verband, so als könne man Farben und Töne auch blind und taub, allein durch Empfindung bestimmen. Allen Dingen umher aber war eine sonderbare Einzigartigkeit eigen, die sich zu einem Grad verdichtete, dass die sie ordnenden Allgemeinbegriffe wie hölzerne Schalen von ihnen fielen und ein jedes nur noch es selbst war, bedeutungsschwer, durchtränkt vom Sinn des eigenen Seins. Karl sah die Automobile herangleiten wie Mutterschiffe, Heimatplaneten, die vom Staub der Zeiten gezeichnet waren und durch Formen und Farben das Karma ihrer Völker offenbarten. Er aber trat mit einem jeden in Verbindung, auf dass es gezählet werde, und tauschte Noten der Nächstenliebe und Botschaften des Friedens aus. Bald aber scherte er aus, verließ der Planeten Bahn und glitt in eine tiefe, ihm fremde Schlucht hinein, deren Ende er nicht sah, bis er sich schließlich vor den Tieren der Welt befand. Zwei einer jedweden Art, erwarteten sie die Sintflut in weiser Ergebenheit, die Menschen aber, an Zahl Legion, liefen in Panik davon. Auch Karl wollte laufen, aber er wusste nicht, wohin. Hin und her, von großer Furcht ergriffen, kehrte er zu den Tieren zurück. Da stand Noah vor ihm, mit langem Haar und Bart. Er trug eine Sonnenbrille.

Er sagte: „Hallo, how do you do?"

„Ist es so weit, Noah?" fragte ihn Karl.

Doch Noah verleugnete sich. „Brother", sagte er, „ich bin nicht Noah."

„Du kannst nicht mein Bruder sein, Noah", sagte Karl, „du hast noch alle Finger an den Händen."

Noah lachte, und Karl dachte zunächst, er lache ihn aus, aber das war nicht so. Noah hatte freundliche Augen und errettete Karl aus drohender Flut. Er nahm ihn zu sich, reichte ihm Kuchen und Milch und gewährte ihm Lager unter seinem Dach.

Noah war in Wirklichkeit ein anderer. Er hieß Simon und wohnte in Pittsburgh, Pennsylvania. Dort war er einem Krüger Karl begegnet, der nicht wusste, wo er und wie er dorthin gekommen war. Simon war einst Postbote gewesen und hatte den Hut an den Nagel gehängt, um das Spiel der Violine zu erlernen und seinem Lieblingsstück, dem „Orange Blossom Special" zu frönen. Er war so mild, wie Noah es sich nicht hätte erlauben können. Die Arche wäre hoffnungslos überladen gesunken.

„Charly“, sagte er nach einigen Tagen, „du bist der Sintflut entkommen, sei froh, aber du brauchst einen Sinn. Ganz abgesehen davon, dass du blank bist, darfst du nicht unter die Räder geraten – fucked up, sagte er. Geh nach Baltimore, dort kann dir jemand helfen, den ich kenne.“ Er lieh Karl 50 Dollar, von denen dieser eine Busfahrkarte kaufte.

Es war Winter geworden.

6. Kapitel | GLORIA

In winterlicher Kälte wartete Karl zwischen zwei griechisch geriffelten Säulen, die blau wie der Himmel gestrichen waren, auf Simons Freund, den Reverend Robert McClure. Schwarz gekleidet stieg dieser die Stufen herauf und nannte sich Rob. Die großen Taschen seiner Hamsterbacken verdeckten fast den Kragen.

Sie betraten den Tempel durch zwei Türen, deren hintere durch eine Eisenstange und zu den Seiten durch schwere Schlösser gesichert war. Durch seinen Holzfußboden, die Matten und Markierungen, den Korb an der Eingangswand über der Tür, glich der Raum einer Turnhalle. Ein Geruch von Bohnerwachs und Terpentin erfüllte ihn und konnte ihm, da er fensterlos war, nicht entweichen.

Über das Spielfeld hinweg erreichten sie ein kleines Büro mit Schreibtisch und Telefon, zwei Stühlen und einem Aktenschrank, dessen Rolltür, wenn Gloria nicht dort war, die abgegriffenen Rücken der Ordner versteckte. An der Zimmerdecke summte ein kaltes Neonlicht. Sie setzten sich. McClure erklärte, dass der Tempel ein Gemeindezentrum war, in dem es an Arbeit nicht fehlte. Was Karl denn könne?

„LKW fahren", sagte dieser.

McClures kleine Augen tanzten lachend über den Backen. „Gut", sagte er, „komm, ich zeige dir etwas."

Durch die Hintertür des Tempels betraten sie ein asphaltiertes Basketballfeld, auf dem ein Kastenwagen der Marke Chevrolet stand, dessen Baujahr Karl nicht kannte. Der grüne Lack war scheckig und stumpf, der Schaltknüppel glich einem Spazierstock.

„In Ordnung?" fragte McClure.

„In Ordnung", sagte Krüger Karl.

Ohne zu wissen, was und wohin er fahren sollte, wurde er auf wundersam selbstverständliche Weise Fahrer eines Chevrolets im Gewand der Platane. Für einen Thrift Shop in Baltimore fuhr er fortan, einen Laden, in dem Hemden Äpfel kosteten, ein Paar Schuhe ein Ei, ein Herd oder Kühlschrank nicht mehr als das Linsengericht, für das Esau seine Zukunft an Jakob verkaufte. Er sollte den Armen des Viertels dienen. Das sah, dachte er, dem Apostel Simon ähnlich.

„Wo", fragte er, „besorge ich all diese Dinge?"

„Lukas", lachte McClure mit schlackernden Backen, „du sättigst uns von dem, was von der Reichen Tische fällt. Sie telefonieren, wenn etwas übrig bleibt, und du fährst hinaus und holst es ab. So einfach geht das."

Sein Leben im Tempel von Baltimore führte Karl fortan im biblischen Licht. Die Nächstenliebe erwärmte, die Liebe erhitzte ihn an bitteren Wintertagen.

VI.1 Geh nach Jericho, hatte der Apostel gesagt, lass einen Bart dir wachsen und schere ihn, ohne zu fragen. Der Laden lag in der Baltimore Street an einem Hydranten. In einer Vase des Schaufensters war ein künstliches Edelweiß erblüht, dahinter erstreckte sich eine Landschaft von Schuh- und Kleiderbergen, an deren Horizont das Weiß der Waschmaschinen leuchtete. Vorn an der Kasse schlief eine Katze auf dem Tresen, die am Klingeln der Tür sich nicht störte. Bei ihr stand Debbie.

Debbie hatte die erste Hälfte ihres Lebens abgeleistet. „I've served half of it", sagte sie, das „Leben" als Wort vermeidend, um nicht davon sprechen zu müssen. Aufrecht ging sie gegen dieses an, indem sie rauchte. War sie nicht durch Kunden abgelenkt oder durch neue Lieferungen, die Karl brachte und sie kindlich aufgeregt begutachtete, um für sich daraus das eine oder andere abzuzweigen, stand sie starr wie ein Krokodil an der Kasse. Den linken Unterarm waagerecht vor dem Bauch, stützte sie in dessen nach oben geöffnete Hand den rechten Ellbogen und hielt die Zigarette an den Mund, um jederzeit daran ziehen zu können. Das Nikotin hatte sie gezeichnet und ihre Haut mit schmutzigen Tönen gegerbt, vom dunklen Braun des Ring- und Zeigefingers zum fahlen Gelb der Wangen, um vom Gebiss, das ihr bisweilen aus dem Gaumen glitt, zu schweigen. Sie kam aus Tennessee, was sie gern durch die Aussprache zeigte – „my fine southern drawl", sagte sie – die weich wie Whisky war.

Karl bezog die Wohnung über dem Laden. Rechts neben dem Schaufenster trat er, kam er abends nach Hause, in ein schmales Treppenhaus ein. Von diesem hatte ein schwerer Muff Besitz ergriffen, den Debbie dem Verlust ihrer Schildkröte, er einem zweifellos größeren Wesen zuschrieb. Im ersten Stock stieg er am Lumpenspeicher vorbei, im zweiten an Debbies Wohnung, um im letzten die seine zu erreichen, ein Zimmer mit zwei Fenstern hinaus auf die Baltimore Street, eine Küche mit Blick auf den Hinterhof. Die Scheiben waren ersetzt worden, nachdem Zecher mit Steinen nach ihnen geworfen hatten, doch brauchte der Frost nach wie vor nicht zu suchen, um zwischen den alten, verzogenen Rahmen bequem hereinzukriechen. Unberührt davon nahm Karl, wenn Feierabend war, in einem großen, schweren Ohrensessel von zweifelhafter Herkunft vor ihnen Platz, trank Southern Comfort aus dem Garten Eden und zog an einer Zigarre, deren Rauch sich an Sonntagnachmittagen im Licht des Glücks orangen färbte. Während die Straße verhaltene Lebenszeichen heraufsandte, sang James Brown im Radio Soul.

Den Hinterhof betrat Debbie allein und nur dann, wenn es unumgänglich war. Zwischen Bettgestellen und Matratzen, in Kühl- und Kleiderschränken, die ihre menschlichen Zwecke auf immer verloren hatten, lebten ihre Katzen, von denen Karl eines Abends dreiunddreißig zählte. Nach Art des Ghettos galt dort das Recht des Stärkeren, das an die Kraft der Fortpflanzung gebunden war. Den Paschas unter den Katern und den Matronen unter den Weibchen, die Jahr um Jahr warfen, kamen die besten, den Parias ohne Nachwuchs die

Randplätze zu, wo sie das schillernde Hühnerklein, das Debbie samstags in den Hof zu werfen pflegte, nur mit Sehnsucht verfolgen und niemals erhaschen konnten. Karl erzählte ihr von Karnevalsprinzessinnen, die dem Volk Karamellen verteilten, was sie aus Tennessee nicht kannte. Sie selbst sah sich als Mutter, „catma“, wie sie sich nannte.

VI.2 Verschwende die Tage nicht an sich selbst zerstörende Lüste. Sammel Schätze im Himmel, die selbst Motten und Rost nicht zerfressen. Zwei Mädchen in weißen Strümpfen hüpften im Tempel auf den Bodenmatten, als wären es Trampoline, und hatten Spaß daran, dass ihre seitlich gebundenen Zöpfe wippend dem Rhythmus der Sprünge folgten. Der Aktenschrank im Büro zeigte die Rücken der Ordner. Gloria saß am Telefon.

„Seit wann bist du in der Stadt?“ fragte sie.

„Seit wann bist du Priesterin hier?“ fragte er.

Bei dem Wort Priesterin lachte sie, und ihre Zähne strahlten zum Glanz einer Krone aus Gold, die sie mit dem lässigen Stolz einer Königin trug, wie Elfenbein aus Afrika. Ihr Nasenrücken zog sich kraus zusammen, wie immer, wenn sie lachte.

„Wie gefällt dir die Stadt?“ fragte sie und zündete sich eine Mentholzigarette an.

„Ganz gut“, sagte er, „auch wenn sie überquillt von Asphalt und Beton.“

„That's right“, antwortete Gloria, das stimmt, „aber fahr nur hinaus, dann wird Maryland leerer und grüner, bis schließlich nur noch ein paar gottverdammte Kühe herumstehen und ein paar gottverdammte weiße Farmer mit ihren Jagdgewehren.“

Sie mochte blasphemische Wörter, die sie selten so meinte.

Karl fragte nach den Zielen seiner Fahrt, deren sieben waren. „Eine Glückszahl“, sagte sie, „aber pass auf, Mann, dass du nicht ausrutschst auf dem geschorenen Grün und dir die Schulter verstauchst. Du fährst in die Vorstadt.“

„Es ist Winter", sagte er.

Sie drückte die abgebrannte Zigarette in den Aschenbecher und ging hinaus in die Halle, wo die Mädchen spielten.

„Das sind Patricia und Pamela", sagte sie, „meine Töchter."

Das war Gloria, dachte Karl, als er zum ersten Mal in die Vorstädte fuhr und unter den Tischen der Reichen die Krumen sammelte.

Die letzte der sieben Adressen gehörte einer kleinen Dame in Pikesville, aus deren Keller er Bücher und Schellack-Platten räumte. Sie erzählte ihm, dass sie Reporterin der Baltimore Sun gewesen sei – sie habe auch nie geheiratet – und 1936 an einem herrlichen Sonntag im Bayerischen Wald gemeinsam, genauer gesagt neben ihm, also neben dem Führer in einem Mercedes Cabriolet gesessen habe. An einem Berggefälle, berichtete sie, versagten die Bremsen. Sie habe sich schrecklich geängstigt, aber er, der Führer tat so, als merkte er nichts. Und als es dem Fahrer gelungen sei, das Mercedes Cabriolet dann doch zum Stillstand zu bringen, sagte der Führer zu der Reporterin der Baltimore Sun: „Ist das das erste Mal, dass Sie einen deutschen Politiker interviewen, Madam?" Er sagte tatsächlich „Madam" und benutzte „interviewen" mit einem entwaffnenden Lächeln.

„Man stelle sich vor", sagte sie, „welch anderen Gang die Weltgeschichte genommen hätte, wenn es dem Fahrer des Führers nicht gelungen wäre, den Lauf des Cabriolets zu stoppen."

„Alle Achtung, Madam", sagte Karl, „mit dem Führer und dem Fahrer des Führers in einem Cabriolet, welch eine Vorstellung das allein ist."

Karl kehrte auf seiner Rückfahrt im Burger King von Arlington ein. „It takes two hands to handle a Whopper", war auf den Plakaten zu lesen, und auch er brauchte beide Hände dazu. Welchen Gang, fragte er sich in einer der Plastikschalen sitzend, hätte die Weltgeschichte mit einem Schnellimbiss am Königssee genommen? Zu seinem Fahrer hätte der Führer dann gesagt: „Fahrer, Sie haben dem Führer und der Dame der Baltimore Sun das Leben gerettet und Ihr eigenes natürlich auch, als Sie mein Führer-Cabriolet zum Stillstand brachten. Fahren Sie zum Burger King am Königssee, ich gebe einen Whopper aus. Aber passen Sie auf, dass Ihnen nicht wieder die Sauce in Ihre Fahrerärmel läuft." Er fragte sich, ob es dem Führer gelungen wäre, mit aufgehobener Rechten einen Whopper mit links zu essen.

VI.3 Denn die sind von gestern und wissen von nichts, die das Leben als Scherz erachten und des Schicksals Wechselfälle als laue Bootspartie erleben. Gloria bat Karl, sie zum Supermarkt zu fahren, und kaufte Tiefkühlfleisch in paradiesischen Mengen.

„Wer soll das alles essen?" fragte er.

Sie sagte: „Es ist für Paul, meinen Mann. Er wohnt bei seiner Freundin in Rosedale, und ich sehe ihn selten. Wenn er zu mir kommt, verlangt er zu essen."

„Bist du verrückt", sagte Karl, „du kochst für ihn?"

Gloria sah ihn schweigend an.

„Du hast keine Ahnung, Mann", sagte sie, „du bist grün wie dein gottverdammter Wagen."

Es regnete an der Grenze zum Hagel. Die Tropfen schlugen hart auf das Dach, die Scheibenwischer schafften das Wasser nicht fort, so dass die Sicht verschwamm. Karl fuhr an die Seite, um dort das Ende des Gusses abzuwarten, und zündete zwei Zigaretten an.

„Du hast keine Ahnung, Mann", wiederholte sich Gloria, „du bist erst ein paar Wochen in der Stadt und nimmst dir schon heraus, einen Nigger verrückt zu nennen. Als ich mit vierzehn aus Carolina kam, wäre ich untergegangen, wenn Paul mich nicht gehalten hätte. Von Liebe hast du keine Ahnung. Ich aber weiß, was das ist."

Sie erwartete eine Entschuldigung und nannte ihn, als er zögerte, einen „motherfucker", wobei sie lachend ihre schönen Zähne zeigte und die Nase kräuselte.

Als sie am Wohnblock angekommen waren, dämmerte es bereits. Weil den Himmel noch immer die Wolken verhängten, war es über die Tageszeit hinaus dunkel.

„Hoffentlich ist der Fahrstuhl in Ordnung", sagte Karl. „Ich habe keine Lust, das Fleisch die Treppen raufzuschleppen."

In Wahrheit scheute er die Treppengänge, weil sie ihm unheimlich waren. Labyrinthisch unübersichtlich, wurden sie dort, wo das Licht ausfiel, zu endlosen Tunneln, in deren Finsternis der Geruch von Urin und Erbrochenem Unheil versprach. „Thank God", sagte Karl, als der Fahrstuhl sie unter Rucken und Stößen nach oben zog, was Gloria – bei dem bisschen Fleisch – für maßlos übertrieben hielt.

Gloria bewohnte im siebten Stock die letzte der Wohnungen, die an dem schmalen Außengang lagen. Sie nannte diesen Gang „balcon", ohne dass sie es lustig meinte. Eine unverputzte Backsteinbrüstung grenzte ihn gegen den Abgrund ab. Den Schlüssel in der Hand ging sie vom Fahrstuhl aus an den Türen vorüber, bis sie die ihre erreichte. Als sie aufzuschließen versuchte, bemerkte sie, dass geöffnet war.

„Tu mir einen Gefallen, Mann", sagte sie, „geh du hinein. Das ist Männersache. It's a man's world, you know."

Karl spürte, dass er nicht anders handeln konnte, und schlich wie im Traum durch die Tür. Ein Fremder hielt sich in Glorias Wohnung auf, ein Schwarzer mit weißem Panamahut. Erschrocken blickten sie sich in ihre Gesichter und sagten kein Wort. Als Karl ihn auf sich zulaufen sah, griff er eine der leeren Flaschen, die an der Garderobe standen, und schlug, bevor sie aufeinander treffen konnten, kurzerhand zu.

Noch während das Glas zersprang und der Mann zu Boden ging, hörte Karl einen Namen rufen. „Jake!" rief Gloria entgeistert.

Jake war ihr Bruder. Er war Musiker und so klein, dass Karl sich schämte, als sie nebeneinander standen und Jake sich mit einem nassen Taschentuch den Kopf zu kühlen versuchte. Er fluchte, verwünschte den weißen Kraut allein schon des Hutes wegen, doch Gloria nahm Karl in Schutz und schimpfte ihrerseits. Eine Ewigkeit war Jake nicht mehr bei ihr gewesen. Wie hätten sie das wissen sollen? Bei einer Flasche Southern Comfort, die noch nicht geöffnet war, söhnten sie sich aus.

Auf dem Weg nach Hause erinnerte sich Karl beglückt daran, dass Gloria ihn als Freund bezeichnet hatte, der ihr nur aus der Klemme hatte helfen wollen. „This fucking friend of mine" wiederholte er sich auf dem Weg über die Baltimore Street, „this god dammned mother fucker ".

VI.4 Sieh die Kolosse, wie sie auf tönernen Füßen stehen, und enthalte dich deines Frohlockens. Bedenke, bei dem, was du tust, dein eigenes staubiges Ende. Als der Frost sich in der Wohnung wie der Kuckuck eingenistet hatte, arbeitete Karl, war er nicht unterwegs, schon früh an der Lumpenpresse, um sich aufzuwärmen. Die gestapelten Ballen selbst schienen Hitze auszustrahlen, so als ob die zum Pressen aufgewandte Kraft noch in ihnen steckte. Unten im Laden gab Debbie sich im Rauch der Zigaretten einer Heizsonne hin und rief nach ihm, wenn die Sicherungen nachgaben. Auch diese Läufe wärmten.

An einem der Morgen bemerkte er treppab einen ungewohnten Zigarrenduft und stieß im nächsten Augenblick mit einem schweren, stiernackigen Mann zusammen, der ihm schnaufend entgegen kam.

„Entschuldigung, Mann", sagte Karl.

„Macht nichts, Boy, das kann jedem passieren."

Red hieß eigentlich Clyde, wurde aber wegen seines Blutdrucks so genannt. Er trug Jacke und Hut aus demselben schwarzen Leder und rauchte Zigarren der Marke White Owl.

„Ich bin Debbies Mann", sagte Red. Die Zigarre in der einen und eine braune Tüte aus „Eden's Liquor Store" in der anderen Hand, bewegte er mit behäbiger Unschlüssigkeit die Arme.

„Seltsam“, sagte Karl, der nicht gewusst hatte, dass Debbie verheiratet war, „dass wir uns jetzt erst begegnen.“

„Tagsüber schlafe ich“, zog Red an der Zigarre, „dann sieht man mich nicht. Nachts wache ich“, hielt er den Rauch in der Lunge und fügte mühevoll „in Overlea“ hinzu. „Dann sieht man mich auch nicht, oder?“

„Kein Wunder also“, sagte Karl.

Red war Nachtwächter in einem Supermarkt von Overlea, was er als angenehm empfand.

„Heute“, sagte er, „ist mein Geburtstag.“

Er holte aus der Tüte eine Flasche Four Roses hervor, nahm einen kräftigen Schluck und reichte sie Karl, der auch davon trank.

„Dass nur Debbie nicht Wind davon bekommt“, sagte Red und rauchte weiter. „Wenn sie trinkt, wird sie giftig und wirft nach dir. Oh Boy, dann muss ich die große Dienstpistole ziehen, um sie in Schach zu halten.“

Red sprach in derselben verwaschenen Art wie Debbie. Er schlug die Schuhhacken zusammen und riss salutierend die Zigarre an den schwarzen Lederhut, als Karl ihn danach fragte. „Yes Sir, goddamned right, ganz genau“, sagte er, „seit dreißig Jahren lebe ich hier wie ein gottverdammter Nigger und komme doch aus Tennessee, o Boy. Komm einen Moment mit hinein. Einen Schluck aus dem Glas lass uns wenigstens trinken.“

Trotz der Fenster zur Baltimore Street, die auch sie besaß, beherrschte Debbies Wohnzimmer das trübe Dämmerlicht einer Köhlerhöhle. Sie glich einem Schlupfloch für Wilderer. Von Tischen und Schränken blickten Karl die ausdruckslosen Augen ausgestopfter Katzen an, die, soweit es zu erkennen war, auf Spitzendecken standen, „them biests“, wie Red sie nannte.

Er griff aus einem Vertiko zwei Gläser und schenkte großzügig ein.

„Die Biester habe ich selbst ausgestopft“, sagte er. „Es ist das Steckenpferd, das mir die Nächte versüßt“, und lenkte mit saurer Miene, die dazu im Widerspruch stand, auf einen Raddampfer ab, dessen Photographie gerahmt an der Wand hing und in den großen Buchstaben einer ungelenken Handschrift den Namenszug *Delta Queen* trug.

„Wie gefällt dir das Baby da, Boy?"

Ohne den Geburtstag zu beachten, schüttete Red den Whisky in wenigen Schlucken hinunter.

„Auf dem Baby", erzählte er, „bin ich als Borddetektiv gefahren, als ich jung war, trug weiße Anzüge und an Sonntagen Rüschenmanschetten und hatte links unter der Achselhöhle meinen zierlichen Derringer sitzen. O Boy, sah ich gut aus."

„Wie lange", fragte Karl, „bist du auf dem Baby gefahren?"

„Eines Nachts", sagte Red, die Antwort schuldig bleibend, „ist mir ein Fehler passiert, da war alles vorbei, weggeworfen in einer einzigen Nacht."

„Auf deinen Geburtstag", sagte Karl, während Red sein Glas noch einmal füllte.

„Und auf Tennessee, obwohl der Mississippi nur ein gottverdammter Grenzfluss ist."

VI.5 Sieh, wie auch des Waldes Tiere nach den Quellen suchen. Lauf mit den Ausgegrenzten auf die Gasse, um den Schlaf der Gerechten zu stören. Heiligabend war apokalyptisch. Auf der vereisten Stadtautobahn standen schweigende Männer neben Wracks und Notarztwagen, die Schultern gegen die Kälte gestemmt, die Gesichter in Ratlosigkeit versunken. Karl fuhr nach Parkville, um dort Kleidung zu laden. Der Bungalow lag weit hinter dem Bürgersteig. Eine Reihe von Steinplatten führte zur Tür, deren Abstände zu klein für seine Schritte waren. Noch vom Führerhaus aus sah er im Wohnzimmer einen silbernen Hirschkopf leuchten, mit bunten Birnen im Geweih, dessen Augen rot glühten, doch nicht weihnachtlich, sondern so, wie es Karl von den Totenköpfen der herbstlichen Jahrmärkte kannte. Sie verfolgten ihn in seinen ungleichen Sprüngen zum Hauseingang, bis er auf der letzten Steinplatte stand.

Ein kleiner dicklicher Mann mit Glatze öffnete die Tür. Er trug ein Halstuch mit Lilienornamenten.

„Guten Tag, Sir", sagte Karl, „einen schönen Hirsch haben Sie da im Fenster stehen."

„Und er schließt nie die Augen", sagte der Mann, „kommen Sie herein und werfen Sie einen Blick aus der Nähe darauf."

Er ging in das Wohnzimmer voraus und begann am Fenster, die Technik der Lichtempfindlichkeit zu erklären, das wundersame Zusammenspiel der Zellen mit den Tageszeiten. Als Karl das gleichgültig ließ, bot er ihm einen Whisky an.

„Es ist Heiligabend", sagte er, „darauf dürfen wir trinken."

„Well Sir, wenn Sie meinen, Sir", sagte Karl und bediente sich wohlig an Whisky und Chips aus chinesischen Schalen. Es war Heiligabend.

Das Haus war nicht seins, wie der Mann erzählte. Es gehörte der Schwester, einem Weibsbild von Frau, die er durch Gesten beschreiben konnte. Verreist war sie und hatte gewünscht, von dem Kleiderplunder bei der Rückkehr nichts mehr vorzufinden. Wie eine Schlange wollte sie sich häuten, wie ein Schmetterling, erklärte er, ihren Larven entsteigen. Er zeigte Karl die Sachen, „the stuff", wie er sagte.

In dem großen verspiegelten Schlafzimmer waren die Türen der Kleiderschränke geöffnet und die Schubläden leicht herausgezogen, aus denen die schuldlosen Spitzen weißer Dessous hervorstachen. „Packen Sie ein, was Sie wollen", sagte er.

Ohne Umstände, vom Whisky befeuert, verrichtete Karl seine Arbeit, malte sich lächelnd die weihnachtliche Aufgeregtheit aus, mit der Debbie die Hemdchen und Höschen sortieren würde, und orakelte die dunkle Verheerung durch Teer und Nikotin voraus, der ihr Weiß nicht entkommen konnte. Als alles verstaut war, hüpfte er ein letztes Mal über die Steinplatten zurück zur Tür und blickte dem Hirsch noch einmal in die glühenden Augen. Im Wohnzimmer, das verlassen war, sang Frank Sinatra „Strangers in the Night".

„Sir“, rief er hinein, „ich bin fertig und möchte mich bedanken. Auf Wiedersehen.“

„Kommen Sie“, hörte er ihn und sah ihn das Zimmer betreten.

Karl staunte nicht schlecht.

Der kleine Mann hatte sich in den Schmetterling einer Schwester verwandelt und war dabei in der Unterwäsche, einem Mieder mit Strümpfen, steckengeblieben.

„Tanz mit mir“, sagte er.

Er war scheu wie eine Schülerin. Verschämt bedeckte er sein Glied mit beiden Händen.

„Sorry, Sir“, sagte Karl, der an der Schwelle stand. „Es tut mir leid, ich kann nicht tanzen.“

Als der kleine Mann zu weinen begann, arm wie das Christkind zu Bethlehem, trat Karl ein und füllte die Gläser mit Whisky. Auf Weihnachten stieß er mit ihm an, das Fest der Nächstenliebe, und tanzte einen Tanz mit ihm zu „Strangers in the Night“. Verspannt ging er zum grünen Wagen und fuhr zurück in die Stadt.

VI.6 Es ist nicht gut, dass der Mensch allein sei. Denn er hat nirgends eine bleibende Statt. Sieh die Tiere, sie nähren sich einzeln, doch sie meiden sich nicht. An einem Samstagabend, als Jake und seine Band dort spielten, besuchten Gloria und Karl den Club. Chuck the Buck hatte Dienst an der Tür. Er bewohnte ein Zimmer gegenüber dem Laden und schlief dort auf einer groben Bank, die er tags mit Gewichten und Riemen versah und als Kraftmaschine nutzte. Cola trank er nur aus Dosen, die er leer zu einem Ball zerdrückte und in der Faust verschwinden ließ, um dann, nachdem er die Arme hinter den Rücken geführt und wieder hervorgebracht hatte, durch die Frage „In welcher Hand?“ seine Stärke nachzuweisen. Den Beinamen „Buck“ aber verdankte er seiner Geschäftstüchtigkeit, denn er war immer bei Kasse. Obwohl er wusste, dass auch sie ihre Flaschen in den Taschen trugen, winkte er die beiden mit einer leichten Kopfbewegung durch. Cunningham, der Clubbesitzer, hasste den mitgebrachten Whisky wie die Krätze, die allen Kuren widerstand, verdiente aber am ersten Drink, der den Eintritt erlaubte, so viel, dass er einen weißen Cadillac fuhr, durch dessen getönte Scheiben man, trat man heran, die Bar und den Fernseher sah. Im Viertel war es die erste Limousine dieser Art gewesen. Fernsehantennen fuhren nun öfter die Baltimore Street auf und ab, aber die meisten waren Attrappen.

Den Club beherrschte eine Spiegelkugel an der Decke, die ein Mann allein nicht hätte umfassen können. Sie drehte sich im Schein wechselnder Lichter und Farben und verzauberte mit tausendfachen Brechungen den Saal in ein All, die Tanzfläche in ein wundersames Meer von Sternschnuppen, in dem von der Schwere des Lebens befreit sich das Publikum bewegte. Die Bühne war in Schwarzlicht getaucht, in dem Jakes weißer Anzug und der neue Hut, der dazu passte, planetarisch schillerten.

Karl zog die kleine Flasche Southern Comfort aus der Jackentasche, und sie tranken davon. Jake sang „When a man loves a woman".

„Komm", sagte Karl, „tanzen wir."

Sie zwängten sich zwischen die anderen Paare und tanzten fest aneinandergedrückt. Gloria war wunderschön. Im Licht der Sterne schien ihre Haut wie Ebenholz. Er sagte: „Ich liebe dich."

Gloria lachte. „Du bist verrückt, Mann", sagte sie. „Du redest Unsinn. Du findest mich scharf, weil ich ein Nigger bin."

Sie tanzten und vergaßen die Zeit dabei, rieben sich am Rhythmus der Musik und wärmten einander mit ihrer Seelenglut. Karls Gefühle blühten wie Orchideen.

„Komm, lass uns gehen", sagte Gloria, als Mitternacht vorüber war, „ich bin müde. Bringst du mich noch zum Block? Glaub aber nicht, dass das etwas bedeutet. Du weißt, ich bin verheiratet."

Durch Jacken und Mäntel biss draußen der Frost in die verschwitzte Haut, die zu reißen drohte. Gloria und Karl rückten so eng aneinander, dass der eine ohne den anderen gefallen wäre, und schoben sich auf die Wohnblocks zu, aus denen ihnen einzelne Fenster entgegen leuchteten.

Der Fahrstuhl funktionierte nicht.

„Über die Treppen", sagte Karl, „gehe ich besser mit."

„Das ist nett von dir, Mann", sagte sie. „Wenn der Fahrstuhl ausgefallen ist, dann bestimmt auch die Hälfte der Lampen, und man geht wie durch einen Tunnel und kann nicht sehen, was um die Ecken ist."

„Das ist doch klar", sagte er, „ich gehe voraus, um die Ecken zu checken."

„Du bist verrückt, du bist so grün wie dein Wagen. Du legst gefälligst deinen gottverdammten Arm um meine Schultern."

Karl pfiff „Strangers in the Night", obwohl Gloria schimpfte, ihn auch dafür mit Gott verdammte. Ob er die ganze Bude aufwecken wolle. Als sie schließlich im siebten Stock vor der Wohnungstür standen, sagte Karl: „Ich liebe dich wirklich", und log nicht dabei. Sie verstand das.

VI.7 Siehe den Regenbogen am Firmament, er ist flüchtig in seiner Vielfarbigkeit und überwindet doch alle Wasser. Silvester. Lass uns ganz allein in das neue Jahr hineingehen, du und ich, sagte Karl, und lass uns wirklich zu Fuß hineingehen. Lass uns zum Hafen hinuntergehen.

Schon in der Abenddämmerung gingen Gloria und Karl zum Hafen hinunter, so fest aneinandergeklammert, dass sie niemand auf dieser gottverdammten Welt voneinander hätte trennen können. Es hatte einige Tage lang nicht mehr geschneit, aber es fror, so dass die flachen Dächer der Lagerhallen noch immer Schnee bedeckte. Das Wasser war unter Nebelschwaden verschwunden. Auf den Quai-Wegen glänzten zu Spiegeln gefrorene Pfützen, von den Schiffstauen wuchsen Eiszapfen herab. Dort, wo man alltags im Weg stand, in Stimmengewirr und Motorlärm, war jetzt alles geheimnisvoll weihnachtlich still.

„Komisch", sagte Karl, „dieses könnte gut Heiligabend sein."

„Für mich", sagte Gloria, „ist Silvester der heiligste Abend im Jahr. Als Christus geboren wurde, mag das für die Menschheit eine Chance des Neubeginns gewesen sein. Wenn aber ein neues Jahr geboren wird, dann ist das meine eigene Chance. In der heiligen Silvesternacht versammle ich meine Träume in mir und all die Kraft, die ich brauche, um ihnen nachzustreben. Ich lade mich auf mit Energie. Und so", lachte sie, „wie Wolle sich auflädt, wenn man sie reibt, so reibe ich mich an dir."

„Right on, darling", sagte Karl, „du sagst es, das war gottverdammt gut gesprochen."

„Ich weiß", sagte Gloria, „ich habe mehr Philosophie im Bauch als Richard Nixon und sein Vize zusammen. Und gibt es einen besseren Ort für eine solche Silvesternacht als den Hafen?"

„Erzähl es mir, Liebling."

„Was?"

„Ich meine, warum es keinen besseren Ort als den Hafen dafür gibt."

„Woher soll ich das wissen, Mann", sagte sie, „das ist doch uninteressant. Wichtig ist, dass es so ist."

„Vielleicht", sagte er, „sind es die Schiffe, die hier liegen. Man hat das Gefühl, dass die Menschen einen Neuanfang erleben, wenn sie an Bord gehen und einen Hafen verlassen. Während Nacht um Nacht die Alten vor dem Garten Eden stehen und dich um einen Penny bitten und die Cops darin sitzen und lässig ihre Pistolen zeigen, Tag um Tag, gehen die Seeleute, wenn sie nach Wladiwostok oder Sao Paulo reisen, immer auch Neuem entgegen."

„Mag sein, Mann", sagte Gloria, „nur dass Sao Paulo keinen gottverdammten Hafen hat."

Während der Schnee auf den Lagerhallen lag und von den Tauen die Zapfen wuchsen, hielten Karl und Gloria sich fest umarmt. Philosophierend streiften sie durch den Hafen, bis es dunkel und schließlich Mitternacht war. Über der Stadt explodierten die Feuerwerkskörper. Sie blieben stehen und schauten zum Himmel hinauf.

„Komm", sagte Gloria, „gehen wir nach Hause und vereinen wir unsere Kraft, ziehen wir uns ineinander, damit wir zusammen bleiben."

VI.8 Kleide den Himmel dir eilig mit Sternen des Glücks. Denn es wird kommen die Dunkelheit, da niemand dich retten kann. Gloria und Karl kamen im grünen Wagen vom Supermarkt. Sie hatte die übliche Fleischration gekauft.

„Paul muss Vegetarier werden", sagte Karl, „erstens ist er zu dick, und zweitens sollte er etwas für den brasilianischen Urwald tun, denn für jeden Whopper schlagen sie Holz, um Platz für die Kühe zu schaffen."

„Woher weißt du, dass Paul zu dick ist?" fragte Gloria, „du hast ihn noch nie gesehen."

„Das ist richtig", sagte er, „ich war auch noch nie in Brasilien."

„Weißt du, was werden wird?"

„Ich suche uns eine Wohnung", sagte Karl. „wo wir zu fünft leben können, und finde ein größeres Auto, mit dem ich mehr Geld verdiene."

„Mann, ich will raus aus der Stadt", sagte sie. „Ich will im flachen Ohio das Tiefkühlfleisch mit meinem Stationwaggon aus dem Supermarkt holen und ihn jeden Samstag vom Nachbarjungen waschen lassen, während mein Hund mit den Kindern über den Rasen tobt, den der Nachbarjunge mäht. Und du sollst um fünf von der Arbeit kommen aus einem Büro, mit Krawatte in unserem Toyota und sollst mich am Gartentor küssen und fragen: Liebling, wie geht es? War der Elektriker da und hat die Klimaanlage repariert, die Eismaschine und Omas Herzlungenmaschine, oder hat es der

Nachbarjunge geschafft?"

Gloria lachte und strahlte im Weiß ihrer Zähne.

„Oh Mann", sagte sie. „Was haben wir im flachen Ohio verloren, wo die Hamburger auf den Maisfeldern wachsen und die Mädchen sich schminken, wenn sie zur Beichte gehen."

„Gehen wir nach Kalifornien", sagte Karl, „suchen wir uns eine Wohnung in San Diego mit Blick auf den Pazifik und einem Motorboot am Strand. Kaufen wir den Kindern eine Dauerkarte für Disneyland und gehen wir jeden Sonntag zu Mikey Mouse. Sie essen Massen von Pop Corn, und wir trinken Wein."

„Lass sein", sagte sie. Gehen wir lieber nach Mississippi. Dort blasen sie dir und mir gleich das Schmalz aus den Haaren."

„Lass das", sagte Karl. „Wir kaufen uns in Arizona eine Farm, eine kleine zwischen Kakteen, und alles hängt davon ab, ob ich Wasser finde, und ich grabe Tag und Nacht, und du bringst mir kleine Happen mit Zahnstochern an die Grube."

„Hier riecht etwas faul", sagte Gloria.

Das Kühlwasser kochte und begann zu verdampfen, Wolken verdeckten die Sicht. Karl fuhr an den Straßenrand, öffnete die Motorhaube und ließ den Dampf sich verteilen. Er wartete auf Gloria, die in ein Haus gelaufen war.

„Mach dir keine Sorgen, Baby", sagte sie, als sie zurück zum Wagen kam, „sie sind schon unterwegs."

„Honey", sagte Karl, „wer denn?"

Sie meinte die Feuerwehr. „O Boy", sagte sie.

Sie waren zu viert und ließen sich nicht beirren, als ihnen Karl in den Weg zu treten versuchte, zumal ein Hydrant in der Nähe war, der ihnen das Warten ersparte.

„Wenn sie so weiterspritzen", sagte Karl, „wirst du Paul nichts mehr braten können, denn dann schwimmt alles davon."

Sie sagte: „Um so besser. Er ist sowieso zu dick, und mit jedem gottverdammten Steak, das er isst, schrumpfen die Wälder."

„Ziehen wir nach Kanada", sagte Karl, dort fließt noch der Honig und fliegen uns die Hähnchen gebraten in den Mund."

„Denk an die Taube auf dem Dach", sagte sie.

VI.9 Viele sind berufen, doch wenige nur auserwählt. Auf dem Boden oben fand Karl beim Lumpenpressen in einer Manteltasche, in die er zufällig fasste, eine Fünfzigdollarnote. Er setzte sich, obwohl die Ballen am selben Tag noch verkauft werden sollten und Debbie mit Gott auf ihn schimpfte, in seinen grünen Wagen. Er fuhr zu den feinen Läden der Stadt und kaufte eine Perle.

Sie war in Silber gefasst und durch eine Öse auf eine Kette gezogen.

„Sie ist für dich, Liebling", sagte er, „allein nur für dich. Sie ist zierlich wie du."

Er legte ihr die Perle auf die Haut und schloss die Kette hinter ihrem Nacken. Gloria sah ihn ernst an.

„Freust du dich nicht? Die Perle ist ein Geschenk des Himmels. Sie wird uns Glück bringen."

„Oh Mann", sagte Gloria, „wir sind zwei Billard-Kugeln, die zusammenstießen. Allein dass es passierte, ist schon ein Wunder."

„Und?"

„Nichts", sagte sie.

Einige Tage später trug sie im Tempel eine Sonnenbrille.

„Was soll das, Liebling?" sagte er. „Lass deine Himmelsaugen sehen."

Eine der Schläfen war geschwollen, die Augenbraue trug einen Riss, der blutverkrustet war.

„Der gottverdammte Fleischfresser", sagte Karl.

„Es geschieht aus gekränkter Ehre und nicht aus Eifersucht", sagte sie. „Es ist wegen mir und Chuck the Buck."

„Dir und Buck?" fragte er.

„Ja, gottverdammt", sagte sie und traf ihn mitten ins Herz. „Ich brauche eine Zukunft für meine Mädchen und mich."

Karl glaubte an seinem eigenen Atem zu ersticken. Er rang damit, während er Glorias Erklärungen hörte, verstand nicht, was sie sagte, konnte den Wörtern keine Bedeutungen geben, so als spräche sie eine hoffnungslos fremde Sprache. Als sie schwieg, hatte er nur begriffen, dass sie in Gefahr war. Paul würde am Abend noch zurückkehren, bewaffnet und in Begleitung, und Gloria ihn mit Jake und Buck erwarten. Seine Liebe zu ihr war so tief wie die Sorge. Um nichts auf der Welt durfte ihr etwas geschehen.

„All right then", sagte er, „also dann. Auch ich werde bei dir warten."

Gloria hatte ihre Sonnenbrille wieder aufgesetzt und versuchte ihn durch Verhöhnung davon abzuhalten. „Oh boy", beschimpfte sie ihn, „du hast in deinem ganzen gottverdammten Leben noch nie eine Pistole in der Hand gehalten. Wie stellst du dir das vor? Willst du Paul und seinen Freunden ein Liedchen pfeifen? ‚Strangers in the Night'?"

„Ich werde kommen", sagte er und verließ den Tempel.

Es war Nachmittag. Er klopfte bei Red, bis der im Unterhemd öffnete, in einer Hose, die an breiten Hosenträgern hing. Er roch nach Whisky.

„Entschuldige Red", sagte Karl, „ich weiß, du brauchst deinen Schlaf, aber die Sache ist wichtig. Ich brauche eine Pistole."

„Warte einen Moment", sagte Red, „ich bin gleich wieder da."

Er kam mit einem Glas Whisky zurück, Four Roses.

„Komm, trink einen Schluck."

„Trink selber, Red, mir ist nicht danach."

„Boy", sagte er, „ich habe keine Pistole für dich. Die zierliche Derringer nahmen sie mir auf der Delta Queen und die große Wachdienstpistole schon vor Jahren im Supermarkt ab. Ich steche nur Kontrolluhren, stecke Kontrollzettel zwischen Tür und Rahmen, melde mich stündlich und stopfe dabei gottverdammte Katzen aus."

„Und womit hältst du Debbie in Schach, wenn sie trinkt?"

„Tut mir leid, boy", sagte Red und schloss die Tür.

In Karl war keine Kraft mehr. Mechanisch kaufte er in Eden's Liquor Store eine Flasche Southern Comfort, schob den Sessel an das Fenster zur Baltimore Street und verlor sich sinnlos im Verkehr, der sich als Moloch durch die kalte Dämmerung bewegte. Als er zu Gloria hinüberging, war er ohne Pistole und angetrunken. Jake und Buck saßen auf dem Sofa und tranken Cola aus Dosen.

Karl sagte: „Ich habe keine Pistole", und fragte, als beide schwiegen: „Hat jemand von euch vielleicht zwei?"

Er war nicht zu grün, doch zu müde, um den Spaß, den sie hatten, vorauszusehen. Chuck the Buck hielt ihm geschlossen die leeren Fäuste entgegen und fragte „In welcher Hand?" Hemmungslos gaben sie sich dem Gelächter hin.

„Was ist so gottverdammt komisch?" fragte Karl.

Gloria war still und ernst geblieben. „Nimm, Baby", sagte sie und legte ihm zärtlich die Perle in die Hand, „Chuck the Buck ist mein Beschützer. Und nun geh."

Karl nahm Abschied von ihr. „Good bye", sagte er tonlos. Durch den nächtlichen Frost, dem er nichts mehr entgegenzusetzen hatte, schleppte er sich taumelnd den Gang entlang und fügte dem sauer Erbrochenen, das nie das Treppenhaus verließ, unter Mühen das seine hinzu.

Am Morgen ging er zum Reverend und kündigte. Er wolle nach Missouri oder Minnesota oder irgendwohin.

„Ich habe es kommen sehen“, sagte der Kiepenkerl, als sie Kiefersfelden erreichten und auf dem Parkplatz am Zoll für den LKW kaum eine Lücke fanden. „Welch ein Tohuwabohu, welch ein Wirrwarr und Chaos es ist.“

Er sagte es aufgeregt wie ein Kind, das am Heiligabend vor dem Gabentisch steht.

„Geschenkt“, sagte Karl, „das ist keine Wahrsagerei.“

„Selbstverständlich nicht“, sagte der Kiepenkerl und hielt mit den Armen zufrieden den Rucksack umfasst.

„Na denn“, sagte er und strich mit den Händen darüber, „spürst du die Wärme, die aus der Erinnerung strömt? In jeder echten Geschichte steckt der glühende Kern einer Wahrheit.“

„Ach Kiepenkerl“, sagte Karl. Er war abgelenkt, denn er versuchte bereits zum zweiten Mal, den LKW einzuparken.

„Willst du wissen, welche Wahrheit in denen von Dio und Gloria steckt?“ fragte der Kiepenkerl und grinste.

„Jetzt nicht“, sagte Karl, während er den LKW zwischen einen aus Parma und einen aus Thessaloniki schob, „ich habe zu tun. Der Buddha mit seinen Konsorten ruft.“

Kiefersfelden kannte Karl nicht. Es mochte ein beschauliches Städtchen sein, wo Frauen in Dirndln zur Kirche gingen und Männer beim Fingerhakeln sich auf die Schenkel schlugen. Er verband mit dem Namen die anarchische Spannung eines Goldgräberfleckens, wo sich die Fahrer wie Abenteurer belauerten, um unter der Knute bestellter Gesetzeshüter einander auszustechen und dann rasch das Weite zu suchen. Den Kiepenkerl begeisterte die Unzahl der Milchtankwagen, die auf dem Weg nach Süden kreuz und quer geparkt den Augenblick der Freigabe erwarteten. In das Kuddelmuddel der

Völkerwanderung fühlte er sich zurückversetzt, mit dem die Goten gen Italien zogen, in die mythische Vorzeit, als Romulus und Remus an den Zitzen der Wölfin noch tranken, bis diese ausgetrocknet, spröde und hutzelig geworden waren. Das hatte sie davon, die barmherzige Amme. Die Fahrer dampften über den Atem ihre Müdigkeit in den frostigen Morgen aus. Manche standen in Gruppen beisammen und wärmten sich, indem sie von einem Bein auf das andere traten, als müssten sie pinkeln. Andere strichen suchend umher und klemmten die Frachtpapiere unter den Arm, wenn sie ihr Wasser an fremde Reifen setzten. Der Kiepenkerl hatte sich eingeschnürt, als wäre er zum Schürfen in den Rocky Mountains unterwegs, und folgte Karl mit schweren Schritten so eng, als wollte er ihn bewachen. Über die Hundskälte schimpfte er in sich hinein, die Schweine- und Vogelkälte.

„Vogelkälte?"

„Selbstverständlich."

Mit großen, langsam sinkenden Flocken setzte der Schnee wieder ein.

Sie betraten das Zollgebäude und folgten dem Gang zu den Schaltern. Der marmorierte Steinfußboden war vom schmutzigen Schleier des getrockneten Schmelzwassers überzogen, durch den die frische Spur der Schritte führte. Neonlicht und Spielhallenluft erfüllten den Raum, in dem die käsigen Gesichter der Fahrer als Ausdruck unerfüllter Süchte hätten gelten können. Karl stellte sich vor dem Schalter des Zollinspektors Leicht an, dessen Name offen seiner Natur widersprach. Denn Alphons Leicht quoll aus den Nähten seiner Uniform und strahlte eine Körperwärme aus, die selbst im Winter, wenn er reglos im Sessel die Kälte beklagte, sich kondensiert an seiner Scheibe niederschlug. Die Fahrer nannten ihn „Buddha" auch des Wortes „glauben" wegen, in das er die ganze Willkür seines Amtes legte, wenn er Kontrollen veranlasste oder für unnötig hielt, je nachdem. Die italienischen Kollegen, die durch Max Wind von dem Namen bekommen hatten, taten ihn als „Leggerino“, das Leichtlein, ab und benahmen sich doch nicht weniger schüchtern, wenn sie vor seinen Schalter traten wie in das Wartezimmer einer proktologischen Praxis.

Buddha Leicht hatte gerade die beiden Griechen aus Thessaloniki abgekanzelt, denen die Nacht noch ranzig in den Kleidern steckte. Der kleinere von ihnen sprach Deutsch, „a bissel“, das er sich in Österreich beigebracht hatte, doch der Inspektor glaubte nicht, dass ihr Fetakäse tatsächlich aus Belgien stammte, und wiederholte mechanisch seinen Hinweis auf die Eulen nach Athen.

„Nix Eulen“, sagte der Kleine, „Feta“, und setzte, nachdem sein Kumpel ihn angestoßen hatte, mit Thessaloniki nach – „nix Athen“ –, aber es half nichts. Leicht ordnete die Inspektion ihres LKWs an, der sie sich sprachlos fügen mussten, und gab ihnen den guten Rat, beim nächsten Mal gleich ein paar Muster mitzubringen.

„Schon wieder Milchpulver?“ fragte er misstrauisch, als Karl ihm die Papiere hineinschob, und stöhnte genervt, als wäre die Ladung eine Zumutung.

„Den Herrn Inspektor“, flüsterte der Kiepenkerl von hinten, „hätten die Völker sitzen lassen, als sie die Wanderlust erfasste.“

„Na ja“, sagte Karl, „was will man machen.“

„Allein schon der Stimmung wegen“, setzte der Kiepenkerl hinzu, „hätten sie ihn zurücklassen müssen.“

Mit einer fahrigen Bewegung seiner Rechten wischte Leicht die Antwort Karls beiseite.

„Ich will es dir glauben“, sagte er, „wohl oder übel. Ich habe schon genug am Hals.“

Nach der Dieselmenge im Tank fragte er spöttisch, damit er die fünfzig Liter, die Karl ihm zur Antwort gab, – „ und das soll ich glauben?“ – automatisch in Zweifel ziehen konnte.

Der Kiepenkerl kicherte, indem er den Mund mit der Hand verbarg, neigte sich über Karls Schulter an dessen Ohr und legte noch einmal nach. „Während die Völker schon wanderten“, sagte er, mit Mühe den Flüsterton haltend, „hätte sich der Knöterer die Klöten inspiziert.“

„Was gibt es da zu grinsen?“ fragte Leicht, „ich kann das nachmessen lassen“, gab sich dann aber mit „Mhm, mhm“ und einigen Räuspergeräuschen einer vordergründigen Brummigkeit hin, um schließlich in seinen grün bespannten Wülsten wie ein Akkordeon zu einem Seufzer zusammenzusacken.

„Hast du Herr Müller gesehen?“ fragte er, als ob das Wort „Herr“ ein Name wie Horst oder Hans gewesen wäre, und fuhr sich mit dem Handrücken über die feuchte Stirn. Selbst wenn er nicht aus Sehnsucht, sondern unter der Last seines Körpers zu seufzen pflegte, fühlte Leicht sich mit dem schwäbischen Weinvertreter verbunden. Über die Gemeinsamkeit ihrer Beleibtheit hinaus war dieses Gefühl vor allem durch die Flaschen bedingt, die der ihm als Muster unverfänglich in den Schalter reichte. „Guten Morgen, Herr Leicht“, hörte man Herrn Müller dann sagen, „ich lege Ihnen hier das Muster des letzten Jahrgangs vor. Es entspricht ganz den übrigen Flaschen.“ „Mhmh, mhmh“, brummelte dieser dann und blickte angestrengt auf seinen fleischigen Zeigefinger, mit dem er scheinbar prüfend durch die Zeilen des Frachtbriefes fuhr, „na gut, ich will es glauben.“

„Er ist mit seinem Trollinger heute über den Gotthard unterwegs“, sagte Karl, „ins Tessin, wo der rote Merlot wächst.“

„Mhmh, mhmh. Na gut, der Nächste.“

Sie gingen zur Imbiss- und Kaffestube, an den Griechen vorüber, von denen der größere schon dabei war, den Auflieger zu öffnen, während sein Kumpel in Vorbereitung auf das, was kommen musste, aus einer in Zeitungspapier gewikkelten Flasche sich mit Ouzo die Zunge zu lösen versuchte. Es schneite nun weihnachtlich.

„Was für ein Organ“, sagte der Kiepenkerl, da sie Max schon hörten, bevor sie die Tür geöffnet hatten. Seine Stimme füllte wie immer den Raum, sobald er zu sprechen begann. Er brauchte sie nicht zu erheben, um Aufmerksamkeit zu erregen. Er sprach von Natur aus laut und mit der Gelassenheit eines Baritons, der um seine Gabe weiß. Wie an Bändern wanden sich seine großen Satzgirlanden von Wand zu Wand und schwangen, ohne auszuschlagen, leicht an diesen auf und nieder. Das Schicksal hatte für ihn den bezeichnenden Familiennamen Ruf ausgewählt, den er selbst im übertragenen Sinn verstand. „Egal, wie mein Ruf ist", sagte er gern, so dass jeder es hörte, „ich bin schon mal einer. Inschallah." Er besaß Herrn Müllers und des Inspektors Statur, war aber stämmiger und kräftiger als diese und konnte mit seinem Rauschebart leicht für einen Hinterwäldler gelten. Doch das war er nicht. Max Ruf war ein Tuareg, ein Grenzgänger zwischen den Welten, die er furchtlos erforschte.

„Aller guten Dinge wären auch hier wieder drei", fasste es der Kiepenkerl auf seine Art zusammen, „wenn nicht der Buddha schlecht wäre."

Max erzählte einen seiner Witze über die Carabinieri, die er allein schon der Rs im Namen wegen mochte. Genüsslich rollte er sie bayrisch aus und nahm sie bei Bedarf gern in sein Italienisch mit hinüber, das ganz und gar hausgemacht war und wesentlich auf den reinen Verben fußte: „Tre carabinieri, gell, andare in caserma …"

„He Karl", übertönte er glucksend das Lachen der Gäste.

Während dieser sich zwischen den Tischen den Weg zu ihm bahnte, mischte sich der Kiepenkerl hinkend unter die italienischen Fahrer. Er wolle etwas für seine Sprache tun, sagte er, sich stärken, wappnen und rüsten. Bis später!

Max saß allein vor einem Teller mit Senfresten und einem Brötchen, das er wie immer verschmäht hatte. Es waren die Überbleibsel seiner Portion Frankfurter Würstchen. Er hatte den Witz der Bedienung erzählt, einem freizügigen Mädchen aus Kufstein mit Namen Nadia, die ihre persönliche Art des Grenzverkehrs nicht verhehlte, sondern rundheraus angab, sie habe das komplette Zollamt schon auf Schreibtischen oder in Besenkammern mit Proben ihrer Liebeskunst beglückt. Das galt selbst für den schweren Leicht, der eines Tags dieser Art von Inspektion per Herzinfarkt erliegen würde. Nadia brachte ihnen Kaffee. Sie hatte den Witz schon gekannt.

„Öfter mal was Neues, Max", sagte sie. „Du kennst meine Devise."

„Geschenkt", sagte Max, und keiner der Gäste fragte sich, was.

Sie tauschten sich über ihre Fahrten aus, das Glatteis, das in Waldschneisen auf frische Beute lauerte, die Spuren im festgefahrenen Schnee, die wie Bahngleise waren, die Aussicht, dass ab Verona der Winter des Südens begann, von Neapel und Ragusa zu schweigen. Als Max über Betty und Herrn Müller zu sprechen begann, der ein Pfundskerl, aber für sie nicht der Richtige war, musste nicht nur Nadia, die an der Theke Cola zapfte, Anteil an der Frage nehmen. Als er sich nach Cecilia zu erkundigen begann – Schätzilia nannte er sie, la bella di Tortona – spitzten auch die italienischen Kollegen, soweit sie schwer hörten, die Ohren. Mit Max in öffentlichen Räumen über Vertrauliches zu sprechen, war unmöglich. Er wusste es selber und nahm das Zeichen, das Karl ihm gab, sogleich auf. Es war Zeit, dass sie den Imbiss verließen, um durch den Irrgarten der LKWs zu streifen.

Max war der einzige aus Karls Alltag, der Cecilia kannte und um die Liebe seines Freundes wusste. Eben dort, in Kiefersfelden, hatten sie ihn getroffen, als sie im Herbst auf dem Weg nach Hamburg waren. „Wie stehts mit Schätzilia?", fragte er seitdem und folgte Karl in seinem Glück und in den Zweifeln, die es trüben mochten. Dass Karl Cecilia liebte, verstand keiner besser als er. „Sie ist schön wie die Sahara", sagte er gern, „wie das Manna in der Oase." Zugleich aber erfüllte ihn auch Skepsis, die in einer eigenen Wehmut wurzelte: Er hatte, als er in Afrika gefahren war, die Liebe seines Lebens gefunden, die jüngste Tochter Handel treibender Nomaden, eine Schönheit von Allahs Gnaden mit Namen Fatima. Sie hatte ihm Treue gelobt, er aber in derselben Nacht sie noch verloren, zusammen mit dem LKW, den die Familie in handliche Teile zerlegt in alle vier Winde verkaufte.

„Ich bin auf dem Weg zu ihr", sagte Karl, als sie in einen der Irrgänge traten.

„Bist du dir sicher?" fragte Max.

„Nie war ich mir sicherer."

„Das war ich mir damals auch", sagte er.

Zwischen den LKWs hatte sich der Dunst, der vom Inn heraufgezogen war, zu eisigen Nebeln gesammelt, deren Kristalle Karl in den Lungen zu spüren meinte. Bisweilen fuhr ein Wind in sie hinein und wirbelte sie zu verwunschenen Formen auf, die aus den Lücken schlüpften und wieder verschwanden.

„Eure wilden Innschiffer sind schon unterwegs", sagte Karl, „die Spuker wollen nicht auf den Dreikönigsabend warten."

„Fata Morgana", sagte Max, „wie so vieles im Leben, das nur kommt, um zu gehen."

Karl ahnte schweren Herzens, worauf der Freund aus war. Mit der Stimmgewalt eines Propheten sagte dieser:

„In jeder großen Liebe steckt der Keim des Leids."

Während sie den nebeligen Spuk durchschritten, hörten sie den Satz darin verhallen, von dessen Schwere selbst Max erschrocken war. Wie aus Gewohnheit zog er an den Spannleinen der LKWs, an denen sie vorüber gingen, als wäre ihr Sitz zu prüfen. Karl umgriff des Freundes Schulter. Er wusste, dass es nichts weiter darüber zu sagen gab. Max würde es nicht mehr gelingen, das große Leid, das aus seiner Liebe entstanden war, zu überwinden. Wild umtanzte ihn das Schiffervolk vom Inn und bedrängte ihn boshaft mit Spott.

„Wie konnte Schätzilia", kehrten seine Gedanken zu Karl zurück, „bloß in die Hände eines Dichterfürsten fallen, der Armando Massimo Del Santo Liquido heißt? Er trägt seinen Hochmut im Namen wie ein Kranker das Virus im Blut."

„Das Bild hast du gut behalten“, lachte Karl, „mir gefällt es noch immer. Ich glaube, dass es einfach das Schicksal war, das sie zu ihm trieb. Wie der Nil den hilflosen Moses ins Schilf.“

„Inschallah?“

„Inschallah. Doch sei sicher. Sie hat sich nicht angesteckt. Sie ist aufrecht und rein geblieben.“

„Aufrecht und rein“, rollte Max die Rs mit dem Dampf seines Atems in die Kälte hinaus, „das wäre zu schön.“ Er seufzte. Die Wehmut, die ihn begleitete wie sein Schatten und im Grau des Alltags verschwunden schien, überfiel ihn mit dem Licht der Erinnerung. Er konnte nicht anders als ihr nachzugeben und alles dahinter zurückzustellen. Während sich in seinem Bart der Schnee zu sammeln begann, bedachte er laut und inniglich das Schicksal Fatimas, die zwar redlich, doch schwach gewesen war. An den Achsen des LKWs, die für die Kamele zu schwer und darum im Sand zurückgeblieben waren, ihrer Räder beraubt, ein Zeichen unendlicher Scham, war sie schuldlos gewesen. Als die Eltern aber die Zelte packten, brauchten sie nur „hopp“ zu sagen, „ab auf dein Dromedar“, und schon war sie fort gewesen.

„Noch jetzt“, sagte er, „sehe ich die Achsen in der Sonne vor mir liegen, nackt wie fünf abgenagte Haxen, alle in der Reihe, so wie sie unter dem LKW hingen.“

In das Bild der Achsen hatte Max das Trauma eingeschmolzen, das ihm durch Fatima geblieben war. Er trug es bei sich wie ein Amulett, das er in seiner magischen Bedeutung nicht begreifen, doch in den Händen halten konnte. In den Geschichten, die darum kreisten, versuchte er es abzuarbeiten. Diese teilte er, obwohl er dem Namen Plaudertasche, den Betty ihm beigelegt hatte, im Ganzen gerecht wurde, nur mit wenigen Menschen. Denen aber erzählte er sie immer wieder, mit der Zwanghaftigkeit eines Sisyphus und der Besessenheit eines afrikanischen Medizinmanns, der sich durch rituelles Reden in Trance versetzt, um böse Geister zu vertreiben. Karl wusste, woran er war. Im Irrgarten am Inn, von dem die wilden Schiffer Besitz ergriffen hatten und in eisigen Wirbeln auf der Suche nach verlorenen Seelen waren, sah er mit Max erneut den Beduinen kommen und – brr, gel? – sein Kamel vor den Achsen anhalten. „Fatima?“ hörte er ihn fragen und die Beschwörungen murmeln, unter denen er wieder verschwand. Auf dem Weg durch die Wüste folgte er dem Freund ein weiteres Mal und begriff die unendliche Dankbarkeit, die ihn durchströmte, als er die Frauen und ihre Krüge erblickte. Fata Morgana? Nein, Inschallah. Er hätte ihn auch bis zur Küste begleitet, wäre mit ihm – Leinen los! – noch nach Sizilien übergesetzt, wenn nicht einer der wilden Schiffer in Fleisch und Knochen aus den Nebeln des Inn heraus getreten wäre. Als kreuzte er gegen den Wind, sich zu beiden Seiten des Gangs durch die Reihen der LKWs hangelnd, suchte der Fahrer aus Thessaloniki einen Weg aus dem Irrgarten. Der Ouzo hatte ihn getäuscht und, anstatt seine Zunge zu lösen, seiner Sprache beraubt. Dem Redner Demosthenes konnte er darum nur insoweit folgen, als auch er auf den Boden spuckte, keine Kieselsteine zwar, mit denen er das Reden hätte üben können, aber ein farbenfrohes, kaum verdautes Potpourri aus Bohnen, Mais und Paprika, das Max und Karl im Schnee bestaunten. Für ein Frühstück nicht ohne, meinten sie und griffen ihm unter die Arme, um ihn zum Klo der Imbiss- und Kaffeestube zu schaffen.

„Italiano?“, fragte Max, als sie den winterlichen Irrgarten verließen, und erzählte dem Fahrer aus Thessaloniki, dem eine Sprache so gut wie die andere war, einen Witz – „tre carabinieri, gell, andare in macchina …“ –, ohne dass Karl sie bremsen konnte. Nadia, die sie durch das Fenster kommen sah und keine Lust auf Erbrochenes zwischen den Tischen hatte, winkte sie durch. Sein Kumpel, der ihn schon vermisst hatte, holte ihn schließlich dort ab, so dass sie ihn zu dritt in seine Koje hieven konnten, wo er sogleich zu schnarchen begann. Wäre der Zöllner Leicht dabei gewesen, hätte er ungläubig gestaunt. Karl verabschiedete sich von Max – „ciao, gell“ – und ging zum LKW zurück.

„Ma dove, cazzo, sei stato?“ grinste ihn der Kiepenkerl an, der schon im Führerhaus saß. „Wo ich gesteckt habe, zum Teufel? Blöde Frage. Als wenn du das nicht wüsstest.“

„Ich wollte nur mal“, sagte der Kiepenkerl, „mein Italienisch ausprobieren.“ Er war ganz erfüllt von seinem Besuch in der Imbiss- und Kaffeestube. „Ich würde gern wissen“, sagte er, „ob italienische Fahrer bei ‚sofferenza‘ und ‚amore‘ dasselbe denken und fühlen wie ihr bei ‚Leid‘ und ‚Liebe‘. Sie bedeuten zwar dasselbe, so wie ein ‚camion‘ eben ein ‚LKW‘ ist, aber in den Klängen müssen die Erinnerungen an Glück und an Enttäuschungen doch anders eingelagert sein.“

Karl war nicht nach Vergleichen zu Mute. Er wollte weiter. Zum einen bedrängte ihn der Gedanke, er habe mit Max und dem Mann aus Thessaloniki Zeit verloren, die ihm womöglich in Mailand fehlen würde. Zum anderen zog ihn nun der Zauber des Ortes an, wo er Cecilia zum ersten Mal begegnet war. Nur noch wenige Kilometer trennten ihn davon. „Liebe“ war für ihn seitdem nichts anderes als „amore“, „sofferenza“ nur „Leid“ gewesen. Er öffnete den Fahrtenschreiber und begann nach der Schachtel mit den Scheiben zu suchen, ohne sie zu finden. Misstrauisch tastete er nach Portemonnaie und Armbanduhr, die wenigstens an ihren Plätzen waren. Er merkte, dass ihn mit der Müdigkeit die übliche Fahrigkeit beschlichen hatte, vor der die Dinge flohen wie vor dem Schwarzen Mann. Umso mehr lag ihm daran, in den Gleichlauf des Fahrens zurückzukehren.

„Eingelagert?“ fragte er flüchtig. Südtirols Kühlhallen gingen ihm durch den Sinn, Gabelstapler, die wie Ameisen das Jahr hindurch Äpfel nach draußen schafften und auf LKWs schoben.

„Na gut“, sagte der Kiepenkerl, obwohl er die eingelagerten Erinnerungen lieber mit der Süße der Äpfel verglichen hätte, die sich in ihnen speichert, wenn sie reifen. „Italienische

Wörter verfügen einfach über mehr Lagerraum. Allein schon durch die Anzahl ihrer Silben bieten ‚sof-fer-en-za' und ‚a-mo-re' den Gefühlen reichlich Platz, so dass sie sich ausbreiten können. Wie eng und stickig ist das ‚Leid' dagegen, wie karg die ‚Liebe' ausgestattet. Ein ‚Lie' und ein ‚Be', das ist auch schon, eine Öffnung und ein Schluss. Ein großes Gefühl zwängt sich dort nur mit Mühe hinein."

Die Tachoscheiben hatten sich auf den Weg zwischen Schaltung und Fahrersitz gemacht, waren aber nicht entkommen. Karl legte die oberste ein, startete den Motor und fuhr an. Schweigend schaltete er sich durch die Gänge. Während er sich der Stelle näherte, an der damals Cecilia gestanden hatte, waren die Erinnerungen schon vorausgeeilt. Er hörte sein Herz schlagen. Am frostigen Ufer des Inn, dessen Wasser geheimnisvoll dampfte, sah er Cecilia aus dem Schatten des schwarzen Marsullo treten und spürte noch einmal, wie ihre Schönheit ihn mit geradezu physischer Macht überwältigte und ihm den Atem nahm. Wie unter Zwang hatte er den LKW zum Stand gebracht und war aus dem Führerhaus gesprungen, um ihr zur Hilfe zu eilen. Er hatte sich kaum auf den Beinen halten können, als sich ihre Blicke trafen.

Während der Motor sich redlich um Wärme im Führerhaus bemühte, drückte der Winter unerbittlich gegen die Windschutzscheibe. Der Kiepenkerl blies sich den Atem in die Hände und zog die verschränkten Arme an den Körper. Er war blass wie der griechische Fahrer, der in der Koje den Schlaf des Gerechten schlief und nicht mitbekam, dass Leichts Schergen den Feta aus Gent inspizierten.

„Ach", sagte er mit Wehmut in der Stimme, „wie verwundbar die Liebe ist, so zerbrechlich und zart."

„Ach was", sagte Karl. „Wart nur den Tag des Heiligen Ambrosius ab. Dann wirst du sehen, wie robust sie ist." Aber das meinte der Kiepenkerl nicht. Er schwelgte vielmehr noch in seinen Sprachetrachtungen, zu denen ihn sein Lauschen in der Imbiss- und Kaffeestube angeregt hatte. Er klagte das

Deutsche an, indem er es verantwortungslos nannte. Den Oberkörper über die Knie gebeugt, so dass die Hände noch fester in den Achselhöhlen saßen, sagte er: „Das Deutsche kommt seiner Pflicht nicht nach, die Liebe zu schützen."

„Junge, Junge", sagte Karl.

„Leichtfertig, nachlässig und rücksichtslos", sagte der Kiepenkerl, „übergibt es die Liebe der Lächerlichkeit. Es gestattet, dass man ihr B durch ein G ersetzt, um sie durch den Kakao zu ziehen: Nennst du Cecilia die Liege deines Lebens, ist der Zauber hin."

„Ich sage nicht ‚du bist die Liebe meines Lebens'", sagte Karl, „ich sage ‚ti amo', ich liebe dich."

„Dennoch", sagte der Kiepenkerl. „Das Italienische kümmert sich einfach besser darum. Indem es nur dem U erlaubt, an die Stelle des A zu treten, hebt es die Liebe im Glanz ihrer Einzigartigkeit hervor. Bezeichnet das dumpfe ‚umore' die triebhafte Mischung aus Launen und Körpersäften, so entspannt sich der Klang durch das A und schwingt zart und sublim als ‚amore' aus. Aufgeregt?"

„Ja", sagte Karl. „Fahre ich an der Stelle vorüber, wo ich Cecilia fand, beginnt mein Herz zu klopfen."

„Als ob du ein Jüngling wärest."

Der Kiepenkerl grinste. „Amore", sagte er, „Liebe zu Deutsch. Wie sie die Erinnerung selbst mit ihrem Zauber überzieht! Um dich von ihrer Schönheit abzulenken, die ihr Kleidchen nicht verbergen konnte, und deiner Körpersäfte Herr zu werden, die humorig in dir rumorten, begannst du die Sommersprossen auf ihren Wangen zu zählen."

„Ja, das stimmt", sagte Karl.

„Selbstverständlich."

„Ich zählte Cecilias Sommersprossen und kam zu keinem Ende."

Während sie durch den weihnachtlich frischen Schnee dem Ort entgegenfuhren, an der Karl der Liebe seines Lebens begegnet war, auf einem Standstreifen der Autobahn an den

Ufern des Inn, zog der Kiepenkerl den Rucksack unter den Beinen hervor und setzte ihn vor dem Bauch auf die Schenkel ab. Er beklopfte ihn sanft mit den Händen.

„Wie gut", sagte er, „dass die Erinnerungen an Dio und Gloria dich begleiten, lebendig in den Geschichten, durchstrahlt von ihrer Wahrheit."

„Und welche Wahrheit wäre das?"

„Als wir ankamen, wolltest du sie nicht hören. Jetzt sag sie dir selber."

„In meinen Erinnerungen an sie", sagte Karl, „sehe ich meine Unzulänglichkeit. Aus Schwäche habe ich beide verloren."

„Schwäche ist ein schlechtes Wort", sagte der Kiepenkerl. „Es dient als bequeme Erklärung und hält als faule Ausrede her. Jede Schwäche hat einen eigenen Namen."

„Ach ja?"

„Deine war die Selbstbezogenheit", sagte der Kiepenkerl. „Sie hatte sich wie ein Kuckuck in deine Liebe eingenistet."

„Ach Kiepenkerl."

„Das ist die Wahrheit. Mit ihr musst du dich wappnen. Folge dem ritterlichen Georg, der sich auf seinen Schild den Drachen malen ließ, bevor er ihn besiegte. Zieh mit dem Bild des Kuckucks in den Kampf um deine Liebe."

Gemächlich sammelte der Inn die Flockenfülle ein, um sie zur Donau mitzunehmen und putzte seine Uferlinien blank, die eisig im Morgenlicht glänzten. Karl versuchte sich an den Heiligen Georg zu erinnern, der im sommerlichen Tortona, der Stadt Cecilias, noch immer mit dem Drachen kämpfte, doch konnte er keinen Schild entdecken.

„Nimm es hin", sagte der Kiepenkerl. „Der Liebe Erzfeind ist die Selbstbezogenheit. Und nun rasch, so dass, bevor wir den Ort der Begegnung erreichen, auch der Prediger noch in den Sack zu uns kommt."

„Erling?"

„Sammel und ordne deine Erinnerungen. Hol Luft. Denn es wird uns Mühe kosten, auf dem Weg von der Keilerei in

Jackson bis zum Rauswurf aus Purtiss County den Predigten des Preacherman gerecht zu werden, in denen die Säfte des Geistes pulsierten."

„Oh Kiepenkerl."

„Keine Angst, Krüger Karl. Erling Duus war dein Meister der Geschichte. Ich aber, der Kiepenkerl, der an der Seite des Herzogs Wittekind die bigotten Franken bekämpfte und mit Alarich die dekadenten Römer zu Tode erschreckte, bin der Meister deiner Geschichten."

„Du warst mit den Goten in Rom?"

„Vor Rom. Ich ging nicht mit rein. Das Geplünder ödet mich an. Wir standen im Staub vor den Toren und pochten auf Einlass. ‚He', rief Alarich den Wachen zu, indem er den Kopf in den Nacken legte, so dass die Flügel seines Helms unter den Schulterblättern den Rücken berührten, ‚wir sind von der Völkerwanderung. Habt ihr einen bei euch, der Leicht heißt, Levis in eurer Zunge, Levis Maximus nach all den Jahren vielleicht?'"

Der Kiepenkerl krähte vor Lachen. „Endlich spüre ich wieder Wärme in mir", sagte er. „Oh, ja, ich war dabei, auch wenn der König andere Fragen stellte. In Wirklichkeit erschien eine römische Matrone mit Namen Faltonia Proba am Tor und beklagte den Kannibalismus in der belagerten Stadt. Alarich, der das Wort nicht kannte, war abgelenkt, er hatte auf einer der Nebenzinnen eine verschleierte Schönheit erblickt. ‚Wer ist das?' fragte er. ‚Nemo', sagte sie, aber halt", unterbrach er sich, „du bist an der Reihe. Ich denke, wir legen den ganzen Mississippi, damit alles hineinpasst, als Triptychon trocken."

8. Kapitel | SUMMERTIME

Per Anhalter war Karl von Baltimore aus über Richmond, Greensboro und Atlanta der Greyhoundroute von damals gefolgt, war dann auf Wochen in Birmingham verschwunden, verschluckt von der Stadt, an die er sich auch später nicht erinnern mochte, und schließlich weiter westwärts nach Jackson in Mississippi gelangt. Ein Brethren-Pfarrer, der aus Texas kam, hatte ihn zuletzt vor Govenor's Mansion abgesetzt, dem Weißen Haus des Südens, und Karl, in zerschlissenen Jeans, die staubige Jacke über der Schulter, war müde in eine Bar gegangen, die „Twayne's" hieß, um von dem letzten Geld, das geblieben war, ein Bier zu trinken. Er setzte sich auf einen der gepolsterten Hocker, deren Bezüge aus klebrigem Kunstleder waren, an den kurvig geschwungenen Tresen und sah durch das große Fenster auf die Straße hinaus, über der sich schmutzig drohend ein Gewitter zusammenbraute. Windwirbel trugen wie Ammen Papier umher, für das sie Unterschlupf suchten. Es war später Nachmittag, und das Thermometer zeigte trotz des Ventilators, der sich an der Decke drehte, auf 90 Grad Fahrenheit.

Karl war ein anderer geworden. Wäre er klaren Kopfes gewesen, hätte auch er es erkannt. Oft hatte Gloria ihm vorgehalten, dass er nicht wisse, was Liebe sei. Oh, boy, seufzte sie dann, du sagst mir „ich liebe dich", weil es so heißt, doch du weißt nicht, was es bedeutet, what it really means, you know. In all ihrer Weisheit irrte sie hier. Karl litt, weil er wusste, dass er sich aus seiner Liebe zu ihr und der Verantwortung, die sie bedeutet, gestohlen hatte wie ein Dieb in der Nacht. Das Wissen darum hatte ihm eine Wunde zugefügt, aus der sein Empfinden sickerte, stoßhaft in den ersten Tagen, so dass er hätte weinen mögen, versiegend schließlich, bis er ausgetrocknet an der Straße stand und den Daumen hinaushielt wie ein Bettler die Hand. Er glaubte, er habe den Tiefpunkt erreicht, über den hinaus er nicht weiter absinken könne. Aber das konnte er.

Um den Tresen bei Twayne's saßen fünf oder sechs Männer herum, Weiße, die meisten sommersprossig und mit großen Zähnen. Sie sprachen wenig, fanden dann aber Gefallen daran, dass es keine schwarzen Turner gebe. Denn das sei eine Sportart, die ein Maß an Kultur verlangte, an Übung und Selbstbeherrschung, über das ein Neger nicht verfügen könne. Das sei auch von Natur aus so und darum natürlich, sagte der eine und spielte mit der Ähnlichkeit der Begriffe. Natürlich, sagte er, seien sie andererseits für Boxen oder Rennen, Sportarten, bei denen es auf Instinkt und Kraft ankomme, um so besser geeignet. Das gelte auch, sagte er überraschend, von Natur aus für das Bett. Jeder, der auch nur einmal in einer Negerin gesteckt habe, wisse, was er meine. Und darauf, kam er zum Schluss, wolle er eine Lokalrunde Bier spendieren.

„Auf alle nigger cunts", pries er ihr Geschlecht, „östlich des Mississippi!"

Karl sagte, als es vor ihm stand, dass er das Bier nicht wolle.

„Warum nicht? Boy."

Weil er darauf nicht mittrinken könne. „Warum?"

Rothaarig war er und kräftig, trug eine schwarze Motorradhose und fügte ohne zu zögern „You fucker" hinzu.

Gleichgültig letztlich, aber auch bei der Vorstellung, dass Gloria dabei gewesen wäre, rutschte Karl das heraus, was er sie oft genug hatte sagen hören. Er nannte den Roten einen „Motherfucker" und fragte: „Was soll das bedeuten?"

Da erhob sich dieser behäbig. Seine Hose löste sich mit einem leisen Knattern vom künstlichen Leder des Hockers. Die kräftigen Arme seitlich zu einer Imponiergebärde ausgestellt schritt er auf Karl zu und zischelte, im Atem das quellende Bier: „I'll beat the shit out of you. Ich haue dir die Hucke voll."

Karl las noch die Tätowierung „Lucille" auf seinem linken Unterarm und „Ball" auf dem rechten, bevor ihn ein Hieb auf die Nase, die sofort blutete, vom Hocker stürzte, und war, als er sich rudernd aufzurappeln versuchte, am rechten Auge getroffen, das schwoll.

Der Rote bereitete sich einen Spaß daraus, Karl auf die Beine kommen zu lassen, duckte sich belustigt unter dessen Anstalten, ihn seinerseits zu treffen, und lachte, als dieser wild in die Leere schlug und dabei durch den eigenen Schwung haltlos zu taumeln begann.

„Nein so ein Turner aber auch", rief er. Um Karl, dessen Blick dem eines Ochsen glich, der sich in blinder Ohnmacht gegen seinen Schlachter wehrt, noch mehr zu reizen, griff er nach dessen Koffer, der neben dem Tresen stand, um ihn zu öffnen und seinen Inhalt in der Bar zu verteilen. Die Männer am Tresen, den Keeper dahinter nicht ausgenommen, jauchzten und trieben den Roten durch Klatschen an. Als dieser Karls Koffer aber ergriff, nahm einer von ihnen amüsiert die Mütze ab, legte sie umgekehrt auf den Tresen, nahm auch die Brille ab, legte diese hinein, stand auf und ging auf den Roten zu.

Hager war Erling Duus. Die hohen Backenknochen und die kantige Nase in seinem Gesicht, das zum Kinn spitz zusammenlief, verliehen dem Kopf etwas Vogelhaftes. Die zwei roten Flecken auf der Nasenwurzel unterhalb der Augen, die das Gestell der Brille dort eingedrückt hatte, erinnerten an einen Hahn. Als er vor dem Roten stand und federnd zu hüpfen begann, den Kopf hinter die Rechte geduckt, die er wie einen Baseballhandschuh geöffnet hielt, die geballte Linke nach vorn ausgestreckt, und „come on, buster" sagte, lachte dieser, und lachten jene am Tresen. Er aber wartete nicht, bis der Rote die Fäuste zur Deckung hob, sondern schlug ihm sofort auf das Kinn, und während einen Atemzug lang bei Twayne's das Leben angehalten schien, niemand sprach und nichts sich rührte, sah Karl den Roten sich verwundern, hörte seine Hose knistern, als er sich nach hinten zu neigen begann, überkippte und so hart aufschlug, dass der Bierdunst aus ihm fuhr, als sei der seine Seele.

Obwohl er wieder auf die Beine kam und eine Viertelstunde lang sich noch schlug, war der Rote nicht mehr derselbe. Leichtfüßig tänzelte Erling um ihn herum, wandte und duckte sich vor seinen Schlägen, reizte und ärgerte ihn seinerseits mit seiner vorgestreckten Linken und traf ihn immer wieder mit der Rechten.

Karl verfolgte den Kampf der beiden auf dem Fußboden sitzend, an das große Fenster zur Straße gelehnt, das Taschentuch unter die Nase gedrückt, aus der das Blut nicht aufhörte zu fließen. Das Hirn pochte hart an die Schläfen. Trotz der feuchten Schwüle fror er in Schauern, die ihn schüttelten und in ein schwaches Zittern übergingen. Der Kampf war zu Ende, als der Rote beschwichtigend die Hände hob und Erling auf ein Bier einlud.

„He, Mister", rief dieser zu Karl hinüber, „steh auf und trink ein Glas mit uns."

Karl aber ergriff, nachdem er hochgekommen war, den Koffer und verließ Twayne's, ohne zu grüßen.

Das Gewitter hatte die Wolken über der Stadt zu Wogen aufgeworfen und Sturmböen zwischen die Häuserfluchten geschickt, die wie eine Horde Halbstarker die Straßen hinunterzogen und Fußgänger von den Bürgersteigen schupsten, die dort nichts verloren hatten. Karl spürte die ersten Tropfen nicht, die ihn hätten warnen sollen. Bevor er das Portal eines Kinos erreichte, brachen die Wassermassen, die Blitz und Donner aus dem Himmel lösten, auf ihn ein. Während er teilnahmslos die Tropfen auf dem Asphalt zerplatzen und sich zu Pfützen sammeln sah, die zu Strömen zusammenschwollen und sich am Bordstein stauten, bahnte sich ein blauer Buick den Weg zum Kino. Durch das geöffnete Seitenfenster sah Erling heraus.

„Howdy", sagte er, „ich fahre in Richtung New Orleans. Kann ich dich irgendwo absetzen?"

Als Karl es verneinte, warnte Erling davor, dass die Bindfäden, die es regnete, sich leicht in schwedische Gardinen verwandeln könnten.

„Landstreicher", sagte er, „landen hier schnell in der Zelle."

„Ich bin kein Landstreicher", sagte Karl. „Ich bin Fahrer."

„Dann fahren wir", sagte Erling und fragte sogleich nach der Heimat, dem „fatherland" mit seinen Flüssen und Bergen, an denen Karl aufgewachsen war. Wo denn die Weser entspringe, wollte er wissen, und wie hoch der Wiehen sei, und amüsierte sich, als Karl auswich und reimte: Wo Fulda und Werra sich küssen, da müssen sie ihren Namen büßen.

In dieser Wechselrede aus Frage und Antwort, in die Erling Krüger Karl band, fuhren sie in den südlichen Abend, der langsam zu trocknen begann, und folgten dem Highway nach McComb in den Citronell County. Erlings Feststellung, er könne einen Fahrer von der Weser nicht mitten in Mississippi aussetzen – „in the midst of Mississippi", nuschelte er – wie einen Frosch vor der Wasserschlange, nahm Karl dankbar hin. Als sie nach zig Kilometern schnurgerader Straße, die zu beiden Seiten dicht bewachsen war, das Dorf erreichten, sagte Erling: „Willkommen im flachen Purtiss, wo es von den üblichen drei Freudenhäusern nicht einmal Kirche und Liquor Store gibt".

Aus dem „Purtiss Burger House" am Ortsausgang, das neben dem Motel gegenüber der Tankstelle lag, holten sie eine Tüte mit doppelten Cheesburgern und bogen rechts in eine Querstraße ein, die durch den Wald zum „Purtiss Junior College" führte, einem Haufen verlorener Häuser, der zu der Großartigkeit, mit der Erling den Namen aussprach, in ironischem Gegensatz stand. Dahinter gelangten sie an das Ende der Welt, wo selbst Frosch und Schlange sich gute Nacht gesagt hätten. Dort, in einem kolonialen Holzhaus, von dem der Anstrich blätterte, wohnte der gute Boxer Erling Duus, der am Purtiss Junior College Geschichte lehrte, indes eigentlich Prediger war.

In the midst of Mississippi saßen sie auf seiner Veranda, aßen Cheeseburger und tranken Dosenbier aus dem Kühlschrank dazu, das in Citronell, einem trockenen County, verboten und doch keine Sünde war. Während sich Karl in der unverhofften Gemütlichkeit zu entspannen begann, hielt Erling sich nicht weiter mit „bullshit" auf, wie er seichtes Reden nannte, das nichts und niemandem nütze, und ließ seinem Gast nicht einmal die Zeit, sein Schicksal zu beklagen. In den Büschen um das Haus herum zirpten die Grillen, Schrecken und Zikaden, tanzten Glühwürmchen wie Seelenlichter auf unruhiger Suche, als der Purtiss Preacherman Karl seine erste Lektion erteilte. Sie war der Frage gewidmet, warum der Großvater Enok Dänemark verlassen hatte, um in Amerika zu bleiben, der eigenen Armut zum Trotz, die hier kein Ende nahm, wie dem Hochmut der anderen, die ihm dort unbekannt gewesen war. Die Antwort aber lag in dem Einzigartigen des Landes, in dem sich Erdenbürger trafen, Europäer, Afrikaner, Asiaten, ein jeder von ihnen mit seiner eigenen Kultur und seine eigenen Geschichte im Herzen, um gemeinsam eine Neue Welt zu schaffen, welche die Kulturen aller, die Geschichten aller in sich trug. Karl lernte, dass der Begriff des Schmelztiegels, den er kannte, des „melting pot", gefährlich irreführend war. Vielmehr war hier ein Philosoph namens Hegel zu Rat zu ziehen, der in dem Wort „aufheben" einen dreifachen Sinn entdeckt hatte, und indem Erling es begeistert zum „aufheiben" erhöhte, bildete er daraus das Schicksal seines Großvaters und das der Einwanderer im allgemeinen nach. Als sie Amerikaner wurden, schwand ihre alte Kultur, löste sich auf und wurde doch andererseits auch aufbewahrt, so dass sie in eine neue hineinwachsen und mit dieser zu einer Vielfalt und Fülle emporblühen konnte, die keine für sich allein besessen hatte. Dieses letzte Aufgehobensein aber erklärte Erling zu dem eigentlich Wundervollen und Geheimnisvollen Amerikas. „Aus diesem", sagte er, „entstand die Neue Welt."

Als Karl schon die Augen geschlossen hatte, kreisten seine Gedanken noch um Enok, dessen Leben so bewegt und dabei doch so klar begründet gewesen, der einem inneren Antrieb gefolgt und auf der Suche nach Neuem zu einer Person gewachsen war, die zu Recht in sich ruhte. Wie anders schien ihm das eigene Leben! Wie ein flach geworfener Stein über das Wasser hüpfte er darüber hinweg und hatte es anderen zu verdanken, dass er nicht versank, Menschen wie Simon und Erling, der ihm an diesem Tag nicht nur aus dem Unglück bei Twayne's herausgeholfen, sondern mit Hegel und Dosenbier auch seine Liebesnot gelindert hatte. Als er schließlich eingeschlafen war, träumte er, er lecke sich die Wunden wie ein ergrauter Löwe.

Am College Campus vorbei, auf dem in der Ferne Gruppen schwarzer Studenten standen, ging Karl am folgenden Morgen durch den Wald nach Purtiss zurück. Ausgeschlafen und von Zuversicht erfüllt, hatte er Erling zum Abschied erklärt, dass er nach New Orleans wolle, und dieser war mit „so long" in einem der flachen Holzhäuser verschwunden, um die Studenten die Befreiung der Sklaven zu lehren. Eine Stunde später konnte er am Purtiss Burger House wieder der Hauptstraße folgen, dem „Broadway", wie auf dem Schild zu lesen war, und damit einer ebenso geraden Reihe von Parkuhren, von denen keine aufgezogen war. Obwohl es noch vor Mittag war, lag Schläfrigkeit über dem Ort. Ein Alter saß vor dem Waschsalon in einem Schaukelstuhl und las eine Sportillustrierte. Zwei Kunden warteten beim Friseur, ohne die Hüte abgelegt zu haben, und rauchten. Ein gelangweilter Hund begleitete Karl, als dieser an den Kurz- und Eisenwaren vorüberging, dem Lebensmittelgeschäft mit der Imbissecke, das „Ernie's Grocer & Restaurant" hieß, dem summenden Kasten der Klimaanlage, die tropfte, vorbei an den Sämereien, den Spaten und Schaufeln, die draußen im Angebot hingen, an den Brikett-Paketen, die darunter gestapelt lagen. Dann blieb er ungläubig stehen. Dort, wo sich die Ladenreihe zu einem schmalen Hof öffnete, stand ein MAN, ein Tankwagen, dessen blaues Führerhaus und weißer Aufbau in der Sonne leuchteten.

Während der Hund sich gähnend neben den Koffer legte, ging Karl um den LKW herum, öffnete wie im Traum das Führerhaus und setzte sich hinter das Lenkrad. Er zog ein Taschentuch hervor und wischte den Staub vom Armaturenbrett, fand im Ablagefach zwei Karten, Louisiana und Mississippi, sowie eine Tabakdose der Marke Stanwell, die Sicherungen enthielt. Drei Dinge nur brauchte der Mann, ließ er sie rasseln, und lachte vor Glück in der Erinnerung an Feuer, Pfeife Stanwell, bis der Hund zu bellen begann.

„Wollen Sie sie kaufen?" fragte ein kleiner Mann mit großen Ohren, deren obere Ränder sich wie Kohl nach außen wölbten. Er war im Schlaf gestört worden, einem Nickerchen, trug einen schmutzigen Overall und karierte Pantoffeln aus Filz.

„Nein", sagte Karl, die eine Hand am Rad, die andere auf dem Knüppel „aber fahren würde ich sie schon."

„Die Gänge liegen auf dem Rücken", sagte der Mann, als ob auch ihnen nichts Besseres hätte passieren können, und meinte die Stufenschaltung des MAN damit, die vertikal durch Zug und Druck funktionierte. „Na gut, well, all right. Kann ich sie nicht verkaufen, soll sie wenigstens laufen."

Ohne Aufhebens wurde Karl damit Fahrer bei Sean Shrat, der das Geschäft des Brennstoffhandels als Namen angenommen hatte. „Shrat", sagte er stets, „Shrat Combustibles."

Woher der MAN kam, war ein Geheimnis. Ob Shrat es hütete oder nur öffentlich pflegte, fand Karl nie heraus. Er habe ihn eines Tages ersteigert, einfach so, und ihn dann umlackieren lassen. Ein verrückter Doktor, hieß es bei Ernie's, habe ihn über das Meer gebracht, mit aus Holz gewonnenem Spiritus, oder doch ein Soldat, der drüben schon das Trinken begonnen hatte und seinen Führerschein verlor, oder eben, das habe Shrat versichert, eine ähnliche Geschichte. Karl genügte die Stanwell-Dose. Im Rasseln der Sicherungen konnte er Pauls Kipper und Neddermanns Lady hören. Öffnete er sie, stieg der Duft von Jägerschnitzeln auf, von Bier und Schalke 04.

Mit Shrats MAN fuhr Karl wochentags nach New Orleans, lud im Hafen Heizöl und belieferte Kunden im County damit. Es war mehr als ein Neubeginn, es war eine Wiedergeburt. Er fühlte sich wohlig wie ein Säugling nach dem Bad. Morgens um fünf, in der Frische der Dämmerung brach er gewöhnlich in Purtiss auf und fuhr der Sonne voraus nach Süden, durch Wälder hindurch, vorbei an Mais- und Baumwollfeldern, an Reklameschildern am Straßenrand, die im Wetter wellig geworden und vom üppigen Grün überwuchert waren. Hinter Huntersville hielt ein Mann namens Nick ein Bündel Banknoten von einer Scheunenwand herunter und pries es als „E-Z Money“ an. Als Karl begriff, dass die zwei Buchstaben „easy“ ergaben, beschloss er, sie für ein Sinnbild zu halten: Das Leben war wieder leicht geworden. Es war Sommerzeit.

Er freute sich auf die Leute im Hafen. Bruce Winter saß an der Waage und druckte das Gewicht des MAN auf schmale Streifen. Sein Spitzname „Sandwich“ ging auf die grenzenlose Fürsorglichkeit seiner Mutter Percilla und die eigene Ratlosigkeit zurück, mit der er die Brote an Freunde verschenkte. Karl schätzte es, dass er zu diesen zählte, und wusste, dass er es auch dem LKW verdankte, der Orchidee unter den Tankwagen im Hafen, „Old Man“, wie sie ihn nannten, oder, als Karl das mit Augsburg und Nürnberg erklärte, auch „Old Bavarian Man“. Jonny Farmer, J. F. oder Jeff, sprang oben über die Stege und bediente die Einfüllrohre. Er ließ die Fahrer die Launen seiner Verlobten Veronica spüren, Grade des Glücks und der Traurigkeit, die sich im Schwanken der Füllmenge zeigten. Zog er gedankenverloren das Rohr zu spät heraus, liefen honiggelbe Schlieren über den Tank, in denen sich auf der Fahrt nach Norden Mücken und Staub verfingen, bis sie in Purtiss die Farbe von Kaffeesatz hatten. Stand Karl morgens bei Andrang in der Reihe der Wartenden, genoss er die Zeit. Dann sah er aus dem MAN den Schiffen im Hafen zu, sah sie an den Quais liegen, die Kräne ihre Seile in sie senken und die Lasten über ihnen schweben, Tonnen, Kisten und Säcke, die erschienen und verschwanden. Nach dem Entladen lagen sie in ihrer vollen Größe auf dem Mississippi, hilflos wie Flusspferde in einem Wassertank, und warteten auf die Schlepper, die sie so lange in behutsamer Drehung schoben und zogen, bis sie in Gegenrichtung zurückkehren konnten, nach Süden zunächst, den Fluss hinunter, dann nach San Diego oder Baltimore. Nein, er wollte nicht zurück. Wartete Karl im Hafen, dachte er ohne Wehmut, sondern mit einem heimlichen Lächeln an Gloria. Wandte er sich um und sah zu den kantigen Hochhäusern im Rücken des Hafens auf, war er ganz in New Orleans und war es gern.

Zwei-, manchmal dreimal in der Woche brachte Karl nicht nur Heizöl nach Purtiss. Das hing damit zusammen, dass Shrat und ein gewisser Edgar, der in Purtiss arbeitete, aber aus Heavenhall kam, seit langem schon gemeinsame Geschäfte trieben, obwohl der eine den anderen, wie Karl bald erfuhr, nur „fag“, den Schwulen, und umgekehrt „honey“, den Süßen, nannte. Karl möge doch bei Edgars Mutter zwei Pakete abholen, in Heavenhall, sagte Shrat eines Abends bei Ernie’s. Es sei nicht schwer zu finden.

Heavenhall lag nördlich des Lake Pontchartrain an einer Teerstraße, von der Sandwege seitwärts zu den im Busch gelegenen Häusern führten. Noch während Karl am Friseursalon das Fenster des MAN herunterdrehte, um den alten Schwarzen, der davor im Schaukelstuhl saß, nach Mrs. Eatons Haus zu fragen, wies dieser ihm die Richtung. Nach der kleinen Baptistenkirche ging es zum Tümpel und dem alten Holzhaus hinein, das wie alle seiner Art nur vorläufig, für eine Übergangszeit gebaut zu sein schien. Es lag auf vier Pfeilern aus Mauerwerk über einem Hohlraum, den Stufen überbrückten. Auf der Veranda standen, wie allenthalben hier, Sessel und

Sofa, durch deren rissige Bezüge der Schaumstoff quoll. Die Haustür hielten leichte Blechscharniere und war wie die Fenster mit Tüchern verhangen.

Elisabeth Eaton, Bessie, trat heraus, als Karl den Motor abstellte, und hielt einen tropfenden Kochlöffel in der Hand. Sie trug einen weißen Kittel mit einer blauen Schürze und hatte ihr Haar so straff in ein Kopftuch gebunden, dass es darunter verschwunden war. Bessie leuchtete wie Karls MAN und war dick wie Onkel Toms Weib.

„Mahlzeit", rief sie, als sie den LKW sah, „wenn du Charly bist, bin ich Bessie und die beiden Kartons stehen unter dem Haus." Sie musste zum Herd zurück, um die Schweinehoden zu schwenken, „them balls", lachte sie.

Bessie kochte immer, obwohl sie das Haus allein mit ihrem Sohn bewohnte. Sie kochte nicht nur für diesen, den sie liebevoll Schnucki, „Hoochie Coochie Boy", nannte und lachend für unersättlich hielt, in jeder Beziehung, sondern für jeden, der zufällig zu ihr kam. Zu welcher Tageszeit auch immer, auf dem Herd stand der große Topf mit dem, was sie „soul food" nannte: über Stunden geköchelte Schweineteile, Schwänze, Ohren oder Hoden in Gemüse, das nicht mehr zu erkennen war. Nach Überwindung seiner Empfindlichkeit begann Karl bald, sich schon im LKW auf das Mahl zu freuen, setzte sich nach seiner Ankunft in den Sessel draußen, den randvollen Teller auf den Knien, und trank Bier dazu. Sie aber saß im Sofa und stopfte Strümpfe, nähte später Knöpfe an und erzählte, indem sie auf ihre Arbeit sah, von Nat, ihrem früh verstorbenen Mann, der im Hafen von New Orleans noch als Schauermann geschuftet hatte und so hellhäutig gewesen war, dass ihm die Frauen zu Füßen lagen. Von Martha, der Urgroßmutter, erzählte sie, die in Louisiana noch Haussklavin war, ein Privileg geradezu gegenüber denen, die auf den Plantagen die Baumwolle pflückten, und im Haus des Herrn auf dem Hügel das Lesen und Schreiben erlernte, obwohl darauf die Prügelstrafe stand, und des Nachts ihrem Herrn seine

Federn las … Traf Bessies Redefluss auf Stellen dieser Art, die sie genoss, so unterbrach sie ihr Stopfen und Nähen gewöhnlich für einen Augenblick, sah zu Karl hinüber, der kauend nickte, und fuhr geschäftig fort: … bis dass sie ihm sieben Kinder gebar.

Es waren Geschichten, die Bessie von Nat und dieser von Martha erfahren hatte, die ein biblisches Alter erreichte, Geschichten von der Baumwollernte, die Mitte August im Zeichen des täglichen Pflückersolls von zweihundert Pfund begann, den Rindslederpeitschen weißer Aufseher, die selbst weder Land noch Sklaven besaßen, und ihren schwarzen Gehilfen, den fast noch verhassteren Treibern. Von der Arbeit bei Vollmond und den Nächten der Ruhe handelten sie, in denen trotz allem getanzt und gesungen wurde. Geschichten waren es, die Karl in ihrer dichten Fülle umgarnten und verstrickten. Besuchte er Bessi, spürte er jedesmal wieder am Ortsschild von Heavenhall ihren Bann. War er an Kirche und Tümpel vorüber, geriet er in einen Sog, dessen Macht er nicht widerstand. Über Stock und Steine ließ er den MAN laufen, während im schwankenden Führerhaus die Dinge zu Boden fielen. Vor Bessies Haus zum Stand gekommen blickte er kurz auf die Staubwolke zurück, die sich in der Ferne zu setzen begann, sprang die Stufen hoch und trat ein. „Come on in, boy“, pflegte Bessie zu sagen.

Karl gewöhnte sich an, die mit Soulfood überfüllten Teller langsam zu leeren, bis er eines Vormittags auch den Nachschlag nicht mehr ablehnte und Bessie, während sie den Saum aus einer Hose ließ, von der Sklavenzucht und dem Zuchtsklaven Gabriel sprechen hörte, der fünfzig Kinder zeugte und dessen Manneskraft an einem lauen Sommerabend auch die weiße Miss erproben wollte und einen Sohn, schwarz wie die Nacht, gebar und zum Geschenk dafür am selben Tag noch … Karl bemerkte die Pause, sah Bessies Blick, aber es war schon zu spät. Im Handumdrehen war die Miss mit den Hoden Gabriels beschenkt, von ihrem Vater auf einem Teller gereicht, so dass Karl sich verschluckte, mit dem Bissen rang und, um nicht zu ersticken, in heftiges Husten ausbrach. Bessie liebte diese Überraschungen in ihren Erzählungen.

Schwer wie ein Mastochse kroch Karl gewöhnlich unter den Verandaboden, holte die Kartons hervor und verstaute sie hinter dem Werkzeug im Blechkasten auf der rechten Seite des MAN. Zum Abschied winkte er Bessie noch einmal zu und begann den Rückweg nach Purtiss, mit, je nach Veronicas Liebe zu Jeff, mehr oder weniger als zehn Tonnen Heizöl im Tank und zwölf Flaschen Whisky im Kasten, bisweilen achtzehn, nur selten das Doppelte, von denen niemand etwas wissen sollte.

Das Heizöl auszuliefern, war abwechslungsreich, nicht nur wegen der stets anderen Kunden, sondern auch wegen der Tanks, von den kleinen, schwierigen, die mit der Zapfpistole zu füllen und mit Taschenlampe und Zollstock zu beaufsichtigen waren, damit sie nicht überliefen, bis zu den großen, bequemen, an die das Kabel des Grenzwertgebers angeschlossen werden konnte, der das Malheur allein verhinderte. Die nah am Straßenrand gelegenen zählten dazu, die leicht zu erreichen waren, und die weitab versteckten, zu denen die Kunden erst führten, um Erker und Ecken herum, durch Schweine- und Hühnerställe, bis schließlich der Schlauch nicht mehr langte, so dass der LKW umgestellt werden musste, um es noch einmal zu versuchen. Karl entwickelte darin bald ein ruhiges Augenmaß und konnte den Kunden im voraus versichern, ob etwas gelänge oder besser doch unversucht bliebe. Er bediente die Pumpe wie der Führer seine Lokomotive. Mit geübten Griffen drehte er das Zählwerk auf die Nullen des Anfangs zurück, hob den Sperrhebel, schob und zog an allen Ventilen und stellte, wenn der Lauf dumpf und stockend klang, das Standgas im LKW nach.

Die Tage verliefen träge, nicht allein Bessie und der Schwüle wegen. Alles verlief so. Durch das Flimmern der aufgeweichten Straßen folgten die Autos einander im Trott von Karawanen. Waren Überholmanöver nicht mehr abzuwenden, zogen sie sich, während die Fahrer versunken an ihren Zigarren zogen und ihre Frauen im Rückspiegel den Sitz der Dauerwellen prüften, in äquatoriale Längen. Die Kunden, die Karl im County belieferte, zeigten denselben geduldigen Gleichmut. Sie beschwerten sich nicht über Verspätungen und klagten nicht, wenn sie aus dem Schlaf geklingelt wurden. Unglücksfälle nahmen sie mit Gelassenheit hin. Seit jenem gewitterschweren Nachmittag, als er mit einem Mr. Hymes am LKW stand und dessen neuen Tank einweihte, der tausend Gallonen hätte fassen sollen – „yes Sir, tausend genau" –, konnte auch Karl nichts mehr aus der Ruhe bringen: Er hatte das Heizöl den Kellerboden erobern sehen und war aufgeregt hinuntergelaufen. Er verlor seine Schuhe hier unten, deren Sohlen sich in eine klebrige Paste verwandelten, und verfluchte die eigene Gutgläubigkeit, als er Mr. Hymes in seinem Rücken „Goddamned" brummen hörte, so als hätte er „guten Abend" gesagt, als Floskel, für die man die Stimme nicht zu heben brauchte. Barfuß und die Hosenbeine hochgekrempelt watete Mr. Hymes mit einem Zollstock in der Hand durch das Öl, um die Maße des Tanks zu nehmen. Bedächtig errechnete er im glucksenden Chaos den Inhalt und korrigierte sich: „No Sir, goddamned, das stimmt nicht." Karl war fortan in ähnlichen Lagen die Ruhe selbst. Ob in der Garage der Greenes das Ruderboot unter der Decke zerplatzte, als der LKW bei der Entladung sich still aus den Blattfedern hob und nach oben drückte, ob der Wellensittich der alten Miss Myers im Auspuffruß stumm von der Stange kippte, Karl sprach behutsam von Materialfehlern und Schicksal und ließ sich Kölnisch Wasser reichen, mit dem er die Stirn des Vogels betupfte, der dann, während das Boot irreparabel blieb, auch wirklich erwachte.

Nach der Arbeit ging Karl zu Ernie's, setzte sich zu Shrat, der seinen Overall trug, an die Theke und erzählte beim Bier vom Boot der Greenes, yes Sir, und von Miss Myers Vogel, bis man im Fernsehen Wyatt Earp wiederholte, eine Serie, die Shrat und Ernie so gut kannten, dass sie sich während der Reklamepausen die Handlung vorauserzählten, so bedächtig aber, dass sie nur selten das Ende erreichten. Kam mit dem Bier der Hunger, verließ Karl mit zwei Dosen in den Taschen die Theke, kletterte in den LKW und fuhr zum Purtiss Burger House, wo er zwei Purtissburger kaufte, die Betty ihm verpackte. Dann eilte er zum Motel hinüber, zur steinernen Außentreppe, die unten vor der Veranda begann und sie schräg überbrückte, die Stufen hinauf in den oberen Stock. Dort bewohnte Karl mit Billigung Shrats, dem das Motel gehörte, ein Zimmer. Er war nicht nur der einzige, sondern nach Jahren, deren Anzahl nicht feststand, der erste Gast. „Was soll's", meinte Shrat gelassen, „hätte ich von dem Geld ein Hotel gebaut, wäre es wahrscheinlich auch nicht anders gelaufen", und traf damit den Nagel auf den Kopf.

Karl genoss das, saß im Sessel auf dem breiten Balkon, die Füße auf der Eisenbrüstung, öffnete die Bierdosen, die zischten, biss in die weichen Purtissburger, aus denen die Gurkenscheiben rutschten, und blickte auf den flachen Ort hinaus, bis es dämmerte und der Schweiß auf der Haut zu kühlen begann. „Summertime", summte er und sah den LKW leuchten, „when the living is easy."

9. Kapitel | SWING LOW SWEET CHARIOT

Eines Sonntags wachte Karl zu sehr früher Stunde auf. Er schob es zunächst auf die Gewohnheit des Alltags, den zeitigen Aufbruch mit dem LKW, spürte dann aber, dass der Grund dafür etwas war, das nicht stimmte, so als hätte er in der Tiefe des Schlafs eine Gefahr bemerkt und der Auftrieb der Instinkte ihn an die Oberfläche des Bewusstseins zurück getragen, damit er sich schützen konnte. Er trat auf den Balkon und sah sich um. Purtiss schlief unter der Decke des Nebels. Er kannte das Bild und brauchte einige Minuten, um das Fremde darin zu entdecken. Kein Hund bellte, keine Fliege brummte, die Tiere waren verstummt. Die Welt schien den Atem anzuhalten und die Laute zu unterdrücken, die ihre Lebenszeichen waren. Eilig zog er sich an und brach auf, um das erste Geräusch in den Morgen zu tragen. Da ihm ein anderes Ziel fehlte, beschloss er, Erling zu besuchen. Er wanderte zu den Bäumen hinaus, deren Spitzen die Sonne rot umglühte, atmete im Takt der Schritte und sah in der Ferne schon die weißen Häuser durch die Büsche schimmern, als er ein unbestimmtes Summen hörte, das sich, je näher er kam, allmählich zu einem dumpfen Murmeln verstärkte und vor dem Campus sich schließlich zum Klang einer menschlichen Stimme klärte.

Karl stieg zum weißen Herrenhaus hinauf, das auf dem Hügel stand, und überblickte von dort aus den Campus, die flachen Holzhäuser mit den Unterrichts- und den Studentenschlafräumen, die Steinkästen der Bibliothek und der Cafeteria, die drei Wohnwagen schließlich aus dem grauen Wellblech alter Busse, die dahinter wie in Schrebergärten standen, mit Sonnenblumen, Dachantennen und niedrigen Maschendrahtzäunen. Im Mittelpunkt aber, um den sich alles ordnete und lagerte, spannte ein Magnolienbaum seine mächtige Krone auf, deren Blüten im Frühjahr den Platz auch des Nachts beleuchteten, so voll und hell waren sie.

Unter dem Baum stand Erling. Er trug seine Schiebermütze und sprach zu einer Gruppe junger Menschen, die um ihn herum im Gras zu seinen Füßen saßen. Karl hatte sich an eine der Säulen gelehnt, die den Balkon des Hauses trugen, und blickte, die Arme vor der Brust verschränkt, hinunter. Obwohl noch immer einen Steinwurf weit entfernt, war Erling nun gut zu verstehen. Er sprach mit klarer, fester Stimme und unterstrich seine Worte mit lebhaften Bewegungen.

Erling hielt an diesem Morgen seine Sonntagspredigt über Demokratie, über die Verantwortung ihr gegenüber, die große historische Verantwortung, der jeder einzelne sich stellen müsse. Er predigte von den Leiden der Demokratie, an der die Blutegel klebten, die schleimigen Gewinneschneider, die an ihr saugten, und stellte selbst die Frage, was er damit wohl meinte.

„Ich meine", erklärte er, „das Blut der Freiheit, das sie dort saugen, den demokratischen Lebenssaft. Ich meine den schamlosen Missbrauch der Freiheit zum Eigennutz, das blinde Trachten nach der Glückseligkeit, das keine Menschlichkeit kennt. Die Rockefellers und Gettys meine ich, die Fords und wie sie heißen. Sie sind die Schänder der Demokratie. Sie haben das Blut der Freiheit missbraucht, um Reichtum anzuraffen."

Von Thomas Jefferson predigte er und Virginias magischem Grundgesetz, dessen ersten Artikel er das A und den sechzehnten das O Amerikas nannte.

„Alle Menschen sind von Natur aus gleichermaßen frei", rief er den Baum hinauf, „und alle zugleich in der Pflicht, sich zu lieben. Freiheit, Gleichheit und Brüderlichkeit sind die Lebenssäfte der Demokratie. Hört nur einer davon zu fließen auf, erkrankt sie und ist dem Tod geweiht."

Karl hatte die Kraft der Sprache, ihre strotzende Fleischlichkeit, vom ersten Sonntag ergriffen. In den Monaten, die er in Purtiss blieb, sollte er nicht eine der Magnolien-Predigten versäumen. Sie eröffneten ihm eine neue Welt ganz eigener Art. Durch die Jahrhunderte vermooste Wörter wie „Gleichheit“ und „Brüderlichkeit“, die Erling „essence words“ nannte, erstrahlten darin in einer Menschlichkeit, die ihn mit Zuneigung für sie erfüllte, so dass er Freude, Trauer und Zorn über die Wechselfälle empfand, die sie im Lauf der Geschichte erlebten. Eins dieser Wesenswörter war „Europa“. Schon an jenem Morgen, als er im Lobpreis der Demokratie wie ein Greif auf der Suche nach Beute den leicht geneigten Kopf zu den Seiten wandte und Karl dabei bemerkte, kam Erling zielstrebig darauf zu sprechen. Nach Frankreich schweifte er sogleich, das sich kokett im Glanz des Jahres 1789 sonnte, obwohl doch der Korse der Demokratie dort ihr Kindergrab grub. Nach England zog er hinüber, dem kalten Mutterland, dessen Demokratie den eitrig monarchistischen Furunkel trug, sprang in die mafiösen Länder des Südens hinein, die sie pompös als Konkubine hielten, und gelangte schließlich auch nach Deutschland, das sich niemals aus eigener Kraft aus den Ketten der Herrschaft befreit hatte. Von Kaiser und Führer, rief er den Baum hinauf, musste man Deutschland wie ein Kind von der Muttermilch, yes Sir, erst durch Kriege entwöhnen und konnte es zur Demokratie nur durch Züchtigung bringen.

Wie die Schönheit der Magnolie, die so einfach erkennbar und doch im Inneren geheimnisvoll war, ließ Erling für Karl die Geschichte des alten Kontinents erblühen. Bis in die Tiefen des Mittelalters führte er ihn, zu den fernen Friedrichs und Heinrichs, den Rotbärten und Löwen, bis zu dem großen Franken, der in der Erinnerung an Fräulein Maus dem guten Wittekind das Leben versauert und dabei doch das Abendland geschaffen hatte, um die Sachsen das christliche Lesen und Schreiben zu lehren. „Wenn du ein Pastor bist“, sagte Karl eines Tages zu ihm, „dann bin ich wohl ein Kirchgänger geworden.“

„Wer hätte das gedacht“, sagte Erling, „ein Kraut wie du“, und lachte.

Als an jenem Morgen die Predigt sich dem Ende näherte, öffnete sich im ersten Stock des weißen Hauses eine Tür und stießen dessen Läden an die Wand. Die Dielen knarrten unter zwei, drei Schritten und übertönten einen leis gesprochenen Fluch. „Tiens, tiens“, rief dann ein Mann mit unverhohlen gespielter Freundlichkeit herunter, so dass alle sich dem Haus zuwandten und Karl, der kein Französisch sprach, entdeckten. Dieser verschränkte schnell die Arme vor der Brust.

„Tiens, tiens, Monsieur le predicateur, ho, ho, Herr Prediger, den Schlaf, den kennen Sie wohl nicht.“

„Howdy“, begrüßte Erling den Mann. „Willkomen zum Gottesdienst.“

Jack Dubois, den sie „Little Cesar“ oder wegen seiner Zigarre im Mund auch „Led Zeppelin“ nannten, fertigte die Veranstaltung – auch dieses Wort war abfällig gemeint – als alberne Frühmesse ab. Er war der Eigentümer des Purtiss Junior College und pflegte sich als „Dean“ vorzustellen.

„Was im Übrigen“, spottete er geschmeidig in Bögen und Schleifen, „ist wohl das Gottesdienstliche daran? Das wüsste ich wirklich, aber auch wirklich mal gern. Ich ganz persönlich“, tremolierte er in hohen Tönen, „kann jedenfalls nichts dergleichen, aber auch nicht einen Hauch davon darin entdecken. Was haben“, schloss er im Ton der Entrüstung, „Furunkeln mit dem lieben Gott, dem allmächtigen Vater zu tun?“

Erling ließ das nicht auf Gott dem Allmächtigen sitzen. Gott sei nicht der alte Herr auf seinem Thron im Himmel, der seinen Tag damit verbringe, sich durch den Bart zu fahren. Gott sei die Geschichte der Welt und der Mensch sei sein Ebenbild, in dem seine Allmacht sich als Freiheit widerspiegle. Das weiter auszuführen aber gelang dem Prediger nicht. Mit einem Minimum an Aufwand seinen Überdruss demonstrierend wandte sich der Dean knarrend ab und kehrte den Worten den Rücken.

In des Deans Adern floss kreolisches Blut. Woher seine Vorväter stammten, das, meinte er abfällig, wisse er nicht, das wisse er ebenso wenig wie Erling, denn was bedeute dieses Wort schon anderes als trüben Dunst, Vorväter. Sein Großvater aber, das stehe fest, habe noch den seinigen gekannt, der nur Französisch sprach, weil er aus Frankreich nämlich kam, aus dem ancien régime, wie er beharrlich näselte, obwohl Erling ihm vorrechnete, dass das vom Alter her unmöglich war. Fest stand, dass das College bereits im Besitz seines Vaters gewesen war, von dem er es ererbt, und dass von den Studenten dort nicht einer den Ton seiner Haut besaß, der wie von Nussöl war. Denn obwohl Erling ihnen von den puritanischen Vorvätern sprach, die natürlich auch die ihren seien, Amerikaner, waren sie alle tiefschwarz.

Dean Dubois trug an jenem Morgen einen Morgenmantel, dessen Stoff in bunten Blumenornamenten glänzte und, da Purpur auch darunter war, sehr kostbar schien. Als Erling ihm Karl vorstellte, Monsieur Krüger, der aus Europa kam, zog er die Zigarre zwischen den Lippen hervor und streckte sie zwischen gespreizten Fingern so weit und ruckhaft von sich, dass der Ärmel des Mantels verrutschte und dadurch ein goldenes Armband erschien, an dem an loser Kette sich ein ebenfalls goldener Ring befand. Ooh, aus Europa, wiederholte er gedehnt, ließ aber, da es sich doch nicht um Frankreich handelte, ach so, mit schwerem Augenaufschlag davon ab und zog sich ohne Abschiedsgruß genervt zurück.

Mit des Deans Verschwinden war der Gottesdienst beendet. Auch die Traube der Studenten, die ihren Prediger zuletzt im Gespräch umstanden hatten, löste sich auf. Karl einladend, er solle ihn begleiten, überquerte Erling eilig den Campus, um schnurstracks in sein Haus zurückzukehren, denn nach dem Gottesdienst, das war der Preis, den ihn die Predigt kostete, hatte er einen Bären von Hunger, den er nicht bändigen konnte.

Still war noch immer die Welt, in der die Geräusche laut zu Boden fielen und lange in der Luft verhallten. Die Zwiebeln, der Speck und die Spiegeleier prasselten in der Pfanne wie Hagelkörner auf einem Glashaus, und spritzte Fett heraus, dann klang es, als platzte ein Fahrradreifen. Erling hatte tatsächlich Hunger. Noch während die Schmorpfanne garte, bot er reichlich Mixed Pickles an und aß das Stew mit einer Hast, die sich erst nach einem halben Teller langsam zu legen begann, auch dann aber immer noch so, als könne er einfach nicht schneller, als finde er nicht einmal Zeit, dabei das Dosenbier zu trinken, das er geöffnet hatte.

Mit vollem Mund und darum schwer nur zu verstehen erklärte er, dass er grundsätzlich auf nüchternen, aber auch stocknüchternen Magen nur predige, da unsere irdische Verdauung den Weg zu Gott wenn nicht versperre so doch in jedem Fall erschwere. Mit einem solchen Stew etwa im Magen verkäme jedes Predigen zur Strampelei, vom Bier im Übrigen zu schweigen, mit dem er gleich zu Hause hätte bleiben können. Spiritus und Spiritualität, mummelte er, das gehe nicht zusammen. Nicht umsonst, schloss er die Rede, stehe das Abendmahl am Ende des Dienstes, wenn nicht mehr viel komme, wenn es nicht mehr viel ausmachen könne. Und nun, hob er die Dose amüsiert, prost-prost auf Gott, den lieben, und die Dreifaltigkeit der Demokratie, auf Freiheit, Gleichheit und Brüderlichkeit, sprach es, verschwand und legte sich schlafen. Das Predigen wie das Lehren übte Erling als körperliche Arbeit aus, die gutes Essen und viel Schlaf erforderte. In die Kanzel steigen konnte er nur stark und ausgeruht.

Als Karl die Verandatreppe hinunterging, am Buick vorbei auf das Rondell vor dem Haus, schwappte eine formlos zähe Masse an die Wände seines Kopfes, schwüler urgeschichtlicher Schleim und vorväterlicher Laich, monarchistisch dampfender Moder und die gärenden Freiheitsfermente der Demokratie, ein dunkles, unbehagliches Gemisch, das er im Rhythmus der Schritte am liebsten ab- oder doch wenigstens so zusammengeschüttelt hätte, dass es sich zu einem Gedanken absetzte, der sich drehen und wenden ließ. Umso kräftiger, laut wie ein Gaul auf dem Straßenpflaster, trat er auf, begann bald, den Schritt zu beschleunigen, fiel vom Gang in den Lauf und galoppierte so eine Weile dahin, bis er, ein Klopfen im Kopf, schnaufend innehielt und sich umsah. Eichen und Tupelos säumten den Weg, regelmäßig gereiht wie Säulen einer Tempelhalle. Teppiche von Moos lagen im Innern aus, in die Karls Füße lautlos sackten, als er eintrat. Über gefiederten Farnen und saftigem Gras hingen Schlingpflanzen herab, zu Glockenseilen geflochten und zu Schleiern verwoben, Büschel eines lichten Gespinsts, das Lametta an Weihnachtsbäumen glich und doch zarter, noch engelhafter als dieses war. Die Luft war feucht, das Licht war dämmrig, der Raum überdacht, überdeckelt vom Ast- und Blattwerk der Zypressenkronen, nur hier und da durchsetzt von Sonnenlicht, das wiederum in Säulen darin stand und durch die feinen Wassertropfen, die es wie Goldstaub füllten, eine körperliche Gegenständlichkeit besaß, an der er sich stoßen zu können meinte. Große Blütenkelche leuchteten darin. Vorsichtig umging Karl mögliche Geräusche, welche die Stille des Ortes hätten stören können, duckte und wandte sich unter und zwischen den Pflanzen hindurch und erreichte so das Ufer des Purtiss River. Er war erleichtert, den Himmel über sich zu sehen, an dem die Mittagssonne stand.

Der Purtiss River war ein flacher und behäbiger Fluss, der sich nur selten kräuselte oder gar wellte, an diesem Tag aber schien er zu stehen. Die Algendecke, die ihn überzog, war an den Uferrändern festgewachsen, die kleinen Strudel, die hier und dort sonst Löcher in sie zogen, ruhten. Es mochte die Mittagszeit sein, vermutete er, in der alles noch müder wurde als es schon war. Er stieg über knochige Uferbaumwurzeln, die auf den Fluss hinaus ins Leere griffen, setzte sich in eines ihrer Geflechte und sah mit schweren Augen über den Fluss hinüber. Dort zog durch das Astwerk träg die Feuchtigkeit herauf, breitete sich auf den Kronen als Dunststreifen aus, schichtete sich zu Schwaden und sank gesättigt wieder ab, um zwischen den Wurzeln als Nebel hervorzuquellen, der das Ufer als Ganzes zu verhüllen begann.

Karl horchte auf. Das Spiel einer Flöte klang leis herüber. Die Töne tänzelten wie Schmetterlinge im Flug, und während er noch angespannt hinüber blickte, ob zu erkennen sei, woher es käme, gesellte sich ein Xylophon dazu, das diese Töne mit den eigenen harmonisch in eine Girlande band. Er sah zwei junge Pferde lautlos in den Nebel springen, die Fangen mit der Musik zu spielen begannen. Sie versuchten dem Rhythmus zu entkommen, der sie verfolgte, um sie in witzigen Sätzen und Sprüngen für Augenblicke einzuholen, bis sie mit Anmut ihm wieder entwischten. Die Lust des Miteinanders durchströmte das Spiel und rührte Krüger Karl. In seinem Inneren versetzten die Klänge eine Saite in Schwingungen, die umso lebensfroher wurden, je mehr die Klänge selbst an Macht gewannen. Denn weitere Flöten und Xylophone stimmten ein und ergänzten sich in kunstvollem Mit- und Gegeneinander zu Quartetten, Sextetten, Oktetten. Oboen schlossen sich ihnen an, Fagotte und Klarinetten, Ratschen und Rasseln, die sich zu einer unerhörten polyphonen Vielfalt trafen und schließlich – Karl meinte darin zu zerspringen – zu einer himmlischen und doch ganz und gar irdischen Harmonie zusammenwuchsen. Aus dem Nebel traten nun Menschen in vornehmer Nacktheit hervor, die lautlos sprachen und lachten, sich tändelnd an den Händen hielten oder sich neckend zu fangen versuchten. In bunte Blütenblätter gehüllt wandelten Paare einher, geschmückt mit Nuss- und Eckernschalen und den wattigen Samen des Löwenzahns. Straußengroße Singvögel in schillerndsten Gefiedern mischten sich darunter, Enten im schwankenden Gang der Kühe, in Zuneigung versunken, an den Hälsen von Menschen umarmt, die ihre Wangen an sie schmiegten. Warzen- und Borstenschweine rieben sich im Trab aneinander, vieldeutig lächelnde Eulen ritten auf trottenden Bärenhäutern inmitten arglos witternder Hirsche, Hasen und Gämsen umher. Wie Hunde ihre

Herde umhaschten schließlich Fabeltiere die Gesellschaft, blumenbekränzte Pane, Einhörner mit wehenden Bändern, Bannerträger, Brautführer ferner vergangener Zeiten. Als ein Zentaur an den Fluss trat und spöttisch prüfend zum anderen Ufer blickte, wagte Karl nicht mehr zu atmen. Unter der glänzenden Feuchtigkeit des tierischen Fells formten sich plastisch die Muskeln heraus, die mit den Lenden in die Figur eines Athleten übergingen, eines vom Toben erhitzten Jünglings mit offenem Gesicht, dessen Kranz im Haar verrutscht war. Geschickt knickte er in den Vorderbeinen ein, kniete nieder, beugte den Oberkörper vor und begann, mit den Händen Wasser aus dem Fluss zu schöpfen, das er genussvoll trank, und während er schöpfte und nochmals schöpfte, geschah etwas, das Karl in der Entsetzlichkeit und der Geschwindigkeit, in der es sich vollzog, nicht wahrnahm, sondern nur als vollendete Wirklichkeit sah. Ein mannsgroßer Fisch stand aufrecht an Land. Er triefte von Wasser und Blut und hielt zwischen spitzen Rattenzähnen den Kopf des Zentauren im Maul. Unter Knacken und Knirschen zermalmte er diesen, bis ihm der breiige Speichel aus den Maulwinkeln drang und er den noch knieenden verbliebenen Stumpf verächtlich ins Wasser stieß. Dann verschwand auch er, mehr fallend als tauchend, im Fluss.

Während die Wesen des Waldes vergangen waren wie ihre Musik, blieb Karl vom Schmerz gelähmt zurück. Starr und zitternd brachte er keinen Laut hervor und rang mit der Angst, an seinen stillen Schreien zu ersticken, bis in der Ferne erneut Musik erklang, an der er sich nach und nach entspannte und seinen Atem wiederfand. Die Klänge aber waren diesmal anderer Art, quäkend und näselnd von Trompeten beherrscht. Von flussaufwärts kamen sie herunter und waren bald als Melodie zu hören. „Hoch auf dem gelben Wagen“, hörte Karl „sitz ich beim Schwager vorn“ und fand aus der Angst zu einem ungläubig zaghaften Lächeln zurück: Das Lied am Purtiss River musste ein Zeichen sein. Um die letzte

Schleife des Flusses herum schob sich ein Dampfschiff und teilte den Algenteppich. Dem Schornstein entstieg pechschwarzer Rauch, der am Himmel einen schmalen, spitzen Streifen bildete. Darunter wehte am Mittelmast eine schwarzweiße Fahne, die ein roter Halbmond zierte.

Am Bug spielten schwere Männer an Tischen um Geld, rauchten Havannazigarren und tranken Champagner. In hohen Krägen saßen ihre wulstigen Schädel scheinbar halslos auf den Schultern. Sie trugen dunkle Anzüge und Westen mit Fliegen und Binden, Krawatten und funkelnden Nadeln, gesteiften Manschetten, die sich aus den Ärmeln schoben. Durch Talare zeichneten sich Richter, durch Uniformen Generäle aus, mit Monokeln und Zwickern und eisernen Kreuzen. „Hoch auf dem gelben Wagen" klang es blechern aus einem Grammophon heraus, auf dem sich die Platte drehte, ihr Ende erreichte und wieder von vorn begann.

Als das Schiff an Karl vorüberzuziehen begann, sah dieser auch das hintere Deck und fiel in dieselben lautlosen Schreie zurück, die ihm den Atem nahmen. Sie hatten eine junge Frau mit schlohweißem Haar an ein Andreaskreuz gebunden und so ihre Arme und Beine gespreizt. In ihrer Nacktheit und Qual hielt sie die Augen geschlossen. An der Reling aber saßen Männer in schwarzen Hemden und glänzenden Stiefeln vor langen Tischen auf Bänken, tranken Bier aus Flaschen und aßen Würste mit Senf. Sie rieben sich ihre Glieder, die geschwollen ihre Hosen spannten. Mit der Hand auf dem Hosenlatz trat ein blonder Jüngling mit gestriegeltem Haar an das Kreuz und leckte der Geschundenen lüstern die Brüste. Die Kumpane grölten und spornten ihn an, bis er von ihr abzulassen schien, um zu seiner Bank zurückzukehren, sich dann aber noch einmal umwandte und ihr in einem Ausbruch tierischer Rage in den Unterleib trat. Grotesk auf einem Bein balancierend setzte er nach, indem er die Stiefelspitze in sie schob und damit zu stoßen begann. Sie aber, die sein Opfer war, öffnete die Augen und blickte ihn in einer Weise an, die seinen Zorn erregte. Aus ihrem tiefen Weh heraus zeigte sie ihm ihre Verachtung. Zu schwach, um zu sprechen, formten sich ihre Lippen zu einem spöttischen Lächeln. Außer sich riss er an ihrem Haar und warf die Strähnen, die er greifen konnte, in den Fluss hinab. Diese aber fielen nicht, sondern schwebten darüber und trieben langsam dem Ufer entgegen, wobei sie sich geheimnisvoll vermehrten, sich zu luftigen Büscheln zusammenfanden und sich schließlich im Geäst der Zypressen und Eichen verfingen.

Das Schiff war vorüber. Bevor der Algenteppich sich hinter ihm schloss, folgte die Rückenflosse des Fisches nach, des schrecklichen Knochenknackers, Knochenhackers, Knochenackers… Die Wörter flüchteten, die Blätter der Tupelos verfärbten sich rot, das Engelhaar brannte. Die Angst trieb Karl aus dem Traum zurück in die Wirklichkeit hinaus, die sich nur langsam festigte. Als er erwachte, blickte er einer Kröte in die Augen, die sprungbereit auf einer Wasserlilie saß und noch nicht wusste, wie sie ihn fassen sollte. Aufgewühlt sprang er auf und brach sich seinen Weg zurück durch das Geäst, so dass seine Unruhe auch die Tiere ergriff. Besorgt sah er, wie Vögel aus den Kronen flohen und sich die Flughörnchen aus ihnen fallen ließen. Er hörte Wasserkaninchen durch das Unterholz schlüpfen und Waschbärkinder richtungslos nach ihren Eltern suchen, Schildkröten und Gürteltiere, die sich nicht entschließen konnten, in ihren Panzern abzuwarten, und sich darum zögerlich bewegten. Lautlos blieben nur die Schlangen, die getarnten Lauerer des Waldes, die nichts und niemanden fürchteten. Erst als er den Weg erreichte, war der Alb vergangen und hatte dem Sonntag wieder das Feld überlassen. Zügig ging er zum Haus zurück.

Auf dem Rondell vor dem Haus standen neben Erlings Wildcat ein roter Roadrunner und ein verchromter schwarzer Cadillac. Es waren die Wagen Led Zeppelins und des „Hoochie Coochie Boys“ Edgar Eaton. Erling hatte Besuch. Außer den beiden war auch ein Schwarzer von der Statur eines Schwergewichtsboxers dabei, der behäbig im Sessel hing und seine großen Hände reglos auf der Armlehne abgelegt hatte. Auf dem Sofa ihm gegenüber saßen schmächtig die drei Alten aus den Wohnwagen, die Karl, wie auch Edgar, zum ersten Mal traf, die Lehrer für Biologie und Chemie sowie der blinde Mathematiker, der eine dunkle Sonnenbrille trug.

„Howdy Chuck", sagte Erling, der mit einer Handvoll Bierdosen aus der Küche kam, „nimm Platz in unserer Runde. Wie du siehst, ehren wir diesen Sonntag durch einen besonderen Gast, für den wir uns hier versammelt haben, Dr. Kabaka Mutesa, aus Uganda, Afrika. Er ist auf Kulturaustausch hier."

Zu Ehren des Boxers, der ein Doktor war, hatte Bessies Sohn in einer Tasche, auf der „Puma" stand, afrikanische Instrumente mitgebracht, um diese vorzuführen. Er lehrte Musik am College. Mit Stöckchen strich er über die Kerben gurkenförmiger Hohlkörper und erzeugte hölzerne Waschbrettgeräusche, schüttelte Kokusnussrasseln, die mit Steinchen oder getrockneten Hülsenfrüchten gefüllt waren, und bediente tambourinähnliche Rundrahmen, in denen locker auf Nägel gesteckte Coca Cola-Kronkorken springend aufeinander schlugen. Dazu begleitetete er das Spiel mit Erklärungen, die er vortrug, als verträte er Küchenreiben.

Dean Dubois, der zur Linken des Doktors saß, zeigte hemmungslos seine Langeweile, blickte wie im Gottesdienst immer wieder an die Zimmerdecke oder auf die Fingernägel und rollte dabei seine kalte Zigarre zwischen den Mundwinkeln, bis sie schließlich so verlutscht war, dass er sie triumphierend in die Küche tragen und mit einer neuen sich wieder in Pose setzen konnte.

Ein Instrument hatte Edgar sich als letztes in seiner Tasche aufbewahrt, das er dem Doktor schließlich strahlend präsentierte und dessen Namen – „Mbira, richtig?" – dieser mit einem Nicken bestätigte.

„Humba?" fragte der Chemiker nach.

„Nein, Mbira", wiederholte der Mathematiker das Wort.

„Ah, Tumba, schöner Name dafür“, worauf der Doktor etwas Ugandisches nuschelte, das niemand verstand.

„Die Seele Afrikas steckt in der Mbira“, sagte Edgar und reichte die Kalebasse dem Doktor, indem er seine freie Hand auf dessen rechte legte. „Bitte“, sagte er, „lassen Sie uns ein wenig davon spüren.“

Da der Dean mit der Reinigung seiner Fingernägel begonnen hatte, erreichte ihn nicht der suchende Blick des Doktors, den nun auch der Chemiker um etwas Tumba Tumba bat. Als Edgar sich erhob, ganz offenbar, um auf des Doktors Lehne Platz zu nehmen, entschloss sich dieser zu einem Schritt nach vorn, löste Edgars Hand von der seinen, ergriff die Mbira und begann unter Aufbietung höchster Lustlosigkeit darauf zu spielen.

„Doktor“, sagte Edgar spitz und unterbrach das Geplinkel, „vielen Dank auch, vielleicht genug davon“, und fügte mit Blick auf den Dean, der sich gerade an seinen Schuhen zu schaffen machte, so als wolle er nun zu den Fußnägeln übergehen, süßlich „jedem das Seine“ hinzu, „Körper und Seele.“

Den drei Alten auf dem Sofa war Edgars Verstimmung ein offener Genuss. Während der Blinde und der Biologe einander zukicherten, lehnte sich der Chemiker zurück, verschränkte die Arme im Nacken und fragte mit dem Air eines Arztes: „Aus welchem Teil Kenias kommen Sie denn, Herr Doktor?“

„Aus Kampala, Uganda.“

„Ah, sehr interessant dieser Name. Mr. Eaton, vielleicht ist Ihr Tamtam, ihr Dingsbums da …“

„Ihr Daumenklavier“, streute der Mathematiker ein.

„Sehr gut, jawohl …, dieses Daumenklavier noch nicht bis in das Dorf des Doktors vorgedrungen. Vielleicht musiziert man dort noch mit Rasseln.“

Obwohl der Dean hier aufblickte und bemerkte, dass der Doktor sich seinerseits nun die Fingernägel besah, war es Edgar, der den Schaden zu begrenzen versuchte.

„Nichts“, tremulierte er, „hat die Mbira mit dem Klavier zu tun. Dieses ist ebenso eine Erfindung der Weißen wie das Wort ‚Daumenklavier‘, mit dem sie verunglimpft werden soll. Wie kann ein Afro-Amerikaner sie bloß so nennen. Übrigens, Doktor“, sagte er abfällig, „bedient man sie mit beiden Daumen“ und fügte beleidigt hinzu: „In der Mbira steckt auch die Seele des schwarzen Amerika.“

„Ah interessant“, sagte der Chemiker gedehnt, um seinem Hohn Platz zu schaffen, „sehr interessant. Darf ich fragen, Mr. Eaton, sind Sie sicher, dass es sich bei diesem äh … tatsächlich um ein Instrument handelt, ein Musikinstrument, meine ich, also nicht etwa im Sinne einer Küchenreibe, die ja auch ein Instrument ist, um damit die äh … zu reiben. Denn Musik bringt es wohl nicht hervor – oder? Das wäre doch sehr interessant, nicht wahr, zu wissen, ob unsere Seele da in einer Küchenreibe steckt, die ja bekanntlich auch Geräusche macht.“

Ihn „Honey“ nennend, ging Edgar darauf nicht ein, sondern beschwor auf verschlungenen Wegen die Mystik des Mbiraspiels, das jenseits der weißen Ästhetik lag. Es diente, kurz gesagt, dazu, in ein Gespräch mit den Seelen der Ahnen zu treten, der Ahnen in Afrika. Denn das war letztlich der Grund für das Treffen in Erlings Haus. Dean Dubois ausgenommen, der sich der Frage als Franzose versperrte und nur der repräsentativen Rolle halber anwesend war, hatten die anderen sich um des dritten Kontinentes willen um den Mann aus Kampala versammelt, mit dem sie die Hautfarbe teilten. Edgar spürte, dass ihnen aus der Mbira ihre afrikanischen Seelen entgegentraten, und nannte den Doktor Bruder. Die beiden Alten auf dem Sofa aber – der Biologe schwieg nur solidarisch – wollten das nicht auf sich sitzen lassen. Sie waren darin besonders empfindlich, weil auch sie sich auf Musik verstanden und ein Gospeltrio bildeten, das sie zweideutig „The three Bachelors“ nannten, da sie sowohl den akademischen Titel führten als auch tatsächlich Junggesellen waren.

Was in Gottesnamen dieses Schrummschrumm und Tingting mit „Swing low, sweet chariot“ oder „Down by the riverside“ zu schaffen habe, schimpften sie und bezichtigten Bessies Sohn der Nestbeschmutzung. Ihre Musik sei schwarz, jawohl, aber amerikanisch, und das gelte auch für ihre Seelen, von denen sie hofften, dass sie eines Tages im Himmel landen möchten und nicht in Kenia, wo Mr. Eaton wohl gern wäre. Oh nein, setzte Edgar dagegen, er hätte nichts dagegen, in das Land seiner Seele zurückzukehren, nach Kampala vielleicht sogar, nicht wahr, Doktor, und legte die Hand auf die Kabaka Mutesas. So sprachen sie sich in Rede und Gegenrede durch den Nachmittag.

Erling hatte sich zurückgehalten, bis die Feuer verraucht waren, um ihre Aufmerksamkeit mit Bedacht auf das Bild der Wurzel zu lenken.

„Wie alle Werke der Mutter Natur“, sagte er, „ist die Wurzel ein Wunder. Unsichtbar trägt sie die Pflanze in der Dunkelheit. Sie speist sie mit geheimnisvollen Lebenssäften, und hält sie fest in Unwettern und Stürmen. Nicht anders, Gentlemen, verhält es sich mit den Wurzeln des Menschen.“

„Ach so“, sagte der Dean ironisch, dem der pastorale Ton des Predigers die Nackenhaare kräuselte, und suchte den Blick des Doktors, der seine Forschheit billigen sollte, doch der Mann aus Kampala war in die Betrachtung seiner Hand vertieft, auf die es Edgar im Lauf des Nachmittags so häufig abgesehen hatte.

„Speise und Halt zugleich, nur auf geistige Weise. Denn während die pflanzliche Wurzel in festem Boden steckt, in Stoff und Materie, langen die unsrigen in das hinein, was nicht mehr ist, in die Vergangenheit.“

„Ach ja?“

„Unsere Wurzeln aber wachsen nicht von allein in die Vergangenheit hinein. Wir müssen sie mit unserer Kraft und unserem Willen füllen bis in die feinsten Spitzen. Wir selbst müssen sie treiben. Die uralte Frage ist nur, wohin?“

„Wohin?“ wiederholte der Dean die Frage gereizt. „Ganz recht. Ich glaube, Herr Doktor, wir müssen. Ihre Frau Schwester erwartet Sie schon.“

Kabaka Mutesa indes schnalzte mit der Zunge nur einen wässrigen Laut an seine Zähne und sagte knapp: „Bei uns in Kampala haben die Weiber den Mund zu halten.“

Der blinde Mathematiker ließ sich da zu einem „Halleluja“ hinreißen und hatte Mühe, seine Partner zu beschwichtigen, die einen Gospel vortragen wollten.

„Die Frage ist, wohin wir unsere Wurzeln treiben“, versuchte Erling Spur zu halten. „In welcher Vergangenheit suchen wir Speise und Halt? In fernen afrikanischen oder auch dänischen Zeiten, die für uns doch nur Vorzeiten sind? Mag sein, dass aus der Mbira die Seele Afrikas klingt, wie aus Grundtvigs Chorälen die Seele Dänemarks. Aber wir sind Amerikaner, Gentlemen. Dort liegt unsere Vergangenheit. Nähren wir uns an den Hymnen Walt Whitmans und am Basin Street Blues.“

„Honey“, sagte Edgar, „ich jedenfalls treibe meine Wurzeln nach Uganda. Dann haben wir“, wandte er sich Kabaka Mutesa zu, „dieselben, nicht wahr, Doktor?“

„Von wegen!“ sagte der Doktor pampig.

„Von wegen?“

„Von wegen Uganda“, erklärte er, „ich bin Baganda“, und lockte damit den Chemiker aus seinem Schweigen, den dieser Name inspirierte.

„Wo in Afrika, Herr Doktor“, fragte er aufgeräumt, „haben Sie, wenn ich fragen darf, Ihren Titel eigentlich erworben?“

Als der Name des Ortes fiel, der wie Mutesa und Uganda dschungelhaft afrikanisch klang, ihn aber nicht einmal der blinde Mathematiker verstand, bat dieser den Doktor darum, ihn doch zu buchstabieren, da der Name, er werde das verstehen, den westlichen Ohren wohl ungewohnt sei. Da stand der Doktor auf, nickte knapp dem Dean zu und sagte: „Ich muss nun doch.“ Mit breiten, schwankenden Schritten, die in der

Stille schwer auf den Boden schlugen, durchquerte er den Raum zur Tür, öffnete sie und wandte seinen massigen Körper, der stehend dann doch eher einem Sandsack als einem Boxer glich, noch einmal um.

„M und O“, schnaufte er, „S und C, O und W“, und wiederholte „Musku“, Moskau. Dann warf er krachend, noch bevor der Dean sie erreichte, die Tür in ihr Schloss.

„Vielen Dank meine Herren, Messieurs“, sagte dieser, „merci bien aber auch für Ihre ... umwerfende Gastfreundschaft. Dr. Mutesa“, hörte man ihn vor dem Haus, „Dr. Mutesa, so warten Sie doch, wir nehmen natürlich den Wagen.“

In Hinblick auf seinen Anlass war der Nachmittag damit beendet, und es war Zeit, den Whisky aus Heavenhall hervorzuholen, den Erling so reichlich ausschenkte, dass er sogleich die zweite Flasche öffnen musste.

„Was hatte er denn bloß?“ fragte der Chemiker noch und nannte ihn Dr. Mabuse. Sonst aber wurde des Doktors sowie des Deans nicht mehr gedacht. Die Mbira ging klimpernd durch die Runde, der blinde Mathematiker, den Oberkörper wechselweise weit nach vorn und zu den Seiten rückend, lachte sich schief, als er sie in den Händen hielt, und steckte selbst Edgar damit an.

„Honey, Lord have mercy, honey“, bat ihn dieser, Tränen in den Augen, und fragte schließlich mit den Armen rudernd, wo eigentlich Karls Wurzeln wüchsen.

So sehr die Frage ihn auch überraschte, hatte Karl, während er das Gespräch verfolgte, darüber nachgedacht. War es dort, wo Fulda und Werra sich küssen? Nein. Aus der Ferne der neuen Welt schien selbst das Vater- oder Mutterland als Ganzes schmal wie ein Schrebergartenbeet, so eng mit Kartoffeln und Kohl bepflanzt, dass dort kein Platz für seine Wurzeln war. War es Europa, von dem Erling gern sprach? Selbst aus der Ferne sah er einen Kontinent von verwirrender Vielfalt, der babylonisch zerklüftet und in seinen Teilen eitel und eigenbrötlerisch war. Sie wären dort vor Einsamkeit verdorrt. In seinen Zweifeln vertraute sich Karl der Lässigkeit an, die ihm der Whisky eingegeben hatte.

„Nirgendwo", sagte er. „Wenn ihr es unbedingt hören wollt: Ich habe keine Wurzeln."

„Das geht aber nicht", kicherte Edgar wie ein Motor, der nachläuft, „das gibt es so wenig wie Pflanzen ohne Wurzeln."

„Stimmt das?" fragte der blinde Mathematiker den Biologen.

„Nein", sagte dieser und hielt die Frage für beantwortet, ließ sich dann aber von dem Mathematiker zu einer Erläuterung drängen. „Keine Wurzel ist kein Problem", stellte er fest und gelangte mit wenigen Sätzen dieser Art zur Osmose, einem Wort, für das sich auch der Chemiker interessierte, da man dieselbe Erscheinung auch in seiner Wissenschaft beschreibe, nur unter einem anderen Namen.

„Dort nennt man sie", sagte er, „interessant, nicht wahr, Osmose."

Auf engstem Raum erklärte der Biologe, dass Pflanzen mit Überdruck und Unterdruck ihr Wasser tranken und dazu nur Gewebe brauchten. Wasserpflanzen nutzten ihr Blattgewebe. Sie schwammen ja in ihrem Lebenssaft, und wenn sie Wurzeln hatten, dann nur, um sich im Strom des Lebens festzuhalten. Dann gab es den Pilz, der keine Wurzel, sondern ein Myzel hatte, und schließlich auch jene Gruppe von Parasiten, die mit Warzen und Dornen ihre Rüssel an das Leben anderer legten, um diese leer zu saugen.

Der Biologe war damit an die Grenzen seiner Sprachkraft gelangt und sackte, nachdem seine Wörter immer stockender die Welt erreichten, in ein anfangs noch brodelndes Schweigen zurück, das sich schließlich zum Schlummer entspannte.

Karl gefielen die treibenden Wasserpflanzen, Erling die wurzellosen Warzenparasiten, die er als Bild für die vaterlandslosen Feinde der Demokratie verwenden konnte, die Schlürfer der Lebenssäfte, und fügte amüsiert hinzu, dass Karl nur aufpassen solle, sich nicht aus einer Wasserpflanze in einen Pilz zu verwandeln, aus einem Wanderer in einen Nutznießer. Im Übrigen begrüßte er, dass Karl nicht leichtfertig von seinen europäischen Wurzeln gesprochen habe. Denn das wäre zwar ein schöner Ausweg aus dem Gruselkabinett der deutschen Geschichte gewesen, aber es hätte nicht gestimmt. Als Mahnung führte er die Politiker ins Feld, verfettete Brillenboviste und Riesenstäublinge, die „Europa" so locker im Munde führten, um ihre Spörchen und Sämchen unter das Wahlvolk zu streuen. Nein, nein, er nannte sie parasitäre Gesellen, Opportunisten, die von Hegel nichts wissen wollten, denn prächtiger als jetzt könnten sie gar nicht gedeihen.

Erling war in eine seiner Predigen geraten, aber Edgar und die Junggesellen waren ihm gefolgt, sondern hatten in der Zwischenzeit ein Gespräch über Trüffelpilze eröffnet, über Trüffel und Schweine und die Vorteile der gleichzeitigen Zucht, über die Haltbarkeit eingelegter Schweinehoden und ihren Nutzen für die Manneskraft, über den Sklaven Gabriel und dessen Hoden, die sein weißer Herr ihm entfernte. Sie hatten sich dem Genuss jenes hemmungslosen Palavers von Höckschen auf Stöckchen überlassen, das „Jive" hieß. Es trug schließlich auch Erling mit sich fort.

Während die Dämmerung früher als gewöhnlich begann und sich in einem unwirklichen Farbgemisch aus Rosa und Gelb über die Bäume legte, erzählte der Chemiker beseelt von einem Gottesdienst in Heavenhall, auf dem die Bachelors gesungen hatten und eine Miss Mable vom Geist ergriffen worden und erst in Trance und dann, Bums, in Ohnmacht gefallen war. Da umstellten die Bachelors ihren Körper und begannen a capella „O happy day" zu singen, und die schwere Miss Mable erwachte und glaubte, der jüngste Tag sei gekommen und ihre Seele auferstanden, so engelgleich hatten die Stimmen ihr geklungen, und der Prediger erhöhte sogleich die Gage der Gruppe. Das war ihm die Sache wert gewesen.

Mit einer schwebenden Leichtigkeit, die im Gegensatz zu seiner holprigen Sprache stand, summte der Biologe die ersten

Takte und begann mit den beiden anderen alten Junggesellen, die inniglich einstimmten, das Lied zu singen, das Miss Mable in Heavenhall erweckt hatte. Auch Edgar und Erling zögerten nicht, selbst Karl schloss sich an, ein Hans Albers inmitten von Mississippi: When Jesus wahahalks, when Jesus walks, when Jesus wahahalks …

Das Lied noch im Ohr, trat Karl den Rückweg nach Purtiss an und eilte mit der Dämmerung. Im Süden zog ein Unwetter auf und sandte kalte Winde durch die schwüle Luft voraus, die ihm in den Nacken griffen. Zu beiden Seiten der Straße rumorten die Tiere im Unterholz, raschelten aufgeregt und hielten inne, angespannt spähend und lauschend, um dann wieder voran zu kommen. Unruhig flogen die Vögel auf. Karl erkannte schon die Lichter des Ortes, als ihn eine heftige Böe erfasste und in einen stolpernden Lauf trieb. Er wandte sich um. Aus dem Wolkengebirge am Horizont, über dem die Asche des Abendrots lag, tanzte eine Windhose auf Purtiss zu. Den Rest des Weges rannte er.

Patty the Purse, und ihre Gäste waren im Purtiss Burger House eng aneinander gerückt und drückten die Nasen an die Fensterscheiben. Mit ihnen gemeinsam verfolgte Karl, wie die Windhose sich langsam nach Westen wandte und in einem weiten Bogen an Purtiss vorüberzog. „Lord, have mercy“, lachte Patty, obwohl sie die letzten Pommes Frites im heißen Fett vergessen hatte, und holte, auch wenn sie sonst knickrig war, Bier aus der Besenkammer, das sie auf Kosten des Hauses und Gott zur Ehre verteilte. Karl aß einen Purtissburger und paniertes Hühnerfleisch und begann sich im Wohlgefühl der Fülle allmählich zu entspannen. Wenig später saß er auf seinem Balkon, legte die Füße auf die Brüstung und sah zu, wie die Winde, die im Gefolge des Wirbels reisten, den Himmel kehrten, bis sie die letzten Wolkenfetzen zusammengeschoben und schließlich beseitigt hatten. Dann wagten sich zaghaft die ersten Sterne in das klare All hinaus.

Die Monate in Purtiss flogen vorüber, streiften Karl mit ihren Namen, Juli, August, September … und waren schon weiter, ohne dass zu bestimmen gewesen wäre, wohin. Das Leben selbst verlief langsam wie es dort immer verlaufen war und immer verlaufen würde, im Stillstand letztlich, zeitlos in dem Sinn, dass es Zeit dort so wenig gab wie Luft im Vakuum. Nur wenn man aufblickte und die Außenwelt sich bewegen sah, die den Ort umschloss, bemerkte man verwundert, dass sie doch gewesen und vergangen war, ohne dass sie sich an etwas hätte binden lassen, das geschehen war. Es war eine Zeit, die sich nicht in Geschichte verwandelte, sondern nur in den Zahlen der Kalender und Uhren vorkam. Selbst Erling, der Prediger, stand wie ein Petrus darin, in sich ruhend und unverrückbar, schwebte wie der Heilige Geist über den irdischen Wassern. Denn all das, was und wie er es predigte, schien von ewiger Gültigkeit oder doch wenigstens biblisch alt, geheimnisumwitterte Runen in Stein, die allen Zeiten trotzten.

Karl vermutete damals schon, dass die Geschichtslosigkeit des Ortes in Zusammenhang mit seiner Grundlosigkeit stand, dass sie vielleicht überhaupt aus dieser rührte, mit der alles in Purtiss geschah, ohne das flüchtigste Weil oder Denn, ohne Darum oder Nämlich. Denn alles stand im beherrschenden Zeichen des Bindewortes Und, das alles zu Reihen ebnete, in denen das eine dem anderen folgte, stets nach- und niemals über- und untereinander, mit der mechanischen Sturheit der Uhrzeit.

„Nach Tombstone“, wetteiferten etwa Ernie und Shrat, wenn sie an der Bar vor dem Fernsehgerät saßen und sich die Wyatt Earp-Episoden vorauserzählten, „kommt ein Mann.“

„Auf einem Pferd.“

„Nein, zu Fuß, er geht neben dem Pferd, und eine Frau läuft auf die Straße und fällt, und auf dem Dach gegenüber steht Holliday und schießt auf den Mann neben dem Pferd."

„Nein, er schießt auf die Frau."

„Nein, er schießt auf den Mann, und Earp kommt heraus und schießt auf die Frau, und dann erst, so war es, fällt Holliday vom Dach herunter."

„Vom Dach? Ernie, welch ein Unsinn. Es ist das Pferd, das fällt, und es fällt auf die Frau."

Wie viele Männer und Pferde und Frauen in diesen schleppend erinnerten Szenen auch fielen, ein Warum? spielte keine Rolle darin.

Auf diese Weise war auch das Motel in Purtiss entstanden und der MAN dorthin gelangt. Erstens führte immer schon eine Straße durch den Ort, und zweitens war eines Samstagnachts in Jackson ein verrückter Doktor oder ein betrunkener Soldat versackt, und Shrat hatte an die Straße ein Motel gebaut, obwohl niemand dort übernachten wollte, und in der Kneipe einen Tanklastwagen gekauft, obwohl er weder Spediteur noch Brennstoffhändler, sondern Hotelier jetzt war. Beide verdankten ihr Dasein in Purtiss der Herrschaft des Und. Sie waren das Ergebnis einer additiven Laune, nach deren Sinn man nicht fragte. Wie die Anwesenheit Karls wurden sie als ein einfaches Mehr hingenommen. Das genügte.

„Ich sage es immer", sagte Shrat, „so ist das Leben. Eins und eins macht zwei. Ich habe das Motel gebaut und einen LKW gekauft und einen Fahrer gefunden, der gleichzeitig auch mein Gast ist. Und ist das nicht phantastisch?"

So sah Karl in dieser Zeit auch sein eigenes Leben. Es war ein Abzählreim geworden. Fahrt um Fahrt, Fuhre um Fuhre folgten einander darin, Keller um Keller, Tank um Tank, Tag für Tag, die sich behäbig zu Wochen und Monaten zusammenschoben, von Gang zu Gang die Schaltung treppauf und treppab bis in den Keller zum Rückwärtsgang, südwärts und nordwärts den Mississippi entlang, leicht und frisch nach

New Orleans hinunter, beladen nach Purtiss hinauf und in die Städtchen und Dörfer im County. Gleichförmig war dieses Leben, aber nicht eintönig. Karl genoss es wie einen Spaziergang durch gewohnte Natur, er sammelte die Kilometer wie Eicheln und Kastanien darin und hielt sich bald für einen alten Hasen, der, wenn der Übermut ihn kniff, so scharf die Kurven schnitt, dass im Tank das Öl zu schaukeln begann. Ging ihm unterwegs der Diesel aus, so bog er in den nächsten Waldweg ein, rollte den Schlauch eine Windung weit ab und betankte lässig wie ein Hund am Baum den LKW damit, dem das verbotene Heizöl genauso gut schmeckte. Lief ihm noch einmal ein Tank im Keller über oder knirschte es beim Rückwärtssetzen, so sprach er wie des Nachmittags die Kundinnen im Nachthemd sprachen: Na und? So what? So war das Leben. Wartete er aber im Hafen darauf, beladen zu werden, oder vor einem Haus, um seinerseits zu entladen, schüttelte er bisweilen seine Mbira, die Tabakdose, rasselte mit den Sicherungen und Muttern darin, öffnete sie und schnupperte hinein in den Duft von Teer und dicken Bohnen, in den dichten Tabakdampf bei Lückemeiers Adolf, der Libuda umwölkte und Held, das Pokerface, und Emmerich, die Ente, die in Wembley so kläglich versagte. Ferne Tage waren das, die Karl mit einer Drehung wieder verschloss und ganz zurück in Mississippi war.

Shrats Whisky-Handel blühte. Kein Arbeitstag verging, an dem Karl auf der Rückfahrt nach Norden nicht Bessie besuchte, auf ihrer Veranda heiße Schweinestücke aß und Dosenbier trank und dann vierundzwanzig Flaschen im Kasten hinter dem Werkzeug versteckte, so viele wie nur hineinpassten. Manchmal traf er Edgar dabei wieder, freitags meistens, der wie er dann auf dem Schaumstoffsofa saß und kauend Bessies Erzählungen folgte, sie Honey nennend oder Honey Ma, wenn er ihr nicht glaubte oder sie noch einmal um jene von Gabriel bat. Sie aber liebte es, wenn er dort saß, von Nat, ihrem Mann, zu erzählen, seinem Vater, und damit vom alten

New Orleans, wo dieser aufgewachsen war, von den gewaltigen Hochwassern des Mississippi, die er als Kind noch erlebte, von jenem Morgen besonders, als er vom Fenster seines Hauses aus die Straßen überflutet sah und vor der Tür entdeckte, dass es Sirup war, klebrig süßer Zuckersirup, worauf er Baptistenprediger zu werden beschloss. Honey, sagte Edgar dann, aber Bessie, obwohl Nat dann letztlich doch Schauermann geworden war, beharrte darauf. Von den gewaltigen Himmelswassern erzählte sie, die wie Katzen und Hunde zur Erde stürzten und im Nu die Kanäle verstopften, und den bröselnden, rieselnden Trockenzeiten, in denen mit dem Grundwasser auch die Häuser zu sinken begannen und Nat sein Geld bei einem „mudman“ verdiente, mit Matsch, den er unter Fundamente pumpte. Sie aber, Nadeln und Fäden, Knöpfe und Schere in ihrer blauen Schürze im Schoß, stopfte und nähte dazu.

An den Wochenenden streifte Karl in der Gegend um Purtiss herum, durch die Wälder, durch die Wurzeln am Fluss entlang, zu Erling manchmal hinüber, nahm den Bus nach McComb, um dort im Kino bei Popcorn und Cola und zwischen Highschool-Jacken sich alte Filme anzusehen, oder fuhr am Samstag schon nach New Orleans hinunter, trieb sich zwischen Canal und Barracks Street im französischen Viertel herum, wo er den größten Teil des Lohnes ließ, und schlief erschöpft im MAN im Hafen, wo Jeff ihn montagmorgens weckte.

Eine große, breite Ruhe war in ihn eingekehrt. Über Stunden saß er unten bei Ernies vor Whisky und Bier, ein Kahn wie Shrat im Zug der schleppenden Gespräche, oder legte oben die Füße auf die Brüstung des Balkons und wünschte nur in die Weite des Himmels zu streunen. Pascagoula Chuck nannte ihn Erling nach jenem Fluss im Osten Mississippis, aus dessen Fluten die Seelen der Indianer sangen, und spielte damit auf den Albtraum am Purtiss River an, von dem dieser ihm berichtet hatte.

An einem der Sonntage machte Karl sich mit Erling auf den Weg zum Golf von Mexiko. Erling hatte am Morgen über das Leben gepredigt, über das verwaltete Leben – „administered" nannte er es –, das man erledige wie eine Schulaufgabe. So hätten es die Vorväter gelebt, die prüden Puritaner, so lebten es noch heute viele ihrer Kindeskinder, so als klopfe man, wenn es vorüber sei, an das Himmelstor an und Gott, der Alte, frage nach den Heften, nach Rechenaufgaben und Schönschrift. Zu welch einer Bürde verkomme das Leben doch dann, zu Griesgram und Blässe oder, je nach Art der Schüler, zu öder Langeweile oder schnödem Selbstmitleid. Wie schrecklich und unnütz zugleich. Das wahre, das wirklich gelebte Leben, das lebe man anders, das lebe man mit Leib und Seele, mit Haut und Haaren, mit Leidenschaft und Wagnis, mit dem pulsierenden Willen, alles zu lernen und alles zu lehren und in offener Brüderlichkeit alles zu lieben. „Carpe diem", hatte Erling den Arm zur Magnolie emporgestreckt und zum weißen Haus hinaufgerufen: „seize the day!"

„Nutzen wir also diesen herrlichen Herbsttag", sagte er amüsiert, als die Predigt beendet und die Pfanne geleert war, „legen wir unsere gesättigten Bäuche in die Sonne, legen wir sie an den Golf von Mexiko."

Im Wildcat fuhren sie hinunter. Erling war in blendender Prophetenlaune. Er hatte einen indianischen Poncho übergezogen, ein rotes, seitlich geknotetes Halstuch umgebunden und seine Schiebermütze mit einem breitkrempigen Hut vertauscht. Die Arme gestreckt am Steuerrad, das Kinn wie immer, wenn es ihm um einen tiefen Klang seiner Stimme ging, sturmtüchtig auf die Brust geneigt, trug er aus Whitmans „Leaves of Grass" vor, auswendig, „by heart", wie er lachte, im wahrsten Sinne des Wortes, melodisch und emphatisch wie Grundtvig. Von den Werkleuten sang er, von den Zimmermännern und Maurern, von den Bootsmännern und Matrosen, die ihrerseits den Gesang Amerikas sangen, fröhlich und herzhaft aus voller Kehle.

„Der gute Onkel Walt“, steuerte Erling nach Süden hinunter, den Hut tief in die Stirn gezogen, „Amerikas alter grauer Prophet. Von ihm können alle, könnt selbst ihr Europäer eine Menge lernen. Was, Pascagoula“, begann er wohlgelaunt zu summen, „meine ich wohl damit?“

„Wahrscheinlich, Preacherman, meinst du damit, dass wir den Gesang Europas hören lernen müssen, die Lieder unserer Werkleute.“

„Und eurer jungen Weiber. Vom Nordkap bis Sicilia, von der Iberia bis zum Ural.“

„Das wird kaum gehen“, sagte Karl, „sie wohnen so weit auseinander, dass man sie gemeinsam nicht hören kann.“

Erling aber trug „Vom fischförmigen Paumanok geh' ich aus“ vor, ein Gedicht, in dem Whitman seine Wanderjahre von Long Island aus besungen hatte, über die Savannen des Südens und die Goldfelder Kaliforniens, durch die Wälder Dakotas und manches andere Land.

„Wo“, sagte er, „ist Walt da wohl gewesen? In Kalifornien? In Dakota? Von wegen. Über den Hudson ist er kaum hinausgelangt. Den Gesang Amerikas hat er allein mit der Kraft seiner Seele geschaffen, als Seher vor seinem inneren Auge, für uns, unsere Väter und Kinder. Nur so werdet ihr eines Tages auch den Gesang Europas hören können, auf dem Weg, auf dem alle Geschichte ihren Anfang nimmt und jede Vision ihr Ziel in Worte fasst: Im Mythos, dem A und dem O des Lebens.“

Während Karl die Häuser und Hütten am Straßenrand aus dem PKW heraus in einem neuen Blickwinkel entdeckte und schweigend der Route folgte, die er wie seine Hosentasche kannte, rückte Erling seinen Hut zurecht und gelangte leicht spöttisch – „da, Pascagoula, verschlägt es dir wohl die Sprache“ – in eine Predigt über die Gefahren hinein, in denen der Mythos schwebte. Mit dem größten Giftpilz aller Zeiten begann er sogleich, dem Gefreiten aus Braunach und seinen gallenröhrigen Ober- und Untergermanen, die ihre Saugfortsätze in die Mythen gestoßen und sie als Macht okkupiert wie korrumpiert hatten. Laut klagte er sie an, die Götter der Germanen ausgeweidet und den Hort der Nibelungen geplündert zu haben.

„Auf die Mythen", sagte er, „gilt es höllisch aufzupassen. Geraten sie in falsche Hände, dann gute Nacht Marie, dann gehen sie schnell verloren. Konnte der gute Fichte sich in der Kälte der Fürstenzeit noch am Germanien des Tacitus erwärmen, an der Tapferkeit und Treue eurer Vorväter, so ist das nach Hitler und Himmler für immer dahin. Auch der zerrupfte Zarathustra wird niemals wieder auferstehen. Und trotzdem, Pascagoula ..."

„Sag es mir, Preacherman."

„Ohne Mythen ist der Mensch kein Mensch, sondern dem Rindvieh auf der Weide gleich wie den Schweinen im Stall und ..."

„Ja?"

„Europäern, die sich durch Butterberge fressen."

Als sie die Küstenstraße erreichten, den alten Spanish Trail, stand über den Inseln im Golf die Sonne. Sie öffneten die Seitenfenster und ließen den frischen Wind durch den Wagen wehen.

„Der Mythos Europa", kehrte Erling noch einmal zurück, „ist noch ungeschaffen. Da muss erst noch ein Dichter ran."

Schmale Flüsse und Kanäle furchten nach Norden das Land, mit bunten Kuttern und verwunschenen Fischerhütten im Schilf, die nach und nach in den Hintergrund wichen, um das Ufer den Herrenhäusern und ihren vornehmen Gärten zu überlassen. Dann ergriff der Trubel Platz. In den Bars und Cafés, vor denen die Paare saßen, dudelten die Wurlitzers. Scharen von Kindern belagerten die Eis- und Chips-Verkäufer, dicke Männer standen wie Krebse nach Bier aus dem Kühlschrank an. Mädchen saßen albern auf Bänken unter Palmen, Jungs lungerten auf Mopeds und Motorrädern um sie herum. Ein Duft von Kirmes lag in der Luft, eine Mischung aus Süße und Salz.

Erling und Karl gefiel das, sie suchten in den Seitenstraßen einen Platz für den Wildcat, und als sie ihn gefunden hatten, bummelten sie zum Strand zurück, an Geschäften vorbei, die geöffnet waren und in großer Übertreibung Supermarkt hießen, zogen im Sand ihre Schuhe aus, krempelten die Hosenbeine hoch und wateten durch das flache Wasser, das frisch wie Sprudel an den Waden prickelte. Sie kamen an einer Gruppe Jungs vorüber, die mit einem Football herumtobten, und Erling mischte sich ein, grenzte ein Feld mit ihnen ab, teilte sie in zwei Teams auf und spielte selbst dann so leidenschaftlich mit, dass andere noch hinzukamen, bis schließlich am Strand ein Spektakel entstand, um das sich die Zuschauer scharten. Erling, der den Hut abgelegt und den Oberkörper entblößt, aber das rote Tuch noch um den Hals gebunden hatte, glich einem alten Kampfhahn, der alle Federn hatte lassen müssen. Karl gab nicht vor, die Regeln des Spiels nicht zu kennen, er hielt sie tatsächlich für unverständlich und zog es vor, die Promenade entlang zu schlendern und sich an den heiteren Augen der Mädchen zu erfreuen, die so anders waren als die der Frauen auf Bourbon Street und als wüssten sie nichts von Massagesalons. Eis schleckend und Kaffee trinkend vertrieb er sich so den Nachmittag. Als der Abend einzog, trat er den Rückweg an und kaufte in einer der Buden frische Krabben und kalifornischen Wein.

Vom Land her beleuchtete ein kräftiger Mond den Himmel und spiegelte sich in schillernden Silberstreifen auf der Oberfläche des Meeres. Erling trieb im Wasser. Nur seine Fußspitzen und ein bedenklich kleiner Teil seines Vogelgesichts standen heraus. Er rührte sich nicht, als Karl ihn rief und nochmals rief, sich dann überstürzt seiner Kleidung entledigte und ihm zu Hilfe eilte. Aber Erling brauchte keine Hilfe. Als Karl ihn erreichte, sagte er: „Das Leben ist schön, Pascagoula.“

Karl fluchte – „musste das sein?“ – konnte die Feststellung aber nur teilen. Er drehte sich selbst auf den Rücken, richtete die Augen in den endlosen Himmel, an dem die Sterne mit dem Mond um die Wette strahlten, und streckte die Zehen empor.

„Hier sind wir“, sagte Erling, „wo wir alle unsere Wurzeln haben, wo alles, was lebt, seine Wurzeln hat.“

„Im Wasser.“

„Im mythischen Wasser.“

Während sie auf dem Rücken durch den Golf von Mexiko trieben, die Füße voraus zum Horizont, predigte der Preacherman über das Leben, das nach der Schöpfung nur im Wasser war. Er begrüßte Legionen farbloser Einzeller, die darin schwebten und die Sonne nicht weniger hassten als den Sauerstoff, bis sie schließlich zu viele waren und sich gegenseitig zu fressen begannen, so dass das junge Leben dem Untergang entgegentrieb.

„Schließ die Augen, Pascagoula“, sagte er, „und träume uns in die Vergangenheit zurück, in die Urzeiten vor Milliarden und Abermilliarden von Jahren. Siehst du, wie wir beide auf der Flucht vor den Feinden und selbst auf der Suche nach Beute sind?“

„Zwei Einzeller?“

„Zwei unter vielen und doch anders als die anderen. Denn wir tragen etwas Neues in uns, von dem der Rest der Racker nichts weiß. Es ist ein Körnchen Farbstoff, purpurn wahrscheinlich, vielleicht auch blau, das wir der Mutation verdanken.“

„O Preacherman“, lachte Karl, „was für ein Traum.“

„Während der Hunger uns rastlos durch das Wasser treibt“, fuhr Erling unbeirrt fort, „entdecken wir in unserer Not, dass wir mit unserem Korn das Licht der Sonne essen können. Wir sind Lichtesser, rufen wir. Was wir dazu nur brauchen, damit es auch runtergeht, ist Wasserstoff. Den knacken wir uns aus dem H_2O. Der Sauerstoff kann sehen, wo er bleibt.“

Seinen Zeigefinger aus dem Wasser in den Abendhimmel streckend nannte Erling die Photosynthese einen Full House der Weltgeschichte, nach dem Big Bang, dem Urknall, Gottes zweiter großer Coup. Denn wo blieb der Sauerstoff? Nachdem erst die Meere verrosteten, da er sich an das Eisen darin band, stieg er nach oben auf und bildete die Luft, der Erde heiligstes Lebenselement. Mit der Photosynthese aber setzte ein prickelndes Wachstum ein, das Neben- und Miteinander der Einzeller in losen Kolonien, ihr Zusammenschluss zu vielzelligen Staaten, Organen und Organismen, Hohltieren und Plattwürmern, Seefedern und Medusen. Erling rühmte den Reichtum der Meere an Lebensformen, Gottes unermüdliche Schöpferlaune, und badete sich in den Bequemlichkeiten des Wasserlebens. Wie wenig die Körper dort wogen, die man an Land als Lasten hätte tragen müssen. Wie angenehm ausgeglichen die Temperaturen dort waren, kühl in der Hitze des Tages, warm in der Kälte der Nacht. Leicht trieb man in den Fluten und öffnete lässig den Kiefer, um Essen zu fassen. Für den Rest sorgte die Strömung, die sich selbst ihre Wege suchte.

Im Golf von Mexiko bemerkte Karl, dass sie zu schaukeln begonnen hatten, und entdeckte, als er sich aus der Rückenlage drehte, dass die Wellen von einem weißen Schiff herrührten, das am Horizont nach Osten zog. Er suchte mit den Füßen nach Grund, fand aber keinen, und sah, als er den Kopf zurück zum Ufer wandte, dieses nur noch als schmalen Streifen wieder.

„He, Preacherman“, rief er, „wir driften ab.“

Erling kenterte aufgeregt und schluckte Wasser, bevor er gurgelnd wieder sein Gleichgewicht fand. Rasselnd beschimpfte er die Urgewalten, nahm dann aber den Rhythmus der Züge auf, mit denen Karl Land zu gewinnen versuchte. Sie schwammen schweigend, so dass sie einander atmen hörten, und spürten gemeinsam die Spannung, die erst abzunehmen begann, als sich das Ufer deutlich breiter zeigte. Erschöpft, aber erleichtert spürten sie es schließlich unter ihren Füßen. Während das Rauschen der Wellen sich in die Dunkelheit entfernte und seine Bedrohlichkeit verlor, breitete sich in der Entspannung eine leere Stille aus, in die erst allmählich die Geräusche des Abends zurückzukehren begannen, bis sie, untermalt von Tanzmusik, ihre Heiterkeit wieder erlangten. Der Sand strahlte mit der Wärme des Tages wohlige Ruhe aus, der Wein tat das Seine. Krabben knabbernd pries Erling den Sieg des Lebens über den Tod, das Grundprinzip der Evolution, und Karl lobte des Predigers Talente, in jeder Lebenslage etwas Weises zu sagen. Auf die Ironie wies er hin, die leicht daraus hätte entstehen können, wenn sie dort, woher das Leben kam, das ihre auch ausgehaucht hätten. „Gerade im Gespräch darüber", sagte er, „gluckgluck." Dem stimmte Erling zu. „Gott", sagte er, „ist ein heiterer Mann."

Der Himmel erstreckte sich über ihnen als mythisches Meer mit atlantischen Inselwelten, die in unendlicher Ferne längst vergangen waren, während ihr Licht noch durch den Kosmos geisterte. Erling rief die Tage herbei, in denen das tierische Leben das Wasser verließ, die Zeit des Zerfalls, als Staubstürme das graslose Land zerfraßen und Felsen zu Spiegeln schliffen, Jahre der Dürre, in denen Flüsse und Seen zu Bächen und Teichen schrumpften, zu modernden Sümpfen, in deren erstickender Schwüle nur der Klügste überlebte, der Mutigste auch, der an der Oberfläche nach dem fremden Stoff zu schnappen suchte, der Luft, und dabei das Atmen erlernte. Er ehrte den Quastenflosser als heroischen Vorläufer des Menschen in des Wortes tiefem Doppelsinn. Dieser wagte es auf der Suche nach Wasser zum ersten Mal: Unter der Last seines Körpers stemmte er sich auf aus dem Schlamm und kroch schabend über Land.

Es wurde Nacht. Kälte legte sich über den Strand. Während die Riesenechsen schon erstarrten und wieselnde Warmblüter sich nagend an ihrer Brut zu schaffen machten, knutschten die Paare auf der Promenade und flüsterten verliebt, als wäre all das nicht gewesen. Karl und der Preacherman brachen im Wildcat wieder nach Norden auf. Unterwegs besuchten sie ein Striplokal mit Namen Cat Balou, in dem die Mädchen auf den Tischen tanzten und Dollarnoten pflückten. In der Morgendämmerung erreichten sie Purtiss. Erling sang Grundtvig-Hymnen.

Es war Karls letzter Sonntag in Mississippi und auch sein letzter in Amerika. Das Ende kam so überraschend und war so banal, dass Erling von Gottes heiterer Weisheit sprach, mit der er die Dinge zu regeln verstehe, und schon wisse, warum.

Am Mittwoch aß Karl zum letzten Mal bei Bessie. Sie hatte Nieren gekocht und verstrickte Erinnerungen an das trotzige Hurrikane-Mädchen Camille, das sich im Golf die Schiffe ergriffen und wie kaputtes Spielzeug an Land geworfen hatte. Vierundzwanzig Flaschen verstaute er hinter dem Werkzeug im Kasten, bestellte Grüße an Edgar und fuhr los. Es war unherbstlich heiß. Die Dörfer lagen schattig verhangen im Mittagsschlaf, selbst die Alten auf den Veranden waren verschwunden. Der Teer war aufgeweicht, die Fahrspur ausgewalzt. Der LKW schien sich festzufahren. Lenkte ihn Karl zu den Seiten hinaus, begann er zu schlingern.

Zwischen Prosperville und Nick standen sie, dem Easy Money Man, genau an der Grenze zum County, zu zweit und wie so oft ein Dicker und ein Dünner. Sie trugen ihre gebügelten Kurzärmelhemden und ihre verspiegelten Sonnenbrillen, ihre Schnäuzer und Sterne, die glänzten. Ohne Umschweif öffneten sie den Kasten und luden die Flaschen in ihren Kofferraum. Nein, es war nichts weiter. Ruhig fuhr er ihnen nach Purtiss voraus, wo Shrat alles unerklärlich fand. Die Flaschen sollten sie seinetwegen behalten. Es wäre nichts weiter gewesen, wenn nicht das verwaltete Leben hier aufgebrochen wäre. Denn der Sheriff und sein Deputy entdeckten den Umstand, dass Karl ohne Visum war.

Kommt Zeit, kommt Rat, sagte Shrat am letzten Abend bei Ernie's, er habe für sein Motel schon einen neuen Gast, ein

Mädchen mit Namen Lou, das er in Jackson getroffen habe, in einem Bordell. Ihre Cousine werde sie mitbringen, vielleicht sogar ihre Schwester, und er werde ein Schild malen lassen mit dem Namen „Storyville“ darauf.

Karl erlebte das Ende als fristlos im ganzen Sinn des Wortes. Wie alles andere, das in Purtiss geschehen und doch nicht Geschichte geworden war, schien auch der Abschied davon der Zeit enthoben. So wenig wie in den mythischen Wassern des Predigers die Tage zu fassen waren, an denen das Leben sich auf das Licht der Sonne ausgerichtet hatte und Einzeller zu Mehrzellern geworden waren, konnte Karl den Übergang begreifen, als er zurück in Europa war. Ihm war, als habe Gott in seiner Heiterkeit mit den Fingern geschnipst, so als sei nichts geschehen in diesen letzten Minuten, die nur scheinbar Monate waren.

Einen letzten Satz hatte Erling, der Preacherman, Karl mit auf den Flug gegeben, als er ihn am Morgen mit dem Wildcat nach Jackson fuhr. Einen typisch deutschen Satz, hatte er amüsiert gemeint, durch und durch dogmatisch, doch in diesem Fall gut, von einem, der Dilthey hieß: „Was der Mensch sei“, hatte der Preacherman zum letzten Mal für Karl die Stimme erhoben, „erfährt er nur durch die Geschichte.“

„Quid est?“ rief Alarich zur Zinne hinauf, an der Faltonia Proba lehnte.

„Quis“, flüsterte ihm der Kiepenkerl zu. „Wer, Chef, nicht was.“

Alarich wandte den Blick in den Himmel, weit über die Zinnen hinaus, und drehte die Augäpfel unter die oberen Lider, bis er nichts mehr sah. Die Adlerflügel seines Helms berührten den Rücken unter den Schulterblättern. Er war es müde, Einlass in die Stadt zu fordern, und hatte es satt, von seinem Wahrsager verbessert zu werden.

„Quis est?“ fragte er in einem Ton, der seine Recken verständnisvoll nicken ließ.

„Nemo“, sagte die Proba kalt. Niemand. Ihr Mund war auf der weißen Schminke so breit mit Rot überzogen, dass er aus der Ferne, auch wenn sie sprach, bewegungslos schien. Sie zog aus ihrem weiten Umhang ein silbernes Döschen hervor, entnahm diesem eine weiße Pille und steckte sie seufzend in den Mund. Steif, als ob die Perücke sonst fiele, wandte sie ihnen den Rücken zu – „valete“, macht’s gut – und stieg die Treppe zur ebenen Erde hinab. Sie hörten ihre behäbigen Schritte noch, als sie Stufe um Stufe, waagerecht, senkrecht versinkend, im Schutz der Mauer verschwunden war.

„Qualis penis significat“, sagte Alarich. Was zum Teufel bedeutet das? Denn obwohl er unversöhnlich mit der lateinischen Sprache auf Kriegsfuß stand, hatte er von den Legionären das Fluchen gelernt.

„Bin ich blind, oder was? Ich habe hinter der Schlampe ein Mädchen gesehen, dessen Schönheit selbst ihr Schleier nicht verdecken konnte. Wer war das, Wahrsager?“

Der Sommerabend war schwül. Die Mücken ergötzten sich

rauschhaft am Tross des Heeres, das seit Wochen an den Füßen der sieben Hügel lag. Die Fliegen wussten im Schlaraffenland des Unrats nicht mehr ein noch aus. Im Staub vor der Porta Appia war der Kiepenkerl in Verlegenheit, da er den Namen des Mädchens nicht wusste. Als Dolmetscher war er in Alarichs Dienste getreten, des Lateins und der übrigen Sprachen wegen, in denen die Recken miteinander radebrechten. Doch der König verstand die Bedeutung der Tätigkeit nicht. Er setzte sie störrisch mit der eines Wahrsagers gleich, wofür ihm auch der Hinkefuß als Hinweis der Götter galt. Ob der Kiepenkerl aus der Schafe Gedärme oder dem Wirrwarr der Sprachen die Zeichen las, war ihm eins. Dieser hatte es hinnehmen müssen und sich prophetisch darauf eingerichtet.

„Chef", sagte er, um der Not vor dem Tor zu entkommen, „ich sehe am Rauch, der über dem Heerhaufen steht, dass wir ein Lösegeld fordern sollten. Wir werden sagen, wir werden euch in Ruhe lassen, wenn ihr uns Gold und Pfeffer gebt, 4000 Pfund von beidem."

Alarich aber ging nicht darauf ein. Der Rauch interessierte ihn nicht.

„Penis", sagte er, „wer das war, will ich wissen."

Der Kiepenkerl suchte sein Glück im sprachlich Unverfänglichen. „Es war die Liebliche", sagte er, „was auf Lateinisch Titia heißt."

„Titia?"

„Ja, Titia", sagte der Kiepenkerl und fügte, um Alarischs Neugier zu dämpfen, aufs Geratewohl hinzu: „Sie ist, soweit ich sehe, dem Sohn der Proba versprochen."

„Versprochen?"

„Sie ist sein Gespons, seine Braut und Verlobte."

„Ach so", sagte Alarich, dem das „Gespons" geläufig war.

Auf der Via Appia lungerten hungrige Hunde. Bettelnd schlichen sie den Recken entgegen, als diese zurück zum Lager gingen, und flohen vor deren Tritten in kurzen trippelnden Schritten. Während sie lässig an den Zedern vorüberzogen, sprach Alarich mit den Seinen über das Lösegeld, das dem Sinn des Lebens widersprach. Waren sie doch als Kämpfer geboren und nicht zum Feilschen um Pfeffer und Gold. Schon dass die Römer sie zum Stillstand der Belagerung gezwungen hatten, war eine Zumutung gewesen.

„Andererseits", sagte Alarich und verlangsamte die Schritte, bis er im Schatten einer Zeder stand.

„Ja?" Auch die Recken hielten inne.

„Andererseits", sagte er, „ist ein Zeichen ein Zeichen."

„Ganz genau", stimmten sie ein. „Ein Zeichen ist ein Zeichen."

In der Abendsonne des folgenden Tages zogen sie wieder zur Porta Appia hinauf. Während sie auf Faltonia Proba warteten, die sich in ihrer Eitelkeit zur Unterhändlerin der Römer aufgeschwungen hatte, schwitzten sie unter ihren Schulterfellen. Sie hörten ihre Schritte hinter der Mauer und sahen sie auftauchen, Stufe um Stufe, Stück um Stück ihre Perücke in das Licht des Abends schiebend, sahen ihre Maske von Gesicht und ihren schweren Körper, bis sie ganz an der Zinne stand, an die sie sich, um nicht zu fallen, lehnte.

„Was gibt es?" fragte sie.

„Wir fordern Lösegeld", sagte Alarich, „wenn ihr wollt, dass wir gehen, Gold und Pfeffer, 4000 Pfund von beidem."

„Tsi, tsi, tsi", sagte sie, was auch der Kiepenkerl nicht deuten konnte, „da muss ich den Senat befragen," drehte sich steif und ging.

„Penis", sagte Alarich und wandte sich an seine Männer, „das soll es für heute gewesen sein?"

Während sie schwitzend die Via Appia zurück zum Lager zogen und zum Zeichen des Unmuts nach den Hunden und gegen die Zedern am Straßenrand traten, erhob sich von den Zinnen Roms eine Taube zum Flug. Mit eiligen Schlägen folgte sie den aufgebrachten Recken, schwebte zögernd, als sie sie erreichte, eine Weile über ihnen und ließ sich schließlich auf den Helm des Alarich hinab, der sein Schwert nicht mehr rechtzeitig ziehen konnte. Seine Männer lachten herzlich, als er es in hilflosen Kreisbewegungen über sich schwang, und schwiegen erst betreten, als er nicht mehr das Tier, sondern sie selbst beschimpfte. Die Taube aber hatte im Schutz der großen Flügel, die den Helm des Königs zierten, nicht nur dessen Zorn ohne Schaden überstanden, sondern gurrend mit diesen zu turteln begonnen. Der Kiepenkerl nutzte die Gunst des Augenblicks und sprach von einem Orakel, einer Prophezeiung oder seherischen Ahnung.

Nur mit Mühe wurden sie der Taube Herr, die sich flügelschlagend wehrte und aus Rache den Helm bekäckelte. Alarich war außer sich, ließ sich zu Flüchen hinreißen, die der Kiepenkerl nicht hätte übersetzen wollen, sammelte sich aber sogleich, als sie die Hülse am Fußgelenk des Tiers entdeckten. Darin eingerollt war ein Flecken Seide, der Titias Schleier entstammte und seinerseits ein Stückchen Pergament umschloss. Darauf stand die Nachricht: „Errette mich, Germane."

„Qualis penis significat", sagte Alarich. „Wer ist Germane?"

Der Kiepenkerl ahnte die Schwierigkeit, die in der Erklärung lag, und verschob sie auf den Abendschmaus. Er wolle das Wort aus dem Getreidemus lesen.

Trödelten Alarichs Recken an anderen Tagen noch gern im Lager herum, um dem Fußvolk ihre Lässigkeit zu zeigen, und fanden sich dann zum Beweis ihres Stolzes erst nach und nach zum Essen ein, so saßen sie diesmal schon parat, versammelt wie gregorianische Chorknaben, als der Kiepenkerl hinkend das Königszelt betrat. Sie waren gespannt auf die Wahrsagung.

Im Kessel köchelte das Getreidemus, das der Koch für Alarich und seine Recken mit Speck versetzt und mit Bärlauch verfeinert hatte. Daneben schmorte die Taube am Spieß. Man musste kein Wahrsager sein, um sie als Zeichen für den Mangel an Fleisch im Lager zu deuten. Die Bauernhöfe der

Campagna waren leer geplündert, die Bären und Hirsche in den Abruzzen vorsichtig geworden. Nur der Wein floss in nicht nachlassenden Strömen, da Alarich ihn kaufen ließ, und versüßte auch dem Fußvolk das gemeine Mus aus Gerste und Dinkel, das Tag und Nacht auf den Feuern stand.

Der Kiepenkerl rügte den Verlust der Brieftaube, konnte sich aber mit dem Wort nicht durchsetzen. Alarich tat die Vorstellung, dass das mongoloide Tier zu Titia zurückfinden würde, schlicht als Hirngespinst ab. „Und nun los mit dem Wahrsagen", beendete er die Ausführungen des Kiepenkerls. „Wer ist Germane?"

Seinen Blick in den dampfenden Inhalt des Kessels versenkt, versuchte der Kiepenkerl dem König Alarich und seinen Recken weiszusagen, dass „Germane" nicht der Name einer Person, sondern der eines Volkes war.

„Ich sehe", sagte er bedächtig, „dass alle hier Germanen sind."

Die Recken raunten. Sie waren Goten, von denen manche sich noch Greutungen und Terwingen nannten, und zählten zu ihren Waffengesellen Vandalen und Gepiden, Heruler und Skiren, die der Ruf des Alarich und die Hoffnung auf Land und Beute hatte zu ihnen stoßen lassen. Germanen kannten sie nicht.

Alarich wusste, dass er nun reden musste.

„Wir sind Arianer", sagte er. „Das reicht uns. Wir nehmen es mit jedem Schweinepriester auf, der behauptet, dass Gott Jesus ist und Jesus Gott."

„Ganz genau", stimmten die Recken ein und hoben ihre Becher. Sie waren froh, dass es nur um den Glauben ging.

„Oder will hier etwa jemand", griff der König die Begeisterung am Schopf, um es dem Kiepenkerl zu zeigen, „etwas anderes als Arianer sein?"

Während auch er unter dem Gröhlen der Recken den Becher zu den Lippen führte, auf denen ein spöttisches Lächeln lag, hob einer der Vandalen die Hand.

„Ich bin Manichäer“, sagte er. „Tut mir leid. Das habe ich so am Schwarzen Meer gelernt.“

Alarich überspielte den Umstand, dass er den Glauben nicht kannte, mit Großzügigkeit.

„Macht nichts“, sagte er, „das können wir durchgehen lassen. Hauptsache ist, du bist kein Donatist.“

Die Recken schlugen sich vergnügt auf die Schenkel und verschütteten ihren Wein dabei. Alarich setzte noch einmal nach, um seine Schlagfertigkeit zu unterstreichen.

„Schweinepriester, die einen steinigen, wenn man nach schönen Mädchen schielt“, rief er, „sind bei uns fehl am Platz.“

Der Kiepenkerl hatte Schwierigkeiten, die Aufmerksamkeit der johlenden Schar zurück auf sein Wahrsagerkunststück zu lenken, das doch, auf die eine Art oder die andere, zu einem Ende geführt werden musste. Ihnen den Sinn der Germanen zu deuten, gab er auf. Sollten sie doch, dachte er, glauben, was sie wollten. Er streckte die Arme über das Mus im Kessel aus, schloss die Augen und wahrsagte: „Ich sehe Titia, die Liebliche.“

„Ruhe jetzt“, sagte Alarich, „der Wahrsager will etwas sagen.“

„Die Wahrheit ist“, sagte der Kiepenkerl, „dass Titia ein Findelkind ist. Unter die Fuchtel der Proba geriet sie ganz hilflos, wie Moses im Körbchen ins Schilf.“

„Wahrsage weiter“, sagte Alarich, der den Nil aus der Bibel kannte.

„Noch dem Kind“, wahrsagte der Kiepenkerl, während die Finger über dem Mus als Ausdruck seiner Erregtheit zu zittern begannen, „verlangte die Proba das Versprechen ab, dass sie einst ihren Sohn, Armandus Maximus, zum Mann erwählen würde.“

„Sein Gespons?“

„Man kann auch Braut oder Verlobte sagen.“

„Recken“, erhob sich Alarich, den Becher in seiner Hand „Arianer oder auch nicht. Ich schwöre bei Gott, der Jesus als

Geist erschaffen hat, dass wir Titia aus ihrer Not erretten werden. Wer immer auch Germane ist, er soll sich schnell verpissen. Jetzt übernehmen wir die Sache. Verlobte oder Braut kommt nicht in Frage."

Für den Wahrsager war damit nichts mehr zu sagen. Während Goten und Gepiden, Heruler und Skiren, besonders lautstark aber die Vandalen auf den Schwur des Alarich tranken und, ohne zu wissen, dass sie Germanen waren, mitzumischen einander versprachen, zog der Kiepenkerl sich hinkend in sein Zelt zurück und legte sich schlafen.

Kaum waren Alarich und seine Recken am folgenden Abend ihren Kater vom Mittag los, hatten sie vor der Porta Appia Faltonia Proba zu erwarten. Die Schulterfelle wogen schwer. Heimlich verfluchten sie den Koch seiner Vorliebe für Bärlauch wegen, die er dem König aufgeschwatzt hatte. Als wenn das Mus nicht reichte, dessen Duft schon schwer genug die Stadt bedrängte.

„Penis", sagte Alarich, als Faltonia Proba auf der Mauer erschienen war und an der Zinne lehnte. „Wir wollen Gold und Pfeffer, 3000 Pfund von beidem, und eine Jungfrau namens Titia."

Die Proba kannte keine Titia – „Tsi, tsi, tsi", sagte sie – und musste erst die Senatoren sprechen. Im übrigen erklärte sie, sie habe genug von Alarichs vulgärem Latein. Er möge, bitteschön, vernünftig mit ihr reden. Der König missachtete verstockt ihren Wunsch.

„Penis", sagte er, „das soll es schon wieder gewesen sein?"

Als sie die Via Appia zurück zum Lager gingen und sich dabei um Lässigkeit bemühten, blickte Alarich suchend zum Himmel hinauf. Die Recken taten es ihm gleich, nachdem sie es bemerkten. Sie hofften auf ein Zeichen Gottes. Um seinen Unmut nicht herauszufordern, mieden sie diesmal die hungernden Hunde und die Zedern am Straßenrand. Gott belohnte ihre Artigkeit und wies einer zweiten Taube den Weg zu Alarichs Helm. Mit vorangestellten Füßen landete sie dort und zögerte nicht, mit brünstigen Tönen die Flügel zu umspielen. Als der König das Schwert in der Scheide beließ, knieten einige der Recken nieder, um zu beten.

Der Kiepenkerl öffnete die Hülse vom Fuß der Taube und entfaltete den Zettel, der in ihr enthalten war. Um der leidigen Frage des Alarich nach der Bedeutung der Botschaft zuvorzukommen und die Taube vor dem Schicksal ihrer Artgenossin zu bewahren, erklärte er, nachdem er einen Blick darauf geworfen hatte, dass er die Bedeutung erst nach dem Abendschmaus aus dem Flug des Tieres wahrsagen könne, und zwar so, dass sie eigenständig fliege, flattere oder sich ähnlich durch die Luft bewege. Sonst ginge es nicht, fügte er hinzu, als er Alarichs Missmut bemerkte.

„Veneris dies. Mane. Porta Salaria", lautete die Botschaft. „Omnis clarus" schrieb der Kiepenkerl als Antwort auf dasselbe Pergament darunter, alles klar, faltete es und schob es zurück in der Hülse, die er sorgfältig verschloss.

In ihrer Ungeduld verschlangen die Recken das Getreidemus, als ob es vom Himmel gesandtes Manna gewesen wäre, tranken Rotwein ohne Maß und setzten sich in guter Stimmung vor dem Zelt in einem Halbkreis nieder, um von dort aus der Wahrsagung beizuwohnen. Der Kiepenkerl erschien vor ihnen mit der Taube in der rechten Hand und streichelte sie sanft mit der linken.

„Veneris dies", sprach er und setzte kunstvolle Pausen, so dass die Botschaft wie eine dunkle Zauberformel klang. „Mane", hob er in beiden Händen die Taube zum Himmel empor und rief „Porta Salaria", als er sie fliegen ließ.

Alarich war die Aufmerksamkeit seiner Recken verdächtig. „Penis" sagte er darum, „quid significat?"

Der Kiepenkerl verfolgte den Flug der Taube in Ruhe, bis diese hinter den Mauern Roms als Punkt verschwunden war, und sagte: „Ich sehe den Tag der Venus kommen, den Veneris dies."

Die Recken raunten. Die schöne Venus kannten sie.

„Wann?" fragte Alarich.

„Schon morgen", sagte der Kiepenkerl und löste ihren Jubel aus. „Welch ein Zeichen das war!" erhoben sie sich und stießen darauf an, die Füße so heftig auf den Boden stampfend, dass selbst an den ferner gelegenen Feuern das Fußvolk die Ohren spitzte. Frau Venus im Lager, Jungejunge, dass sie das noch erleben durften.

„Halt", sagte der Kiepenkerl und versuchte ihnen zu erklären, dass die Römer jedem Tag der Woche einen Namen gegeben hatten und dass einer davon „Tag der Venus" hieß.

„Was bedeutet Woche?" fragte der Manichäer vom Schwarzen Meer, so dass der Kiepenkerl beschloss, auch diese Schwierigkeit nicht weiter zu erörtern.

„Lassen wir die Woche", sagte er. „Wollt ihr den Tag auf Gotisch sagen, Gepidisch oder Skirisch, könnt ihr euch meinetwegen auch eine andere Schönheit wählen."

„Ich wähle als Namen", verschaffte sich Alarich als König Gehör, „den Tag der Titia."

Die Recken kicherten verstohlen. Selbst der Manichäer merkte, dass das nicht so gut passte. Der Kiepenkerl bemühte sich, die Angelegenheit zu schließen, indem er auf Freya verwies, die schöne Göttin der Germanen, und aus dem Flug der Taube nachträglich den Namen Freitag las, rief damit aber nur den Zorn des Alarich hervor.

„Penis", rief er, „jetzt habe ich die Nase voll von dem Germanen und seinen Göttinnen. Wir sind Arianer. Gäbe es Göttinnen", setzte er nach, „wären auch sie nur Jesusse, die unser Schöpfer sich schuf."

„Wie dem auch sei", erhob der Kiepenkerl wie zum Segen die Arme und trat entschlossen ihrer Empörung entgegen, „morgen früh – das habe ich so sicher aus dem Flug der Taube gelesen, wie ihr euer Amen sprecht – steht die liebliche Titia an der Porta Salaria bereit und will von euch errettet werden."

Das reichte. Die Recken raunten. Selbst Alarich zog sich unter Vortäuschung von Rückenschmerzen – das ewige

Reiten – in sein Zelt zurück. Für Titia wollte er ausgeschlafen sein.

An einem Freitag im August 410, kaum war die Sonne aufgegangen, der Tau lag noch feucht auf den Steinen, öffnete sich dem König und seinen Recken die Porta Salaria zur Stadt Rom. Sie waren, für den Fall der Fälle, diesmal zu Pferd gekommen und hatten, um leise zu sein, die Hufen mit Tüchern umbunden. „Titia", flüsterte Alarich, um niemanden zu wecken und nicht das Lösegeld aufs Spiel zu setzen, Gold und Pfeffer, 4000 Pfund von beidem. Sie hatten die Absicht, die Jungfrau abzuholen und dann zu tun, als wäre nichts gewesen. Titia aber war nicht da. Vorsichtig durchsuchten sie die Straßen in der Nachbarschaft, begannen allmählich, sich ihre Misserfolge zuzurufen, weckten die Anwohner dabei, die aus ihren Häusern kamen, und öffneten schließlich dem Fußvolk das Tor, das noch verschlafen und damit auch wahllos zu plündern begann. Alarich hatte Mühe, Wachen vor den Kirchen zu postieren, um die Güter Gottes zu schützen.

Der Kiepenkerl, vor dem Tor geblieben, setzte sich hinkend in Richtung Norden ab. Dass die liebliche Titia an der Porta Salaria fehlte, hätte er den Goten so wenig erklären können wie anderen Germanen. Denn daran, dass diese Wahrsagung nicht zugetroffen hatte, war nicht zu rütteln. Er verfolgte den Zug des Alarich und seiner Recken nach Süden von Mailand aus, wo der Heilige Ambrosius die zornigen Briefe des Augustinus empfing, in denen dieser den Untergang der westlichen Welt beklagte, um den Gottesstaat wahrzusagen.

Der König der Goten hoffte, Titia in Kalabrien zu finden. Er hatte Faltonia Proba auf den Zinnen der Porta Appia festsetzen lassen und sie zu foltern gedroht, wenn sie nicht den Verbleib der Lieblichen enthüllte. „Penis", hatte er gesagt, „gerade heute, an ihrem Ehrentag." Die Proba aber – tsi, tsi, tsi – hatte, ohne zu lügen, darauf bestanden, dass sie keine Titia kannte, und sich ihrerseits bei Alarich nach ihrem Sohn erkundigt. Denn auch der war verschwunden, auf dem Weg nach Cosenza wahrscheinlich, mit seinem Gespons, das ihn, obwohl doch versprochen, tatsächlich hatte verraten wollen. Durch eine Brieftaube hatte er Wind davon bekommen.

„Also doch Titia?"

„Nein, ein Findelkind namens Cecilia."

Zwei lange Tage musste Alarich warten, bis seine Recken und das Fußvolk die Stadt so weit geplündert hatten, dass selbst die geschundenen Hunde mit ihnen zogen. Er hatte beschlossen, die Liebliche, wie sie auch heißen mochte, aus den Händen des Hurensohns zu retten, der sich ihr Bräutigam oder Verlobter nannte. In Eilmärschen zogen sie die Küste entlang, fassten in Neapel noch einmal Proviant und zogen über Maratea bis nach Paola hinunter, wo sie den Weg ins Landesinnere nahmen. Am Busento fand nicht nur der Marsch, sondern auch Alarich, der König der Goten, sein Ende.

Sie waren müde, aber zufrieden, als sie am Fluss ihr Lager aufgeschlagen hatten. Einen Hammel auf Bärlauch hatte ihnen der Koch zum Mus bereitet, der Wein in den Bechern war reichlich gewesen. Alarich trat mit seinen engsten Gefährten aus dem Zelt in die Kühle der klaren Vollmondnacht hinaus, um den Tag noch einmal als gut zu betrachten. Sie schlenderten am Ufer entlang und ließen um die Wette Steine über das Wasser springen, als von einer der Schleifen des Flusses her ein führerloses Ruderboot erschien und in der Nähe an Land trieb. Alarich war der erste, der die Liebliche darin entdeckte, in all ihrer Schönheit, doch leblos und blass. Der Fluch erstarb ihm auf den Lippen. Es brach ihm das Herz. Die Recken konnten ihn im Fall noch fangen, aber nicht mehr zum Leben erwecken. Als letzten Dienst, den sie ihm noch erweisen konnten, stiegen sie in den Fluss hinab und stemmten gegen die Strömung mit ihren Schilden eine Grabstatt im Flussbett heraus, auf der er und die Liebliche sich schließlich vereinen konnten. Mit Mühe fügten sie auch seinen Helm hinzu, dessen Flügel sich sperrten. Für den Wein beim Leichenschmaus sorgte Herr Müller, der den Weg nicht gescheut und seinen Trollinger eigens vom Neckar an den Busento gefahren hatte. Betty begleitete ihn, was ihn mit Stolz und Glück erfüllte. Der Vandale vom Schwarzen Meer versuchte mit ihr anzubändeln und fragte: „Kennen wir uns nicht vom Manichäertreff?" „Ich bin Fräulein Habermas", sagte sie, „und mit Herr Müller verlobt", als ob „Herr" ein Name wie Horst oder Hans wäre. Herr Müller strahlte. Herr Müller und Betty? Was suchten sie am Busento?

„Hast du Herr Müller und Betty gesehen?" fragte der Kiepenkerl

„Wo sind wir?" fagte Karl. Er richtete den Oberkörper auf, der über das Lenkrad gebeugt war, und nahm die Arme herunter, auf denen sein Kopf geruht hatte.

„In Italien."

In sternenklarer Nacht stand der LKW auf dem Brenner hinter dem Zoll. Der Mond hatte die Alpen mit dem Zauber der Unschuld überzogen.

„Maginficus, oder?" grinste der Kiepenkerl, „mirabilis und admirabilis, wundersam und würdig der Bewunderung zugleich."

„Was ist passiert?" fragte Karl. „Es ist Nacht und wir sind noch am Brenner. Wir hätten mittags schon hier sein sollen. Wohin sind die Stunden verschwunden?"

„Erinnerungen", sagte der Kiepenkerl, „lassen sich nicht im Handumdrehn in Wörter und Sätze verwandeln. Wie die Schmetterlinge sich als Larven durch das Grün der Blätter fressen, verbrauchen sie ihre Zeit, bevor sie als Erzählungen sich in die Luft erheben."

Karl beunruhigten die Erklärungen des Kiepenkerls, die einer fremden Bilderwelt entstammten. Die Wirklichkeit als ganze schien ihm zu einem Traum verrutscht. Das Licht des Mondes war seltsam fahl und doch so hell zugleich, als hätte er auf diesem selbst gestanden. Inmitten der Krater drohte der LKW abzuheben, Mondfahrzeug und Raumtransporter, um mit 25 Tonnen Milchpulver an Bord ins offene All hinaus zu schweben. Eine eiskalte Stille lag über der Landschaft.

„Frag nicht weiter nach den verlorenen Stunden“, setzte der Kiepenkerl nach. „Die Zeit ist verdaut, mehr lässt sich nicht dazu sagen. Freu dich, dass die Erinnerungen dir treu geblieben sind und dich begleiten.“

„Im Nichts der verdauten Stunden“, sagte Karl, der nur langsam dem Reich zwischen Träumen und Wachen entkam, „ist Cecilia zurückgeblieben.“

„Ach was.“ Der Kiepenkerl lachte. „Faltonia Proba wusste nicht, dass die Liebliche tatsächlich Titia hieß. Ihr Vater hat sie so genannt, nach ihrer verstorbenen Mutter, bevor er sie in einem Korb dem Tiber übergab und sich selbst dann in diesem ertränkte. Doch wie ich sehe“, lenkte er ab, blickte zu den Gipfeln empor und kniff die Augen zusammen, „hast du beseelt geschlafen.“

„Ich muss nach Mailand“, sagte Karl, den Titias Tragik berührte, ließ den Motor an, fuhr los und lenkte den LKW zurück auf die Autobahn.

Den Kiepenkerl überrumpelte der plötzliche Aufbruch. Eilig zog er seinen Rucksack auf die Knie und öffnete ihn mit flinken Handbewegungen.

„Nicht schlecht“, sagte er. „An die Arbeit. Nach Europa hinein, um die Früchte zu ernten, deren Samen der Preacherman säte. Nur zu und nutz den träumerischen Schwung, um durch das Auge der schönen Claudine noch einmal wahrzusagen, was war. Öffne das einsame Herz der Arlette und sage uns weis, was hätte geschehen können. Erzähl uns deine Geschichten von der Geschichte und stärke dich daran, damit es dir nicht ergehe wie dem fluchenden Alarich, der auf dem Grund des Busento lag, eh er noch sein Ziel erreichte.“

12. Kapitel | MUTTER EUROPA

Karls erste Wochen in der alten Welt verliefen schräg, schief wie Schubladen, die klemmten und erst unter Rucken rutschten. Europa wollte er entdecken, die Bilder wiederfinden, die Erling der Prediger davon entworfen hatte, aber er wusste nicht wie und gab sich nicht die Mühe, es herauszufinden. Mehr aus Wahn als nach Plan war er in Lissabon gelandet, um von diesem äußersten Ende aus den spätherbstlichen Kontinent zu durchmessen. Doch er durchmaß ihn nicht, er durchtändelte die Länder, anfangs noch in des Wortes schöner Bedeutung, unbeschwert und leichtfüßig, bezaubert von einer Welt, die uralt, steinalt war, geheimnisvolle Gemäuerwelt, verwinkelt und verschachtelt, Druiden-, Marien-, Zwergenwelt, geschrumpft und verschrumpelt. Das Verwitterte der Kirchendächer taufte er Patina, das Tafelrundliche der Burgen Aura. Die Dinge waren von fremder Vertrautheit, überzogen von einem staubigen Glanz, Schemen, die im Nebel unbekannter Laute erschienen und schwanden. In diesem Nebel aber begann das Wundersame sich ebenso auch wieder abzulösen und in sein Gegenteil, die kalte Nüchternheit, zu kehren. Karl ließ sich treiben auf den Sprachen, Nichtschwimmer in Rückenlage, die Füße voraus, hielt sich mit Wörtern des Essens und Trinkens an der Oberfläche, mit Rechts und Links und Guten Tag, den Banalitäten des Lebens. Bequem war das am Anfang nur, bevor er die lästige Steifheit spürte und den Drang, sich selbst zu bewegen mit Wörtern, die zusammenhingen, mit Sätzen, die sich ergänzten, und als das nicht gelang und nicht gelingen wollte, steckte er enttäuscht in seiner Ungeduld und leicht beleidigt – „tant pis“, dann eben nicht – auf. Lissabons Türme blieben arabisches Babel, Spaniens Dörfer fest in böhmischer Hand, und Karl zog, dem Land, den Einwohnern und auch sich selbst bald fremd, lieber schweigend weiter. Zu seinem Unglück – ein Pech, an dem er weithin schuldlos war – traf er dabei auch Menschen, die in Gesundheitsschuhen reisten, Mädchen mit borstigem Wadenhaar und lässig schlackernden Brüsten, die, woher sie auch kamen, Englisch sprachen und des Nachts in die Zelte luden, die sie Tags auf ihren Rücken trugen. Einen Juckreiz trug Karl aus einem solchen in seiner Hose davon, der ihn fortan begleitete und ihm selbst das Trinken mit der Aussicht verleidete, dass jedes Glas ihn auch beißend wieder verlassen würde, ein Umstand im ganzen, der seinen Schritt beschleunigte und dem Tändeln eine Wendung zu peinvoller Ungeduld gab.

Ihren Höhe- und Scheitelpunkt erreichte die Reise vor den Pyrenäen in einer Urlaubersiedlung an der Costa Brava. Dort strandete Karl in einer Wirtschaft namens „Dorfkrug", deren Wirt Pirkelbauer hieß und aus Füssen kam, Rudi, Don Rodolfo, wie ihn die Landsleute nannten, beredt und vormals Vertreter für Kugellager, der seine breite Brust mit Kette und Haar so eitel im Hemde trug wie die Damen die ihre im Dekolleté und sich häufig – er sei reif für die Insel gewesen – mit Robinson Crusoe verglich, vor dessen Lokal sich also Karl denn auch schon am ersten Abend, wenn auch wegen Sangria, ergab. Einen Freund hatte der Don, einen Studenten der Pädagogik aus Ludwigsburg, der in seinem Dorfkrug Paella bereitete und Sangria mit zu viel Bananenlikör und sich nach seiner männlichen Liebe verzehrte, so wie einen 300 SE, cremefarben und in rotem Leder gepolstert, den Karl dann einige Wochen für ihn fuhr, zum Markt und zu den Maklergeschäften, nicht ohne vorher allein darin im Dorf eine Runde zu drehen, bis die Klimaanlage das ihrige wirkte. „Ich kenne meine Spanier", sagte der Don, „drei bis vier PS kostet mich die kühle Luft, doch das ist sie mir wert." Gegen Ende des Jahres war Karl erfüllt von Überdruss und einer kalten Langeweile, die mit des Predigers Europa nichts zu schaffen haben konnte. Er beschloss, sich zu sammeln, ein Ziel zu setzen, wählte Frankreich und ließ mit geschlossenen Augen das Schicksal die Normandie auf der Landkarte finden. Mit dem Ersparten reiste er die Pyrenäen hinab und erreichte über Paris ein Fischerdorf namens Capville, wo er blieb.

Vom Meer her rührte hier alles. Der Tanz der Schmeterlinge in den Sommerbrisen, die Winterstürme, in denen der Dampf vor der Nase gefror. Es setzte die Zeichen des Aufbruchs, des Keimens und Wachsens, es kehrte die Ruhe ins Schneckenhaus. Das Land hielt aus oder stand, ergeben und trotzig, je nach der Deutung derer, die dort lebten und darüber in ein mehr oder weniger tiefes Schweigen versunken waren. Den Geschmack des Salzes trugen die Winde herauf, den Duft des Tangs bei Ebbe und der Muscheln, die in ihm steckten, wie denn auch, wenn sie es selbst nicht überdeckten, das Rauschen der Brandung bei Flut. Legten die Männer unten am Strand ihre dunklen Netze zum Trocknen aus mit den vom Salz zerfressenen Korken daran, stieg Fischgeruch auf und lockte Möwen an, die krächzend einander die Reste abjagten.

Karl wohnte auf den Klippen einsam in einem knorrigen Busch, der aus niedrigen Bäumen und Sträuchern zusammengewachsen war und schützend ein kleines Fachwerkhaus umschloss, dessen grob behauene Balken sich kreuz und quer in das Geäst einfügten. Am Gipsputz des Mauerwerks hatten die Stürme herumgebissen und an einigen Stellen den trockenen Lehm freigelegt, aus dem Stücke solcher Ziegel standen, mit denen das Haus auch gedeckt war. Daran, dass es ein Bauernhaus war, erinnerte eine bemooste Mauer flach geschichteter Steine, die dahinter um eine Wiese lief, sowie den verfallenen Stall darauf. Der einzige Raum des Hauses besaß einen großen verrußten Kamin, an dem Karl alles fand, was er an Wohnlichkeit brauchte. Er nannte es romantisch und auf Französisch „maison“.

In einer Mulde, zu welcher die Steilküste in flachen Hängen abgesunken war, eingebettet wie Austern in ihren Schalen, lag unten das Dorf, eben jenes Capville. Kaum eine halbe Stunde brauchte Karl für den Abstieg, durch das lange, vom Wind zurückgekämmte Gras dann streichend, an Gruppen von Krüppelkiefern vorbei und einem Steinkreuz auf halber Höhe, an dem Christus die Augen zum Meer hinaus geschlossenen hielt, im Sommer inmitten von Anemonen. Sandig erreichte der Weg das Dorf, führte grob gepflastert an flachem Fachwerk vorüber zum Hafen und dort in die Bar, „Le Conquérant", das einzige Ziegelsteinhaus weit und breit, das seltsam blau gefugt war und Butzenscheiben in den Fenstern trug, erbaut von einem Weltmeerkapitän mit Namen Duc Dutronc, der unter dem großen Napoleon gesegelt war, in glücklichen Winden, und, wie dieser von kleiner Statur, sich in der eigenen Tür nicht hatte bücken müssen. Dort trafen sich die Fischer nach dem Fang, bei Unwetter oder bei Ebbe auch, wenn ihre Boote an langen Tauen im Schlick des Beckenbodens saßen und nur die Möwen mit großer Ausdauer noch darin kramten, neidisch bestaunt von den Raben, die nicht wussten, wie diese das schafften.

Karl schloss Bekanntschaft mit den Männern. Sie nannten ihn wegen der Klippe Charles del écueil und erzählten ihm von heroischer Seefahrt, von dem Haudegen Béthencourt, der einbeinig die Kanarischen Inseln besetzte, und den Gebrüdern Cousin, die mit dem Schicksal hadernd, dem fauligen Wasser und ihren geifernden Weibern an Bord, das Kap der Guten Hoffnung entdeckten, wo sie diese in Freiheit entließen. Von dem Teufelskerl Ango, der nur ein Vizegraf war und doch den König von Portugal in die Knie zwang, um dann als Kirchenmaus zu enden. Vom klugen Duquesne, der solches vermied, im Mittelmeer halb Afrika sich unterwerfend, Holländer und Spanier inbegriffen, die auch nicht klüger waren. Von Tourville, dem Grafenjüngling schließlich, le Comte Bébé, der erst vor Griechenland die Welt Manieren lehrte, den Engländern bei Beachy Head dann vordozierte, um, schon ein Tattergreis, den Barbaresken die Leviten noch zu lesen.

Normannen waren sie alle gewesen, und während die Fischer über sie sprachen und sich nicht ihrer rühmten, sondern den Schnäpsen zum Trotz so nüchtern nur von ihnen handelten, als seien sie Teil des Geschäftsberichts, sah Karl in konvex verformter Dämmerung die alten Recken landen und auf ihrem jeweils einen Holzbein zur Bar hinaufziehen, dem Conquérant, ohne dass sie diesen, kein Wunder, jemals erreichten.

Es fehlte ihm an nichts. Vor Butter strotzende Kühe im Rücken und Apfelbäume, die in Cidre schossen, durfte er im Gras oben liegen und im Wasser das Feuer prüfen, hätte das Zünden der Morgensonne vom Glühen der Abendsonne darin trennen und Grade von Rot sammeln können, um diese zwischen hell und dunkel, kalt und warm zu rastern. Eine botanische Farbenlehre des Meeres hätte er entwerfen können, das in seinen Grundtönen nicht blau, sondern grün war und gelb und braun. Denn lag es windstill als ungetrübter Spiegel in der Sonne, glichen seine Farben eher denen einer Frucht als denen des üblich erinnerten Feuers. Bedeckten Wolken den Himmel, hätte er es leicht mit tierischen Gefahren überziehen können, da in der dumpfen Stille etwas Verdächtiges lag, so als habe es heimlich etwas verschluckt, was es nicht sollte, einen Kutter zum Beispiel oder ein Schlauchboot auch mit einem feisten Fahrgast darin, der gerade Radio hörte. Ging Wind, verwandelte es sich in graues Sandpapier, an dem die Fische sich schuppten.

Karl lernte, aus den Wellen die Winde herauszulesen, erkannte in den Waschbrettern, die sie betulich zum Ufer schoben, die auf der Brust nur Schwächlichen, und schrieb die ersten Schaumköpfe darauf gelangweilten Halbstarken zu. Erst wenn milchige Bänder und schaumige Streifen die Wellenberge hinunterflossen, waren sie zu Stürmen ausgewachsen, zogen sich feine, durchsichtige Schleier aus den Wogen, klopften sie als Teppiche und stellten sie schließlich im Übermut zu Brechern auf, aus denen sie Gischt herausschlugen.

Augur des Wetters wurde er, weissagte aus des Himmels Zeichen: Erhob die Sonne sich hell, nur um sich hinter Wolken zu verstecken, würde es winden und regnen. Versank sie groß und glänzend weiß, dann musste es stürmen. Ein fahler Mond verhieß so wenig Gutes wie eine sternenklare Nacht. Er studierte das Wunder von Ebbe und Flut und blieb dabei, es so zu nennen, nahm die Masse des Mondes als Ursache hin und die Magnetik der Anziehungskräfte und versuchte doch vergeblich, sich den Inhalt der Begriffe in Bildern vorzustellen. Selbst Newton, beschied er sich da, war daran letztlich gescheitert, als er sich seine beiden Wasserberge ausgedacht und wie Riesen einander auf dem Globus gegenübergestellt hatte, damit sie tagein und tagaus auf diesem wandern konnten. Dennoch gewöhnte auch Karl sich daran, die Tage durch vier zu teilen und sechs Stunden zu Spring- und Nippgezeiten, zu hoch und niedrig zusammenzuzählen, und wartete Vollmond und Neumond ab, Geisterstunden, in denen Frauen zu früh ihre Kinder gebaren und die Wölfe nicht in den Schlaf fanden, wenn Sonne und Mond ihren Magnetismus in eine gemeinsame Schale warfen und mit vereinten Kräften an den Meeren zerrten. Dann lief er zum Ufer hinunter und folgte Fuß für Fuß über die kalten Riffelungen dem weichenden Wasser hinaus bis zu jenem von Prielen und Pfützen zerklüfteten Grenzbereich, über den hinaus es das Land nicht mehr preisgab, sondern ewig bedeckte. Setzte die Rückflut ein, fand er ein heikles Vergnügen darin, sich auf den feuchten Sand zu legen, steif wie ein Brett in die Schwebe sich heben zu lassen und dann, solange er nicht zu schlingern begann, in dieser Haltung dem Ufer zuzutreiben. Während Tang und Quallen ihn umstreiften, träumte er die Amöben und Algen des Preacherman herbei, das Chlorophyll, das von den Küsten Mexikos im Golfstrom warm herüberschwamm, den Urgrund allen Lebens, aus dem auch er, Karl Krüger, Charles del écueil, letztlich stammte und nun in kosmischer Harmonie mit diesem allem zum Mond hinangezogen wurde. Auf einer dieser wundersamen Wasserreisen schloss sich ihm ein großer Wels an, um ihn zu begleiten, bis sie das Ufer erreichten und dann Abschied voneinander nahmen. Treuer Freund, nannte Karl ihn bald, cher ami, und tätschelte, was dieser sich gefallen ließ, ihm leicht den Schuppenbauch. Er war gänzlich aufgegangen in der unfassbar großen Natur.

All dieses stimmte aber nicht. Es war insofern falsch, als es sich nicht verwirklicht, nicht tatsächlich zugetragen hatte, sondern dort steckengeblieben war, wo es entstanden war, das war in Karl selbst. Darum war es auch andererseits nicht eine glatte Lüge, und wenn, dann eine doch, der keine böse Absicht zugrundelag, mit der er sich und andere hätte täuschen wollen. Ganz so, in allen Einzelheiten, hatte es Karl wirklich und wahrhaft vorgeschwebt, als Erweiterung seines Horizonts um einen Teil, der ihm stets gefehlt hatte, als Entdeckung fremder Ufer, deren Existenz er nur ahnte. Eine Naturerfahrung, kurz gesagt, die dann unterbleiben musste.

O doch, er wohnte dort oben, sogar den Winter hindurch, als ihm die Kälte durch das Fachwerk auf die Haut rückte, und er führte ein Leben in Müßiggang. Die wenigen Francs, die er dazu brauchte, verdiente er durch Hilfsarbeiten hier und da, im Hafen zumeist, wenn die Boote einliefen und tief im Wasser lagen, um ihren Fang an Land zu bringen. An Zeit, sich der Natur zu widmen und ihren Wundern, die so eindrucksvoll vor seinen Augen lagen, fehlte es so wenig wie an der Einsicht, dass dies auch lohnend sei. Dennoch gab Karl auf, bevor er es recht begonnen hatte.

Um Wolken, Winde, Wellen zu verfolgen, fehlte es ihm an Geduld und Selbstbeherrschung, den Tugenden, wie er sich selbst entschuldigte, der Briefmarkensammler. Blickte er in den Himmel oder auf das Meer hinaus, schweiften die Gedanken gleich ungeordnet weiter, verschwammen zu Gebilden, die sich weder oben noch unten hätten finden lassen, sondern allein dem Kopf entstammten, Erinnerungen, Gespinste, wie sie oft auch ohne den Atlantik beim Fahren entstanden.

Vergebene Liebesmüh der Mutter Natur. Darüber hinaus, dass sie schön war, und das war sie, und Karl zögerte nicht, es ihr zu beteuern, begann sie ihn bald zu ermüden, wenn er sich mit ihr allein beschäftigte. Jene Erhabenheit, ja Göttlichkeit, die man in ihr entdecken konnte, jenes Schauspiel, als das man sie betrachtete, verstellte er sich selbst. Jenseits jeglicher Traulichkeit begegnete der dem glitschigen Glibber der Quallen mit klarem Ekel und hielt den riesenwüchsigen Fisch, der fast zwei Schritte maß und mausetot am Ufer lag, für einen finsteren Bösewicht. Einen kleineren, aber immer noch armdicke Fisch hatte er halb eingeschluckt und war daran erstickt. Wie das geschehen konnte, fragte er sich zwar, da das Untier doch durch Kiemen geatmet haben musste, lief mehrmals zum Ufer hinunter, um die Augen zu betrachten, in denen ein zorniges Erstaunen darüber lag, dass es sich überschätzt und das Maul zu voll genommen hatte. Der Bartfäden wegen nannte er es Wels schlechterdings und steckte lang genug danach erst keinen Zeh mehr in die See.

Karls Liebe zur Natur lag in der Bewunderung ihrer Erscheinungen und in der Ehrfurcht vor ihren Unwägbarkeiten. Um die Namen in ihrem Reich aber kümmerte er sich nicht weiter, da ihm Wels oder Krüppelkiefer genügten, um diese als Bilder im Gedächtnis zu behalten. Ob die Wolken sich am Himmel zu Quell- und Schichtbegriffen fanden, blieb ihm einerlei, aus ihren Sockeln und Hälsen das Wetter zu bestimmen, schien ihm müßig. Dass es zu regnen begann, bemerkte er früh genug, zumal es oft genug geschah. Die Natur quoll insgesamt in ihren Elementen und Gewalten über, die alle zu benennen, geschweige zu verstehen, unmöglich war, so dass es sinnvoll schien, auf Nekton und Plankton, auf die Ballen und Bälle des Meeres zu verzichten wie auf die enzyklopädische Bedeutung der Menzinger Schwestern, damit das Leben nicht zu einem Quiz verkam. Karl beschloss an der Küste, diese Fragen als Ballast fallen zu lassen und sich die Lektüre der Wellen betreffend, die Lehre ihrer Farben für fortan unzuständig zu erklären, für nicht berufen gewissermaßen.

Nein, es kam anders, wenn auch nicht weniger knifflig als die Menziger Schwestern es waren. Die letzten Herbsttage waren kühl, die Nächte kalt. Es regnete viel, Streifenregen, Schleierregen, so dass er sich mehr im Haus aufhielt, vor dem Kamin und seinem Feuer, als in der Bar am Hafen, die er oft nur durchnässt erreichte. In der knisternden Wärme auf der Klippe beschloss Karl, jenes Versprechen einzulösen, das er in fernen Tagen im Schatten des Magnolienbaums dem Prediger Erling gegeben hatte. Auch wenn es als solches unausgesprochen geblieben und nur in Form eines Vorsatzes erhalten war, empfand er es doch als verpflichtend. Er unternahm den Versuch, Europa auf die Spur zu kommen.

Da es zunächst nichts weiter als ein Wort war, suchte er es dort, wo Wörter reichlich versammelt waren und sich mit ihrem Sinn nicht aus dem Staub machen konnten. In Büchern erschienen sie wie Käfer hübsch aufgereiht, mit Nadeln in Sätzen festgesteckt, die sich herausheben, drehen und wenden und solange betrachten ließen, bis ihr Name auf etwas passte, das man sich vorstellen konnte. Um sicher zu gehen, dass die Bücher auch wahr und nicht einfach nur ausgedacht waren, wählte er jene, die von Geschichte handelten, vergangener Wirklichkeit also, die auf bestimmte Art sich zugetragen haben musste und nicht auf eine andere, wie auch die wirkliche Gegenwart ja nicht beliebig austauschbar war.

So wenig wie am Dampf der duftenden Kühe vorbeizukommen war, an den Farben und Tönen des Meeres, so wenig war etwa der Umstand anzuzweifeln, dass das Land, in dem er lebte, nach jenen hieß, die am Ende des ersten Jahrtausends es erst durch Brandschatzen und Plünderung verwüsten mussten, bevor sie es bewohnten. In großer Fasslichkeit sah Karl an einem späten Sommertag des Jahres 911 den roten Rollo aufgepflanzt am Ufer der Epte stehen, den Fußgänger, wie sie ihn nannten, den Pieton die Franken, den Fodgaenger die Dänen, weil sein Gewicht kein Pferd mehr tragen wollte. Er bemerkte die Mücken, die sich über Rollos Kopf zu einer schwankenden Säule versammelt hatten und erblickte den geschäftig sich nähernden König der Franken, den blassen Christen Karl, den sie einfältig nannten, begleitet von seinem Gefolge, das nur umso bunter sich zeigte. Ich gebe dir, sprach dieser den roten Rollo an, linkisch und von der Seite, das Land hier nun zu Lehen, das fortan von hier oben bis dort unten Normandie ruhig heißen mag. Doch dafür zolle auch den Fußkuss mir, den baiserpied, zum Zeichen deiner Huldigung. Und Karl der Fahrer sah den pieton, den roten Norweger, die Handlung vollziehen, sah es sich immer wieder an und wurde nicht satt es zu sehen, wie dieser aufrecht stehend und keinen Zoll sich von der Stelle rührend den Fuß des Königs zum Mund sich führte und wirklich, wie gefordert, küsste, während jener in seiner ganzen schmalen Einfalt, von einer sirrenden Säule von Mücken sogleich übertanzt, schon auf dem Rücken lag.

Rollo, der Norweger, und Karl, der so überaus einfältig war, standen Karl dem Fahrer für Diltheys Behauptung ein, dass der Mensch das, was er sei, durch die Geschichte nur erfahre oder doch wenigstens, wie im Falle der beiden, auch durch sie. Denn was folgte nicht alles aus diesem späten Sommertag am Ufer der Epte. So behände Rollos Normannen Kirchen und Klöster leergeraubt und an Mönchen und Nonnen quasi im Vorübergehen sich vergangen hatten, zündelnd und das Messgeschirr im Anblick des Feuers noch schändend, ließen sie sich, wie der Fußgänger selbst, im Handumdrehen auch taufen. Kirchen und Klöster erbauten sie sich, prächtiger als die alten, und setzten Äbte darin ein wie auch Äbtissinnen, weit frömmer noch als die entweihten. Und während sie selbst, Dänen und Norweger aus dem Reiche Odins und Thors, sich fränkischer als die Franken gaben, paulinischer als Paulus, erblühte das Land unter ihnen und wurde zum Mekka der Christen. In einem aber blieben sie sich treu, auch wenn sie sich später Béthencourt nannten, Tourville oder Duquesne, wie es fränkischer eben nicht ging: in ihrer heidnischen Unruhe, ihrem händelsuchenden Wandertrieb, mit dem gesegnet sie nicht nur England überzogen, sondern bis hinunter nach Sizilien ritten, wo sie sich staubbedeckt zu Königen erklärten und zu Bundesgenossen des Papstes. Und als dieser das Abendland rief, das Morgenland zu befreien, den heiligen Teil davon, Jerusalem von den Muselmannen, waren sie es, die Nachfahren des Fußgängers, die in Neapel sich oder Caen, Palermo oder London als erste die Hände rieben und flugs das Kreuz ergriffen. „Deus le volt", riefen auch sie im Chor mit den anderen, Gott wolle es so, da könne man eben nichts machen, und malten im Geheimen sich das Handgemenge schon aus, das zur Befreiung leider nun gehörte wie der Säbel zum Türken. Als der streitbare Bohemund dann, der aus Taranto kam und 500 Recken zum Morgenland führte, Antiochia, die Unbezwingbare, mit 360 Türmen aus ihrem Aberglauben befreite, hielt er es für besser, sich niederzulassen, um als Fürst für Gott die Stellung dort zu halten. Das war nicht nur als solches, sondern auch für die Normannen überaus beispielhaft.

So ähnlich, stellte Karl es sich vor, musste auch Europa zu gewinnen sein, in den Geschichten, die seine Entstehung enthielten, in einem bildlich fassbaren Fußkuss, mit dem alles begann. Denn wenn es auch allein schon wegen seiner Größe verwobener und verwickelter war als irgendeine seiner Provinzen, so war es doch wohl in derselben Weise gewachsen, in geographischen Grenzen, die ihm Menschen einst zugeschrieben und es darin Europa genannt hatten. Dass ihm das Studium der Bücher schwer fallen würde, wusste er sehr wohl. Gerade darum ging er planmäßig vor. Strategisch klug, um sich nicht zu verirren darin, teilte auch er die Geschichte säuberlich in jene drei Abschnitte ein, die Altertum, Mittelalter und Neuzeit hießen, und ließ den frühsten davon in Griechenland beginnen. Aber schon der erste Versuch, sich Rat darin zu suchen, führte zu einer Enttäuschung, als er sich eines Abends bei Ebbe eine große Karte auf den glatt gewaschenen Strand zeichnete, um einmal in jedem der Länder Europas aufrecht zu stehen. Hoffnungsvoll begann er im Westen, da es von Portugals Küsten aus nur noch in das ferne Amerika ging, zog frohen Mutes nach Süden, wo er mit der Spitze des Schuhs Gibraltar liebkoste, das deutlich vor Afrika lag, folgte entspannt den Küsten des Mittelmeers und blieb im Osten ratlos stehen. Wie zwischen Meer und Land im Wechsel der Gezeiten sich keine Grenze ziehen ließ, ging Europa fließend in Asien über. In Russland strich sein Fuß herum, in der Türkei, im wilden Kurdistan, zog Linien, um sie wieder zu löschen, ließ andere gleichzeitig bestehen, bis ihm die Flut in die Schleifen und Schlingen fuschte, ihm in die Schuhe schwappte und Europa spurlos verschluckte. Wie Atlantis, schmollte er, als er am Feuer auf der Klippe sich die Füße wärmte, und öffnete hastig die Bücher, um die Weisen des Altertums nach Europas Grenzen zu fragen. Welch eine Wirrnis fand er dort vor. Der Grübler Isokrates setzte Europa ganz einfach mit seinem Griechenland gleich. Herodot, den sie den Vater der Geschichte nannten, nahm Mazedonien und Thrazien mit hinzu, dessen Namen Karl nicht kannte, zog im Norden großzügig bis nach Sibirien hinauf, schloss im Westen aber strikt mit der Adria ab. Aristoteles, den sie als den Leser lobten, unterteilte die Welt in Griechenland, Asien und eine Art Europa, in dem er des Nordens Raubeine zusammenfasste, Nomaden, Reitervölker, darunter die Skythen vor allem, deren Namen Karl schon darum von sich wies, weil sie als solche ausgestorben waren. Es war ein Kreuz. Verärgert über die alten Griechen und deren Ungereimtheiten verließ Karl trotz Dunkelheit und Kälte die Klippe und stieg zum Conquérant hinab, um sie in den Geschichten der Fischer beiseite zu schieben, ja sie womöglich darin zu vergessen. Aber das gelang ihm nicht. In der Wärme des Calvados wuchsen der Enttäuschung Dornen des Zorns, die sich bald in

Aristoteles verhakten, Ärztesöhnchen, das auf der Yacht seines Vaters durch die Ägäis gekreuzt war und sich, lässig an die Pinne gelehnt, die Überlegenheit der Griechen zurechtfabuliert hatte. Der Europäer, der Skùüthe, hatte er süffisant in den Wind geflötet, ist mutig zu Pferd, doch dumm wie Stroh, was für den Asiaten ganz umgekehrt gilt, der feig ist, aber verschlagen. Nur wir, gottseidank, sind beherzt und begabt in einem. Schreibt das nur auf, ich bin ja nur der Leser. Während die Fischer im Conquérant die Kräfte des Blauwals und der Krake maßen und ihrem Zweikampf in die Tiefe folgten, wo es sich zeigte, ob sie ihn erwürgte oder bedingt durch den Druck des Wassers zu Glibber zerfloss, entdeckte Karl durch seinen Zorn hindurch eine unverhoffte Heiterkeit in der Geschichte. Sie tröstete ihn, während die Fahrt in die Tiefe kein Ende nahm, auch über jene mythologischen Nebel hinweg, in denen der Erdteil Europa um Kreta herum im Verborgenen lag, öffnete den Blick auf das phönizische Königskind dieses Namens, das Rosen am Mittelmeer pflückte und ein so luftiges Brautgewand trug, durchsetzt von so zartem Spitzenwerk, dass Zeus, der schon verheiratet war, ihrem Körper erlag und ihr als Stier erschien. Juwelene Hörner hexte er sich und ein silbern schimmerndes Mal auf die Stirn, das dem Mond glich, der zunahm, eine große Zunge aber auch, um in Gedanken an andere Gesten der Liebe ihr die Hand zu beschlecken. Es wirkte. Europa küsste ihn, bestieg seinen Rücken und ließ sich willenlos zu dem ihr unbekannten Erdteil tragen, den Aphrodite zum Dank dafür auf ihren Namen taufte. Während der Wal im Siegestaumel sich wie ein Tümmler windend seinen Weg nach oben suchte und Krakenreste von sich warf, nannte Karl den Gott der Götter einen rechten Schlawiner. Dann stand er auf und stieg zurück zur Klippe.

Karl erkannte die Schwierigkeit, das, was er in den Büchern fand, zu ordnen und im Gedächtnis zu behalten. Er versuchte es darum auf Zetteln festzuhalten, auf die er gewisse Sätze schrieb, die er für grundlegend hielt. Für die alten Griechen, schrieb er etwa, ist Europa im Grund keine Frage der Geographie, sondern der Kultur und des Menschenbildes. Oder: Im Grund bestimmen die alten Griechen Europa im Gegensatz zu Asien, setzen der Knechtschaft und Despotie ihre Freiheit und Demokratie entgegen. Oder auch Sätze, die ihm als solche gefielen: An Asien schuppt sich Europas Selbstverständnis. Je zahlreicher aber die Zettel wurden, desto blecherner waren die Gebilde, die sich aus ihnen formten, so dass sie schon in ihrer griechischen Gesamtheit einer Kiste nutzlosen Spielzeugs glichen. Das Europa des Römischen Reiches auf diese Weise anzugehen, die sechs Jahrhunderte von den punischen Kriegen, deren es mehrere gab, bis zur Plünderung Roms durch die einmalig gründlichen Goten, unterließ er darum, erachtete es für vergebene Müh. In der Geschichte von Recht und Verwaltung, mit denen die Römer den gesamten Erdteil systematisch und penetrant auf Latein überzogen, hätte er sich, er wusste es, unselig verzettelt. Wäre ich kein Fahrer geworden, philosophierte er, so doch gewiss auch kein Buchhalter.

Es dämmerte noch und Raureif bedeckte die Wiesen, als Karl eines Morgens zu einer Wanderung aufbrach, die ihn entlang der Steilküste zu einer Höhle führen sollte, welche die Fischer „l'oeil de Claudine“ oder auch „l'oeil“ nur, das Auge, nannten, weil es von See aus von weitem schon sichtbar war. Dorthin hatte in unbestimmt fernen Zeiten der Überdruss am Leben Claudine, Comtesse de Cavour, verschlagen, auf ihrer Suche nach Einsamkeit vielleicht, doch letztlich mit dem Ergebnis, dass sie hoch über dem Wasser oben, im Schutz vor den Winden, vor Regen und Schnee sich einen Harem aus zeitweise acht Seeräubern hielt. Geheimnisvolle Kräfte schrieben die Fischer der Höhle zu, denen die Freiheit der Männer, ihr Tatendrang und ihre Abenteuerlust unter Zutun der Gräfin zum Opfer gefallen waren. So schön war der Ort, und darum besuchte ihn Karl. Sinnieren wollte er dort, in die Wolken Bilder binden, um das Blecherne der Geschichte darin vergessen zu können. Die Sonne löste sich von der Landzunge, die im Osten die Bucht begrenzte, als er die Felsen hinunterstieg und auf halber Höhe den Sockel und den Ring einer steinern geschichteten Feuerstelle darauf erreichte, zu der sich das Auge öffnete.

Ohne sich ducken zu müssen trat er ein, betastete Wände, die den erkalteten Strömen tausender Kerzen glichen, spürte Gängen zu Neben- und Seitenhöhlen nach, unter deren zerklüfteten Decken schlafend die Fledermäuse hingen, verlor sich im Messen und Zählen, um acht gestandene Männer in ihren Gemächern unterzubringen, und nahm, als er schließlich den Eingang wieder erreichte, auf einem Vorsprung Platz, der in Jahrhunderten dort in den Fels hineingesessen schien. Dem Meer in seiner ganzen Breite zugewandt, weit im Westen den Leuchtturm, begann er in der Kühle des Morgens sich in das Römische Reich zu sinnieren, das von Spanien bis nach Asien, von England bis nach Afrika Europa überlappte. An die Seine erinnerte er sich, die Sequana hieß, an eine Taverne an ihren Ufern, in der er zum Frühstück saß, bei Brot und Wein, den er mit anderen Gästen teilte, an die Öllampen, die noch brannten, da der Tag sich kaum zeigte. Den Wagen auf dem Hof, das blonde Frauenhaar, das aus Germanien stammte, bewachte des Wirtes schiefer Sohn. Die Pferde waren gefüttert und dösten ruhig in den Ställen, die Fliegen schliefen noch erschöpft vom nächtlichen Taumel im Schweiß der heißen Tiere. Karl wartete die Stunde ab, da im Hafen die Zöllner die Speicher öffneten, um eine Kiste britannischen Kupfers dort zu laden und sie hinab mit nach Rom zu nehmen. Die Ladung war kostbar, und während er aß und trank, nahm er sich vor, gebührlich Merkur zu opfern, sich Zeit dafür zu nehmen, obwohl sein Herr drängte.

Der Wirt war guter Dinge, gestattete, dass seine Tochter, ein dralles Mädchen mit feuerroten Haaren, die stramm geflochten waren, mit seinen Gästen schäkerte, nahm deren Blicke, ja selbst die Klapse auf ihr Hinterteil mit Wohlgefallen wahr. Die Geschäfte blühten, die Sesterzen des fahrenden Volkes füllten die Kassen. Wohin es gehe, fragte er Karl, als er frischen Wein in das Wasser schenkte, quo vadis, und begann sogleich die neue Zeit zu loben, in der eine Reise durch Gallien nach Rom ein Klacks nur noch war, mit all den neuen Straßen, die gut befestigt, all den Kanälen, die gut verbunden waren. Ja, sagte Karl, das stimmt, und da der Wirt Gallier war, Barbar wie er selbst, mit dessen Latein er sich verbunden fühlte, sprach er von Pferden, die im Geschirr, unter der Peitsche starben, weil die Straßen zum Rasen verführten, von ausgeschlagenen Lagern, die mehrmals auf einer Reise gewechselt werden mussten, von Dingen, die in Germanien ihm ganz unbekannt gewesen waren. Als Karl seine Herkunft nannte, die der Wirt sehr wohl kannte, blickte ihm gegenüber der blasse Mann von seinem Teller auf, der sich mit musischen Gesten und geschnitzten lateinischen Sätzen als Grieche zu erkennen gab. Er zählte zu jenen, die in der Taverne ihre glücklos durchwachten Nächte beschlossen.

„Nichts für ungut", sagte er, als er merkte, dass sein Blick, der Hochmut in sich trug, ihr Misstrauen erregte. „Barbaren", meinte er wie jemand, den es nicht mehr kümmert, „sind mir lieber als das Bauernvolk der Römer, das in Kultur gekleidet durch Europa wandelt und es eitel Imperum Romanum nennt."

„Wandelt?" fragte der Wirt, der das Wort so wenig kannte wie Karl.

„Geht", ergänzte der Grieche, „nun durch die Welt geht, wenn ihr wollt, die sie für die ihre halten."

„Ach so."

Seinem Ärger machte der Grieche im Ruß der Öllampen Luft, gab seinem Spott freien Lauf, indem er alle Amphitheater des römischen Reiches, die Sequana auf oder ab, mit den Hypotenusen des Thales und dessen Katheten überzog, ohne die sie leere Löcher nur wären, eine Vorstellung, die selbst dem Wirt die Sprache verschlug, von Sophokles zu schweigen oder Euripides, die Griechen wie er gewesen waren und die Römer das Drama gelehrt hatten, Monolog und Dialog, ohne die es ein solches nicht gäbe, ja die Logik selbst, die ihre Erfindung sei, das Wort jedenfalls, der Logos.

Angelockt von der Magie der Sprache, trat des Wirtes Tochter an den Tisch, trug das Brot vor ihren Brüsten und duftete nach Butter.

„Woher kommst du, Fremder?“ fragte sie den Griechen lispelnd und mit einer Unschuld, die dem Vater misshagte.

„Aus Thrazien“, räusperte er sich, des Zs wegen, wie Karl meinte, das er dem Mädchen ersparen wollte, wiederholte den Namen dann aber, als die Barbaren ihn nicht kannten. „Aus Thrazien, mein Kind, das zu Europa zählt.“

„Ach so“, sagte sie.

„Immerhin“, sagte Karl, „gibt es hier ein Theater. Bei uns hat man das so wenig gekannt wie Städte und Straßen.“

„Echt?“ meinte das Mädchen und legte, den Duft nach Butter behielt sie bei, die Brote ab.

„Ja, echt. So ein Drama ginge bei uns schon rein theoretisch nicht“, erklärte er kühn und wusste, als er es aussprach, dass das Wort „theoretisch“ dem Griechen aus Thrazien gefallen musste. „Theoretisch“, sagte er, „fehlt uns einfach der Platz, um ein Drama aufzuschreiben. Bei uns ritzt man Runen in Stäbe aus Holz.“

„Wieso das denn?“ fragte des Wirtes Tochter, und die Tischnachbarn, inspiriert von ihrer fülligen Gegenwart, begannen zu kichern.

„Aus dem Holz der Buche“, wich Karl der Frage aus, „und wisst ihr, wie bei uns diese Stäbe heißen? Buchstaben. Literae.“

Das war zu komisch. Da lachten auch die Tischnachbarn und lobten den Sinn für Humor, mit dem Karl sich das ausgedacht habe.

„Hol uns Wein“, schickte der Grieche aus Thrazien des Wirtes Tochter fort, „einen Krug von dem kräftig geharzten“, und begann beschwingt zu berechnen, wie viele Meter, ach was, Kilometer Buchenstäbe man brauchte, um einen einzigen Ödipus zusammenzulegen. Während er das tat, einen Griffel und eine Schiefertafel zu Hilfe nehmend, die er aus seiner Toga zog, und der Wirt seine Runde fortsetzte, rückte der äußerste Tischnachbar, der eine Augenklappe trug, an Karl heran.

„Du hast Sinn für Humor", sagte er und grinste, seine Zahnlücken zeigend, „was machst du hier?"

„Ich bin Kutscher."

„Ah ja? Und was kutschierst du?"

„Was du willst", sagte Karl, was nicht ganz der Wahrheit entsprach, da sein Kaufherr in Rom es war, dessen Wille die Frachten bestimmte, „Öl und Wein aus Gallien, Flachs und Kork aus Iberien, Haut und Haar der Germanen."

Der Einäugige lachte, und mit ihm lachten die Nachbarn am Tisch, denen das Ganze spanisch erschien. Den letzten Schrei in der Hauptstadt kannten sie nicht, wussten nichts von den römischen Herren, die ihren Damen Perücken kauften, um ihnen auf Orgien die nötige Wildheit zu schenken, blondes Gold, wie sein Herr die Büschel nannte, wenn er sie misstrauisch nachwiegen ließ.

Während der Grieche aus Thrazien sich offenbar zu viel auf seiner Schiefertafel zugemutet hatte und die Ankunft des Weines, den ihm des Wirtes Tochter stark geharzt kredenzte, zu einer Ausflucht nutzte, wurde der Einäugige Karl gegenüber geheimnisvoll: „Wir hätten", raunte er, großspurig in die Mehrzahl wechselnd, „eine leichtere Arbeit als Kutscher für dich."

„Komm her, mein Kind", rief der Thrazier des Wirtes Tochter zu, beseelt vom Harz des Weines, den er nun unverdünnt trank. „Folg mir in die Tonne des Diogenes", ergriff er ihr Knie mit der Rechten, „in des Archimedes Wanne", mit der Linken nun auch, „um dort den Kelch, ahem, des Sokrates zu trinken."

„Lass das“, lispelte die Tochter und meinte das Unanständige damit, das sie in seinen Worten hörte, löste sich kühl und ging an die Theke zurück, wo ihr Vater sie fragend erwartete.

„Echt“, raunte der Einäugige, „das wäre etwas für einen wie dich.“

Karl wusste schon, als er das Grinsen der Tischnachbarn sah, dass das nichts für ihn war. Während der Thrazier, beim Wein ein Barbar, sich mit Anstand erhob und vorsichtig Stütze suchend, Haltung wahrend, die Taverne verließ, weihte der Einäugige Karl in sein und ihr Geheimnis ein, ohne dass dieser danach gefragt hatte. Einen Platz als Chauffeur bot er ihm an, im Namen auch der anderen sechs, die nickend am Tisch dort saßen, im Dienst des Senators persönlich, der an der Sequana gern Statthalter wäre, warmes Essen am Abend, Wein und Brot in Hülle und Fülle, die Dienstuniform, auf welche die Frauen flogen.

„Ihr habt Sinn für Humor“, sagte Karl, der wohl wusste, was der Einäugige in seiner Großspurigkeit unter Chauffeur verstand. „Doch für die Sänfte eures Herrn müsst ihr euch einen anderen Träger suchen. Nichts für ungut. Ich liebe die langen Straßen zu sehr, den Geruch der Pferde im Wind, um mich in meinem Alter auf das Gewimmel der Fußgänger einzulassen.“

„Schade“, sagte der Einäugige.

„Ja, schade“, meinten auch die anderen und begannen wieder zu schweigen.

Das waren des Senators eingeschworene Träger, Pech und Schwefel seit ihren Jahren auf der Galeere, Achtlinge, obwohl sie nur zu siebt in der Taverne saßen. Den achten hatten sie verloren, wie der Einäugige meinte, achselzuckend seine Arme zur geschwärzten Decke hob, an eine Sirene von Frau, die in einer Höhle hauste. O ja, das beklagten sie alle.

Des Wirtes Sohn durchquerte die Taverne und kam zu Karl. An den Tisch gelehnt, um seine Schiefheit auszugleichen, teilte er ihm mit, dass die Pferde angespannt waren. Es war Zeit aufzubrechen. Im Ruß der Öllampen warf er dem Wirt zwei Sesterzen zu und küsste der Tochter, die frische Brote vor den Brüsten trug, auf die Wange, sog noch einmal den Duft ihrer Butter ein. In der Kühle des Morgens, auf dem Hof bei den Pferden schätzte Karl sich glücklich, im Imperium Romanum kein Träger zu sein.

Im Auge Claudines kehrte am helllichten Tag die Müdigkeit ein. Karl verkroch sich in eine der hinteren Höhlen und schlief, bis die Kälte ihn weckte, die mit der Dunkelheit gekommen war. Der Sternenhimmel war klar. Im Westen gab der Leuchtturm den vorüberziehenden Schiffen die Küstenlinie an, auf der Landzunge im Osten ruhten Scharen von Möwen. Dem Meer in seiner ganzen Breite zugewandt saß Karl auf seiner Felsenbank. Mit einem Ochsenfuhrwerk sah er sich durch die Nacht fahren, das Tageslicht der Wegelagerer meidend. Über den Mond, der in seiner Fülle ruhig am Himmel stand, zogen flüchtige Wolken. Den schmalen Pfad begrenzte zur Linken hohes, dichtes Bambusschilf, dessen obere Blätter wie Fahnenzipfel im Wind wehten und unruhige Schatten warfen, in denen Karl bisweilen Fledermäuse zu entdecken glaubte. Zur Rechten stießen schroff die Felsen an, flacher nun, aber das Fuhrwerk noch immer überragend. Durch das Gebirge war er gekommen, von Norden her, und näherte sich dem Tejo. Er hatte Pergament geladen, das den Mönchen durch den Winter reichen sollte, und ein Bündel geweihter Gänsekiele, aus denen die Tinte beseelt wie das Blut Jesu Christi floss. Er reiste im Schutz der Dunkelheit nicht aus Furcht vor dem Hunger der Diebe, sondern vor ihrer Unwissenheit, aus der sie schon einmal die Ladung in Flammen gesetzt und zu Asche verbrannt hatten, verärgert über ein Gut, mit dem sie nichts anzufangen wussten. Karl trieb die Ochsen zur Eile an, in der ihr schwankender Gang eine spielerisch tänzelnde Eleganz erreichte, die in komischem Gegensatz zu ihren plumpen Körpern stand und ihn bei aller Gewohnheit noch immer amüsierte. Frade Henrique, der einem Gelübde verpflichtet in ewiges

Schweigen verfallen war und dessen ungeachtet der Prediger hieß, erwartete mit Ungeduld die Ladung, denn er wusste seit Wochen nicht mehr, wohin mit seinem Zorn, mit dem er schriftlich auf den Zustand des Abendlands schimpfte, den Verfall der christlichen Sitten, die Auflösung der Dienstverhältnisse, in denen sich die ewige Ordnung spiegelte, die von Gott so gewollt war. Karl lächelte, dachte an den Klosterkoch, der über den Pfannen und Töpfen à la Enriques zu schwadronieren pflegte und Verbranntes und Versalzenes damit den Sündern in die Schuhe schob, die, Gott vergib, das Abendland verdarben und seine Küche dabei nicht verschonten.

Als das Kloster im Vollmond auftauchte, auf seinen Hügel gestreckt, so weit entfernt noch, dass der Fackelschein, der die Kammern der wachenden Mönche erleuchtete, sich stumpf im Dunkel verlor, wurde die Landschaft zu Seiten des Pfades lieblicher, heimischer, von Akazien und Korkeichen bewachsen, von Zistrosen die den Horizont säumten. Karl sah den Augenblick voraus, in dem er durch das Tor fahren und man sogleich Henrique rufen würde, den Bruder Prediger, um ihn aus der Darbnis der schriftlosen Zeit zu erlösen. Er würde Karl umarmen, ihn küssen in demselben sprachlosen Überschwang, in dem er aus Ärger die Federn zerbrach und dann im Schmerz darüber weinte, würde ihm eine Rolle Pergament entreißen und dann auf Tage in der Einsiedelei seiner Kammer verschwinden, von wo aus er jeden, der seine Predigten zu stören wagte, stumm mit dem Tintenfass bewarf.

Bevor die Ochsen in ihren wildschweinartigen Trab verfallen konnten, verlangsamten sie ihren Gang, ohne dass Karl dieses wollte, und wären störrisch wie Esel stehen geblieben, wenn er sie nicht beruhigt und ermuntert hätte, unsicher selbst, da etwas nicht stimmte. Auch er sah die Männer nun, zählte sechs im Licht des Mondes, die um einen Feigenbaum herum am Hang in der Hocke kauerten und in auf- und abschwellenden Sätzen erregt miteinander sprachen, ohne dass sie die Ankunft des Fuhrwerks wahrgenommen hatten. Karl wog die Entfernungen, suchte die Landschaft nach Baumwollpflanzen ab, die sich aus dem Klostergarten bis hierhin versamt haben konnten. Wie das Wort Gottes, dachte er, als er die ersten entdeckte, und beschloss, die Tiere anzutreiben, zügig weiterzulenken, um den Schutz des Klosters zu suchen, Sichtweite, Rufweite, wo er eine Fackel entzünden und den Lärm der Hölle hervorrufen würde. Als er die Höhe der Männer erreichte und auf den Kutschbock geduckt zum Hang hinaufschielte, hatte sich einer von ihnen aus seiner Hocke erhoben, suchte mit Mühe sein Gleichgewicht, da ihm die Füße eingeschlafen waren, nahm einen Krummstab als Stütze dabei zu Hilfe und griff einen großen, nach oben gespitzten Hut vom Boden, den er sich auf den Kopf setzte. Auch wenn er dem Pfad mit dem Fuhrwerk den Rücken zuwandte, erkannte ihn Karl nun deutlich und zügelte die Ochsen. Es war der Bischof, der des Klosters schwere Weine schätzte.

„He Bischof", rief er erleichtert hinauf, „Ehrwürden, Herr. Ist alles in Ordnung?"

Der Bischof erschrak, fuhr überrumpelt herum, um zu sehen, wer ihn dort im Mondschein rief, und sagte: „Mein Sohn", und dann, nach einem Augenblick des Zögerns, in der zaudernden Vorahnung schon, dass hier Hopfen und Malz verloren waren „hier ist alles in Butter".

Dass jener dort nicht der Bischof war, erkannte Karl auch ohne die Worte, die eines solchen nicht würdig gewesen wären. Denn so häufig der Herr auch das Kloster besuchte, so hatte er doch, ganz im Gegensatz zu einem seiner Träger, der eine solche benutzte, nie eine Augenklappe getragen. Karl hielt das Fuhrwerk an, liebkoste seine Ochsen, flüsterte ihnen Komplimente in die Ohren, die ihrer Aufmerksamkeit galten, und stieg neugierig den Hang hinan.

Es waren des Bischofs kahl geschorene Träger, sechs an der Zahl, aus denen der Einäugige im Gewand ihres Herrn hervorragte. Sie hatten schon lang dort gekauert, schwankten alle, als auch sie sich erhoben, und vertraten sich rhythmisch die Beine, als Karl sie erreichte. Obwohl das Mondlicht den Ton ihrer Gesichter zu einem fahlen Lila bleichte, erkannte er die Röte darin wieder, mit der sie den Bischof gewöhnlich zu seiner Konkubine brachten.

„Hallo Jungs", sagte er, „was macht ihr denn hier?"

„Nichts von Bedeutung", meinte der Einäugige und bezog es sogleich auf sein Bischofsgewand, an dem er teilnahmslos zupfte, so als wisse er auch nicht, was der Unsinn solle. Einer der sechs aber weinte, gerade der Größte von ihnen, der eine zarte Seele besaß, und verdarb ihm die lässige Haltung, in der er sich unwissend stellte.

„Das können wir unserem Herrn nicht antun", schluchzte er, „wir sind ihm zu Dienst verpflichtet."

„Von wegen", tat es der andere einäugig ab, „der Dickwanst hätte besser auf seine eigenen Dienste achtgegeben, hätte mehr seinem Gott als Lilli dienen sollen."

An den Klosterkoch dachte Karl, dem er neben den Resten vom Tisch des Abtes auch eine Bildung verdankte, wenn dieser über der Glut seines Herdes, im Dampf des kochenden Wassers, im bitteren Rauch des Verkokelten auf die Dreiheit der Dienste schimpfte. Ja, ja, auf dem Dienst für den Herrn und dem für Gott, da reite der Prediger störrisch herum, auf dem Frauendienst gar, der im Kloster doch gar nicht in Frage kam. Um den Küchendienst aber, da schere er sich so wenig wie alle anderen, solange es ihnen schmeckte.

„Vergeßt nicht", fuhr der Einäugige bischöflich fort, während Karl noch in der Klosterküche war, „wie er uns zum Dienste triezte, wenn es zu Lilli ging. Aus lauter Geilheit hat er uns geschunden, bis uns die Zunge aus dem Halse hing, und dann in seiner Sänfte vor Lust uns einen vorgestöhnt. Nein, nein, alles, was recht ist."

„Trotzdem", sagte der Große, „war er unser Herr."

„Wisst ihr nicht mehr", fragte der Einäugige, „wie oft er die Messe verschlief und uns seinen Rausch in die Schuhe schob, wofür wir dürsten mussten?"

„Trotzdem“, sagte der Große.

„Wo ist er denn?“ fragte Karl, aber die beiden kümmerte es nicht, sie setzten unverzüglich ihr Gespräch fort, in dem die dunkle Gestalt des Bischofs unter dem beifälligen Nicken von vier seiner Träger zunehmend dem Wein und seiner Konkubine verfiel und sich dabei einem unchristlichen Niedergang anheimgab, dem der Große mit seinem guten Herzen immer wieder nur sein „trotzdem“ entgegensetzen konnte. Die Frage, wo ihr Herr geblieben war, hatten sie in der Erinnerung an seine Verdorbenheit verdrängt, und sie erschraken, als Karl sie noch einmal stellte. Der Einäugige zeigte wortlos in den Feigenbaum hinein, dessen Äste sich wie die Finger einer hohlen Hand zu Boden senkten und eine Kuppel dabei bildeten. Dort lag er, der Herr Bischof, von der Natur beschirmt, und glich in seiner blassen Nacktheit mehr dem Schwein als dem Schweinepriester. Vom Schlag getroffen war er, wie sie erklärten.

„Ereilt“, sagte der Große gutherzig, „der Schlag hat ihn ereilt, als wir ihn zu Lilli trugen.“

Auf dem Hügel im Mondlicht am Feigenbaum, dort, wo die Baumwolle des Klosters sich schon versamte, bewachten des Bischofs treue Träger ratlos den Kadaver ihres Herrn, denn sie wussten nicht, wohin damit. Sie rechneten mit der Schlechtigkeit der Menschen, die ihnen seinen Tod zu einer Untat münzen würden, und hätten ihm gleich dort den letzten Dienst erweisen wollen, an geweihtem Ort sogar, wozu der Einäugige sich schon als Bischof vorbereitet hatte, wenn nicht der größte von ihnen mit Gott so empfindlich gewesen wäre.

Karl ging mit ihnen in die Hocke, und sie beratschlagten, bis die Füße eingeschlafen waren und die Ochsen wegen der Kälte unruhig wurden. Vom Licht der Wahrheit sprach er zu ihnen, das der Prediger in seinen Schriften scheinen und der Koch auf seinem Kupfer glänzen ließ, von den Flammen der Ehrlichkeit, die das Böse im Menschen verbrannten wie Kalk verwesendes Fleisch. Die Augen des Großen glänzten, bis schließlich der Einäugige, der zugab, dass er nichts Besseres wusste, seinen Plan, den Grund zu weihen, fahren ließ. Noch vor Morgengrauen packten sie den Bischof in seine Sänfte, nackt wie im Rausch, in dem sie ihn zu Lilli hatten bringen sollen, und bedeckten ihn mit seinen Insignien. Erschrocken stellten sie fest, dass noch im Tod sein Bart gewachsen war. Der Einäugige deutete es neidlos als Zeichen der Manneskraft, der Große als das der Auferstehung, die ihnen bevorstand, und rieb ihn, damit er sich dafür frisch erhalte, mit Eukalyptusblättern ein. Als sie das Kloster erreichten, des Bischofs Träger voran, erschöpft von durchwachter Nacht, mit gebührlich gesenkten Köpfen, empfing sie auch Frade Henrique, der hinter ihnen sein Pergament und seine Gänsekiele angekommen sah. Sein stummes Lächeln sprach Bände von Verachtung und Dankbarkeit, als sie den Vorhang der Sänfte zur Seite schoben, und bestätigte, dass Karl mit seiner Rede an die Träger letztlich recht behalten sollte. Im Licht von Wahrheit und Ehrlichkeit und in Erfüllung von Gottes unerforschtem, aber in diesem Fall doch klarem Willen wurde Lilli, deren Brüste hart wie Hundezitzen waren, dem Feuer des Scheiterhaufens überantwortet, während man des Bischofs kahle Träger ungeschoren ließ. Dem größten von ihnen aber brach es sein gutes Herz. Den Dienst an Gott und Herrn quittierend verließ er seinesgleichen eines Nachts, um in der Welt das Weite zu suchen.

Auf seiner Felsenbank saß Karl, dem Meer in seiner ganzen Breite zugewandt, als der zweite Tag im Auge Claudines schon gegen Mittag ging, und versuchte sich in das Europa der Neuzeit zu sinnieren, aber es fiel ihm schwer. Er entdeckte sich noch im Strom der Flüchtlinge, der sich von Konstantinopel in das Abendland ergoss, nachdem die Türken die Stadt und damit die Reste des römischen Reichs erobert hatten, sah sich eine Fuhre verschreckter Gelehrter kutschieren, die Zentner von Manuskripten auf ihren Knien umklammert hielten, Thrazien, Mazedonien, Albanien hindurch, Tag um Tag, Nacht um Nacht, bis sie nach stürmischer Meerfahrt den Hafen von Brindisi erreichten. Aber nach wenigen Stunden nur, einigen Gläsern in einer der dunkleren Seitengassen, hatte man ihm die Pferde gestohlen und die Gelehrten, die hoch nach Ravenna wollten, begannen in einem Griechisch zu zetern, das ihm eher dem Thrazischen glich. Sie hätten keine Zeit zu verlieren, empörten sie sich käsig, müssten das Erbe des Altertums retten, und schimpften ihn, der sich achselzukkend auf den Willen Gottes berief, des Allmächtigen, einen mittelalterlichen Banausen, so dass er sie schließlich ziehen ließ, auf Schusters Rappen seinetwegen, die Schriften in Steigen mit sich schleppend wie die Bauern ihr Obst. Während sie in Europa damit die Renaissance begannen, den Menschen in die Mitte des Weltbilds rückten und Gott daraus verdrängten, war Karl, ein Kutscher ohne Pferde, in Brindisi versackt.

Erfolglos blieb der Versuch, in das Florenz des Machiavelli zu gelangen, der Europas Schöpfer- und Kampfeskraft pries, um diese aus dem Wettstreit seiner Einzelstaaten herzuleiten. Vor dem Stadttor ließ man ihn und sein Fuhrwerk stehen, das mit Tuchen aus Flandern beladen war. Da half kein Sinnieren. Selbst schuld, kanzelte die Wache ihn kurzerhand ab, warum fahre er nicht für die Fugger. Die Fürstenhöfe der Neuzeit hätte Karl am liebsten in weiten Bögen gemieden. Er verachtete sie, wenn sie ihr Volk verbrauchten, misstraute ihnen, wenn sie sich dessen Wohl auf die Fahnen schrieben. Rollte er vor ihre Treppen, mit Perücken und Puder beladen, mit Spitzen und Spezereien, beeilte er sich, zurück in den Straßenstaub zu kommen. Im Auge Claudines lehnte er es rundweg ab, sich auf ihr Europa einzulassen, das sie einer Waage verglichen, in deren Schalen ihre Reiche liegen sollten, um schön das Gleichgewicht zu halten. Bedeutete es doch nur, dass alles beim Alten blieb und sie ihre Pfründe behielten. Noch bevor er ihre Bilder in den Himmel denken konnte, hatten sie ihn abgestoßen.

Als Postkutscher versuchte er es, sog auf dem Weg von Berlin nach Königsberg den Wind der Aufklärung ein und blies den Ruf nach Freiheit und Gleichheit in sein Horn, dessen Messing im Morgenlicht glänzte. Eine Freude am Leben hatte ihn auf dem Kutschbock ergriffen, der Glaube an das Gute im Menschen, an eine Zukunft, in der Europa gerecht und republikanisch war. Ein französischer Herr war sein Fahrgast, mit dem vier Soldaten in preußischer Uniform reisten, ein Philosoph, wie sie belustigt meinten, den sie zu Kant begleiten mussten. Wie ein Rohrspatz schimpfte er, nannte den König, der nichts von Geschäften verstehe, wiederholt einen „grand emmerdeur", bis die vier ihm zur Vorsicht den Mund verboten und schließlich die Hand darauf legten, sobald er zu sprechen begann.

„Junge, Junge, so ein Schlingel", meinte der eine erhitzt, als sie am Straßenrand zusammen sein Glasauge suchten, das ihm im Gerangel herausgesprungen war.

„Franz-Maria", sagte der kleinste von ihnen zum Trost, „ist doch als Name blöd genug, so als wenn er der Sohn der Jungfrau wäre, aber dass sich der Kerl noch Voltaire nennen muss" – „Voltääär" sagte er und zeigte sein Zäpfchen im Hals –, „schlägt dem Fass glatt den Boden aus."

Kant war, als sie Königsberg am Nachmittag im Regen erreichten, nicht zu Hause. Voltaire war außer sich, nannte es wiederholt eine „grande merde", worauf die vier mit den Augen rollten und sich wieder zum Suchen bücken mussten. Es sei schließlich schon vier, meinte die Dienerin kühl. Sie trugen Voltaire zu viert in die Kutsche zurück, aber nur drei sprangen auf, als Karl den Pferden die Zügel ließ. „Voltääär", rief ihnen der Kleinste nach und riss die Arme in den strömenden Regen, „Emmerdööör". Kant drehte seine Runde und dachte, während die Nachbarn die Uhr nach ihm stellten, durchnässt über die Größe des preußischen Königs nach.

Die Unsterblichkeit der europäischen Fürsten, an denen die Dichter und Denker sich alle die Zähne ausbissen, verwirrte

Karl im Auge Claudines. Selbst an den reinen Tisch der französischen Revolution, tabula rasa, setzte sich prompt wieder ein Kaiser, und auf die Befreiungskriege, die diesem galten, folgte flugs die Heilige Allianz. Es war ein Kreuz mit ihnen. Selbst als man von Nationen und nicht mehr von Fürstentümern sprach, war Europa nach ihrem Muster aufgeteilt, beherrscht zum Wohle weniger, bemäntelt mit dem Patriotismus der meisten. In dem ewigen Waffengerassel verlor Karl die Lust, das erste Auto zu fahren, sah Daimler und Benz auf den Straßen von Stuttgart und Mannheim mit ihren Vehikeln die Kinder verschrecken, hörte die Mütter empört nach dem Schutzmann rufen, Schutzmaaan, aber er stieg nicht ein, traf sie so wenig wie diese sich selbst. Es blieb ein Kreuz mit Europa. Je näher das eigene Jahrhundert kam, desto flüchtiger gerieten ihm die Bilder, allein schon, um sich vor ihnen zu schützen. Die beiden Weltkriege, deren Namen es vorher nicht einmal gab und die doch einander folgten, eins – zwei, wie der Donner dem Blitz, verdrängte er schließlich, betrachtete sie als Alptraum, in denen die Heiterkeit der Geschichte keinen Platz mehr fand, und als das Grauen vorüber war, nahm er auch Churchill in Zürich als Tagtraum nur wahr, die vereinigten Staaten Europas, die nun endlich entstehen sollten. Da war es wieder, das alte Asien der Griechen, das nun Sowjetunion hieß, das Schattenreich, gegen das sich Europa rüsten musste. Die Räte und Pakte, die Gemeinschaft und die Union, die aus ihnen entstand, blieben ihm Schnee auf dem Kilimandscharo, weit weg in Afrika. Er sah schwitzende Politiker, die das Wort Europa wie eine Praline im Munde führten, sah die hageren Wirtschaftsmagnaten, die säuerlich von ihrem Abstieg sprachen, und war so erfüllt von Überdruss, dass er das Auge Claudines zu verlassen beschloss. Den drei Seeräubern, die er erwartete, riet er, sich fernzuhalten, aber sie wollten nicht hören.

Es regnete Flocken, schneite Tropfen, als Karl den Rückweg zur Klippe suchte. Eine Zaghaftigkeit überkam ihn, als er die Felsen hinaufstieg, die Furcht, dass Europa nur eine Schimäre wäre, dass er Erling nicht verstanden hatte. Erschöpft und enttäuscht kaufte er im Conquérant eine Flasche Calvados, die er zum großen Teil bezahlte, und floh auf die Klippe. Während das Feuer die Kleidung trocknete, warf er all seine Zettel hinein, die schneller verbrannten als billiges Blech. Er hätte weinen wollen und nahm sich dann doch einen neuen, der weiß wie die Jungfrau war. Auf diesen schrieb er: Europa ist eine Königstochter. Sie pflückt Rosen am Ufer. Dann legte er sich schlafen. Er träumte von dem Tag, als die wilden Normannen in ihren flinken flachen Drachenbooten zum ersten Mal in ihrem Leben auf eine Kogge trafen und unter dem üblichen Kampfgebrüll ihren Enterangriff fuhren. Vor Zorn zersprangen sie am Bug, betrogen, über den Rudertisch gezogen, als man vom Koggendeck ihnen nur lässig auf die Köpfe spuckte und sie um den Garaus brachte, den sie dort oben hätten anrichten können. Karl lächelte. Ein leichtes wäre es ihnen gewesen.

Am Morgen nahm er in Capville den Bus nach Caen und heuerte am selben Tag noch als Fahrer an, bei Fulbert fils, einer Bettenfabrik.

13. Kapitel | DIE TOCHTER DES COLONELS

Nach Wochen des Wartens bei Regen und Sturm stachen sie endlich in See und verließen die Mündung der Somme. Der Wind trug den Schall der Trompeten nach Süden. Sie zogen die Riemen bald ein, steckten die Pfropfen in die leeren Dollen und setzten die Segel. Nur die Steuerruder tauchten rechts außen am Heck noch ins Wasser. An den Spitzen der Masten brannten Laternen, in deren Schimmer am Bug die Drachenköpfe durch die Wellen drängten. Mondlos war die Nacht und bedeckt. Tausend Schiffe waren unterwegs, Tausende normannischer Krieger darauf, Grafen aus Flandern, Barone aus der Bretagne Glücksritter und Abenteurer von überall her, die davon träumten, reich zu sein, von Beute die Knechte, von Klöstern und Burgen die Herren. Wo in England sie landen würden, wussten sie nicht, aber ließen nicht ab von ihrer Zuversicht. Die Zeit, sich zu rüsten, war reichlich gewesen, Schwerter und Schilde waren gerichtet. Äxte, Spieße, Bögen, alles, was sie brauchten, hatten sie an Bord gebracht, Sättel, Helme, Kettenhemden schon im Morgengrauen. Die Pferde hatten nicht gescheut, auch alte Schläuche noch den Wein gehalten. Das habe das Beten gemacht, sagte mancher, der Starrsinn Wilhelms beim Feilschen mit Gott, der dann doch noch den Wind nach Süden lenkte, die Tochter annahm, die dieser zur Nonne weihte, die jüngste, fünf Jahre erst alt. Selbst dass sie anfangs abgedriftet waren von der Mündung der Dive, war letztlich nur Fügung gewesen, denn sieben Nächte lang hatte Halleys Komet am Himmel gestanden und konnte nur Gutes bedeuten. Da hatte auch der Geist des alten Jarl Godwine nichts mehr vermocht, der König Edward, den Schwachen, geknetet hatte und darüber erstickt war, an einer Kruste im Hals. Der Segen des Papstes reiste mit ihnen und

Bischof Odo aus Bayeux, der Wilhelms Bruder war. In England aber würden die Wickinger und Harald Haarderaade sie erwarten, der Blaugewandete, und mit den Doppeläxten den Acker schon bereitet haben. Ja selbst das Recht war eigentlich auf ihrer Seite, denn Harold, Sohn des Jarl, der sich König von England nun nannte, war nichts weiter als Wilhelms Vasall, was er geschworen hatte mit eigener Hand auf einen Reliquienschrein.

Am Morgen des 29. September gingen sie bei Pevensey an Land, verwüsteten das, was sie fanden, und zogen, als nichts mehr zu finden war, nach Hastings, wo gutes Plündern war, auch wenn die Bevölkerung zusehends abnahm dabei. Ein Bote Harolds traf ein, um ihnen anzukündigen, er werde sie alle ins Meer zurück jagen wie ein Rudel mongolischer Köter, was den Herzog erzürnte, mongolisch vor allem, so dass er den Boten vierteilen ließ. Die Nacht zum 13. Oktober verbrachte Wilhelm betend mit seinem Heer. Im Morgengrauen brachen sie auf, um die Engländer zu suchen, und fanden sie auf einem Hügel im Landesinneren. Müde waren Harolds Truppen noch, nach den Siegesfeiern verkatert, dem Triumph über Harald, den Blaugewandten, der das, was er versprochen hatte, nicht hatte halten können. Erschöpft von ihrem Marsch nach Süden, waren sie dennoch zehntausend. Harold hieß sie einen Halbkreis bilden, eine Schildburg so dicht, dass selbst die Toten darin standen, da sie nicht fallen konnten. Kalter Tau lag auf dem Gras. Wilhelm sprach zu seinen Männern, stellte sie vor die Entscheidung, wie Hühner geschlachtet oder wie mongolische Köter ins Meer getrieben zu werden, wenn sie nicht siegen wollten. Da bliesen sie zum Angriff Trompeten und sangen laut aus dem Rolandslied. Die Bogenschützen rückten vor, die Reiter folgten ihnen. Schwerter, Äxte, Speere, dem Bischof von Bayeux die Keule, da ihm das Schwert nicht ziemte, alles wandten sie an, aufs Neue immer wieder, doch den Ring zu durchbrechen, gelang ihnen nicht. Die Engländer, zehntausend noch immer, ob tot oder nicht, sie wollten und konnten nicht weichen. Listig entschloss sich Wilhelm da, so zu tun, als ob sie genug davon hätten, und schickte die Reiter zum Schein in die Flucht. Die Engländer witterten Morgenluft, obwohl es längst Nachmittag war, und gaben sich ihrem Ende preis, indem sie die Verfolgung begannen. Fünftausend fielen, ob erst jetzt oder vorher schon tot, und konnten es nicht mehr verhindern, von den Normannen entkleidet zu werden. Harold aber wurde von einem Pfeil getroffen, mitten ins Gesicht, und musste auf diese Art den Thron schon wieder räumen. Am Weihnachtstag des Jahres 1066 war Wilhelm an der Reihe. In der Westminster Abbey krönten und salbten sie ihn, den Herzog der Normandie, zum König von England.

Karl der Fahrer lernte den Eroberer und das, was dem gelungen war, bei einem Colonel kennen, am ersten Tag sogleich, als er vor diesem stand und vor jenem Bild, das pompös gerahmt an der Wand hing. Ein Ausschnitt war es nur, eine Abbildung aus einem Teppich, deren lebendige Einfachheit dem Prunk des Rahmens widersprach. Zwischen einem Schrein und einem tragbaren Altar stand Harold darauf als schwebender Tänzer, den luftig ein Cape umwehte, und hielt anmutig nicht nur die Arme, sondern auch die Hände von sich gestreckt, um beide Gegenstände leicht gebeugt mit Würde zu berühren. Links daneben, erhöht auf seinem Herzogssitz, saß Wilhelm über ihm, um des Eindrucks willen, den es machte, ein Schwert zur Hand, und wies mit dem Finger hinüber: Seht, seht, was Harold da jetzt macht, der Sohn des alten Jarl, den ich bei Dinan selbst zum Ritter schlug. Er, der schon meine Tochter zur Frau erhielt, eine vierzehnjährige Jungfrau, schwört mir Gefolgschaft nun auch, um niemals König von England zu werden und bei Hastings den Tod zu vermeiden.

Als Karl Arbeit fand, Bücher ade, höchste Zeit, war in der Nacht davor ein Winterhagel auf das Land gefallen, hatte in Blechdächer, Motor- und Kofferraumhauben das Geriffel von Backformböden geschlagen, über das die Besitzer die Hände strichen und auf die Versicherer schimpften, die sich mit höherer Gewalt aus ihren Pflichten stahlen. Straßenkehrer schaufelten das perlige Gekröse in Rinnsteinen zu Rändern auf.

Fulbert, der Colonel, saß hinter seinem kolossalen Schreibtisch und blieb dort aus Gewohnheit sitzen, als Karl das Büro betrat. Von der Stattlichkeit, die er als junger Mann besessen hatte, war dem Patron im Alter ein großer Bauch geblieben, den eine Aura von Monumentalem umgab, so als könne man in der Erinnerung an die Vergangenheit Blumen auf ihm niederlegen. Der dunkle Anzug, den er trug, die Weste darunter, das weiße, frisch geschnittene Haar, das makellos gescheitelt war, das fahle, wächserne Gesicht des Totengräbers schließlich legten die Vorstellung nahe, er wohne der eigenen Messe bei. Nicht dass Karl das Gespinst beim ersten Mal sogleich entstanden wäre, es spann sich im Laufe der Zeit erst zusammen, da er den Colonel nur dort und immer nur sitzen sah, als Büste also, im muffigen Duft der Möbelpolitur, die Schreibgeräte vor sich wie die Ablage, auf der sie stets auch lagen, die Schere im Lederschuber, das unverrückte Briefmesser, die Löschwiege im Gleichgewicht und andere Dinge des Gebrauchs, die hier nur als Schaustücke dienten, als Grabesgaben für danach.

Mit Wohlwollen bemerkte der Colonel, dass Karl das Bild betrachtete, das hinter ihm hing, in Höhe seines Kopfes und so nah neben ihm, dass man es sehen musste, wenn man ihn selbst auch sah, den Herzog also und den Colonel mit jenem Möchtegern von König, der dort sich soeben verchwörte. Fulbert, das spürte Karl seinerseits bereits am ersten Morgen, verehrte seinen Herzog als eigen Fleisch und Blut, sah sich als dessen Petrus, der ihn, den großen Vorfahr, auf Erden nun vertrat und für ihn focht, wenn dieser selbst, da tot, nicht konnte.

Dem Colonel gegenüber aber, ihm zugewandt an einem zweiten Schreibtisch, so dass man in der Klemme zwischen ihnen stand, saß seine Tochter Arlette. Karl sah ihr nur beim

Eintritt ins Gesicht, als er sie fälschlich mit Madame begrüßte, und dann zum Abschied noch einmal, als sie es wieder nicht verbesserte. Während er zwischen ihnen stand, nahm er nur den Duft ihres Kölnisch Wasser wahr, der in der Heizungswärme von den Fenstern herüber strömte, so dass sie ihn beim nächsten Mal, als sie dort wieder saß, verwirrte, weil er nicht wusste, ob er sie schon kannte.

Ob Karl, fragte der Colonel, denn Möbel schon gefahren habe, Betten, um genau zu sein, da diese ein besonderes Feingefühl erforderten, französische zumal, die er bis München exportiere, und gab sich delikat dabei, als stelle er Schreine zum Schwören her. Ob der Monsieur in Arromanches denn schon gewesen sei, wollte er wissen, die Süffisanz, die Karl nicht verstand, im Tonfall nicht verhehlend. Dass er, der Colonel, Statthalter des Herzogs schon, den General de Gaule auf Erden auch vertrat, erkannte sein Fahrer in der Rückschau erst, nachdem er den Ort besucht und das Museum dort besichtigt hatte, die Invasion der Alliierten und den Untergang der Wehrmacht in Schaukästen mit Plastikpanzern darin. Hastings und Arromanches bereiteten dem Colonel einen geschichtlichen Genuss, zwei Namen wie Fleischkonzentrat, in denen das Fiasko des Führers sich fand, jenes Errn Ittler, wie er ihn nannte, der England so gern erobert hätte und dann vom Meer her wie ein Schulbub überrumpelt worden war.

In einem neuen Führerhaus im Zeichen der Raute, in Winterfrische und Weihnachtszeit, begann Karl für den Colonel zu fahren und pflegte Frühjahr und Sommer hindurch, mit den üblichen Brüchen von Chaos darin, seinen LKW wie die See ihren Strand. Erlöst von den Büchern, war er mit acht, neun Tonnen Bettgestell selbst in den Bergen schnell und leer dann auf dem Weg zurück nach Hause ein Flieger, der wagnerhaft die Kleinwagen verschreckte. Fulbert & Fils stand auf dem braunlackierten Auflieger, was auf den Colonel und seinen Vater sich bezog, Lits, Beds und in großer Schrift auf Deutsch darunter: Französische Betten.

Caen, Lisieux, Evreux wurden Karl Namen wie Koblenz und Mainz, Städte, in denen ein Halt nicht lohnte, noch nicht wie umgekehrt auch nicht mehr, beladen gerade erst abgefahren, leer schon fast wieder zuhause. Paris, Verschiebescheibe, nächtliche Windrose in gelblichem Licht, wies ihm die Richtungen, bei St. Denis in den Norden, St. Maurice in den Osten hinaus, auf die immer gleichen beiden Routen, die er bald abfuhr wie ein Eisenbahner, Station nach Station. Kronland, Kornland, Kohleland: Valenciennes als Ziel vor Augen, bis Belgien begann, verschlafen, verloren wie ein kaltes Pomme Frite, zum Schattenreich Lüttich hinan, den Schornsteinminaretten, Abraumpyramiden. Kaiserstadt Aix la Chapelle, bei Tageslicht Aachen. Kronland, Kornland, Kalkland: Königsstadt Reims in Champagner gesalbt, gebettetes Totenverdun, wehrhaftes Metz, Sarrebrück grau in grau an der Sarre. Karl begann erneut, im Rhythmus der Wochen zu leben, war montags gerne unterwegs und freute sich mittwochs doch schon auf die Gänge am Meer, den Raureif, die frostige Rüstung der Küste, ihr feuchtes Tuch aus Tau, auf die Sommerfrischler aus Paris, die unter großen Schirmen mondän sich vor der Sonne schützten.

An einem Sonntagmorgen im Februar fuhr er hinaus nach Honfleur. Nebel hatte den Hafen überdeckt, die Kreuze aus Masten und Rahen, das Geflecht der Taue und Netze, schwarz, wie von Feuerschwaden umschwelt. Dort traf er Arlette. Sie stand am alten Quai und blickte über das Wasser in das dichte Nichts hinein, das keinen Steinwurf weit entfernt begann. Es war das erste Mal, dass er sie anders als am Schreibtisch sah und mit ihr über Dinge sprach oder zu sprechen doch versuchte, die nicht auf diesem lagen.

„Aber Monsieur“, sagte sie.

„Mademoiselle“ nannte Karl sie.

Sie trug Gummigamaschen über ihren Schuhen, um sie gegen den Regen zu schützen, den sie erwartete. Unter dem Mantel sah einer ihrer Röcke hervor, die alle gleich geschnitten waren und auf ihre Mutter zurückzugehen schienen, die lange schon tot war. Wie immer hatte sie zum Wochenende den Friseur besucht, was ihr einen Ausdruck von Strenge verlieh, die Steifheit der Kleinstadt, und ihr Ertapptsein unterstrich. Sie war kaum jünger als Karl, in einem Alter also, in dem man verheiratet war.

„Kommen Sie aus der Messe?" fragte Karl.

„Monsieur", sagte sie, „sehe ich so etwa aus?"

„Ja", sagte er.

„Was machen Sie denn hier, im Nebel in der Frühe?"

„Nichts."

„Au revoir", meinte sie, „dabei will ich nicht stören", und gab ihm die Hand, um zu gehen. Karl aber hielt sie auf daran, sprach davon, wie schön es war, auf Häfen hinauszusehen, in den Nebel und beides zugleich, sonntags, wenn alles ruhte, und fragte sie, als sie sich für solche allgemeinen Dinge nicht erwärmen konnte, ob sie denn segle oder, wenn nicht, doch gerne reise. Aber auch das tat sie, wie manches andere, an das man bei Schiffen denkt, nicht.

„Ich habe", sagte er schließlich, um dem Gespräch eine Wende zu geben und weil es der Wahrheit entsprach, „mich oft gefragt, was in dem Schrein wohl ist, der neben Ihrem Vater hängt, auf dem Bild mit dem schweren Rahmen. Wissen Sie es?"

Da drehte Arlette sich grußlos um und verschwand wie der Geist aus der Flasche.

„Tant pis, Mademoiselle Arlette", rief Karl ihr nach, dann eben nicht, „alla prochaine", auf ein Andermal dann, und nannte sie heimlich Schnepfe, der nur ein Kopftuch noch zu ihrem Hochmut fehlte. Kein Wunder, schimpfte er in sich hinein, dass sie so lange Röcke trug, schob es auf andere Männer schon, die sie erbittert haben mussten, den Vater als ersten, auf den auch er sich ganz gewiss nicht eingelassen hätte, und musste dann entdecken, dass er beeindruckt von ihr war. Wäre es nicht unzweifelhaft Arlette gewesen, die Tochter des Colonels, ihr langer Rock, ihr fest gelocktes Haar, hätte er sie für jemand anderen halten können, ja, halten müssen, wie er meinte. Diese wenigen Augenblicke lang im Hafen von Honfleur hatte vor ihm nicht die Jungfrau gestanden, die unter der Herrschaft des Vaters, den sie zu siezen gezwungen war, ergeben Frachtbriefe schrieb und in der Enge des Daseins, in der er sie gefangen hielt, geduldig alterte. Nein, die schnippische Stimme, mit der sie alles abgewiegelt hatte, gehörte, so deutete Karl es sich in das Grau des Nebels hinein, zu einer Person, die etwas anderes im Leben noch sah oder suchte, als zwischen Kaffee und Kuchen bisweilen nach Luft zu schnappen.

Am Freitag darauf kam er spät abends zurück, aus dem Harz, Bad Grund, von den Kuren zu zweit, weil es sonst dort nichts anderes zu tun gab. Obwohl es regnete und die kleine Pumpe kein Dach besaß, tankte er auf und sah nach dem Öl, um sich die Nässe beim Aufbruch dafür zu ersparen. Fabrik und Lager waren längst geschlossen, aber im Bureau brannte noch Licht. Er ging hinauf. Der Colonel und seine Tochter saßen an ihren Tischen. „Monsieur", sagte er, „Mademoiselle", bemerkte sogleich den Missmut, mit dem der Colonel den dunklen Wasserfleck betrachtete, der sich dort auf dem Linoleum bildete, und fühlte sich um so mehr im Recht, kurz angebunden zu sein. Nach der nächsten Fahrt fragte er, die nach Frankfurt ging. Na hoffentlich finde er das, sagte er, „au revoir monsieur-dame".

„Monsieur Cruger", rief Arlette, als er in der Tür schon stand, „es ist nichts."

„Was?"

„In dem Schrein, auf den Harold da schwört, ist gar nichts."

„Arlette!"

Da kam der Colonel zu spät, schien einen Augenblick vor Wut tatsächlich aufzustehen. „Ma fille", rief er, „verlass sofort den Raum", und blieb dann selbst doch sitzen.

Arlette verbeugte sich, als hätte sie jetzt zum Friseur gemusst, sagte zweimal „Monsieur" und ging hinaus.

Der Colonel nahm Karl ins Gebet. Er habe, wand er sich, Samariter und Pharisäer zugleich, da gerade etwas gehört, was ein Versehen nur, ein Zufall zum einen und dann auch noch überaus falsch gewesen sei. Es drehe sich, um es so zu nennen, um Harolds verschlagene Einfalt und um die seiner Hofexegeten, die scheinheilig heuchelten, dass das alles nicht gelte, der Eid, der Verzicht auf die englische Krone, ja sich dahin verstiegen, es schlicht einen Tisch zu nennen.

„Einen Tisch?"

„Ein Tisch, oui, mon dieu", nickte der Colonel, „dabei war es ein Schrein, auf den der Prätendent dem Herzog seine Treue schwor, gefüllt mit heiligen Dingen."

„Und mit was?"

„Darüber zu sprechen", sagte der Colonel wie nach des Schreiners Beichte, „ist mir versagt."

Karl sah Harold, den schwebenden Herzog, den Kopf des Colonels umtanzen, der schwer sich hob und senkte. Das, worauf er dort schwor, konnte selbst er nicht für einen Tisch halten. Sein Gesicht drückte dennoch weit eher Gleichmut als Demut aus. Wohl schienen seine Augen in Andacht geschlossen, doch unter dem Schnurrbart entspannte sich lässig sein Mund.

Warum ihm das denn versagt sei, fragte Karl den Colonel, nur um tant pis noch zu sagen, woran er Gefallen gefunden hatte, und ging, als für die Erklärung tatsächlich dasselbe dann galt, tant pis, Monsieur, hinaus.

Als folgsame Tochter war Arlette nicht nur hinausgegangen, sondern hatte auf dem Korridor gewartet, bis auch Karl das Bureau verließ und sie – „ma fille" – zurückgerufen wurde.

„Sie hatten recht", raunte Karl ihr zu, als er vorüberging, „es war in der Tat nichts darin, nicht das allergeringste. Sehen wir uns im Hafen von Honfleur?"

Sie antwortete nicht, war ganz für den Vater gerüstet, nicht um zu streiten, wie er ihren Augen entnahm, sondern der Strafpredigt nur standzuhalten, mit welcher der Colonel sie kriegsgerichtlich überziehen würde. „Au revoir."

Wie er es meistens tat, fuhr Karl mit der Zugmaschine hinaus nach Capville, stellte sie am Hafen ab und stieg, als er den Conquérant geschlossen fand, durch den Regen am steinernen Christus vorbei zur Klippe hinauf. Wie immer an solchen Tagen war das Haus innen klamm und roch nach verborgenem Stroh, wogegen das Feuer nie ankam. Schnell saß Karl dann vor dem Kamin, trank Calvados und spielte in Gedanken diesmal mit den Dingen, die im Schrein sich hätten finden können, falls die Geheimniskrämerei des Colonels nun doch nicht bloßer Rauch gewesen wäre. Nur der Kasten selbst und das, was in ihn passte, begrenzten hier die Möglichkeiten. Das Mittelalter selbst, erinnerte sich Karl an seine Büchertage, hielt alles andere offen, da ihm doch so vieles heilig wurde, Haut und Haar, Mark und Bein der Alten, Stumpf und Stiel von tausend Dingen, die damit in Berührung kamen und in der Neuzeit so lächerlich wären wie des Bischofs Sonnenbrille oder der Depilateur der Äbtissin. Mit Arlette aber, darüber war er sich im Schein des Feuers klar, hatte Karl auf sonderbare Art an jenem Abend Freundschaft geschlossen.

Am Morgen war er früh in Honfleur. Es stürmte. Selbst im alten Hafenbecken, das träge sonst nur die Gezeiten zeigte, rieben sich unruhig die Schiffe. Die schmalen Häuser am Quai standen eng aneinandergerückt. Arlettes Cape flatterte. Sie trug ihre Gamaschen.

„Bon jour, Monsieur Charles“, sagte sie auf ihre altmodische Art, als Karl ihr die Hand reichte. Er lud sie in ein Café ein, wo man sich aufwärmen könne, aber sie nannte es frisch dort am Wasser, was man genießen solle. Wie ein Mann legte sie im Gehen die Hände ineinander auf den Rücken und schlug ohne abzuwarten den Weg zur Seine-Mündung ein.

Karl fragte sie danach, was sie so früh umhertrieb, doch sie tat so, als habe sie das nicht gehört, was ihr im Wind nicht schwer fiel. Sie schritt so kräftig aus, dass er darauf achtgeben musste, an ihrer Seite zu bleiben. „Sie wollen mich doch nicht abschütteln?“ scherzte er, aber sie lief nicht weg, sie nahm einen Anlauf. Die Bäckerjungen waren geduckt auf ihren Rädern unterwegs und fuhren Weißbrot aus, als Arlette vom sterbenden Eduard zu sprechen begann.

„Auf dem Bett“, sagte sie, „hat er es geflüstert, schwach und doch deutlich, so dass alle es hörten“, und während Karl sich hart an ihrer Seite hielt, um keines der Worte verwehen zu lassen, wiederholte Arlette des Königs Vermächtnis. „Nimm du, Earl von Wessex und Herefordshire, meiner Frau dich an, die deine Schwester ist, meines Landes und meiner Mannen. Du sollst ihr neuer König sein, wenn ich, der alte, nicht mehr bin.“

Tags darauf, fügte sie beiläufig, wie eine Nebensache hinzu, die sich von selbst verstehe, wurde Harold von Wessex und Herefordshire von den Edlen Englands zum König erhoben und in Westminster Abbey gesalbt und gekrönt. Es war klar, was sie meinte, damit schloss sie auch: „Der Eroberer“, stellte sie bündig fest, „war nur ein Usurpator.“

„Und der Schwur auf den Schrein?“ fragte Karl.

Er erhielt keine Antwort mehr, denn auf dem Weg zur Seine-Mündung – sie hatten die Gassen noch nicht verlassen – kam ihnen ein Alter entgegen, gebückt am Stock mit flacher Schiebermütze und weiten wehenden Hosen. Arlette erkannte ihn, sie fühlte sich unbehaglich, als sie ihn sah. Ihr forscher Schritt versteifte sich und wurde zögerlich dabei. Hatte sie vorher Karl kaum angeblickt, so zeigten ihre Augen nun, dass sie allein dort war, mutterseelenhaft, und jener Mann an ihrer Seite nichts weiter als ein Zufall.

Karl belustigte es mehr als dass es ihn ärgerte. Er Schloss sofort daraus, dass Männer an der Seite ihr allgemein peinlich waren, doch stritt sie das später kühl ab. Vielmehr sei es ihr Vater gewesen, der Harold nicht in Frieden ließ und nicht gezögert habe, sich des Sergeanten, des Hexers, dabei zu bedienen.

„Bon jour, Monsieur Orhant“, rief sie von weitem schon dem Alten zu, um ihm darin zuvorzukommen, doch schien er sie erst zu bemerken, als er auf ihrer Höhe war.

Sein Gesicht war von Falten durchzogen, die alle zum Mund hinab, ja in ihn hineinführten und an Augen und Ohren so zerrten, dass diese in ihm zu verschwinden, weggeschlürft zu werden drohten. Er küsste, Karl sah es mit Argwohn, Arlette die Hand, und fragte, wie es dem Vater, dem Herrn Colonel, denn gehe, was nur Arlette verstand. Seine Art zu sprechen war dumpf und hohl, der unterscheidenden Endlaute bar, und ging im Rauschen des Windes auf wie Milch im Kaffee. Karl kombinierte aus den Augen, die traurig herab gesackt waren, dass es um Tragisches ging, um Dinge wie den Pfeil, der in Harolds Angesicht steckte, um seine Frau, die ihn verließ, um in ein Kloster zu gehen, als habe sie alles geahnt, was indes dann nicht stimmte, da er in Wirklichkeit vom Wetter sprach, das stürmisch war. Als er sich an Karl wandte und Arlette zugleich aus den ihr eigenen Gründen ganz einfach weiterzugehen begann, gab dieser eilig zu, dass er von allem nichts verstand, hatte die Hand schon gereicht und das „Auf“ vor das „Wiedersehen“ gesetzt, als jenes Wunderbare geschah, das Arlette vorausgesagt hatte, ihn verzauberte, so als habe der Pfeil den König Englands nie getroffen. Der Alte griff in seine Hosentasche und zog ein Taschentuch hervor, entfaltete dieses mit delikatem Bedacht, bis das, was darin verborgen war, dann übergroß auf dem Handteller prangte: Es war ein Gebiss, mit dem der Sergeant sich verwandelte. Während er es in den Mund sich schob, erstarkten schon die Züge, schoben sich Augen und Ohren nach oben und wurden schließlich von einem Grinsen gestützt, über das nichts mehr hinab gleiten konnte.

Karl war gebannt, und der Sergeant, der es bemerkte, nutzte es, um von der Landung der Alliierten zu erzählen. Er hatte dessen ersten Worten gleich entnommen, dass er zu Rommel zählte, der in gewisser Weise leider schon verloren war, bevor der Feuerzauber am Jour-J begann, vom Reichsmarschall Göring verhöhnt wie jene zwei Piloten, die dieser sechstausend entgegenschickte, vom Führer zu schweigen, der selig wie ein Kind im Bunker schlief und nicht geweckt werden wollte, bis dann der Colonel es tat. Der Colonel? Ja, er war es, via Radio Caen, und der Sergeant war sein Zeuge gewesen. „Err Ittler", rief er es in den Wind hinein wie damals der Colonel in den Äther, „résignez-vous", das Spiel ist aus, was dann auch der Wahrheit entsprach.

Während Arlette sich weiter entfernte, saß Karl, eh er es bemerkte, zwischen den Zähnen des Sergeanten fest wie Bradley in Omaha, wie der Bändiger im Löwen, und wurde mit Junitagen bombardiert, mit Namen von Offizieren, die daran Taten vollbrachten, Schotten in Schottenröcken, die Damen in offenen Blusen begrüßten, Kanadiern, die Französisch konnten, da sie aus Quebec kamen, Amerikanern, die nicht einmal Englisch verstanden, als sie der Colonel begrüßte. Der Colonel? Ja, er war es, persönlich, und der Sergeant war Zeuge dessen gewesen, was er „conversation" noch nannte.

Wäre der Zauber echt, der Sergeant ein wirklicher Hexer gewesen, wäre Karl im Feld verloren, als vermisst zu melden gewesen. Aber so war es letztlich eben doch nur ein Gebiss, das der Sergeant lieber in seiner Tasche trug als zwischen seinen Kiefern, weil es ihm hinderlich war und den Worten mechanisch nicht nachkam, was diese teils zum Straucheln brachte, teils unausgesprochen entfliehen ließ, da die nächsten dahinter schon drängten. Als dieses Getümmel sich dahin verschärfte, dass selbst der Sergeant sich nicht mehr verstand, griff er in seine Hosentasche und zog das Tuch hervor, das er entfaltete. Es war dies das Zeichen zur Flucht, die Karl noch gelang, bevor des Hexers Züge erneut in sich zusammensackten.

Der Colonel aber hatte erreicht, was er wollte. Vergeblich lief Karl zur Seine hinunter, zu beiden Seiten des Ufers, Arlette war verschwunden. Sie hielt daran fest, es sei ein Manöver des Vaters gewesen.

Und der Schwur auf den Schrein?

Geschichtsklitterei nannte sie ihn später, ein grobes Propagandastück. Selbst wenn der Schwur sich zugetragen hätte, was sie für unwahrscheinlich, ausgeschlossen hielt, dann unter Zwang doch nur, da Harold sich in des Herzogs Händen befand und etwa dessen Tochter auch zur Frau sich nehmen musste, obwohl das Kind erst vierzehn war, allein der Blutsbanden wegen. Wie dem auch immer gewesen sei, Harold war viel zu sehr ein Edelmann, um je auf einen Schrein zu schwören, in dem auch nur eine Kleinigkeit gewesen wäre, die man hätte heilig nennen können.

Karl beschloss, auf die Klippe zurückzukehren, dem Wetter ans Feuer zu entfliehen, enttäuscht vom Gang des Tages, der eben erst begonnen hatte, beleidigt, so schnell und so einfach verlassen worden zu sein. Das warf er ihr vor, wie er meinte. Im Lauf der Wochen erst, in denen sie sich öfter trafen, wurde er sich klar darüber, dass seine Enttäuschung von Beginn an in einer Erwartung wurzelte, die zu erfüllen Arlette nicht bereit war und konsequent auch nicht erfüllte. Schon in Honfleur war Karl darauf gefasst gewesen, dass sie vom Vater sprechen würde, vom frühen Kummertod der Mutter und von sich selbst, dem armen Hascherl, das nun die Männer hassen musste. Er wartete, solange er sie kannte, vergeblich darauf und entdeckte sich dabei als verkappten Voyeur, der danach jibberte, dass sie die Hüllen fallen ließ. Ihr fiel das nicht im Traum ein. Steif frisiert trug sie auch hier noch ihre Röcke. Das einzige, was sie zuließ und worüber sie lachen und weinen konnte, war Harold, der König Englands, von dem sie sich zugleich verbat, ihn mit Persönlichem zu mischen. Drang Karl mit dem Herzog auf sie ein, der doch der Colonel im Grunde sei, Vaterfigur und so weiter, erregte sie sich nicht einmal, sondern tat es kühl als Unsinn ab. Vom Sohn des Jarl Godwine in dieser Hinsicht zu sprechen, als Symbol der unerreichten Liebe, wäre ihr, er tat es nie, geradezu lächerlich erschienen.

Arlette sprang, solange Karl sie kannte, Harold zur Seite, wo immer sie konnte, oder rief ihn von sich aus ins Feld. Trafen sie und Karl sich in der Männer-Abtei, beschwor sie den Dickwanst von Herzog herauf, der beim Plündern in Mantes sein Pferd nicht zügeln konnte und sich den Sattelknauf in seinen Leib stieß, wobei er sich nicht einmal anzustrengen brauchte, da er so aufgedunsen schon war. Und als sie ihn in der Abtei dann in den Steinsarg stopften und er nicht hineinpassen wollte, platzte er auf und stank gotterbärmlich. Da war es aus mit dem heiligen Singen, selbst die Ratten verließen der Kirche romanisches Schiff. Von welch anderer Art, schob sie nach, war Harold doch, so gertenhaft schlank und so gefasst, dass ihm solches im Tod nicht passierte. Selbst den Pfeil zog er sich noch würdig heraus, um dezent in der Schlacht zu verscheiden. Der Herzog, erklärte sie gern, kein Wunder, war schließlich ein Bastard gewesen, Sohn einer Färberstochter, in tierischem Taumel gezeugt und in Säuredämpfen geboren. Was anderes, pikierte sie sich, hätte aus ihm denn werden sollen als ein Mischling aus Egel und Fledermaus, „chauve-souris“ und „sangsue“ zugleich. Vom Willen nach Macht war er besessen und jeglicher Skrupel von Anfang an bar. Um wie viel reiner Harold doch war, von edlem Geblüt, und von keiner Erbschuld belastet.

Arlette merkte nicht, dass sie den König von England ganz gegen ihren Willen in eine missliche Lage brachte, wenn sie so von ihm sprach. Ganz abgesehen davon, dass ihn das edle Blut hier harmlos machte, gezeugt in blauer Stunde nach einer Tafelrunde, war doch immer, wenn sie ihn rief, der Bastard von Herzog schon da. Ob er im Sarg dort nun lag, hinein gequetscht oder längst schon gestohlen, von niederen Revoluzzern „sans culottes“, ohne Hosen, oder selbst mit Hand angelegt hatte an die Männer-Abtei, war er Harold allein durch das, was geblieben, durch die ebenfalls toten, aber von ihm berührten Steine, grundsätzlich um eine Länge voraus. Wie am Ufer in Honfleur stand Arlette dann da und rief in den dichten Nebel hinaus. Aber, so sah und hörte es Karl, es rührte sich nichts. Harold und sein königlicher Clan tauchten allenfalls schemenhaft auf und blieben ansonsten verborgen.

Karl hätte Arlette gern für Jeanne d'Arc halten wollen am Ufer von Honfleur, gegenüber Rouen zumal, wo diese verbrannt worden war und angeblich dann lange noch lebte, hätte sie ohne weiteres hinter den Flammen verschwinden sehen, um sie wiedererstehen zu lassen, aber, aller Zuneigung ihr gegenüber, ja selbst der Abneigung zum Trotz, die er dem Colonel entgegenbrachte, gelang ihm das nicht. Es war stets Arlette, die rief, es riefen niemals die geheimnisvollen Stimmen, die Jeanne schon als Kind am Brunnen vernommen hatte: Mädchen, du wirst Jeanne d'Arc einst heißen und, klein wie du bist, dann Geschichte sein. Durchaus war Harold ihr König, für den sie sinnbildlich Fahne und Schwert ergriff und hohe Mauern erstürmte, nur war er selbst nie dabei. Er mochte, ließ man sich ein darauf, mit Absicht gar fehlen, um lieber auf dem Teppich zu bleiben.

An einem Sonntag jener ersten Wochen, in denen er sie noch zu entlarven vermeinte, sprach Karl es an. Arlette, so sagte er etwa, Mademoiselle, an Jeanne d'Arc erinnern Sie mich oft, vor allem, wenn sie am Ufer stehen und hinübersehen, als ob Sie sich daran erinnerten, an den Prozess und seine schrägen Advokaten, die Gott und alle Welt in ihre Winkel zwängten, um ja die Hexe zu erhalten, die sie verbrennen konnten.

Er hatte ihr Abwiegeln erwartet, ihr übliches Abtun des lächerlichen Nichts, mit dem er sie manchmal belästigte, vielleicht ihr kaltes Hüsteln sogar, das sie als Lachen verstand. Sie aber antwortete ernsthaft darauf und überaus liebenswert, weder „ach was“ noch dass das zu viel der Ehre sei. Sie sagte schlicht ja, das liege nicht fern als Gedanke und sei doch leider ganz anders. Denn der König sei Fleisch und Blut gewesen, dem Jeanne beschwörend zu Füßen sank. Essen und trinken habe sie ihn gesehen, ja gehört sogar, wenn er schmatzte, und sich daran emporrichten können, wenn sie Bestätigung suchte. Bei all den Gefahren, die ihr drohten und ihr in der Tat auch begegneten, habe sie die Sicherheit der Wirklichkeit gehabt, in der sie sich wiegen durfte, den Haltegriff dessen, was anfassbar war.

„Ich aber, Arlette Fulbert“, sagte sie, während die Schiffe unruhig an den Tauen zerrten, „bin von Harold durch einen Schleier getrennt, durch den ich ihn nicht erreichen kann. Dicht und undurchsichtig ist er wie der Vorhang einer Bühne und dabei doch viel zarter. Bisweilen weht ein Wind hindurch von einem Irgendwo und wirft ihn luftig auf.“

„Das ist Wind der Geschichte“, sagte Karl bedeutsam, sich ihrer Zustimmung sicher.

„Nein“, sagte sie, „ich meine den Hauch des Todes.“ „Souffle“ sagte sie, nicht „vent“, und Karl erschrak darüber.

Nein, von Dilthey und dem, was auch sie durch die Geschichte erfuhr und schon erfahren hatte, wollte Arlette nichts wissen. Vergangenheit und Gegenwart stufte sie zu Kategorien zweiter Ordnung herab, die von dem Begriff der Wahrheit überstrahlt und von dem der Lüge, „mensogne“, überschattet wurden. Ihre Unbedingtheit war es, die sie mit Jeann d'Arc verband, eine Unverrückbarkeit dem gegenüber, was ihr als Wahrheit galt, wie alt oder jung auch immer, und sie auf diesem Wege trotz ihrer Fürsorge Harold gegenüber, der doch ein mittelalterlicher Herrscher war, in eine radikale Ungeschichtlichkeit führte. So hätte sie etwa zu gern Monarchen herrschen sehen in ihrem und Karls Europa, weil sie es für praktisch hielt, so als hätte die Revolution nicht stattgefunden und es die Gründe nicht gegeben, die einst zu ihr führten. Natürlich nicht aus Gottes Gnadentum, fügte sie rasch dann hinzu, das sei eine Lüge, die nur denen nütze, die sich darauf beriefen. Es interessierte sie nicht, dass ihre Empörung als solche anachronistisch war, da sich doch niemand mehr auf Gottes Gnadentum berief, um in ihrer Gegenwart König zu werden. Sie sah weder das dumpfe Mittelalter, aus dem heraus solches erklärlich war, noch den Dreißigjährigen Krieg, in dem es zu Bruch gehen musste, als die Könige sich wegen Gott bekriegten und nur die einen oder anderen und somit nicht mehr alle zusammen von seinen Gnaden sein konnten. Sie, gerade und strikt, ordnete es als falsch und nichts weiter ein.

So stand es denn auch um Harold und den Ruch des Bastards. Von Wunden, die heilten, wollte sie nichts halten. Geschehenes Unrecht, sagte sie, ist kein Fleck, der auf Dauer verblasst, werde nicht von Gras überwachsen, sondern währe als Stein, an dem man sich stoße, sofern man nur aufrechten Hauptes sei. Im Fall des Bastards, meinte sie, sei die Geschichte zu purem Opportunismus verkommen, in dem sich, wer gewissenlos war, auf die Seite des Stärkeren schlug, um schadlos von dessen Früchten zu schmausen. Profiteure nannte sie des Usurpators Jünger und zitierte gern das Motto herbei, das die Epoche Louis Philippes bestimmte: „Enrichissez-vous", bereichert euch nur, erwärmt euch an denen, die Unrecht getan.

Auch hier wartete Karl vergeblich auf den Colonel, dessen Geist in allem, was sie sprach, dünstete, so als sei er dem wächsernen Körper im Schreibtischsessel entwichen und habe sich, hämischer, heimlicher Antagonist, in ihren Worten eingenistet. Die Hoffnung, dass sie in einem Akt von Exorzismus ihren Vater endlich austriebe, mochte Arlette nicht erfüllen. Sie blieb so geheimnisvoll und doch so offenbar zugleich wie der Schrein, der in Harolds und ihrem Leben eine schillernde Rolle spielte und weiterhin etwas enthalten musste, das überaus wichtig und doch im Einzelnen nicht weiter zu ergründen war.

Obwohl sie sich jenseits der Arbeit nur an den Wochenenden sahen, unregelmäßig und tatsächlich zufällig oft, wurde Arlette für Karl zu einer Person, an der er seinen Alltag wärmte, die Freitage vor allem, wenn er auf dem Rückweg war. Er reiste wöchentlich in das Imperium der Kauf- und Warenhäuser, der Super-, Hyper-, Megamärkte, der gerupften goldenen Gänse, die er von hinten stopfen half, Stück um Stück, Ladung um Ladung, in die Tristesse, die darüber lag wie schmutziger Schnee. Ein Muff von Unterwelt hing in den Lagerhallen, der sich kalt auf die Dinge legte. Lampen ersetzten Fenster, Gitter aus Maschendraht Räume durch Grenzen, an denen sich Kittel rieben. Etikettenkleber trotteten daran entlang, graue Glöckner mit Kleistertöpfen, weiße Pedanten mit Bleistift, die Apotheker spielten. Bier trank man heimlich in Ecken und Winkeln, in Verschlägen, wo pornographische Bilder so linkisch verborgen aufgehängt waren, dass sie dadurch erst schweinisch schienen. Die Orte ähnelten einander wie die Menschen, die zu ihnen zählten, und waren so willkürlich austauschbar, dass Karl, wenn er müde wurde, bisweilen den Faden der Fahrt verlor. Dann stand er vor einer der Imbissbuden am Ausgang, die sich wie Schaschlikspieße glichen, und fragte sich, wo er war, woher die Menschen waren mit ihren Fischligesichtern, die ihren Einkaufsstress in sich hinein aßen, mit Ketchup und Senf sich betäubten, während die Enden der Pressspanplatten, die eine Schrankwand bilden sollten, auf dem Wagen sich langsam schon nach unten neigten. Den Trauerschmull der Frauen, die Fernsehbäuche der Männer, die auf sich selbst gepfiffen hatten, weil niemand mehr etwas taugte, traf Karl überall an wie die Athleten auch, die trotzig aus den Illustrierten stammten, in Bädern sonst ihre Bahnen zogen und nur in ihrer Not, das Bücherbord im Arm, am Bratfett dort gestrandet waren. Das, was sie einte in allen Städten und darum so schwer unterscheiden ließ, schien Karl ein tiefer Überdruss zu sein, so als ob sie das Leben als Mühe nur sähen, als Arbeit auch nach Feierabend noch, die Schicht vor dem Fernsehgerät, den Akkord beim Sport, nur dass dafür keiner bezahlte, was alles noch schlimmer machte. Selbst die Kneipen, die Karl besuchte, wenn die Warenannahmen schlossen und der LKW noch beladen war, zogen ihn bald nicht mehr an. Die Biere begannen abgestanden zu schmecken, die Jägerschnitzel überfällig. An den Tischen wurde dumpf auf das Leben geschimpft, bis mit den Schnäpsen bleiern der Frohsinn dann kam und die Abende in Fieberträume überführte. Karl aß nur noch dort, wo niemand war, wo gepuderte Damen Ochsenschwanzsuppen und Flaschenbier servierten oder Bahnhofskellner mit Fliege danach fragten, wie es geschmeckt hatte, damit sie, wenn sie betrunken waren, darüber lachen konnten. Er gewöhnte sich an, durch die Städte zu streichen, die Fußgängerzonen, die Parks zu durchlaufen, ließ sich ziellos im Netz der Busse und Straßenbahnen treiben und nahm ein Taxi, wenn er nicht mehr zurückfand. Bisweilen aber blieb er auch im LKW, legte die Füße hoch, hörte der Heizung zu und sah, wie die Dämmerung Straßen und Häuser umsponn und Lichter aus ihr sprangen. Dann zog er die Vorhänge zu, stieg in die Koje hinauf und schlief ein.

In Karl war die Vorstellung entstanden, er führe ein doppeltes Leben, ganz ohne Jeckill und Hyde zu sein, aber eines doch wie Tag und Nacht, wie Wind und Wienerwald. Er fragte sich, was geschehen war, ob es die Jahre einfach waren, sein Alter, in dem man den Hut nicht mehr hatte, unter den das Ganze zu bringen war, das Fahren und irgendein Ziel wenigstens. Er klopfte auf Erklärungen, begann mit der Kultur, die europäisch war und eben doch nicht nur eine. Er bemerkte, dass er den Hunger verdrängte, aufschob bis hinter die Grenze, um als Routier lieber einzukehren, zu den wahren Pommes frites, die nur dort richtig hießen, und in jene gewisse Leichtigkeit einzutauchen, die es vor der Grenze nicht gab. Er hätte diesen Unterschied nicht bestimmen, geschweige erklären können und spürte ihn doch deutlich, so als öffnete sich zwischen dem, was die Menschen dort sprachen, und ihren Worten, zwischen dem, was sie taten, und ihren Gesten ein Zwischenraum, in den nur das Bewusstsein hineinzufließen brauchte, es auszusprechen und zu tun. Aus diesem Abstand, vermutete Karl, entstand wohl das Spielerische, das er oft in Gesprächen beobachten konnte, das Spiel mit Worten und Gesten, das als solches gemeinsam erfahren wurde und teutonische Dumpfheit vermeiden half, ja eigentlich, vom Grundsatz her, gar nicht erlaubte. Ein kulturelles Wechselbad wäre es also gewesen, was ihm zu schaffen machte und letztlich dazu führte, dass er sich an den Orten, die man als Heimat sonst zusammenfasst, nicht mehr zu Hause fühlte. Er versuchte, das abzuwiegeln, gegenüber sich selbst als übertrieben abzutun. Es hatte, sagte er sich, schon immer gegolten, dass zu Hause dort einfach war, wo man sein wollte, und doch war ihm nicht wohl dabei.

Mag sein, sagte Arlette, wenn sie darüber sprachen, mag sein, dass das stimmt, und brachte ihrerseits die Äpfel des Wissens ins Spiel, an denen er gekostet habe. Sie meinte die Bücher damit und die traurigen Wahrheiten, die sie enthielten, wie ihre Falschheiten auch, die erbosten. Wer einmal das Rolandslied aus Kreuzritterkehlen gehört oder Luther in Worms habe stehen sehen, wo er nicht anders konnte, verlerne das LKW-Fahren, sei vom Super und Mega der Märkte durch Ekel geheilt. Als Fahrer hielt sie Karl darum für unwiederbringbar verloren, für verdammt dazu, sich fremd zu bleiben. Er habe nur die Möglichkeit, sich etwas anderes, grundsätzlich anderes zu suchen, obwohl sie nicht wisse, was. Karl lehnte diese Sichtweise ab, grundsätzlich, antwortete er, wie Luther den Papst, der singende Ritter ins Morgenland schickte, doch letztlich aus Verlegenheit, weil auch er das Was nicht wusste und es aufschob zum Grübeln im Führerhaus, wo es dann lange blieb. Von den Fahrten aber beschloss er von nun an nicht mehr zu sprechen, nicht einmal sich selbst gegenüber, allein schon der Laune halber.

Das Unglück stellte sich von anderer Seite ein, linksrheinisch und an der Küste. Man hätte es kommen sehen können, ja müssen, meinte Karl, weil es so unausweichlich war, wenn es denn nur gekommen wäre. Aber es war nicht gekommen, sondern eines Tages, der Sommer war vorüber, im Regen einfach da gewesen, wie alles, was zu Arlette gehörte, von scheinbar zeitloser Gegenwart war, ohne Aufbruch und Ankunft. Sie verharrte, wie die auf Stoff gebannte Figur ihres

Herzogs oder die ihres Vaters vor seinen Zeremoniengegenständen, die ebenso unberührt blieben wie ihr eigenes steif frisiertes Haar und ihre Röcke. Bewegte sich etwas, dann nur im Auf und Ab von Ebbe und Flut. Denn wie wild das Meer bisweilen auch tat, es kam doch nicht von der Stelle.

Vorzeichen gab es, aber Karl gelang es erst später, sie als solche zu deuten, und fand nie heraus, ob Arlette sie sogleich verstand. Das Wetter war das Geringste und fügte erst im nachherein sich ein. Der Herbst war weder stürmischer als der vergangene noch regnete es mehr. Ungewöhnlich waren die Gewitter, die sich weit entfernt auf dem Wasser hielten und das Land zu scheuen schienen, so dass die Blitze dort lautlos in Wetterleuchten verpufften. Das Ausbleiben der Donner, das sonst Grund der Erleichterung war, schuf eine eigenartige Spannung, so als könne es das nicht gewesen sein. Dann war da Orhant natürlich, im nachherein, dessen Gegenwart verwirrend zugenommen hatte. Mit triefender, hängender Miene begegnete er Karl anfangs noch, wie zufällig hier und da an der Küste, dann aber immer wieder mit dem aus dem Taschentuch gepulten Porzellan im Gesicht, das er, ohne ein Wort zu sagen, zu einem ironischen Grinsen benutzte. Ohne dass sie ihrerseits ein Wort darüber sprach, musste auch Arlette das aufgefallen sein. Ein unbestreitbares Vorzeichen setzte der Colonel selbst, der sich in eine scheinbar grundlose Heiterkeit ergeben hatte, hinter der etwas Unbekanntes lauern musste. Er gab sich aufgeräumt wie General de Gaulle, scherzte über die Breite deutscher Betten und das Gewicht, das dazu passte, bezog sich leichthin auf das Wetter, um Englands Katzen zu verspotten und dessen Hunde, die ebenfalls vom Himmel fielen und gewiss nicht von ihm, dem Herzog, stammen konnten, der vorzüglich Französisch nur sprach. Er schien sich verloben zu wollen, Monsieur le Colonel, mit einer Tänzerin vom Moulin Rouge, was jeder Vernunft widersprach.

Die erste, im Ganzen wichtigste Begegnung versäumte Karl. Er war in Ulm und um Ulm herum unterwegs gewesen und sah sie darum nicht zusammen, erfuhr nur von Arlette davon: Der Sergeant stand vor dem Schreibtisch und hatte sein Grinsen in den Mund geschoben. Sein Neffe aber saß schon beim ersten Mal dahinter, zur Stelle, ohne gekommen zu sein, dem Colonel zur rechten Seite, wo er von nun an sitzen blieb.

So war Henri Orhant auf einmal da. So sah ihn auch Karl, als er freitags zurückkam. Übermüde öffnete er die Tür zum Bureau und schloss sie schnell wieder, um zur Klippe hoch zu steigen, da etwas nicht stimmte, so wie er auch unterwegs in solchen Fällen anhielt und sich in die Koje legte, um zu schlafen und abzuwarten, bis es vorüber war. Schon am Kreuz aber war er sich klar darüber, dass dieser Mensch dort nicht verschwinden würde, und malte am Kamin mit Leichtigkeit das Bild dann nach, das zwischen Tür und Angel trotz der Flüchtigkeit bestechend deutlich war. Karl hatte einen kleinen ausstaffierten Mann gesehen, der seine Haare zurückgekämmt trug und nicht dick, doch zu schmullig im Bauch für sein Alter war, das weit unter dem seinen liegen musste. Spitze Schuhe trug er, weiße Perlonhemden und Krawatten aus Trevira und hätte von diesem Anschein her auch Briefmarken sammeln und sommers mit dem Bus nach Berchtesgaden reisen können, von wo er dann Karten verschickte. Sein wahres Wesen aber offenbarte sich in seinen Augen, aus denen Savanne und Steppe sprach, Beutemacher Mensch. Dabei war Henri Orhant nicht einmal skrupellos zu nennen, da selbst eine skrupellose Person, auch wenn sie sich nicht darum kehrte, doch wusste, dass sie auf Kosten anderer handelte. Er schien das ebenso wenig zu wissen wie Wildkatzen, die beim Essen von Antilopen saßen. Sein Blick des Herrentiers wie sein Benehmen, das diesem entsprach, war keineswegs, wie Karl anfangs dachte, eine dumme Allüre, mit der er von Sammelalben und Grüßen aus Berchtesgaden ablenken wollte, sondern erfüllt von einer geradezu unschuldigen, natürlichen Selbstverständlichkeit.

Die Wahl des Colonels war fatal in des Schicksals ganzer, folgenschwerer Bedeutung. Nach jenem kurzen Blick nur durch den Spalt der Tür stand es fest, so unverrückbar wie der Neffe am Schreibtisch saß, dass neben dem Colonel dessen Nachfolger nun Platz genommen hatte, der das „fils" im Firmentitel weiterführen sollte, als Schwiegersohn zunächst und dann als Enkelvater. Allein er selbst, der Colonel, ließ keine andere Deutung zu. Er benahm sich wie ein Hahn, der ein Ei gelegt hatte.

Arlette war erschüttert. Karl zweifelte keinen Augenblick daran, obwohl sie es zu verbergen, ja abzustreiten suchte und er der einzige schien, der das erkannte. Der Colonel und des Sergeanten Neffen brauchten nicht einmal so zu tun, als ob sie nichts bemerkten. Sie merkten nichts. Sie sahen ihre Blässe so wenig wie die Rötungen am Hals, in denen ihre Bedrängnis sich mitteilen wollte, missachteten ihre Frisur, die von Woche zu Woche steifer wurde, so als müsse sie allem nun trotzen. Natürlich spielte sie Karl das Normale der Lage vor, die Tochter des alternden Vaters, der fürsorglich einen Geschäftsführer suchte, um ihr eine Last von den Schultern zu nehmen. Nicht mit einem Wort erwähnte sie den alten Kuppler und den Mann, der sich mit ihr verkuppeln ließ. Wochenlang sah er sie nicht anders als an ihrem Schreibtisch sitzend, die ausgefüllten Frachtbriefe wortlos herüberreichen, um sogleich etwas anderes wieder aufzunehmen, dem ihre ganze Korrektheit galt. Als sie an einem der stürmischen Herbsttage die Treppe vom Büro herunterkam, die rechte Hand am Haar, die linke am Rock, um beides vor dem Verrutschen zu schützen, sagte Karl es ihr: „Passen Sie auf, Mademoiselle. Nehmen Sie sich – prendez garde – vor dem Neffen in acht."

Sie fragte nicht einmal, warum, sondern nannte den jungen Monsieur „galant homme", einen Gentleman und antwortete auf die Frage, ob sie denn seine Augen nicht sehe und die Serengeti darin, sehr ausführlich, so als müsse sie es einem Kind erklären: dass er studiert habe, an einer Grand Ecole, wofür das ganz natürlich sei. Selbstbewusstsein nenne man es, was sich dann mit Höflichkeit zu einer großen Würde paare. Nein, nein, ihr Vater habe wohl gewählt, aus der Reihe der Kampfgefährten, und wisse daher sehr genau, auf wen er sich verlasse. Karl könne sich dem Führerhaus nun wieder widmen, den Fußmatten, die er noch in den Händen halte, da sie nicht mehr stören wolle. In diesem schnippischen Ton, so als habe sie selbst auf den jungen Orhant ihr Auge geworfen, drehte sie sich um und begann, die Hände unverrückt an jenen Stellen, die Treppe wieder hinaufzugehen. Mademoiselle Arlette, rief Karl ihr nach, der es immer noch gut mit ihr meinte, „celui là", der Kerl, „vous mangera", mit Haut und all den Haaren. Da blieb sie stehen, einen Augenblick lang, schien sich ihm noch einmal zuzuwenden und stieg dann doch weiter, bis sie, um die Tür zu öffnen, die Rechte schließlich vom Rock nahm. Der Neffe des Sergeanten war als Gegenstand, über den es zu sprechen galt, damit für sie erledigt. Selbst seinen Namen erwähnte sie fortan nicht mehr. Sie beschränkte sich darauf, ihm schweigend standzuhalten und die Geduld des Colonels zu ignorieren, der auf die Macht der Tatsachen zählte und ihre höhlende Wirkung auf Tage, Wochen, Monate, die sich nicht weiter bewegten.

An einem Sonntagmorgen stand Arlette am Hafenbecken von Honfleur, mit Mantel und Gamaschen. Leichter Nebel schwebte auf dem Wasser, unbeschwert von der knochigen Strenge des Winters, der über das Glatteis hinweg vergangen war und auf Karl Narben hinterlassen hatte, den ersten Unfall nach Jahren. Er war hinausgegangen, um auf das Sonnenlicht zu warten, um zu beobachten, wie die Schwaden sich langsam darin auflösen und in einem Augenblick von Heiterkeit ins Nichts hinein sich verflüchtigen würden. Arlette schien keineswegs blass, sondern überaus rosig.

Ohne Umschweife, so als hätten sie nicht im Herbst, sondern sich gestern gerade gesprochen, so als wäre nichts zu überbrücken und alles nur anzuknüpfen gewesen, erzählte sie mit dem Blick auf Rouen, das nicht zu sehen war, von Harolds Verbannung, der seines Vaters und seiner Brüder, Gyrths, Leofwines, ja des Hitzkopfs Tostigs sogar, den sie gern verschwiegen hätte, da er später, von Wilhelms Spionen bestochen, seine Hand gegen das eigene Blut erhob. Das war nicht nur ein Unrecht, sondern auch schändlich. Wohin die Familie in die Verbannung ging, interessierte Arlette nicht weiter, nur Harold war ihr wichtig. Er setzte sich ab, ohne wegzulaufen, um seinen Ruhm in Kiew zu beweisen, der alten Normannen-Stadt, in der seine Wurzeln lagen. Am Hafen Honfleurs, mit dem Blick auf Rouen, das im Nebel noch unsichtbar war, rief Arlette den späteren König Englands hervor. Um wie viel beseelter dieser doch war vom Geist der Abenteurer, um wie viel normannischer als jener gepriesene Herzog, der mit dem Papst im Bunde sich an der Seine eingenistet hatte und dann aus reiner Habgier sich auch noch Englands bemächtigen musste.

Selten geschah es von nun an, dass Karl an den Wochenenden sie nicht im Hafen fand, so selten, wie sie nicht von Harold dabei sprach, seinem Zug nach Kiew, dem Turnier, an dem er teilgenommen hatte, dem Ruhm, den es dort zu erwerben galt. Ohne Vorreden kam sie darauf zu sprechen, als handelte es sich um Neuigkeiten, auf die man nicht länger warten wollte, als wäre Harold soeben eingetroffen mit seiner Handvoll Knappen und alles weitere, was daraus sich ergab, bliebe aufmerksam mitzuverfolgen, damit es nicht verloren ging.

Bonjour, Monsieur Charles, sagte sie, ich hoffe, es geht Ihnen gut, Harold ging es erst besser, als er Kiew endlich erreichte. Ihre Pfeile hatten sie aufgebraucht, kein Wild mehr am Spieß, keine Tauben mehr im kochenden Wasser gehabt, die dort zu Suppe verbrühten. Das Brot, das trocken ausgebacken war, damit es nicht verderben sollte, hatten sie an der Oder schon, der Zähne halber, den Fischen überlassen müssen und sich von da an von Wein und Öl ernährt, was zu Übelkeit führte, die Karl unangenehm, Pech, Arlette aber heldenhaft ausgestanden nannte. Karl war ehrlich zu ihr: Sie suchen Schutz bei Harold, sagte er am ersten Tag, doch kann er Ihnen nicht helfen. Selbst wenn er besser gezählt hätte, Pfeile und Brote aufgerechnet gegen die Knappen, die essen mussten, wäre er dem Neffen gegenüber doch machtlos. Er ist nämlich tot, gestorben durch einen Schuss ins Auge vor mehr als tausend Jahren. Arlette sagte schmucklos ja, Sie haben recht, Monsieur, und doch gibt er mir Kraft, wenn ich auf dem Weg der Erinnerung ihm bis nach Kiew folge. Er gilt mir als Beweis, dass die Welt nicht allein voller Herzöge ist.

Karl brauchte die Colonels und die Sergeanten nicht hinzuzufügen, er deutete diese Sätze Arlettes als Zeichen ihrer Offenheit, ihres Vertrauens und beschloss darum, sie am Hafen von Honfleur gegenüber Rouen, das nicht zu sehen war, auf ihrem Weg zu begleiten. In diesem bildlichen Sinn gelangte auch er nach Kiew, in das Gehudel der Mönche und Nonnen, die aufgeregter als sonst zu den Tischen der Klöster drängten. Ritter verstopften mit ihren dampfenden Rossen die Gassen, stießen Lanzen um, die gebündelt an Hauswänden lehnten, und ihrerseits Schilde mit sich rissen, die an den Fenstern als Zeichen hingen für den, der dort eingekehrt war, damit man ihn leichter finde, was nun nicht mehr der Fall war. Herren aller Länder bis nach Byzanz und Sizilien hinunter, bis nach Norwegen, Schottland hinauf hatten sich zum Frühjahr in der Stadt eingefunden, die vielen von ihnen als neues Jerusalem galt. Sieben Tage lang war der Himmel überaus blau, wenn auch erfüllt von Rabenschwärmen, und ließ die Enge der Häuser noch dunkler, den feuchten Dunst der Gerbsäure, der in den Gassen hing, das nasse Gelb in den Gossen noch beißender scheinen. Der Dnjepr führte Schmelzwasser. Warm war es nur auf offenem Feld in der Sonne. Bei Einbruch der Dämmerung füllten die Wirtshäuser sich um die Öfen herum, gemäß dem Preis des Weines im Kerzen- oder Lampenschein. Man sprach von dem König Artus und seiner Tafelrunde und ließ die Sänger, die im Gefolge waren, von den eigenen Taten erzählen, den Reliquien, die man erobert, den Bischöfen, denen man diese weitergereicht hatte, den Damen, die darunter litten. Höfisch betrug man sich. Betrat ein Ritter den Saal, erhoben sich alle anderen, selbst wenn, was bäurisch war, man das nicht mehr konnte. Am Morgen dann ritt man umher, im ersten Sonnenlicht, wenn es noch kein Gedränge gab, um in einer der Kirchen die erste Kerze zu entzünden, was ein sehr gutes Zeichen war. Von dem Wunsch beseelt, begnadet zu sein, inspiriert von den heiligen Stätten, ergab man sich beflissentlich den kirchlichen Exerzitien.

Harold, der Sohn des alten Jarl, fand nur mit Mühe ein Gasthaus, an dem er, was er nicht tat, seinen Schild hätte aufhängen können. Ganz auf sich selbst vertraute er, seine eigenen Fertigkeiten, die ihm als solche auch im Verborgenen zur Ehre gereichten. Vom geselligen Trubel, hielt er sich fern. Die abendlichen Bohurts, jene Gruppenbalgereien, in denen Freund und Feind letztlich im Staub nicht mehr zu unterscheiden waren, ließ er verständnisvoll den Jungen unter ihnen mit ihren Hörnern, die sie noch abzustoßen hatten. Den Singsang der Heldenlieder aber, der bis in die Nächte hinein folgte und ihn am Schlafen hinderte, hielt er für nichts als kindisch. Er umgab sich mit seinen Knappen, die auch in Lagen des Mangels zur Seite ihm standen und heimlich für ihn beten gingen, gegen seinen Willen, um seiner makellosen Gläubigkeit öffentlich sichtbar die Stange zu halten, woran kein Zweifel angebracht war.

Harold wusste von Theresa einstweilen nur, des Königs frommer Tochter, dass sie blond und schön war. Drei Tage vor dem Turnier aber sah er sie an der Seite ihres Vaters auf dem Weg zur Sophienkirche. Sie hatte rotes Haar und war schön mollig, „buxom“, sagte er und wollte sie nach England führen, „chubby“ nannten sie die Knappen. Zwei Tage vor dem Turnier traf er den Recken Ruxhold inmitten der Seinen am Portal der Dreifaltigkeitskirche. Großzügig christlich teilte dieser Geschenke unter den Bettlern aus, die ihm die Füße dafür küssten, was Harold in jeder Hinsicht widerlich nannte, abstoßend, sagten die Knappen. Ruxhold legte selbst zum Beten seinen Ringpanzer nicht ab, sowenig wie seinen Zobelmantel, den Brokat aus dem Kaukasus schmückte. Nur seinen Helm hielt er, der Luft halber, doch in den Händen, eitel bewegten sich Londoner Pfauenfedern darauf. Sein Pferd, ein weißer empfindsamer Araber, dem er ins Ohr zu flüstern pflegte, tänzelte auf einem Teppich aus Gent, der eigens dafür ausgelegt war. Wer ist das? fragte Harold die Knappen. Ruxhold, sagten die, ein normannischer Fürst aus Sizilien, der am Dnjepr einen Saal von Zelt errichtet habe, ein Gewölbe bemalten Leders, das er durch Teppiche aus Gent, die davon herunterhingen, in Räume hatte unterteilen lassen, welche ihrerseits Säle waren, und einen davon, mit Fellen aus aller Herren Länder überfüllt, die als kuschelig, „cosy", galten, durfte niemand betreten: denn der war Theresa reserviert, des frommen Königs Tochter.

Harold begann zu fasten, am Tag vor dem Turnier, um dem, was auf ihn zukam, mit großer Klarheit entgegenzutreten. Seine Knappen besuchten die Lawra, das älteste Kloster am Ort.

Am Tag darauf dampfte der Dnjepr bis in die Mittagszeit hinein. Der frommen Königsgesellschaft war es kühl auf der Tribüne, Theresa blieb in Pelz gehüllt, so dass die Ritter den Ansporn vermissten, sich vor den anderen, die selbst keinen Finger rührten, zu schlagen. Nur nachlässig, zum Spaß fast nur, erfüllten sie ihre Pflicht. Das Volk, das zusah, murrte. Erst als die Sonne über Kiew stand und sie, Theresa, den Mantel sich abnehmen ließ und ihren Busen zeigte, gewann auch der Wettkampf an Reizen.

Harold wich Ruxhold nicht aus, es war das Los, das so entschied, und sie Bravour beweisen ließ, bevor sie aufeinandertrafen. Lanze um Lanze verstachen sie, Ruxhold, wenn es ihm angebracht schien, je nach Statur des Gegners, auch seine langen aus Bambus, während Harold sich aus Gewohnheit an jene aus Eiche hielt. Die Pferde, die ihnen als Beute zustanden, als Preis für die Mühe, ließ Ruxhold mit christlichem Großmut den Besiegten, sofern sie ihren Namen nur nannten und ihm als Sicherheit ihr Leben darboten. Harold gab die von ihm erworbenen an seine Knappen weiter und behielt als Fiance sich ein Lösegeld vor. Er war bescheiden genug, die Gaben des Glücks nicht in den Wind zu schlagen, wusste sehr wohl, dass Rüstung und Pferd eines Knappen auch ihn nicht weniger als fünfundvierzig Kühe kosteten. Bei sich zieh er Ruxhold des Hochmuts.

Am Nachmittag lag der Turnierplatz aufgewärmt im Sonnenschein. Auf der dicht besetzten Tribüne hatten die Damen die Mäntel geöffnet. Der König wies den Mundschenk an, den Wein aus Ungarn zu reichen, zur Erfrischung, wie er meinte, da ein langer Kampf zu erwarten sei zwischen dem prächtigen Ruxhold und Harold, dem künftigen König Engellands, der es im Leben noch weit bringen werde. Allein an diesem Tag habe er, der König Kiews, schon fünfhundert Kühe gezählt. Theresa erblühte in Bewunderung für Ruxhold allein, der von Kühen nichts, von Maß und Ehre aber umso mehr wissen wollte, wozu auch die Minne zählte. Harold focht das nicht an, entschlossen, die Jungfrau trotzdem mitzunehmen, für seinen Bruder Gyrth vielleicht, falls sie ihn selbst verschmähte, da auch dieser verschwenderisch war.

Zum Leidwesen aller, Harold und seine Knappen ausgenommen, enttäuschte der letzte entscheidende Tjost. Die Damen schlossen kühl die Mäntel, selbst der König, der durchaus praktisch dachte, beklagte die Kürze des Ganzen, das den Aufwand kaum gelohnt hatte. Er aber, belehrte Harold seine Knappen auf ihrem Rückweg nach England, habe gewusst, dass der prächtige Ruxhold aus lauter Eitelkeit, die nie und nirgendwo dem Ritter zieme, den Araber nicht wechseln würde, den er, was sie verstünden, gern für sich selbst behalten hätte. Er habe leicht vorausgesehen, dass für den Bambusstoß, das war ein zweiter Fehler, des Schimmels Tempo nicht reichte. Gleich nach dem ersten Treffen lag Ruxhold am Boden, sein Bambusrohr war abgerutscht, der Eitle selbst von Harold getroffen und nicht einmal hart aus dem Sattel gehoben, da er seinen Klepper nicht mehr auf Trab hatte bringen können. Des Fallens ungewohnt, kam er nicht sogleich auf die Beine, so dass Harold flink über ihm war und, Namen und Sicherheit fordernd, das Schwert an den Hals ihm setzte. Welch leichtes Spiel, meinten die meisten, im Grunde lächerlich gar. Manch einer nahm sich vor, von abgekartetem Spiel zu sprechen, mit dem man sie schandhaft zum Narren gehalten hätte. Die Damen waren verschnupft, Theresa gab sich fromm. Das hätte, sah sie zum Baldachin hoch, im Grund nicht passieren dürfen.

„Ihren Namen, Sire", sprach Harold den gefallenen Ruxhold an, „und dann auch Sicherheit, fiance französisch genannt, deren Höhe noch zu besprechen wäre."

Während Theresa sich schon erhob, die Hand am Mantelkragen, um die Schande im Stehen schnell noch zu hören, bevor sie das Weite suchte, rief Ruxhold Harold „von wegen" zu, so dass auch die anderen es hörten, und nannte ihn im gleichen Zug einen maßlosen Knauserkopf. Nicht einmal im Dunkeln würde er einem solchen auch nur irgendeinen, geschweige denn seinen Namen nennen.

Auf diesen Mangel an Ritterlichkeit war Harold nicht vorbereitet. An das Maß gemahnte er Ruxhold steif, wies zu den Damen hinauf, berief sich auf Ehre und Tugend. Doch dieser winkte kühl ab, er habe sich darin nichts vorzuwerfen, und nannte Harold seinerseits einen Papierritter, der anderen nur die Pferde klaube.

Harold drohte ihm nicht einmal, ließ selbst den Tod aus dem Spiel, den er in den Händen hielt, zählte noch einmal die Tugenden auf und verließ, als Ruxhold, was dieser nicht hätte machen dürfen, „villain" ihn auf Französisch nannte, den Turnierplatz. Für den künftigen König Englands war das Treffen von Kiew damit beendet.

In Kiew fand Arlette die Gründe angelegt, die dem König von England zum Unglück wurden, seine christliche Menschlichkeit, mit der er vor Hastings des Herzogs geheuchelte Freundschaft entgegennahm, seinen Hang zur Nachgiebigkeit, der daraus folgte und zu seiner Verlobung mit des Herzogs Tochter führte. Und sollte er, was unwahrscheinlich war, wirklich auf einen Schrein geschworen haben, dann allein aus der Gutgläubigkeit heraus, dass es ein Tisch und dass darunter, wie man ihm doch versichert hatte, nichts weiter sonst gewesen sei. Schon in Kiew erklärte sie ihn zu einem Stiefkind des Schicksals. Immer wieder waren es andere, die seinen Ruhm einstrichen, ob nun der freche Ruxhold, der seinen Araber behielt und Theresa sein Kettenhemd schenkte, damit sie im Zelt daran rieche, ob der durchtriebene Herzog, der sich den längst vergebenen Königsthron stahl.

Als Harold und seine Knappen Kiew verlassen hatten, unritterlich überhastet, was selbst Arlette bedauerte, mit mehr Pferden als sie reiten konnten, doch ohne für den Proviant gebührend gesorgt zu haben, zog auch sie sich zurück. Am Hafen von Honfleur gegenüber Rouen traf Karl sie nicht mehr an, sah sie fortan nur noch steif am Schreibtisch ihre Arbeiten tun, so unnahbar, dass auch der Colonel aus den ihm eigenen Gründen nun Zeichen der Unruhe zeigte. Nur Henri konnte warten, der Neffe des Sergeanten. Obwohl ein Beutefänger, war er alles andere als triebhaft. Arlette begann eine Kappe auf ihrem Haar zu tragen, die ihr nicht stand. Ma fille, sagte der Colonel.

An einem Samstagmorgen war Karl aus Bad Segeberg zurückgekehrt, von wo aus französische Betten bis hinunter nach München gingen. „Mademoiselle Arlette", sagte er, als er vor ihr am Schreibtisch stand und über ihr Alter erschrak, das Militär im Rücken missachtend, „sehen wir uns morgen in Honfleur?"

„Ja, gut", sagte sie ausdruckslos.

„Na schön", sagte er.

•

Der Sonntag begann strahlend blau. Es war Frühling, erfüllt von Croissants und Milchkaffee und von der Aussicht, mittags Wein zu trinken. Karl saß in einer Bar am Hafen und sah den Frauen zu, die sich frei, im Einklang mit sich selbst bewegten, und hätte gern beschlossen, Arlette von sich selbst zu erlösen, damit auch sie die Wärme ausstrahlen könne, die in ihr war – wenn, es überhaupt zu versuchen, nicht so aussichtslos gewesen wäre.

Sie kam nicht. Wer kam, war Orhant, der zahnlose Sergeant, der erst am Hafenbecken auf und ab gegangen war und, als auch ihm das nutzlos schien, sich den Häusern zugewandt hatte. Als er Karl entdeckte, postierte er sich, das Gebiss in der Tasche, auf dem Trottoir vor der Bar. Arlette war nicht gekommen und saß nicht an ihrem Schreibtisch, als Karl die Woche darauf noch einmal aus Segeberg kam, wo der Handel mit Betten erblüht war.

„Wo ist denn Ihre Tochter?" fragte er.

„Aus", sagte der Colonel, „nichts von Bedeutung", fügte er hinzu, so als sei sie schnell einmal tanzen gegangen, was überaus unwahrscheinlich war.

Arlette war nicht aus, sie war weg, verschwunden, auch wenn sich der Colonel dagegen zu sträuben versuchte. Sie sei unpässlich, täuschte er vor, beim Friseur oder habe den Bus nach Bayeux genommen, um das Grab ihrer Mutter zu pflegen und ähnliche Ausflüchte mehr, die Karl ihm nicht abnahm. An den Wochenenden, die noch verblieben, wanderte er an der Küste entlang, in der Hoffnung, sie doch noch zu finden, zufällig irgendwo, gedankenverloren in ihrem Blick nach Rouen. Wen er traf, war Orhant, in großer Entfernung, die dieser gewissenhaft hielt, so dass sie einander nur sahen, nicht aber hätten verstehen können. Karl blieb es gleichgültig, ob das aus Scheu geschah oder ob der Sergeant ihn strategisch als Köder betrachtete, bei dem Arlette hätte auftauchen können.

Eines Morgens sprach Orhant ihn an. Das war in Honfleur. Er trug die Zähne im Mund. Die Tristesse, die in seinem Gesicht lag, hatten sie nicht mehr wegdrücken können. Schleppend fragte er Karl, ob er wisse, wo Arlette, das Fräulein sei. Sie sei, hätte dieser antworten können, in Kiew geblieben, um an der Seite Harolds sich gegen die Frechen der Welt zu wehren. Nein, auch er wusste es nicht.

In der Woche darauf kündigte er. Fulbert und der junge Orhant saßen nebeneinander am Schreibtisch, der Compagnon so deplatziert wie ein Affe im Zoo. Der Colonel bezichtigte ihn der Flucht, „fuite“, der verlassene Verlobte schimpfte ihn Dieb, „voleur“, und hielt sich für einen Beraubten. Karl trank Calvados im Conquérant und stieg dabei ein letztes Mal den Weg zur Klippe hinauf, in Gedanken den Windungen folgend, am steinernen Christus noch einmal verschnaufend. Dann nahm er den Bus nach Caen und löste eine Fahrkarte nach Bonn, das die deutsche Hauptstadt war.

14. Kapitel | BEI DEN SIEBEN SCHWESTERN

Der Kiepenkerl schloss den Sack, als binde er einem Kind die Mütze unter dem Kinn, und strich behutsam darüber. Während sie schweigsam den Brenner abwärts schoben, hingen Karl die Geschichten wie Rauch in der Kleidung. Das erste Dämmerlicht, das jenseits des Etsch die Gipfel überwand, fiel noch in die Höhle Claudines und den Schrein der Jungfrau Arlette, in dem nichts gewesen war. Bei Sterzing tranken sie Kaffee, ohne sich aus der historischen Schwere lösen zu können. Als sie weiter nach Süden fuhren, wurde dem Kiepenkerl kalt.

„Es hätte anders kommen sollen", sagte Karl.

„Ja", sagte der Kiepenkerl.

„Aber fort musste sie in jedem Fall. Die Last ihres Vaters und ihres Verlobten hätten sie am Ende erdrückt."

„Das stimmt."

„Letztlich", sagte Karl, „wäre sie auch in der Rüstung Harolds erstickt, in der sie Schutz vor den beiden fand. Je öfter sie diese anlegte, Arlette von Honfleur, desto fester verschloss sie sich darin."

„Auch das stimmt", sagte der Kiepenkerl. „In der Vergangenheit verlernte sie, die Luft der Gegenwart zu atmen. Und du, Charles del Ècueil?"

Karl wusste nicht, was der Kiepenkerl meinte.

„Hast du deinen Nutzen aus der Vergangenheit gezogen?"

„Du meinst mein Europa?"

Ja, das meinte der Kiepenkerl.

„Mein Europa ist nur ein Atlantis", sagte Karl.

„Versunken und untergegangen?"

„Gluckgluck, im Alltag abgesoffen."

Der LKW hatte Fahrt aufgenommen und tauchte in einen

der Tunnels, die das gelbliche Licht zu Geisterbahnen und die Eiszapfen darin zu Requisiten werden ließ. Selbst der Kiepenkerl, der die Welt zwischen Traum und Wirklichkeit kannte, umfasste beunruhigt den Sack auf seinen Knien, bevor er sich sammeln konnte.

„Bilder", sagte er, „wie sie dir vor dem Auge Claudines entstanden, der Comtesse de Cavour, können leicht vergessen werden. In die Tiefe des Unterbewusstseins sinken sie dann, wo sie verdaut und der Seele als formloser Saft zugeführt werden, so dass diese nicht verhungert. Deine Bilder aber sind nicht versunken. Sie liegen als Inseln der Erinnerung in dir, wo du sie besuchen kannst."

Während die Farben blass erwachten und die Berge majestätisch sich ihre Räume nahmen, wollte der Mond noch nicht weichen. Karl stellte sich vor, wie er sich in einen Stier verwandeln und Cecilia auf seinem Rücken zur Insel der Erinnerung entführen würde, um ihr dort ein Bild Europas zu Füßen zu legen. Sieh nur, würde sie sagen, das bin ich. Oh ja, würde er sagen, das bist du. Dich liebe ich mit Haut und Haaren. Mit Haut und Haaren? Ja. Con pelle e capelli.

Der Kiepenkerl grinste.

„Wenn man es sagen könnte", sagte Karl.

„Selbstverständlich."

Während die Wirklichkeit heiter zurückgekehrt war, trübte der Morgen sich ein. Wolken waren zu Tal gesunken, unter deren Gewicht die Feuchtigkeit zu knistern begann. Die Apfelbäume erstarrten, die Rebstöcke klirrten. Die LKWs rückten hinter dem zusammen, der behutsam fuhr. Bei Bozen setzte Schnee ein, der auf der Fahrbahn zu Glätte wurde.

„Großer Gott", sagte der Kiepenkerl, als sie einen Viehtransporter aus Belgien vor sich schlingern sahen und verfolgten, wie das Unheil zu einer Folge von gläsernen Bildern gefror. Der Hänger brach zum Seitenstreifen aus und schlug mit seinem Hinterrad so schwungvoll gegen die Planke, dass er zurückprallte und sie nach den Regeln der Hebelkraft mit dem Vorderrad traf. In ein flatterndes Trudeln ging er über, das den ganzen Zug erfasste und ihn in seiner Länge an die Seite drückte. Einen Augenblick lang schien er sich an der Planke auszurichten, hob dann aber plump wie ein Käfer die Beine, neigte sich schwerfällig nach rechts und schlug nach einem kurzen Verweilen in der Schwebe krachend zu Boden.

„Großer Gott", sagte der Kiepenkerl.

Karl kam in einigem Abstand dahinter zum Stand und sah, noch während er dem LKW entgegenlief, Fahrer und Beifahrer sich durch das geöffnete Seitenfenster nach oben aus dem Führerhaus stemmen und rasch zu Boden springen. Er winkte ihnen zu und sah sie trotz des Schreckens lächeln, dankbar für die Glimpflichkeit, mit der das Schicksal ihr Leben aufgefangen hatte. Ihre Eile aber, in der sie ihre Prellungen und Kratzer übergingen, galt den polnischen Schweinen, die wie die gestochenen Säue aus den zertrümmerten Verschlägen ausgebrochen und auf die Autobahn gestürzt waren. Für sie war in allen Farben des Grauens die Apokalypse eingetreten. Einige gingen wie von menschlichem Irrsinn getrieben aufeinander los, als ob nur einer überleben konnte. Andere liefen in ihrem Drang zu fliehen kreischend umher, drehten sich wie Tanzmäuse heillos im Kreis oder hatten als Grenze ihres Leidens die Planke des Mittelstreifens entdeckt, die sie mit dem Mut der Verzweiflung zu überwinden versuchten.

Während der Kiepenkerl das Geschehen aus der Ferne mit heiterer Anteilnahme verfolgte, hatten Karl und der Kollege aus Namur jeweils eine der Latten ergriffen, die beim Sturz des LKWs herausgebrochen waren, und hielten damit die Schweine davon ab, ihr Unglück auf die Gegenfahrbahn zu tragen. Karl war dankbar, dass Cecilia ihn nicht sah und ihn einen Tierquäler schimpfte, denn die Schweine waren nur durch kräftige Schläge zurückzuhalten. In ihre Schranken aber verwies sie letztlich erst der zweite Mann aus dem Führerhaus, ein spindeldürrer Schauspielschüler, der mit dem Rucksack unterwegs nach Verona und von dem Flamen mitgenommen worden war. Er kam aus dem Sauerland und führte ein R von Schrot und Korn im Mund, das dem Russischen nahestand. Wie ein Asket, der physische Gewalt verachtet, trat er den Tieren allein im Vertrauen auf die Macht seiner Sprache in den Weg. Beschwörend hob er die Arme und rollte ihnen Worte wie „runter“ und „rüber“ entgegen, die sie stutzen ließen. Sei es, dass sie sich an die Sprache erinnerten, die man auf den Höfen in Polen sprach, oder baff wie Karl und der Flame waren, sie begriffen das, was sie nicht machen sollten. Als er eine magische Formel benutzte, die er aus dem Unterricht kannte, und vom Blaukraut und Brautkleid handelte, war es um sie geschehen. Gehorsam lauschten sie den rollenden Rs und fielen in die Stille einer menschlichen Andacht, die anhielt, bis die Carabinieri erschienen und sie in einem Akt der Pflichterfüllung mit ihren Dienstpistolen erlösten. Na bravo, grollte der Sauerländer, was die Männer aufhorchen ließ.

Es wurde Mittag, bis der LKW geborgen und auf dem Weg nach Bozen war, Schrott, wie der Schauspielschüler sagte, der eigentlich davon nichts verstand. Der Flame war stumm und blass in sich abgesackt und brauchte Beistand, so dass sie beschlossen, ihn von der Autobahn weg in ein Gasthaus zu bringen, wo er sich erholen konnte. Der Schauspielschüler begleitete sie. Er brauchte einen Dujardin. In einem der Dörfer kehrten sie bei den „Sieben Schwestern“ ein, auch weil davor schon ein LKW stand, und geleiteten den Flamen mit Mühe die Treppe hinauf. Er war, wie der junge Sauerländer undramatisch feststellte, durch den Wind. Noch bevor sie sich setzten, bestellte Karl ihm Schnäpse, die er trank, bis das Blut in die Ohren stieg und er Durst auf Bier bekam.

Die Wirtsstube der sieben Schwestern glich dem Wohnzimmer eines Jagdhauses. An den Wänden ringsherum hingen neben Hirsch- und Bockgeweihen ausgestopfte Reh- und Keilerköpfe, Ölgemälde aus dem Gebirge, die Jagdszenen zeigten, erhitzte Jäger in Lederhosen und Hunde, die über dem Wildbret zufrieden mit ihren Schwänzen wedelten. Als der Flame auf der Bank wieder zu sich kam, meinte er schleppend, dass die Faust hier ironisch auf das Auge träfe, der schöne Schein des Schweinetodes und seine Wirklichkeit auf der Tiroler Autobahn. Dann legte er den Kopf auf seine Arme und schlummerte ein. Von wegen Lenkzeiten, raunte der Kiepenkerl, der an der Standuhr ihnen gegenüber Platz genommen hatte. Er wollte das Fahrergeratsche, das absehbar war, nicht stören. Denn an ihrem Tisch saßen zwei Fahrer aus dem westfälischen Städtchen Bünde. Sie fuhren zusammen Küchenmöbel der Marke Rüter aus, wie der eine sogleich erklärte, Rütah, dessen Vaddah seinerzeit die Firma aus dem Nichts geschaffen hatte. Aus was auch sonst, lachte der andere. Da ihre Rückladung erst am Morgen in Meran bereit stehen sollte, hatten sie sich bei den sieben Schwestern zum Übernachten eingerichtet und durften sich sorgenfrei dem Bier hingeben. „Fünf Biea" bestellten sie abwechselnd bei der schmalen Bedienung, deren Gesicht von bemerkenswerter Schiefheit war, und dachten stets an alle dabei, obwohl Karl sich sogleich auf ein Glas nur festgelegt hatte, da er noch weiter musste, und der Flame vorläufig ausgefallen war. Der dadurch bedingten Überzahl aber nahmen die beiden aus Bünde und der Sauerländer sich ohne weiteres an.

Angeregt durch die Schweine, die auf der Autobahn ihr Leben hatten lassen müssen, erzählte der eine aus Bünde, dass er früher, vor der Zeit mit den Küchen, Fleischfahrer gewesen war, Frischfleischfahrah, wie er es nuschelnd zu betonen versuchte. Eindringlich schilderte er die Schlenkerei und Schlackerei der Schweinehälften in den Kurven, die da, rechts herum, links herum, frei an den Haken hingen, und erinnerte sich an jenen einen Morgen, als auch ihm mit den Schweinen ein Unglück zugestoßen war, mit deren Hälften jedenfalls, die nur noch baumeln konnten, aber mit Folgen, die um so tragischer waren. Im leichten Frühnebel hatte der Fahrer draußen auf dem Land eine Linkskurve zu spät erkannt, hatte zu heftig in sie eingelenkt und dadurch die baumelnden Hälften so schwer in Schwung versetzt, dass der LKW aus seinem Gleichgewicht geriet und kippte.

„Großer Gott", raunte der Kiepenkerl an der Uhr.

„Ja und?" fragte der Sauerländer, als der Bünder sich erst seinem Bier widmen musste.

„Nichts und", sagte der, „da kam der Sensenmann."

„Ich glaube", sagte der Flame, den der Schrecken der Worte aus dem Schlaf gerissen hatte, „ich gehe zu Bett, ich bin nicht auf der Post", und meinte den Posten, auf dem er nicht war.

Nein, der Bünder war nicht von den Toten auferstanden, um die Geschichte zu erzählen, sondern hatte während des Unfalls schlafend in der Koje gelegen. Zwar hatte man ihn herausschneiden müssen, doch war er unversehrt geblieben.

„Immerhin", meinte er, „aber ich sage euch eins. Von da an war Schluss mit dem Schweinekram. Wer will schon", dachte er an die Plane, mit der sie den Kollegen auf dem Feld bedeckten, „sein letztes Stündchen zwischen nackten Schweinehälften schlagen hören", und fügte lachend hinzu: „Mit Möbelschrott kann man dich nicht so leicht verwechseln."

„Ich kannte einen", sagte der andere Bünder, „der war auch sofort tot. Der war Muldenfahrer beim Schlachthof und fuhr die stinkenden Reste in die Hundefutterfabrik. Ich sage euch", sagte er und prostete dem Flamen verständnisvoll zu, den die schmale Tirolerin mit ihrem schiefen Gesicht in sein Zimmer führte, „das war kein Vergnügen, wenn man hinter dem herfuhr. Das war so", rief er die Unerträglichkeit des Geruchs auf den Tisch, „als ob das Gekröse schon wochenlang in der Sonne auf Halde gelegen hatte. Selbst ein Hund", meinte er, „hätte sich da ins Hemd gekotzt, obwohl er doch Aasfresser ist."

„Großer Gott", sagte der Kiepenkerl ein drittes Mal in Südtirol, während der zweite Bünder sich geduldig um die Beschreibung des Geruchs bemühte, den der Kollege in seiner Mulde wie einen Pestschweif hinter sich hergezogen hatte.

Der Sauerländer wollte auf der Stelle wissen, warum der Muldenfahrer tot war, ob er etwa in dem Gestinke, das nicht enden wollte, irgendwann erstickt war, zwangsweise. Die beiden Bünder aber standen in der Behäbigkeit ihres Erzählens fest zusammen.

„Immer schön der Reihe nach."

„Ja, genau, das kommt erst noch."

„Er hatte vergessen, die Arme runterzunehmen."

Umständlich erklärte der eine, dass er die Hubarme meinte, mit denen die Mulde auf den LKW gehievt und von diesem, umgekehrt dann natürlich, auch wieder abgesetzt wurde. An eine Brücke waren sie geschlagen und hatten den LKW so gewaltsam zum Stand gebracht, als wäre er ungebremst auf eine Mauer aufgefahren. Als hohen Bogen beschrieb er den Flug des Fahrers nach dem Stoß durch die Windschutzscheibe und nannte die Feuerwehr ratlos, als sie den Muldenfahrer auch in den Bäumen nicht fand. Karl, der schon ahnte, dass der Körper längst im Schlachtgekröse steckte, kippte mit einem entschlossenen Schwung den Schnaps hinunter, der verwaist vor dem Platz des Flamen stand.

„Patsch, patsch, patsch", führte der Bünder es aus, „wie im Trommelfeuer ist ihm das Gekröse nachgeflogen, im Bogen, von hinten über die Brücke hinweg, und hat ihn mir nichts dir nichts unter sich begraben, ob nun tot oder lebendig", sagte er nachdenklich, „wobei ihm das erste zu wünschen war."

Während der Kiepenkerl, der in den Grauzonen zwischen Traum und Wirklichkeit ein Haudegen war, an der Standuhr aber mit der irdischen Unpässlichkeit kämpfte, hastig aufstand und gebeugt den Raum verließ, hatte den sauerländischen Schauspielschüler der Hunger erfasst. „Sieben auf einen Streich" bestellte er forsch bei der Schmalen mit dem schiefen Gesicht und lockte damit eine der sieben Schwestern hervor, eine zierliche Dame mit Dutt, welche die Schlachtpfanne aus der Küche persönlich hereintrug. Die sieben Stücke Fleisch ließen sich übersichtlich zählen und stellten mit den Kartoffelklößen ein Gericht von solchem Ausmaß dar, dass der Triumph in den Augen der Schwester, ihre Überzeugung, dass der magere Jüngling das niemals schaffen würde, durchaus gerechtfertigt schien.

Sie stand eine Weile am Tisch, beobachtete, wie der aus dem Sauerland sich wohl anstellen würde, und erzählte, dass sie die letzte der sieben war oder eigentlich, wenn man so wolle, der drei, da vier von ihnen schon tot zur Welt gekommen waren. Der eine Bünder wollte ergänzend berichten, wie er bei seinem Schwager Mähdrescher gefahren war und drei oder vier Rehe – hinterher war es nicht mehr genau zu sehen – im Korn gesessen hatten, aber da griff selbst der andere ein.

„Doch nicht beim Essen", sagte er dezent in Gegenwart der Dame und lenkte auf einen ab, den er kannte. „Ich kenne da einen", sagte er, „der solch eine Pfanne ohne weiteres schaffen würde."

„Herr Müller?" fragte sein Kumpel aus Bünde, als ob er Horst oder Hans damit meine.

„Nein so was", sagte die Schwester. „Sie kennen Herr Müller? Hat man Töne? Nein, Herr Müller hat es auch nicht geschafft, obwohl ich nicht ausschließen will, dass es nur an der Höflichkeit lag."

Die Fahrer aus Bünde und die siebte der Schwestern kannten nicht nur den Trollingerfahrer, sondern auch Betty, und als sie erfuhren, dass Karl ein Freund der beiden war, wurden auf Kosten des Hauses fünf Schnäpse serviert, mit denen die Bünder und der Sauerländer auf Herrn Müller und seine Verlobte anstoßen konnten.

„Seine Verlobte?" fragte Karl.

„Ganz genau", sagte der eine aus Bünde.

Während der Sauerländer, der weder Herrn Müller noch Betty kannte, unbeeindruckt an seiner Pfanne aß und die Schwester sich ahnungsvoll zurückzog, betonte der eine Bünder noch einmal, dass er in seinem Leben nie wieder Fleisch fahren werde: „Stellt euch bloß vor", sagte er, „da an der Pforte zum Paradies zu stehen, wie bei der Konfirmation, und der Herrgott rümpft die Nase und sagt ganz einfach: Schäm dich, das kommt nicht in die Tüte."

Aus dieser Befürchtung des Bünders, der für den alten Rüter Möbel fuhr, entwickelte sich schließlich bei den sieben Schwestern, die eigentlich nur drei gewesen waren, ein Gespräch über die Scham der menschlichen Seele vor Gott. Musste man sich schämen, wenn mit Tankkarten schummelte, hier zehn, da zwanzig Liter mehr aufschreiben ließ, als man tatsächlich tankte, um das Geld dafür in die eigene Tasche zu stecken? Nahm Gott es krumm, wenn man am Telefon mit den Entfernungen mogelte, um beim Fahren mehr Spielraum zu haben? Ja, wir sind hier gerade in der Nähe von Fulda, spielten sie es sich vor, was von Gott aus betrachtet ja stimmte. Nein, der Großschlachter sollte sich schämen, der mit dem Stumpen im Mund sein Fleisch kreuz und quer durch Europa schickte, um Subventionen einzustreichen, und sein Beschauer noch vor der Pforte im Boden versinken, wenn er ein Auge zudrückte und mit dem anderen auf den geschenkten Reitgaul schielte.

Als der Schauspielschüler aus dem Sauerland über seiner sich langsam leerenden Schlachtpfanne von dem Dänen zu erzählen begann, der seinen Bruder tötete, um dessen Frau zu heiraten, nannten sie es alle eine ausgemachte Schweinerei. Ein solcher Kerl, schimpften sie, brauchte sich gar nicht erst an die Pforte zum Paradies herauf zu bemühen, und wenn er doch die Stirn dazu besäße, wäre ihm das, was er angerichtet hatte, sicherlich nicht einmal peinlich und Gott wäre fassungslos. Deswegen aber hatte der Sauerländer die Geschichte eigentlich nicht zu erzählen begonnen. Es ging ihm vielmehr um den Neffen, den Sohn des toten Dänen, der sich die Rache nicht traute, obwohl ihm der eigene Vater als Geist erschienen war, um ihn ausdrücklich darum zu bitten.

An sich war die Geschichte unwahrscheinlich, stellten die Bünder fest. Vielleicht hatte der junge Däne nur geträumt und hätte besser die dänische Kripo gerufen. Der Schauspielschüler aber, der bis dahin nur allgemein und sehr geheimnisvoll davon gesprochen hatte, rückte nun damit heraus, dass in der Zeit, da die Geschichte sich ereignet habe, es auch in Dänemark noch keine Kripo, sondern nur Könige gegeben habe. Der junge Däne war ein Prinz gewesen, Hamlet mit Namen, und wurde schuldig, weil sein Onkel den Vater getötet hatte.

Shakespeare erkannten sie wieder. Aber was konnte der Sohn für den Tod seines Vaters? Der junge Schauspielschüler aus dem Sauerland erklärte lustvoll kauend die Dankbarkeit, die Hamlet dem Onkel gegenüber empfand, der mit dem Vater ihm zugleich den Nebenbuhler ermordet hatte. Nichts hatte Hamlet mehr begehrt als seine eigene Mutter.

Da stockte den beiden aus Bünde der Atem, und sie bestellten fünf Bier, um der Empörung Herr zu werden, bevor sie in ruhigeren Tönen das ganze eine Riesenschweinerei nennen konnten, mit der sie es niemals wagen würden, auch in den kühnsten Träumen nicht, einen einzigen Fuß vor die Pforte des Paradieses zu setzen. Was Gott dazu sagen würde, wollten sie sich gar nicht erst ausdenken. Mit der eigenen Mutter, alles was recht ist.

Der sauerländer Schauspielschüler aber kannte kein Erbarmen mehr in seinem dramatischen Überschwang. Über die fast geleerte Schlachtpfanne gebeugt, schob er das komplette Massaker nach, das aus dem Verlangen des Sohnes und Schwagers nach ein und derselben Witwe erwuchs und sie alle gewaltsam verschlingen musste, die Jungfrau inbegriffen, nach der Hamlet zusätzlich schmachtete, ihren Vater und ihren Bruder, die er eigenhändig erstach. Dann doch lieber Gekröse fahren, meinte der eine aus Bünde, auch wenn man davon erschlagen wird.

Als der Nachmittag in einer Nachdenklichkeit über die Schlechtigkeit des Menschen auszuklingen drohte, der Gott mit Recht die Tür verschloss, erhob sich der junge Mann zu seiner vollen dürren Größe. Das hatte Shakespeare nicht gewollt, sagte er satt. Man sollte die menschliche Kraft auch spüren, die darin steckte, den ewigen Erkenntnisdrang: Er streckte den Arm vor sich aus, in der Hand die leere Pfanne, und sprach mit hohlem Blick in diese jenen Satz, den sie alle kannten: „Sein oder Nichtsein“, sprach er und schöpfte Atem in einer kunstvoll getragenen Stille, um mit dramatischem Schwung, aus dem F das grandioseste R herauszurollen, das seine sauerländische Heimat ihm zur Verfügung stellte: „das ist hier die Frage.“ Sie weihten ihn dafür zum Schweinepriester, forderten ihn mehrmals auf, den Satz zu wiederholen, andere Gegenstände in der Hand, volle und leere Gläser, den Zipfel des Tischtuchs und den der Gardine, und versuchten es selbst immer wieder: Sein odah Nichtsein, das ist hieah die Frage.

Während es vor den Fenstern draußen schon zu Abend zu dämmern begann, obwohl es noch Kaffeezeit war, zogen sich die beiden Fahrer des alten Rüter glucksend auf ihre Zimmer zurück wie auch der Schauspielschüler aus dem Sauerland auf das seine, da die Fahrt als Anhalter sich unerwarteterweise in eine Art Tournee verwandelt hatte und nach dem entsprechenden Rahmen verlangte. In der schmalen Serviererin mit dem schiefen Gesicht, die viele Wege zu ihrem Tisch gegangen war, hatte sich ihm eine Bewunderin seiner Kunst entpuppt, die sich von dem Titel des Schweinepriesters noch eine andere Bedeutung erwartete. Die letzte der sieben Schwestern hatte Angst, sich schlafen zu legen, obwohl auch sie erschöpft war. Die Schlachtpfanne des Hauses, die ein Sauerländer auf einen Streich erledigt hatte, lag ihr schwer im Magen.

Obwohl es Karl tatsächlich bei jeweils einem Glas belassen hatte, war er unter dem Geratsche körperlich müde geworden. Der Kiepenkerl saß verloren im Führerhaus, als er zurückkam, und sah in schweigend in die Koje kriechen.

„Nur eine Pause“, sagte Karl, „bevor es wieder weiter geht.“

Die Wolken hatten sich an den Alpenrändern ausgeschneit und spurlos in den jungen Abend verflüchtigt. Der Himmel überspannte die Etsch tief und klar.

„Na?“ sagte der Kiepenkerl. „Hast du wieder einmal aus den Geschichten der anderen getrunken und selbst keine ausgegeben?“

Durch die Dachluke des Führerhauses suchte Karl nach den ersten Sternen, um unter diesen ein Zeichen zu finden, das er dem Schwein hätte widmen können, dessen Schicksal es wert gewesen wäre, astrologisch betrachtet zu werden. Aber es war noch zu früh dafür.

„Ja“, sagte er, „du hast recht. Was soll ich sagen? Bin ich darum gleich ein Trinker aus den Geschichten anderer?“

„Nein“, sagte der Kiepenkerl. „Aber es schadet dir. Bleiben Geschichten unerzählt, erkrankt die Seele an Gelbsucht. Die fauligen Säfte der angegorenen Erinnerungen durchtränken sie und zerstezen sie schließlich, bis der Mensch daran stirbt.“

„Oh, Kiepenkerl.“

Unter der Weite des Tiroler Himmels, den Karl zu jeder Jahreszeit liebte, da er ihm Süden und Norden verband, forderte der Kiepenkerl ihn auf, von der Schönheit Schöns zu erzählen.

„Bitte“, sagte Karl, „wenigstens das kannst du mir erlassen.“

„Auf keinen Fall“, sagte der Kiepenkerl. „Willst du gerade die Fische unter den Teppich der Vergessenheit kehren? Stell dir ihren Gestank vor, der nicht einmal mit dem von Fleischgekröse zu vergleichen wäre.“

Auch damit hatte der Kiepenkerl recht. Nicht einmal Fleischgekröse kam an die Fische heran. War Karls Europa noch nicht wie Atlantis versunken, so war es doch in ihrem Gestank in eine tiefe Ohnmacht gefallen.

„Also los“, sagte der Kiepenkerl, „in den Sack damit. Aber halt. Dass Herr Müller und Betty sich verlobten, wusste ich nicht.“

„Und was kann das bedeuten?“

„Dass es nicht stimmt.“

„Ganz genau. So leid es mir tut für Herr Müller.“

Karl wäre am liebsten sanft wie ein Säugling eingeschlafen und hätte von Schweinen geträumt, die rollenden Rs verfallen waren und vor ihrem Priester nur noch mit ihren Ringelschwänzchen wackeln konnten. Der Kiepenkerl aber bestand darauf, dass er in seinen Erinnerungen nach Bonn zurückkehrte, in eine Zeit, deren Ende Karl zu Cecilia führte. Er hielt den Sack stramm wie ein Postbote geöffnet, der einen Briefkasten leert.

15. Kapitel | AKADEMIKER

Am Vorweihnachtstag, verließ Karl in Köln den Nachtzug aus Paris. Im Gang an ein zugiges Fenster gelehnt, hatte er vergeblich zu schlafen versucht. Selbst auf den Koffer sich zu setzen, war nicht Platz genug gewesen. Zu Weihnachten, fern von Madrid, hatte Karl im Wachen geträumt, würde er aus dem Zug heraus in die getragene Feierlichkeit der Kirchenglocken treten und sich zu zerbrechlichen Damen setzen, um im Himmel hoch singende Chöre zu hören. Aber weiß Gott, es war nicht so. Der junge Morgen hatte sich gegen die bitteren Dünste des Bahnhofs in Trübsal verpuppt. Auf den erleuchteten Bahnsteigen gingen die Männer, um nicht zu frieren, mit ihren schmalen Aktentaschen auf und ab und erwarteten rauchend die Züge. Am Fuß der Treppe, in einer der Imbisshallen unten im Gang standen die Übriggebliebenen der Nacht und schwiegen gemeinsam im Stehen. Karl beklagte des Alltags Unnachsichtigkeit gegenüber dem Christuskind und suchte Trost im Anblick des Doms, dessen Türme über den Bahnhof hinweg in den dunklen Himmel wiesen, wo die Kleinlichkeiten des Lebens nicht zählten. Als er in Bonn eintraf, hatte die Stadt schon ihre festlichen Geschäfte aufgenommen und um Beethoven herum, der in Taubheit versunken war, sich zum Markt gesammelt. Es duftete nach Kandis und Glühwein, nach Bratfisch und rheinischen Rostbratwürsten. Drehorgelmänner spielten Musik, die nicht von ihnen stammte, Weihnachtsmänner erwehrten sich der Kinder, die vor den Kaufhäusern nach ihren Luftballons grapschten und durch die stille Nacht, auf die sie hingewiesen wurden, sich nicht erweichen ließen. Dennoch hielt Bonn, was die Schilder am Bahnhof versprachen: Die Hauptstadt mit Herz beschenkte Karl noch am Heiligen Abend mit einer Wohnung in der

Eifelstraße. Die zwei Zimmer lagen im dritten Stock eines Hauses, an dessen Fassade steinerne Pflanzen empor kletterten und dabei Körbe tragende Mädchenköpfe umrankten. Durch einen verwilderten Vorgarten, den ein mit Spitzen besetzter Eisenzaun begrenzte, betrat man es über ein weites Treppenhaus. Der Vermieter, ein kleinwüchsiger Doktor mit Namen Knoog aus Ippendorf, der Karl in einem Mantel mit großen Schulterpolstern begrüßte, führte leutselig ein Geschäft, das sein Mieter vom Namen her nur als LKW aus Holland kannte, DAF, in seinem Falle aber Deutsch-als-Fremdsprache bedeutete, die er mit Afrikanern pflegte. Karl stellte die Heizung an, als er allein war, ließ sich großväterlich in sein Sofa sinken und sah den Staubflocken zu, die in der Wärme wehten. Schlafend feierte er Weihnachten, müde das neue Jahr, an das er keine Vorsätze band.

Er suchte lange Arbeit in Bonn, das eine Stadt der Krawatten war. Männer mit Herrenparfum lebten dort und Damen in engen Kostümen, die sie für ihre Vorgesetzten trugen, Amtsträger mit Aktenkoffern und Gattinnen, die nicht im Supermarkt kauften. Häuser, die Residenzen hießen, drängten sich in den Straßen und solche, die auf Messingschildern großspurig Institut sich nannten, Verbände und Vereinigungen, von denen Dr. Knoog einer für deutsch-afrikanischen Kulturaustausch vorsaß. Sie alle hatten in der engen rheinischen Bürgerwelt, in der jeder sonst Bäcker und Fleischer schien, ihren Platz gefunden. Nur LKW-Fahrer gab es zu vie le. Karl beunruhigte das. Abgesehen von der nächsten fälligen Miete, die der Doktor auf einem Gang durch sein Haus kassierte, verband er allein schon mit seiner neuen Ansässigkeit die Pflicht zu geregelter Arbeit. Er konnte darum nicht anders als morgens noch in der Dunkelheit aufzuwachen, am Kiosk eine der ersten Zeitungen zu kaufen und die Stellenanzeigen darin zu durcheilen. Den Rest des Tages streunte er durch die Stadt, durch Kaufhäuser, ohne etwas zu brauchen, über den Bahnhof, ohne auf Züge zu warten, die verschneite Rheinpromenade entlang, ohne spazieren zu gehen, um schließlich in der Dunkelheit mit müden Beinen in seine warme Wohnung zurückzukehren. In diesen Wochen des Müßiggangs lernte Karl die Welt der Akademiker kennen und schloss darin Freundschaft mit Brobach, der neben Fräulein Beck, Studentin der Erziehungswissenschaft und der Textilgestaltung, in des Doktors Haus sein Nachbar war. Sie bewohnten den Stock zu dritt, Brobach gleich neben Karl, Magda Beck am Ende des Ganges neben dem Klo, das sie gemeinsam nutzten. Magda, die oft bei den Ihren in Wuppertal weilte, sah Karl nur selten. Schmalbrüstig und von winterlicher Blässe, duftete sie nach Nivea-Creme. Konnte man Brobach glauben, lag sie im Sommer auf ihrem kleinen Balkon in einem ihrer selbstgenähten Bikinis, der mit Federn, Perlen und Glitzer besetzt war, was insgesamt Applikation hieß. Dann schmolz die ganze Winternivea herunter, und plötzlich stand sie da, sagenhaft wie Phönix aus der Asche, nicht mehr schmalbrüstig weiß, sondern gertenschlank braun, ein Naturwunder. Und sagte man ihr, Magda, du siehst aber gut aus, dann antwortete sie: Das macht das vegetarische Essen.

Brobach verließ gewöhnlich gegen neun das Haus, blass, immer mit Mantel und Hut bekleidet, einen Regenschirm in der Hand, und trug unter dem Arm eine große schwarze Kladde. In dieser, sagte er kurz, halte er das Leben fest wie es ist. Nicht so, erklärte er dunkel, wenn man ihn drängte, wie es die Mächtigen der Welt sie alle glauben machen wollten, nein, so wie es war, in Wirklichkeit. Er nannte die Kladde sein eigenes Dschungelbuch. Bei Wind und Wetter, doch immer werktags nur, ging er damit zum Rhein hinunter, setzte sich auf eine Bank und schrieb hier bis zur Dämmerung. Nur wenn ihm die Finger in der Kälte steif zu werden begannen oder im Regen das Geschriebene zerrann und das Papier zerweichte, räumte er vorzeitig den Platz, um eine Wirtschaft aufzusuchen und warm und trocken weiterschreiben zu können, nie aber den Alten Fritz, den er als Stammkneipe betrachtete, da er auch hier die Arbeit von der Freizeit schied. Was er im Einzelnen geschrieben hatte, blieb Karl lange verborgen. Brobach hütete es vor allen als Geheimnis. Nur ob es viel oder wenig war, darüber bestand, wenn sie am Abend sich wiedertrafen und das erste Bier gemeinsam tranken, nie ein Zweifel. War sein Soll übertroffen, schwadronierte er euphorisch. Zwei Seiten bedeuteten ihm höchstes Glück. War er darunter geblieben, schwieg er untröstlich zynisch. Meistens aber stand er mit seiner weltverachtenden Gleichgültigkeit in der Tür, lässig und bissig, und drückte darin Zufriedenheit aus. Philosophie studierte er, an der Universität ein hohes Semester, wie er betonte, und lebte dabei als Dichter, der, anders als Gustav, sogar etwas aufschrieb davon.

Noch in der ersten Woche des neuen Jahrs lernte Karl Brontsch, Brobachs besten Freund kennen, den dieser zum Abendessen eingeladen hatte, auf ein Miesmuschelmahl, das allein als Wort ihm schon schmecke. Brontsch warnte vor dieser rheinischen Spezialität, die aus der Nordsee kam, sich auf den Volksmund berufend, der nur Monate ohne R zum Verzehr erlaubte, also jene von Mai bis August, aber Brobach bestand darauf, dass es umgekehrt war, und beruhigte sie mit dem Weihnachtskarpfen, der auch im Wasser lebe.

Brontsch trug einen dunklen Vollbart wie Brobach, besaß aber volles Haar und das heitere Gesicht eines Diogenes, das zu seinem dünnen Sakko passte und seiner Hose mit Schlag, die er selbst in der Tonne nicht abzulegen schien. Er beglückte Karl mit der Herzlichkeit seiner Begrüßung, bei der die Falten um die Winkel seiner Augen strahlenförmig nach außen strebten. Als er das Zimmer betrat, musste Brontsch sich ducken, da er an die zwei Meter groß war. Brobach hob das begeistert hervor. Dabei sei er schon geschrumpft, lachte er und erklärte inspiriert, dass Brontsch mit vierzehn schon einsvierundneunzig war und dass sie ihn darum in die Universitätsklinik steckten, nach Tirgu-Mures genauer gesagt, ungarisch Marosvaszarhely, deutsch Straßburg am Mieresch.

Das stimmte, bestätigte Brontsch. Siebenbürgen war es gewesen, wo es den Professoren gelang, seinen Wuchs auf drei weitere Zentimeter zu drosseln und die Familie darüber hinaus so kunstreich zur Ader zu lassen, dass diese verarmte. Für den Sohn aber, bemerkte Brobach pastoral, war das Anlass genug gewesen, nach Deutschland zu gehen und Philosophie zu studieren, um dort, hob er den Zeigefinger, auf natürlichem Wege um zwei Zentimeter zu schrumpfen. Das machte, um hier genau zu sein, zusammen einsfünfundneunzig. Gelangweilt bestätigte Brontsch auch das, erklärte es aber für Schnee von gestern, für den Brobach sich immer wieder erwärme. Dieser hatte sich in der Zwischenzeit den Muscheln zu widmen begonnen, die er einer Plastiktüte entnahm, um eine jede prüfend gegen das Licht zu halten und, war sie geschlossen, in einen Topf warf. Beiläufig nannte er das Leben einen Autor zeitloser Geschichten, einen Schöpfer poetischer Akte, die er sogleich philosophisch in Geschehen und Handlungen unterteilte. Brontschens Körpergröße etwa sei das Ergebnis eines poetischen Geschehens, weil ihm keine Absicht zugrunde liege. Grundsätzlich verschieden davon sei die poetische Handlung, hinter der eine solche stehe. Hätte Brontsch sich zum Beispiel eine Kellertreppe hinuntergestürzt, um seinem Wachstum ein Ende zu setzen oder ein solches Ende auch nur erklärlich erscheinen zu lassen, dann wäre das Wesen der daraus entstehenden Poesie ein anderes. Gewiss, sagte er konziliant, das Leben als solches sei eine reale Poesie, aber man müsse genau zwischen geschehener und geschaffener Poesie unterscheiden, sonst komme man durcheinander und verwische den Unterschied ihrer Werte. Schaffen nämlich könne man die Poesie des Lebens jederzeit, man brauche nur Mut dazu. Dass sie einfach geschehe hingegen, sei ein Geschenk, eine kostbare Laune des Lebens.

Während er immer wieder kramend in den Sack griff und die Muscheln nacheinander, einer Tombola auch darin ähnlich, in die Höhe hob, bat Brobach seine beiden Gäste, in ihren Gedanken Doktor Knoog auf dem Weg in die Wirtschaft zu folgen, der sich gewöhnlich seinem Gang durch das Haus anschloss, auf dem er die Mieten kassierte. Bevor er unten die Haustür schließe, lasse er diesmal mit Absicht seinen Ringelschwanz aus dem Hosenstall hängen. Sie sollten sich bildhaft vor Augen führen, wie er lässig an der Theke lehne, schultergepolstert zum Eingang blicke und grinsend die Ankömmlinge begrüße. Und spreche ihn jemand an, hinter vorgehaltener Hand, mein Herr, Ihr Ringelschwanz hängt da aus Ihrer Hose, so antworte er, na klar, das wisse er doch, und kommentiere die Frage, ob er denn verrückt sei, mit der schnippischen Feststellung: Wir sind alle verrückt hier. Ich bin verrückt. Sie sind verrückt. So sehr das auch poetisch war – denn was wäre das anderes als eine Poesie des Lebens? –, bestand Brobach darauf, dass Doktor Knoog in dieser Pose nur einen zweiten Grad erreichte, die Stufe des Gesuchten und Gewollten. Während er das Wasser aufsetzte, um darin die Muscheln zu kochen, bestimmte er diese Art der Poesie in französischer Sprache als „poésie provoquée“, die als solche, mit Varianten zwar, grundsätzlich aber wiederholbar sei. Etwas ganz anderes sei hingegen die Poesie, die einfach geschieht, ohne dass jemand sie will. Das, definierte er, sei die wahre, die „poésie pure“, und diese sei nun einmal ganz selten, sei schätzens- und schützenswert wie wild gewachsene Orchideen. Darum, schloss er, die Muscheln in das siedende Wasser gebend, hege und pflege er die kostbaren Einsfünfundneunzig, die Brontsch ganz ohne sein Zutun vom Leben her zugefallen waren.

Brobach blieb am Kochtopf stehen, um zu verfolgen, wie die Muscheln im Wasser sich öffneten, schnitt dabei ein Weißbrot auf und stellte schließlich eine dampfend gefüllte Schale auf den Tisch, aus der sie sich bedienen sollten. Während Brontsch und Karl der Aufforderung nur mit Vorsicht folgten, gab er, der Koch, sich hemmungslos den Tieren hin, die er im Überschwang des Schlemmens Meeresfrüchte nannte. Karl suchte sein Heil in dem Wortspiel, er habe an den französischen Poesien schon mehr als genug zu verdauen. Brontsch flüchtete sich, Weißbrot mümmelnd, in die Alchimie der alten Sprachen und gelangte über allerlei Umwege, die ihn des Essens unauffällig enthoben, zur lateinischen „causa“ des Griechen Aristoteles, um noch einmal zum Doktor Knoog zurückzukehren.

„Legen wir“, sagte er, „die Einteilung der Ursachen nach Aristoteles zugrunde und stellen wir darauf die beiden Möglichkeiten einander gegenüber: Erstens. Bevor Knoog das Haus verlässt, holt er seinen Ringelschwanz hervor und lässt ihn aus der Hose hängen. Zweitens. Knoog hat, ganz in Gedanken versunken, seinen Schwanz nach dem Pillern vergessen, und als er jetzt das Haus verlässt, steckt dieser noch im Hosenstall. „Causa materialis“, „causa formalis“ und vor allem „causa efficiens“ der daraus erblühenden Poesie sind in beiden Fällen identisch. Der Unterschied liegt allein in der Zweckursache, der „causa finalis“, denn nur im ersten Fall ist der Zweck der Poesie beabsichtigt. Sehe ich das richtig?“ fragte er eindringlich und beugte sich über den Tisch zu Brobach hinüber, der nicht bei der Sache schien und – ja ja, ganz recht – sich auf eine fahrige Antwort beschränkte. Weil es eben so selten vorkomme, dass jemand nach dem Pillern seinen Schwanz vor der Hose vergesse, darum sei die daraus erblühende – äh – Poesie eben wertvoll. Brobach fühlte sich nicht wohl und begann, um seiner Blässe Herr zu werden, Korn aus dem Kühlschrank auszuschenken. Aber auch nach mehreren Gläsern war seine Farbe nicht zurückgekehrt. Um einem schwerer wiegenden Verdacht vorzubeugen, verwies er auf die möglicherweise unangemessene Menge der Meeresfrüchte, die er genossen habe, und den dadurch bedingten Eiweißschub, der den Kreislauf belaste, stand dann aber im schleppender werdenden Schwall seiner Worte kurzerhand auf und eilte zum Klo. Brontsch gab der Hoffnung Ausdruck, dass des Freundes Übelkeit tatsächlich auf das Apollinische Maß zurückzuführen sei, das dieser hatte vermissen lassen, und nicht auf das R, das im Januar steckte, schenkte aber der Frage als solcher, da nun nichts mehr zu ändern war, keine weitere Aufmerksamkeit. Stoisch faltete er die Hände, als Brobach mit dem Ausdruck einer gewissen Erleichterung im Gesicht an den Tisch zurückgekehrt war und ohne Umschweife, so als sei er nur ausgetreten, den Faden der Poesie wieder aufnahm. Nein, mit der „causa finalis“, die Brontsch als Merkmal der Poesie aufgetischt hatte, war Brobach nicht einverstanden. Er erklärte sie schlechterdings für unzureichend. Poesie, wie alle Kunst im Allgemeinen, entstehe allererst in einem Akt, den er Verständigung nennen wolle, ja, recht eigentlich sei sie dieser Akt selbst. Sie sollten an die Seite eines Telefonbuchs denken. Sei sie Poesie? fragte er und ließ durch gespielte Aufgeräumtheit erkennen, dass sein Wohlbefinden sich wieder eingestellt hatte. Nein, war die Antwort, als solche nein. Verständigten sich aber ein Poet und sein Publikum darüber, dass die Seite in seinem Gedichtband als Ausdruck der Anonymität zu lesen sei, als Sinnbild der Massengesellschaft, dann wäre sie, schwuppdiwupps, zum poetischen Text erblüht. Texte und Taten seien nur mögliche Träger einer Poesie, die sich im Akt der Verständigung erst verwirklichen könne.

Mit einem Krach, der in die philosophischen Nachdenklichkeiten über die Poesie hinein die Gewalt einer Bombe hatte, flog die Tür zu Brobachs Wohnung auf, und Magda stand im Zimmer.

„Ihr Schweine“, rief sie. Sie trug ein kurzes Nachthemd und duftete zart nach Nivea, war aber vollkommen außer sich. „Wer hat auf meinen Tisch gekotzt?“ und da es selbst Brobach die Sprache verschlug, war sie gezwungen, die Frage im Wortlaut zu wiederholen, auch wenn ihr das in der Erregung schwerfiel. „Antwortet! Wer hat auf meinen Tisch gekotzt?“

„Magda“, sagte Brobach, nie hätte ich gedacht, dass du so ein grobes Wort benutzen könntest. Ich dachte, du hättest ‚sich ergeben‘ oder doch wenigstens ‚sich erbrechen‘ benutzt.“

Da begann Magda zu weinen und lief, ohne die Tür zu schließen, hinaus.

Karl, den das Wort Schwein getroffen hatte, ging ihr nach. Brobach schob gesundheitliche Gründe vor, um sich erst am Morgen für sein Versehen, wie er es nannte, zu entschuldigen. Brontsch widerstrebte der schwierige Gang aus ästhetischen Gründen. Als Karl die Meeresfrüchte in einer Art Jägersauce auf dem Tisch verteilt fand, trat auch er trotz Magdas Schluchzen den Rückzug an. Von wegen „poésie pure".

Seit im Zuge der Philosophie ein Haufen Meeresfrüchte auf Magdas Tisch gelangt war, begegnete Karl dem Fach mit Misstrauen. Als Brobach ihn einige Wochen später dazu überredete, sich trotzdem damit auseinanderzusetzen, gelang ihm das nur mit Sophistik. Das Wort bedeute eigentlich nur Freundschaft zur Weisheit. „Philos" sei nichts weiter als ein Freund. Aber erst die Bilder vom Saugen und Säugen konnten Karl bewegen, ihm in eine Vorlesung zu folgen. Am Busen der Philosophie wollten sie saugen oder besser, wie Brobach es übertrieben drehte, gesäugt werden, am Busen der Mutter aller Wissenschaften. Wenigstens einmal im Leben musste man diese Lust empfunden haben.

Sie saßen in der letzten Reihe, nahe am Ausgang und, da der Saal einem Amphitheater glich, auf der Höhe, von der aus man alle Hörer und unten, wo die Bühne gewesen wäre, ein Pult stehen sah. Die Plätze waren dicht besetzt, von jungen Frauen zumeist, die miteinander tuschelten und, obwohl das auf Schildern verboten worden war, Zigaretten rauchten, die sie selbst drehten. Trotz der nach außen getragenen Lässigkeit lag eine Spannung im Saal, eine Erwartung von Einsegnung oder Abendmahl, die Karl, Kommuniant, der nicht getauft war, den Besuch schon bereuen ließ.

Brobach hatte seinen Hut abgesetzt und rollte eher aus langer Weile denn aus Unruhe die Finger seiner rechten Hand auf dem Dschungelbuch auf und ab, das geschlossen vor ihm lag, bis rechts des Pults die Tür geöffnet wurde. Stille verbreitend trat eine Dreiergruppe ein, ein akademisches Trio, in dessen Mitte sich schwankend ein schwerer Mann bewegte, der einen schwarzen Anzug trug und einen Schlips, der zu fest verknotet war und, da ein übernatürlich gequollenes Doppelkinn darüber lag, das in der Verlagerung von Schritt zu Schritt zur rechten, zur linken Seite schlug, an den Tod durch Strang gemahnte.

Das war Prof. Dr. Schulze-Vorbach, den rechts und links seine Assistenten begleiteten, Dr. Riesinger, der einen Aktendeckel trug, und Fräulein Dr. Schüssel mit einem Glas Wasser. So näherten sie sich dem Pult.

Nachdem die Assistenten ihre Mitbringsel dort abgelegt hatten, trat der Professor dahinter. Im Saal war nur noch das Geraschel von Papier zu hören, ein unterdrücktes Hüsteln ausgenommen, als die Assistenten sich setzten. Schulze-Vorbach blickte prüfend, wie um Witterung zu nehmen, durch eine Hornbrille, die er inzwischen aufgesetzt hatte, in das Rund der Reihen und sprach dann mit großer Sorgfalt in das Mikrophon, so als dürfe darüber bei niemandem Zweifel bestehen.

„Ich gedenke, die Vorlesung über die Grundzüge der dichterischen Ironie heute mit dem zweiten Teil fortzusetzen. Ich nannte den ersten: die Ontologie der Ironie."

Er fasste mit dem Daumen und einem fleischigen Zeigefinger – die drei anderen Finger waren dabei nach oben gespreizt – den linken Bügel seiner Brille, schob sie zurück, hustete rasselnd und blickte auf seinen geöffneten Aktendeckel hinunter.

„A", sagte er, „ich rekapituliere", hustete abermals und begann behutsam, um die Vermeidung dieser Geräusche nun bemüht, die nicht eigentlich zum Sprechen zählten, etwas vorzulesen, das sogleich im Saal bedeutungsschwer sich niedersenkte wie gesättigter Wasserdampf.

„Im Zusammenhang der Ordnung", rekapitulierte er, „des Denkens, Sprechens und Schreibens, die wir in einem allgemeinen Sinne als die Ordnung der Bedeutung bezeichnen können, erscheint die Ironie als eine indirekte Maßnahme.

Die Ironie stellt damit auf besondere Weise die Frage nach der Bedeutung. Gerade weil die Ironie von Anfang an als eine indirekte Maßnahme in die Ordnung der Bedeutung eindringt, fordert sie zur nachträglichen Übersetzung in eine direkte Sprache auf. Es ist die Ironie, die die Entstehung der Theorie der Ironie veranlasst."

Das klang wie gedruckt und hörte nicht auf, so zu klingen, als Schulze-Vorbach das neue Kapitel eröffnete, B, das er zunächst benannte:

„Ich nenne", sagte er und blickte misstrauisch durch seine Brille herauf, „es das Mögliche und das Wirkliche", was Karl überraschte, da er den Zusammenhang mit Ironie nicht erkannte.

Schulze-Vorbach aber stellte gefasst einen Sextus Tarquinius vor, den er bei Leibniz kennengelernt hatte. Sextus Tarquinius, versicherte er, war vor mehreren Jahren nach Rom und damit auch in sein Unglück gegangen, das er durch etliche Verbrechen selbst verschuldet hatte, und konnte doch glückhaft – das faszinierte an dem Fall, da er selbst davon nichts ahnte – den Aufstieg Roms dadurch befördern. Schulze-Vorbach fragte nun, ob Sextus Tarquinius denn auch woandershin hätte gehen können, zum Beispiel nach Korinth oder nach Thrazien, und antwortete mit Ja darauf. Es wäre, das betonte er beherrscht, möglich gewesen, mit Einschränkungen, gewiss, zum Beispiel dem Flugzeug, doch im Ganzen durchaus, und Sextus Tarquinius hätte dort sein Glück finden können, in Korinth einen Schatz in einem Garten, und wäre reich geworden. Er hätte in Thrazien eine Königstochter treffen können und wäre ihr Mann und König gar geworden. Aber so war es nicht.

Leibniz hingegen behauptete, dass, obwohl Sextus in Rom sein Unglück nur fand, das dennoch besser war, jawohl, besser, wiederholte Schulze-Vorbach, weil wirklich und nicht nur möglich. Denn das wirklich Wirkliche stand stets über dem Nur-Möglichen, das eben doch nur, und nichts weiter, ein Nicht-Wirkliches blieb.

Schulze-Vorbach hatte unter diesen Worten zu schwitzen begonnen. Eine heiße Röte überzog sein Gesicht. Er atmete, als Rasseln im Lautsprecher hörbar, schwer. Misstrauisch, Unheil ahnend hinter seine Brille geduckt, gab er zu der Vermutung Anlass, seine Rede laufe schon im Ansatz aus dem Ruder und würde nun jenseits, fernab der Ironie in dunklen, unwirklichen Wassern dümpeln, zumal nun auch noch Gott ins Spiel kam, um den es Leibniz eigentlich gegangen war und der jetzt Schulze-Vorbach dazu zwang, sich mit Monaden zu schlagen, wozu er sich aus dem Stehgreif Voltaire und Schlegel zum Beistand holte und sich kurz an Kierkegaard stärkte, Sören, und dann heftig rudernd zu der Erklärung schlingerte, dass der Ironiker stets etwas anderes meine als sage. Er, Schulze-Vorbach, meine jedenfalls, dass Ironie insofern, meine Damen und Herren, unwirklich sei, insofern, als sie nicht der Wirklichkeit entspreche, sondern eben jenes ungewisse Mögliche enthalte, das sie oft so schwer zu fassen mache. Der Ironiker, gelangte er endlich in sein Fahrwasser zurück, spreche gewissermaßen in Rom, in der wirklichen Welt, sei aber mit seinen Gedanken in Korinth oder Thrazien oder vielleicht auch ganz woanders, was, da es ein Vergleich nur sei, ohnehin keine Rolle spielt.

Erleichtert leerte er hier das Glas Wasser, zog ein Taschentuch hervor, mit dem er einmal kräftig unter das Kinn fuhr, wo es feucht geworden war, und atmete – hätte man sagen wollen, denn das war es, was Schulze-Vorbach im Sinne führte – durch. Aber er saugte die Luft nur an, ohne dass sie ihn wieder verließ, und die stattdessen einen Überdruck in ihm erzeugte.

Schulze-Vorbach ließ sich zu seinem Unglück auf ein Unterfangen ein, dem er allein schon auf Grund seiner körperlichen Verfassung nicht mehr gewachsen war. Mit abgespreizten Fingern die Brille noch einmal richtend, wandte er sich leichtfertig, ja fahrlässig dem Problem der Identität zu, C, das sich notwendig stellte, weil der Ironiker etwas anderes meine als sage. „Dissimulatio." Während man die Identität als das Sich-Selbst-Gleichsein des Individuums verstehe, führte er verhalten schnorchelnd aus, mithin als Einheit oder Einklang, könne offenkundig derjenige, der sich verstelle, der Ironiker also, sich selbst nicht gleich sein, so dass seine Identität in Frage stehe und sich die Frage stelle, ob Ironie nicht notwendig in einen unangenehmen Widerspruch zur Identität gerate, indem sie diese verhindere, auflöse oder ganz einfach verneine. Diese Frage, gab er skeptisch zu bedenken, ging allerdings davon aus, dass es eine stabile und substantielle Identität in der Welt gab und dass in diese gewissermaßen optimistische Auffassung des Individuums die Ironie als etwas Störendes eindrang, das die Übereinstimmung des Ich mit sich selbst und seiner Welt – störte, ja. Ein Vorgang war das, den er, Schulze-Vorbach, das Unwirklichwerden des Wirklichen nennen wolle oder, um sich eines anderen Ausdrucks dafür zu bedienen, „Entfremdung", die, meine Damen und Herren, auf ganz besondere Weise die Epochenerfahrung der Moderne widerspiegele.

Obwohl sein Zustand als unverändert ernst bezeichnet werden musste, war mit der Epochenerfahrung der Moderne etwas Triumphales in Schulze-Vorbachs Augen getreten, der Blick für das Ganze, der Dichtung und Leben umfasste, den Geist. Jovial, beiläufig fast im Nachklang dieser Freude, erklärte er die Identität des modernen Menschen kurzum für unabhängig, unabhängig von den Göttern der Antike und dem einen Gott des Mittelalters, für vollkommen selbstverantwortlich mithin und damit – in einem Atemzuge, mochte er fast sagen – für nicht mehr länger selbstverständlich und ließ sich in diesem Schwung zu einer überraschenden Geste verführen.

Mit nun unverhohlener Kühnheit – einer gewagten historischen Konjektur, wie er es nannte – behauptete er, die Ironie werde um so bedeutender, je weniger selbstverständlich die Identität sei, des Menschen, und wippte dabei auf den Zehenspitzen. Er wippte wie laufende Mädchen im Sommer und brach dann in einen beängstigenden Husten aus.

An diesem Punkt der Lesung, an dem sogar die Assistenten von ihrem Geschriebenen aufblickten, erhob sich Brobach und sagte „ich muss mal“, drängte sich umständlich aus der Reihe hinaus und verschwand durch eine der oberen Türen. Schulze-Vorbach schien dem Ende nah. Aus der Schlipsschlaufe heraus war sein Kopf über den Kragen hinweg zu einer Größe aufgeschwollen, die man selbst bei diesem Manne nicht erwarten konnte.

Karl aber war abgelenkt. Neben dem Platz, den Brobach soeben verlassen hatte, sah er ein Mädchen sitzen, mit buschigem Lockenhaar, das nur nicht so golden war wie das der Loreley, sondern rot, fuchsrot, und ihr über schmale Schultern fiel, und da sie leicht geduckt schrieb, mit flinker Violinenhand, verdeckte es ihr Gesicht. Vorsichtig lehnte Karl sich vor und geriet so in eine Art gebückter Hocke hinein.

„Was ist?“ sagte sie spitz und zeigte dabei doch ein so ruhiges und klares Gesicht, als sei sie Kirchenorganistin.

„Nichts“, sagte Karl, dem sie als Akademikerin unheimlich genug war. Und da sie sogleich auch ihr Schreiben wieder aufnahm, blickte er seinerseits wieder zu Schulze-Vorbach hinunter.

Dieser hatte inzwischen begonnen, sich mit dem Problem seiner Brille zu beschäftigen, die in der Körperhitze beschlug und die er darum mehrmals von der Nase nahm und putzen musste.

„Die klassische Formel der Identität“, las er noch, „lautet A = A. Die Ironie hingegen wird klassisch als Verstellung vorgestellt, als „dissimulatio“, wie weiter ober gesagt. Die Formel für die Ironie könnte deshalb heißen …“

Dann legte er die trüben Gläser beiseite und beschloss, die Gleichung A – A/B aus dem Gedächtnis aufzustellen. Damit, improvisierte er unsicher schwankend, begännen, äh, die Probleme, denn man müsse die Formel als Satz, äh, lesen, schließlich sei es ja auch ein Satz, der Satz der Identität eben, der darin stecke. Die Formel A = A, äh, sei also umzuwandeln in den Satz, ich wiederhole, den Satz: A ist A.

Als Schulze-Vorbach das letzte A erreichte, wurde rechts in seinem Rücken die Tür geöffnet, zögernd, langsam und eine Handbreit nur, aber doch so, dass er es gleich bemerkte, wie instinktiv stutzte und mit einem Grunzen, das ihm eher unfreiwillig entwich, sein übernatürliches Kinn von der Brust seitwärts auf die Schulter schabte.

Der Türgriff war noch immer von unsichtbarer Hand nach unten gedrückt, für Augenblicke, in denen Schulze-Vorbach nach seiner ausgekühlten Brille langen konnte, die er auf-, aber auch sofort wieder absetzte, bevor die Tür unter den Augen aller glatt und lautlos aufgeschoben wurde und Brobach hereintrat.

Schulze-Vorbach, dem hier ein zweites Grunzen entfuhr, wahrte Haltung.

„Ja, bitte?“ fragte er im Ton einer Vorzimmerdame und wurde erst unruhig, als Brobach darauf nicht antwortete, sondern, den Hut auf dem Kopf und die flache Hand über den Augen, sich im Hörsaal umsah, so als müsse er erst wissen, wo er sei, und dann sich zu nähern begann. Da schwante auch den Assistenten Schlechtes.

„Ja bitte“, wiederholte Fräulein Dr. Schüssel, „was gibt es denn?“ aber das war zu spät.

Auch sie konnte nun nicht mehr verhindern, dass Brobach seinen Weg fortsetzte, den Hut vom Kopf nahm, ihn Schulze-Vorbach entgegenstreckte und ganz in der Nähe des Mikrophons sagte: „He Alter, hast du nicht was Kleingeld für mich übrig?“

Das war das Ende. Schulze-Vorbach keuchte kurz, ächzte noch „den Hausmeister“ und sackte glucksend zusammen.

Fräulein Dr. Schüssel, die ein Fläschchen Kölnisch Wasser und ein Taschentuch hervorgezaubert hatte, fragte vergeblich: „Herr Professor, hören Sie mich?“ obwohl sie es mehrmals versuchte, denn dieser hörte in seiner Welt der Möglichkeiten wirklich nichts mehr.

Während Dr. Riesinger sich auf dem Weg zum Hausmeister befand, stand Brobach noch eine Weile lang interessiert um das zierliche Fräulein und den großen Körper des Professors herum, setzte dann seinen Hut auf und ging hinaus.

Da beschloss auch Karl, in Eile das Dschungelbuch an sich zu nehmen, aufzustehen und das Weite zu suchen. Aber das war nicht so einfach. In der Enge der Sitzreihe, durch die er sich drängen musste, verfing sich im vollen Haar der Kirchenorganistin ein Knopf seiner Jake und widersetzte sich den Versuchen, ihn wieder herauszulösen. Unter dem Gezischel der Studenten, die noch immer um Ruhe baten, da sie das Geschehen unten am Pult doch sehr interessierte, mussten sie zu zweit den Saal verlassen. Als sich der Knoten vor der Tür endlich löste, lud Karl sie auf einen Kaffee ein. Sie trank Tee, aber sie lachte über das groteske Theater.

Auf diese Weise, die einem Knopf ein Mehr zu seinem Sein verlieh, lernte Karl Krüger Johanna kennen, Studentin der Philosophie, Kunstgeschichte und, weil das gut dazu passte, des Italienischen. Ihr Interesse hatte an diesem Vormittag der Ironie in der Kunst gegolten, des Zitates darin undsoweiter, worüber sie letzten Endes recht wenig erfuhr.

Brobach, der nach seinem poetischen Akt auf Kosten des Professors zum Rhein hinunter gegangen war, um die Möwen zu füttern, wartete diesmal vergeblich auf Karl, denn dieser, obwohl er das niemals für möglich gehalten hätte, saß wirklich mit einer Studierten beim Tee.

16. Kapitel | VOLKSHOCHSCHULE

Karl fand Arbeit bei einer Spedition mit Namen Schön, Umzüge. Er hatte sie angenommen und war dabei geblieben, obwohl er vom ersten Tag an wusste, dass sie ihm mulmig bleiben musste, und bereits ahnte, dass es die schlechteste der Arbeiten war, die er jemals annehmen würde. Aber wenigstens war es das, Arbeit, und kein akademischer Müßiggang.

Zwei sonderbare LKWs fuhren für die Firma, Typen eigener Art, die als Menschen gewiss dem Trunk verfallen wären, schon verfallen gewesen wären, Lungerer, Lagerer: Zwei rote Magirus, die mit ihren Laderaumnischen über dem Führerhaus rollenden Schuhkartons glichen und so unförmig weit über ihre Hinterachsen hinaus ragten, dass sie jeden Augenblick zurückzukippen und sich in die Anhängergabel zu setzen drohten, um wie Kutschgäule trotzig die Vorderläufe zu heben. Die Anhänger aber, die wie die Faust aufs Auge dazu passten, standen so staksig pomadig auf ihren Puppenwagenrädern, dass sie im Fahren verwirrt zu den Seiten schlingerten.

Die Autos waren beklemmend alt, ein Baujahr, das man kaum noch kannte, und beide beschämend verkommen. Die Sitze und Kojen im Führerhaus waren bis auf den schmutzigen Schaumstoff hinunter verschlissen und unter Decken notdürftig versteckt, die Vorhänge aus ihren Haken gerissen. Die Fensterscheiben rutschten im Ruckeln herunter und schoben dabei auch die Briefchen und Heftchen gefalteten Papiers mit hinunter, Bierdeckel, Streichhölzer, Kaugummikissen, mit denen sie sich vorübergehend hatten halten lassen und die inzwischen als Abfall den Hohlraum der Türen füllten. Die Schaltung war so breit geworden, dass man mit Mühe nur die Gänge darin fand und das Rühren als Jargon hier passte, der Motor schepperte und schnarrte, die Bremsen schleiften deutlich. Die Schäden alle zu beklagen, hätte Nächte gefüllt. Das einzige, das in all den Jahren nichts eingebüßt hatte, sondern im Gegenteil aufgeblüht war zu tropischem Leben, war die Heizung, die mit feuchtem Gummidampf das Führerhaus füllte. Der Himmel aber, der Olymp hin zur Ladenische, war das eigentlich Bemerkenswerte beider LKWs. Er war Schicht auf Schicht mit Pornographie tapeziert. Schlanke Nymphen hielten dort oben die Beine breit und spreizten dazwischen die Finger und reckten mit durchgedrücktem Nacken den Hintern herunter. Andere lutschten an Schwänzen griechischer Bademeister oder ritten, die Brüste sich reibend, auf diesen herum und leckten dabei die Zungen ihrer Gespielinnen, die über den Köpfen der Gerittenen knieten und deren Nasen in ihrem Schamhaar verbargen. Verwirrende Gruppenbilder dieser Art waren es, Laokoongruppen und Fleischesfresken am Führerhaushimmel, in denen jeder jedem irgendetwas, irgendwo und irgendwie hineinschob.

Alte Hasen waren diese LKWs. Sie kamen, wie ihre Vorgänger, aus der Hansestadt Bremen, dem Stammsitz der Firma, wo sie ausgemustert und durch neue Modelle ersetzt worden waren, und liefen von Bonn aus so lange noch im Fernverkehr, bis sie liegen zu bleiben beginnen würden, um dann zwischen Ruhr und Lippe – Castrop-Rauxel war die zweite Niederlassung – im Altersbrot des Nahverkehrs ihrer Verschrottung entgegenzurollen.

Für die Bonner Niederlassung, mehr als für die in Castrop-Rauxel, ergab sich aus dem Zyklus ein Problem mit ihren Kunden: Diplomaten und Soldaten, Beamte aus den Ministerien, die jeder Spediteur der Stadt umwarb, Männer mit Toupets auf den Köpfen und hysterischen Frauen, die, wenn ein LKW von Schön vor ihrer Tür erschien, sogleich nach ihnen riefen, um sich schimpfend zu beschweren, dass sie das nicht verhindert hatten. Dieses Manko zu beheben, diesem Ruch von Hafenviertel und Bahnhofsmission im engen Sinn des Wortes zuvorzukommen, war Aufgabe einer rheinischen

Frohnatur mit einnehmendem Wesen. Richard Bürvenich, Bürvenisch, sprach er selbst es aus, Rischard, angenehm, war stets mit Blumensträußen und Pralinenkästen auf dem Weg, um Frauen beruhigend die Hände zu küssen und Männer ermunternd am Arm zu ergreifen, der Kostenvoranschläge versüßte, schmackhaft machte, und jene, die über den Zuschlag entschieden, des öfteren zu etwas einlud. Den eigenen Leuten aber, den Fahrern und Packern, schlug er, der Prokurist, in Gegenwart der Kunden auf die Schulter und fragte mit einem Hauch von Idiotie, denn er fragte immer und immer nur das: „Na, Jong?"

Public Relations, Reläschens, nannte er das und war darin so segensreich tätig, dass dem Entsetzen der Frauen zum Trotz, das selbst nicht zu beheben war, die LKWs tatsächlich fuhren, flussauf, flussab den Rhein entlang und kreuz und quer von München nach Pinneberg und Flensburg, bis nach Holland und Belgien hinüber zu den NATO- Quartieren.

Richard Bürvenich war es, der Karl eilig einstellte, mit einem Handschlag zwischen Tür und Angel, um sich mit einer Dose Mozartkugeln auf den Weg zu machen, und das Schriftliche einem käsigen jungen Mann überließ, den er schneidig seinen Disponenten nannte, so als bedeutete das Wort Militärattaché. Berthold hieß dieser, ohne dass Karl jemals erfuhr und sich weiter darum kümmerte, ob es ein Vor- oder Nachname war, ein Milchbart, der so verborgen nuschelte, dass man ihm nur mit Mühe folgte. Rief man ihn an, um Ziele und Termine zu erfahren, mit Münzen, die schnell im Apparat verschwanden, war diese Eigenart überaus lästig und hatte ihm den Namen „Roger" eingetragen, aus der dunklen Sprache der Funker, wie Over oder Mayday, obwohl nicht ganz ersichtlich war, warum.

Am Vorabend des ersten Arbeitstages, einem Montag, stieß Karl auf die Stelle mit Brobach an und sah darum am Morgen, als er sich vor dem Magirus die Augen rieb, seinem trüben Schicksal mit einem Kater entgegen, der es noch weiter verfinsterte.

Josef Zofalik, der Lagerist, war schon da, was ihm nicht weiter schwer gefallen war, da er zwischen Kisten und Kästen in eine Möbeldecke gehüllt dort übernachtet hatte. In einer Verfassung, die sich daraus folgerichtig ergab und dennoch ganz unfassbar war, schob er das Tor zur Seite. Karl meinte hier zum ersten Mal in seinem Leben, einem Wiedergänger begegnet zu sein, einem sehr großen noch dazu. Denn Josef Zofalik war ein Hüne von Mann, der, anders als Brontsch, nicht nur hoch, sondern auch in der Breite gewachsen war und selbst ausgeschlafen, gewaschen und rasiert noch immer eher Frankensteins Monster glich als irgend jemand anderem. Anders als dieses besaß er zum Glück ein gutes Herz. Jupp, wie sie ihn eingerheinischt hatten, liebte es, auf Bahnhöfen herumzustreichen, in Wartesälen und auf Vorplatzbänken mit Freunden wie mit Fremden Flaschenbier zu trinken, bis jemand die Bahnpolizei auf den Plan rief und die Gesellschaft in den dunklen Löchern der Nachbarschaft verschwand, wo Männer so lange tranken, bis sie in ihre Hosen schifften. Er stammte aus Pommern und war – Karl dachte fälschlicherweise an Wälder und klare Seen dabei – mit einer Finnin verheiratet, zu der er, war er am Bahnhof versackt, nur ungern zurückkehrte und dafür lieber im Lager schlief. Die sie kannten, scherzten mit ihm. In welchem Bordell, fragten sie, hast du denn Lieska aufgegabelt? Er aber sagte dann stoisch nur: Turku.

Einen Offiziershaushalt in Rheinbach sollten sie an diesem Tag verpacken und verladen und nach München bringen. Karl wunderte sich, als sie den Hänger mitnahmen und doch nur Jupp und niemand sonst in das Führerhaus kletterte, wo er sich in die obere Koje zwängte, Sardinen auch im Geruch ähnlich, und von dort aus im Liegen die Richtungen nannte, bis sie nicht Rheinbach, sondern in der Nähe des nördlichen Verteilerkreises eine Wirtschaft erreichten, die ohne Namensschild war, unter den Männern aber, die dort verkehrten, wie auch bei Bürvenich und Berthold das „Stämmchen" hieß. Dat

Stämmsche, wie selbst der Pommer Jupp es nannte, war der Ort, an dem sich die Tagelöhner morgendlich sammelten und auf die eine oder andere Arbeit warteten, Nachtschwärmer, Haudegen, die man dort öfter oder seltener traf, je nach dem Gang ihrer Dinge, der ihnen wechselhaft in den Gesichtern stand, wohlig obenauf, den nächsten Abend schon im Sinn, für den sie Geld noch brauchten, oder verdrießlich aufgequollen, gerupft und von morgens an schon Hunger im Bauch. Rasierte Väter aber waren auch darunter, die das Warten dort zu ihrem Alltag zählten und Brotdosen und Thermosflaschen in ihren Taschen trugen. Auch an diesem ersten Montag wartete ein Dutzend von Männern am Stämmchen herum. Die einen flachsten und protzten, andere stierten stumpf vor sich hin.

Jupp hatte sich rechtzeitig aus der Koje herabgelassen, damit es die Männer nicht sahen, und überraschend einen Kamm hervorgeholt, den er in langen, straffen Strichen nach hinten durch das Haar zog und mit der flachen linken Hand glättend begleitete. Als der Magirus hielt, war er auch damit zu Ende gekommen, drehte geschniegelt das Seitenfenster herunter und musterte grußlos die Männer. Wie ein von Zofalik, der Gutsherr in seiner Kutsche, ließ er seinen Blick über die Bauern schweifen, die nun schweigend dort standen, misstrauisch die einen, beklemmend ergeben die anderen. Wortlos noch immer, im dichten Dunst der Sardinen, streckte er den Arm aus dem Fenster und zeigte auf einen blassen, knochiger Mann, der eine eingerollte Schürze bei sich trug und, als er sich durch die Männer hindurch den Weg zum LKW bahnte, ein Bein nachzog. Karl fragte sich, ob Jupp das nicht bemerkt habe, doch kannten sich die beiden. Der Schmale war vor Jahren beim Segelsetzen von einer Rahe der Gorch Fock gefallen.

„He Jupp“, rief einer der Männer dabei, da die Sache nun erledigt war, „he Jupp, wie geht es denn – jedetdaan – deiner Finnin?“

Jupp aber missachtete das Gelächter, sagte noch immer kein Wort und grüßte, als Karl anfuhr und sie zu dritt sich auf den Weg nach Rheinbach machten, mit Ring- und Zeigefinger offizierisch zur Stirn.

Wo Jupp war, war für alle, die ihn kannten, immer auch Lieska dabei, und Karl verstand, warum, als er ihn eines Abends zuhause abholte, vor einem der Wohnblocks in Tannenbusch, um ihn mit hinunter nach Stuttgart zu nehmen. Da stand sie in der Eingangstür und verdunkelte das eh schon trübe Lampenlicht, ein Saal von Frauenzimmer, ein Schinken von Weibsbild, kleiner als Jupp, aber noch breiter dafür und tatsächlich finnisch, ganz und gar rot im Gesicht und gar ganz blond. Jupp war betrunken an diesem Abend, was bei ihm nichts weniger als randvoll hieß, sternhagel. Er kam mit schweren Schritten zum LKW herüber, als sie ihn „Josef!" rief, auf Finnisch, wie Karl glaubte, da es so verwaschen klang, und, während er hielt und sich umwandte, schlingernd wie ein Schlachtschiff auf ihn zuhielt, hackebacke huckevoll auch sie, ihm in die Arme fiel und ihn inniglich, denn alles Äußere war hier passé, vergessen und missachtet, küsste.

„Sie ist eine alte Schlampe", sagte Jupp, als er wie eine Sardine in die Koje kroch, „aber sie küsst wie die besengte Sau." Dann war er eingeschlafen und erst in Stuttgart wieder aufgewacht.

Auch an diesem Morgen auf der Fahrt nach Rheinbach zu einer Offiziersfamilie kroch er sogleich wieder hinauf, ließ Karl mehrmals im Ort die Straßen erfragen, obwohl er selbst sie kannte, und als sie vor dem Haus standen, saß er gekämmt auf dem Beifahrersitz, den der Schmale vom Stämmchen auf den letzten Metern schnell noch hatte räumen müssen.

Ein bürgerliches Knusperhaus war es, vor dem sie hielten, hinter Tannen und Lebensbäumen verborgen und Sträuchern, die Karl von solchen Häusern her kannte, umgrenzt von einer flachen Mauer mit einem Jägerzaun darauf, in einer Nachbarschaft, in welcher, wie ihnen die Hausfrau erklärte, auch

Ärzte und Anwälte wohnten, so idyllisch im Grünen und doch nahe der Stadt, was zum Einkaufen praktisch war.

Der Hausherr hieß Schwarzkopf. Mein Mann ist Offizier, wissen Sie, sagte seine Frau, um etwa die Ordnung im Haus zu erklären, während er gern die Formel „ich als Offizier" verwandte und dabei seinen Dienstgrad ungemeldet ließ, wenn er moralisch das Böse in der Welt betrachtete. Er war ein kleiner grauer Mann, der überraschend Kniebundhosen trug und grobe blanke Schuhe, während die Hausfrau sich behende in schmalen Damenslippern bewegte und dünnen Nylonstrümpfen, die ihr der Rock knapp bis zum Knie bedeckte, womit sie im Sitzen kokettierte und dabei stolz auf ihren Sohn und ihre schlanke Tochter verwies, die Medizin und Jura studierten, frische, blühende Wesen, die sich darin gefielen, zur Stelle zu sein.

Vor dem Haus aber, rauchend an einen Zaun gelehnt, standen die beiden Männer, mit denen Karl in seiner Zeit bei Schön stets auf Fahrt ging, ein Fahrer und ein Packer, der diesen als stiller Helfer begleitete und dabei selbst ein Schatten blieb, den kaum jemand bemerkte: der Hering und der Aal. Sie wohnten in Meckenheim und waren darum an diesem Morgen nicht nach Bonn, sondern gleich zum Laden nach Rheinbach gefahren. Auf dieses Paar mit den ansonsten fischigen Namen traf auf merkwürdige Weise ein Wort zu, das üblicherweise nur Unangenehmes bedeutet, in ihrem Fall aber sich mit einem Reiz verband, der sie zwar noch immer nicht liebenswert machte – das Gegenteil blieb unausrottbar der Fall –, aber irgendwie menschlich doch, so natürlich verdorben. Sie waren nämlich rundherum, in der ganzen Fleischlichkeit dieses Wortes, in seiner ganzen moralischen Ranzigkeit, zwei ausgemachte Schweine.

Zu fünft standen sie vor der Tür, als die Hausfrau ihnen öffnete und gleich nach ihrem Mann rief, und verströmten aus Jupps Sardinenduft heraus deutlich auch jenen von Schnaps und Bier, den selbst Karl, der doch ebenfalls am Vorabend getrunken hatte, bemerkte.

„Guten Morgen“, sagten sie im Chor, so als habe die Familie soeben in der Lotterie gewonnen, und Jupp, der dafür einzustehen meinte, was es dort auszubügeln galt, fügte etwas hinzu, das er aus Pommern noch kannte, den Hering hier aber schweinisch lachen ließ: „Gnädige Frau“, sagte er. „Guten Morgen, gnädige Frau.“

So wenig das zu Jupp passte und allein schon darum komisch war, war es das auch darüber hinaus, denn Jupp sprach es mit dem wässrigen Charme des Wolfes in Großmutters Bett, so als wolle er sie damit besser sehen können.

„Willi!“ rief die gnädige Frau, zum Schreck der Männer, denen das grelle, überdehnte I die Nackenhaare sträubte, und huschte in ihren schmalen Damenslippern eilig davon, um ihren Gemahl zu ermahnen, den Offizier, dass er nun kommen müsse, da das wohl Männersache war.

Als Willi Schwarzkopf in Kniebundhosen an der Tür erschien und „guten Morgen, meine Herren“ sagte, waren der Hering und der Aal schon durch sie verschwunden und hatten begonnen, die Zimmer zu besichtigen, was wiederum den General verwirrte, der sie erst später wiedertraf, da sie die Unterwäsche aus dem Schrank der Hausfrau räumten, und erstaunt „was machen Sie denn da?“ fragte.

Ortsbesichtigung hieß das, wozu die beiden ohne abzuwarten aufgebrochen waren und Jupp, nachdem der Major begrüßt war – guten Morgen, der Herr –, ihnen folgte. Jupp prägte sich die Dinge ein, die in der Wohnung standen, um sie sinnvoll verladen zu können, um geschlossene Gebilde mit ihnen zu bauen, und hatte darin eine Meisterschaft entwickelt die ihm als Ruf vorausging. War er dabei, so stand nur er allein im Laderaum des LKWs und sagte: Bring mir die kleine Stehlampe mit, die am Nähtisch steht, oder das Kofferradio vom Fensterbord, weil er dafür die passenden Plätze wusste, von den sperrigen Teilen, den Sofas und Schränken, zu schweigen. Es war dies eine Fähigkeit, um die auch Karl sich bemühte, doch davon weit entfernt blieb. In all den Monaten, die er bei

Schön verbrachte, gelangen ihm nur Ladungen mit Lücken und mit Löchern, die sich erst während der Fahrt durch Gegenstände schlossen, die verrutschten und sich zusammenschoben und, ging es gut, nicht brachen und kratzten. Die letzten Dinge, räsonierte er, als er zum wiederholten Mal auf diese Weise Bruch zu melden hatte, geschehen unterwegs.

Sie packten und luden den ganzen Tag in Rheinbach, Jupp auf der Ladefläche, der sich an alles erinnerte, der Hering und der Aal zumeist in den Zimmern, wo sie einen um den anderen der flach gefalteten Kartons aufschlugen, füllten und mit Wozi, Schlazi oder – eine Eigenart der beiden – mit Küzi beschrifteten, also Küche. Der Schmale vom Stämmchen und Karl trugen treppauf und treppab, aus dem Keller und vom Boden herunter, das Verpackte und die Möbel hinaus. Einen Schrank, den Frau Schwarzkopf rustikal nannte, sowie die Miele-Waschmaschine konnten sie nur mit Gurten bewältigen. Karl beunruhigte das, da er sich von den Fischen, die eine ruhige Kugel schoben, über den Tisch gezogen glaubte. Auch wenn das stimmte, sollte er bald entdecken, dass ihm das in diesem Fall gelegen kam. Denn es gab nichts Öderes für ihn als mit Krimskrams Kartons zu füllen. Er schwitzte lieber unter den Lasten, was dem akademisch verhätschelten Körper ohnehin wohltat. Sie arbeiteten bis zur Frühstückspause, zu der sie sich gemeinsam vor der Hausfrau präsentierten, der dabei eine Reihe kleiner Fehler in der Verständigung unterlief.

„Es ist jetzt Zeit für unser Frühstück“, sagte Jupp.

„Ach so“, lachte sie überrascht und verstand erst, was er meinte, als er seine „gnädige Frau“ auch erwähnte, so als wolle er sie nun auch besser hören können.

Da holte sie eine Tüte Butterkekse aus der Küche und verfing sich gleich darauf in einer Frage des Herings, die sie als Anspielung auf ihre jugendlichen Beine missverstand.

„Haben Sie neben ihren beiden großen“, fragte er, „auch noch Kleinkinder.“

„Nein“, beteuerte sie flötend, „warum?“

„Nur so", stöhnte er schweinisch.

Da weder Jupp noch Karl, der auch kein Freund von Keksen war, sich aus ihrer Tüte bedienten, huschte sie noch einmal davon und kehrte mit süßsauren Bonbons zurück, deren Namen – sie hießen auf überaus plumpe Weise „Nimm zwei" – sie zu einem Scherz nutzen wollte.

„Genehmigen Sie sich", sagte sie in unverhohlener Anspielung auf die alkoholischen Düfte der fünf, „ruhig mehr als zwei davon. Sie können es sicher gebrauchen."

Das war ein schlechter, dem Ganzen abträglicher Anfang, von dem an sie die Fische nur noch die Alte nannten, wenn ihre Rede auf sie kam, worauf sich auch der Schmale schnell einstellen konnte.

Dass es die Männer bei Laune und damit sich warm zu halten galt, erkannte Offizier Schwarzkopf zur Mittagszeit, nachdem er den weiteren Gang der Arbeit verfolgt hatte und eher für schleppend hielt. Er verfügte über strategisches Denkvermögen, so dass Karl ihn ohne sein Wissen zum General beförderte. Um Interesse an ihnen zu zeigen, lehnte er sich verbindlich zu ihnen an einen Schrank, als sie ihre Pause begannen, und suchte eine Unterhaltung. Fraternisieren hieß dieses Anbiedern auch im Möbel-Jargon und blieb sebst für abgeklärtere Kunden ein Grenzgang, der leicht ins Ungewisse führen konnte. Auf einem solchen bewegte sich unsicher der General und wählte überflüssigerweise hierbei ein Thema, das schlüpfrig war. Er behauptete voller Verständnis für sie, dass eine Möbelspedition letztlich nichts anderes als das Militär sei, und führte als Überraschung dabei das Wort „Logistik" ins Feld. Damit ein Krieg, gab er ihnen zu bedenken, überhaupt klappen konnte, müssten die Armeen, die daran teilzunehmen dächten, als erstes aufeinander zu bewegt werden, und um einen solchen zu gewinnen, am Ort dann auch versorgt werden, beim Menschen selbstverständlich angefangen, dem A und O des Krieges, bis hin zu materiellen Kleinigkeiten, wie einer Schraube etwa, die, wenn sie fehlte, weil die

Logistik hier versagte, einen Panzer, ja, fehlten mehrere davon, ein ganzes Panzerbatallion außer Kraft setzen konnte.

Die Hausfrau hatte inzwischen mit Aufschnitt belegte Brote herbeigetragen, die sie Schnittchen nannte und von ihrer ästhetischen Tochter mit Tomaten und Petersilie garniert worden waren. Der Hering aß so, dass es Karl den Appetit verschlug. Auf eine Weise gelang ihm das, die nicht einmal den gängigen Vorstellungen unappetitlichen Essens entsprach, weder schmatzend noch schlingend wie Josef etwa, für dessen Mund die Häppchen gerade die richtige Passform besaßen, und auch nicht rülpsend wie Luther und dergleichen. Nein, er kaute andächtig wie eine Kuh, der es wegen ihrer vielen Mägen von allein wieder hochkam, und öffnete, obwohl er ein Hering war, wie ein träger Karpfen den Mund, um das reiflich Verkaute zu zeigen. Einen sämig zerquollenen Brei bot er ihnen dann dar, einen diarrhöischen Schleim, den er, wenn er es auf die Spitze trieb, zu den Mundwinkeln herausdrückte, um ihn mit belegter Zunge wieder einzuwischen. Karl hielt es anfangs für ein körperlich bedingtes Missgeschick, aber der Hering sprach es offen aus, als Karl ihn danach fragte. Er hatte tatsächlich die Absicht, Ekel damit zu erzeugen. Kehrten sie unterwegs in Gaststätten und Rasthäusern ein, zog Karl sich fortan vom gemeinsamen Essen an einen anderen Tisch zurück.

Zur Mittagszeit fraternisierte der graue Herr Schwarzkopf strategisch mit den Männern von Schön. Obwohl er in seinen Kniebundhosen eher spartanisch aussah, schwadronierte er wie ein athenischer Rhetor über seine Pflichten als Offizier und kam dabei auf ein Problem zu sprechen, das er Entsorgung nannte. Die Versorgung – das Gegenteil gewissermaßen – war menschlich gesehen dagegen ein Kinderspiel. Er meinte mit dem Wort nicht, wie man leicht hätte denken können, den Schutt und Abfall, der bei einem Krieg anfiel und wegzuschaffen war, sondern die eher tragischen Folgen, die er als Offizier zwar verhindern musste, aber doch nicht immer ganz vermeiden konnte. Er meinte die Soldaten, die es nicht durch den Krieg schafften, die bedauernswerterweise, leider, Toten, die aus hygienischer Rücksicht einzusacken waren. Doch, einzusacken, wiederholte er das Wort verwirrt, als der Hering ihm kurz sein Inneres zeigte, in entsprechend feste und große Säcke aus Plastik, und um das Problem zu verdeutlichen, führte er eine Kompanie mit 200 Männern ins Feld, für die man für den Fall der Fälle, den niemand wünschte, er als Offizier aber voraussehen musste, auch 200 Säcke brauchte. So dächte man jedenfalls, irrigerweise. Denn recht bedacht waren nur 199 nötig, da der letzte sich wohl kaum allein einsacken konnte.

War das schon makaber genug, um sich den Männern von Schön verdächtig zu machen, so verdarb er es sich mit ihnen, als er ihnen vorrechnete, dass man Säcke verschenkte, wenn man sie im Satz an ein Bataillon verteilte und dabei immer davon ausging, dass der jeweils letzte sich nicht allein einsacke konnte. Allein bei einem Bataillon, das aus vier Kompanien, also 800 Männern bestand, waren das nach Adam Riese schon drei. Denn vier mal 199 waren eben – vier mal 200 weniger vier – drei mehr als 799. Wie es gar bei einem Regiment aussah, das aus drei Bataillonen bestand, könnten sie sich selbst ausrechnen.

Da habe er aber Glück gehabt, sagte der Schmale vom Stämmchen mehr erleichtert als empört, dass sie ihn damals nicht eingesackt hätten, sein Häufchen, als er beim Segelsetzen von einer Rahe der Gorch Fock gefallen war, Jungejunge, wenn das so war …, und erregte damit im General – das brach diesem den Rest der Zacken aus der Krone – gewisse arbeitsrechtliche Bedenken. Er fragte pikiert, ob der Schmale als Frührentner, denn das war er demnach ja wohl, noch arbeiten konnte, beziehungsweise durfte oder ob das, aber da fragte er besser nicht weiter, etwa schwarz geschah. Denn das, was sie wohl alle wüssten, ginge nicht. Gemundet habe es, sagte Jupp, als der Hering, der noch nicht fertig war, sich hier noch einmal öffnete, nun müssten sie aber.

Im Laufe des Nachmittags sah sich der General veranlasst, in der Firma anzurufen. Ein gewisser Berrenrath meldete sich, den er kaum verstand. Er glaube nicht mehr, dass dieser Umzug zu einem ordnungsgemäßen Ende geführt werden könne. Der Hering und der Aal hatten sich, den Weinbrand des Hauses trinkend, an der Unterwäsche der Damen festgeräumt, so dass Karl und der Schmale, wie es der General leicht übertrieben formulierte, sich auf verlorenem Posten befanden. Eine halbe Stunde darauf traf Bürvenich ein und trug einen Präsentkarton mit Moselwein unter dem Arm. Nicht nur an den Hängen des Rheines, strahlte er, wüchsen feine Tropfen, sondern auch an denen der Mosel eben, was er aus eigener Erfahrung dem General und seiner Frau versicherte und wovon nun auch sie sich ein Bild machen konnten. Zur eigentlichen Begrüßung aber hatte er, als habe er geahnt, dass die beiden dort oben schon tranken, eine Flasche Cognac mitgebracht, echten französischen, den er öffnen zu dürfen bat.

Der Prokurist bewies in dieser schwierigen Lage, die auch der General erkannte, dass er sein Handwerk beherrschte. Er schwärmte aufgeräumt von München, der Perle des Südens, von Pinakothek und Oper und der Kultur im allgemeinen, von den lauen Nächten an der Isar und in den Gassen Schwabings, beschwor die Alpen herbei und die Seen zum Segeln davor und klärte die beiden in einem Ton von Selbstverständlichkeit über die anfänglichen Mühen eines Umzugs auf, eines jeden, den er mit einer Maschine verglich, die erst wenn sie warm sei, geschmiert zu laufen beginne. Selbstverständlich, räumte er entgegenkommend ein, werde er, wenn es die Lage erfordere, und das sei offenbar der Fall, die Männer alle mit nach München schicken, und das zum selben Preis. Die Frau des Hauses aber fragte er erstaunt, ob das tatsächlich ihre Tochter sei. Er habe erst gedacht, bevor sie Mutti zu ihr sagte, und so weiter, und schmeichelte und schwätzte, bis sie ihn, froh, ihn wieder loszusein, zur Tür geleiteten, es wird schon schiefgehen, sagte noch der General.

Karl schlief schlecht, als er am Abend ungewaschen und ohne Brontsch und Brobach zu begrüßen, die nebenan philosophierten, in sein Bett kroch, wälzte sich von einer Seite auf die andere und verwünschte die Minuten, die ihm wach verloren gingen. Sie hatten vereinbart, dass er um zehn als erster fuhr, was auch nicht anders möglich war, da der Hering das leere Haus des Generals unauffällig vom Aal gestützt verlassen musste und als Fahrer vorerst ausfiel.

Magirus und Hänger standen beladen auf dem Hof vor der Lagerhalle, zum Platzen voll, zwei von Jupps Meisterwerken, die bis auf die großen zum Schluss noch hineingedrückten Gummibäume, die braun ihr Ziel erreichten – das habe er allerdings auch geahnt –, allen Erschütterungen der Straße tatsächlich trotzten. Geschehen war es nur um das Harmonium, das der General in seiner Freizeit sich aus einem Bausatz geschaffen hatte und Karl und dem Schmalen, gerade ihnen, in der Art aus den Händen glitt, dass es die Stufen hinunter einen schaurig klagenden Klang von sich gab, so als habe es sein Leben, Amen, nunmehr ausgehaucht, was sich in München bestätigte. Selbst dass die Versicherung das übernähme, konnte den Erbauer darüber nicht trösten.

Es war eng im Führerhaus. Jupp hatte seinen Platz auf dem Beifahrersitz eingenommen, den er selbst zum Schlafen nicht räumte. Auf dem Motorkasten zwischen ihm und Karl kauerte eingeklemmt der Schmale, während die Fische sich die beiden Kojen teilten. Der Hering hatte die obere belegt, im Bademantel, wie es seine Eigenart war, wenn sie die Nacht hindurch fuhren, geduscht und nach einem Pulver duftend. Der Hygiene halber, gab er vieldeutig an, in Wahrheit aber, weil er sich auf den wenigen Metern, die er tags bewältigte, einen Wolf lief, denn im Schritt scheuerte sein Hodensack, den er durch kunstreiche Mixturen wie Rotwein mit Zucker und Ei zu einer Art Übergröße aufgenährt hatte. Der Zuwachs an Scrotum verstärkte seine nach unten ausladende Statur und verlieh ihr insgesamt mehr das Format einer Milchkuh als das eines Bullen.

Den Hering hatte wie immer, ob bei Tag oder Nacht, seine Frau zum LKW gebracht, in einem NSU Prinz, Modell Sprint. Sie war in mehr als einer Hinsicht ein bedauernswertes Wesen. Nahm man des Herings Schimpfen ernst, menstruierte sie unausgesetzt und neigte dazu, in ihren kurzen Röcken und zu hohen Schuhen zu stolpern. Mit dabei war immer auch ihr Hund, eine lebenstüchtige Straßenmischung, die den Namen ihres Autos trug und von seinem Frauchen, wie der Hering sie in des Köters Gegenwart nannte, fürsorglich verzärtelt wurde. Seinem Herrchen ging Prinz zum Abschied triebhaft auf das Hosenbein, wo er unter dessen Schnalz- und Schmatzgeräuschen vergeblich Befriedigung suchte, und stürzte dann hechelnd dem fahrenden LKW nach. Während der Hering dabei aus dem Fenster lehnte und mit der flachen Hand auf die Tür schlug, um ihn anzuspornen, verfolgte das Frauchen ihn strauchelnd und rief aus Angst vor einem Unglück wiederholt seinen Namen – Priienz, Priiienz – bis ihre Stimme sich im Motorlärm verlor und der Hering zufrieden das Fenster kurbelte.

Es war eine sanfte Frühlingsnacht, eine Vollmondnacht dazu, in der sie wenig Schlaf fanden. Das Licht hatte die Umrisse der Wälder und Weinberge nachgezeichnet, deutlich und weich zugleich, und sie mit einer feinen Schicht überzogen, unter der alles ebenmäßig und geordnet war, bereit für den folgenden Morgen. Selbst die Bademeister und ihre Nymphen am Führerhaushimmel, die in Fotos gebannt von Natur aus sich nicht mehr bewegten, schienen eingeschlafen und ruhten, der Heizung zum Trotz, die ihr Feuchtestes gab, in ihrer Lust.

Jupp erklärte wie üblich bedeutungsvoll, dass dies die letzte Fahrt, die allerletzte zu fünft im Führerhaus war, auf die er sich eingelassen hatte wie eine Sardine in der Dose, und tat dem Schmalen gegenüber, der nichts dafür konnte, beleidigt, bis der Hering eine Flasche französischen Cognac herunterreichte, die fast noch voll war und von Hand zu Hand ging. Der Aal lachte spitz, als er davon trank.

„Ich habe es geahnt“, sagte der Hering und suhlte sich in seiner Koje, „dass dieses Weib Mieder und echte Strümpfe trägt.“

An den feinen Fältchen über ihren Fußgelenken hatte er es gleich erkannt und dann im Wäscheschrank verschiedene vorgefunden, nicht nur eines wie so manche andere es hätten, zum Spaß nur, sondern mehrere wie eine Selbstverständlichkeit, alle weiß und von zarten Spitzen durchsetzt.

„Da geht einem“, schlürfte der Hering, „allein vom Gucken das Taschenmesser in der Hose auf, und man hört die Engelchen – Engelschen, sagte er – singen.“

Um ihnen einen Eindruck davon zu gestatten, reichte er eines der Mieder herunter, namens „La Belle“, wie es auf dem Schildchen hieß, dessen elastische Strapse sie mehrmals zählten. Es waren vier. Dass diese tatsächlich der Gattin des Generals Schwarzmann gehörten, konnte der Schmale vom Stämmchen, als auch er daran zog, kaum glauben.

„Als ich beim Segelsetzen von der Rahe der Gorch Fock gefallen bin“, erklärte er erregt, um etwas dazu zu sagen, „da habe ich sie auch singen hören, die Engel, allerdings nur, bis ich unten war, wo es aus mit dem Hören war, absolut aus, da ich nur noch ein Häufchen war.“

Die Nacht war mild und sternenklar. Die Landschaften zogen in Bilderbögen vorüber, die marmorn im Mondschein glänzten. Der LKW mit seinen fünf Männern und einer Heizung, die seit Koblenz außer Rand und Band geraten war, schlingerte von harten Kolbenstößen getrieben als Dampfschiff gen Süden. Über die herabgerutschten Fensterscheiben wehte ein leichter Fahrtwind herein, eine Brise, die der Atmung der Männer entgegenkam.

Das Mieder in der Hand war Jupp mit seinen Erinnerungen nach Turku und in das Bordell zurückgekehrt, in dem auch Lieska eines trug.

„Wie ist mir das auf den Geist gegangen“, sagte er, „da ewig in den Puff zu gehen, nur um sie dort zu sehen, und“, fügte er lässig versonnen hinzu, „was mich das gekostet hat.“

Während auf den Straßen und Bürgersteigen in Turku der Schnee zu Eis verkrustete und Jupp zum letzten Mal seinen Gang zu Lieska begann, verlieh der frühlingshafte Duft der Blüten und Pollen dem Führerhaus den zweifelhaften Charme einer Bananenplantage, über der wie eine Wolke von Pestiziden des Herings Hodenpuder lag.

„Wie eine Rohrdommel hat sie geschimpft", erzählte Jupp, „und wie wild mit den Fäusten auf den Rücken getrommelt, als ich sie mitgenommen habe."

„Rohrdommel?" fragte der Schmale und erklärte, als er merkte, dass die Frage unpassend war: „Ich kenne von See nur die Möwen, aus eigener Erfahrung, sozusagen, was das Fliegen anbelangt."

„Über die Schulter habe ich sie mir gelegt", fuhr Jupp großzügig fort, „so wie sie auf dem Sofa saß, im Unterrock, der sie nicht gerade wärmte, und bin dann mit ihr durch die Kälte marschiert."

Jupp lachte, vom französischen Cognac in die Straßen des finnischen Turku getragen, auf denen der Schnee so hoch lag, dass sich die Menschen nur zu Fuß und mit großer Mühe bewegten. Behutsam suchten sie die Stapfen der Vorgänger, um selbst nicht einzubrechen, und veratmeten weißen Dampf, der Wolken über ihren Köpfen formte. Selbstzufrieden in seinen Sitz zurückgelehnt, die Arme vor der Brust verschränkt, registrierte Jupp den kleinen Zuhälter, der kaum der Rede wert gewesen war, doch rotgesichtig ihren Spuren folgte und sie unter finnischen Flüchen und mit den Armen wedelnd einzuholen suchte.

„Da musste ich sie", erzählte Jupp, „im Schnee in eines dieser Löcher stellen, damit ich die Hände frei hatte, und habe dem Finnen eine verpasst."

Während Lieska im Eis wie eine Möwin schimpfte, schnalzte der Hering mit der Zunge und schloss sich der Aal mit einem spitzen Lachen an, aber der Finne wollte, obwohl hart getroffen, nicht fallen. Er schwankte nur.

„Hätte ich damals noch schwanken können", sagte der Schmale, „ich wäre froh gewesen."

Jupp begann seine Unruhe zu zeigen, indem er seinen Hintern auf dem Sitz leicht bewegte, drückte dann aber doch seine Schulter kurz an die des Schmalen und sagte: „Lass gut sein, Jong."

„Und?" rückte der Hering auf seiner Koje vor, so dass seine Hoden über die Kante rutschten.

„Nichts", sagte Jupp, nachdem er den Finnen ein zweites Mal geschlagen hatte. „Er ist nicht umgefallen, weil er das nicht konnte. Er steckte nämlich fest im gefrorenen Schnee, bis über beide Knie"

„Echt?" fragte der Schmale, als Lieska vor der Ohnmacht ihres Zuhälters verstummte und sich ohne weiteres wegtragen ließ.

„Ja, echt."

Ihr Dampfschiff stampfte Richtung Süden, einen echten Matrosen und zwei ausgewachsene Fische mit einer Flasche Cognac an Bord, der neben Jupp sich vor allem der Aal annahm. Dieser konnte seine spitzen Lacher bald nur noch als Husten äußern. Der Schmale vertrug nicht so viel, Jungejunge, aus gesundheitlichen Gründen, wie er sich entschuldigte.

Karl freute sich in dieser ersten Nacht der Enthaltsamkeit und den Fischen zum Trotz wie in den Zeiten der Kolonne. In der Feuchtigkeit der Heizung hatte er Teergeruch entdeckt, das faule Gas der Gräben, das Aroma von Rüben und Bohnen, den Zigarrenqualm der Bude, und erzählte kurzerhand von einem aus Füssen, der sich in Barcelona auf die Ramblas zum Bordell chauffieren ließ, wo die Luft im Sommer wie das Fett in der Fritteuse war. Dieser nahm sich die Frauen darum lieber auf der Rückbank seines klimatisierten Mercedes mit, anstatt dort selbst zu bleiben. Und während draußen im Sud das Leben garte, auf steter Flamme kochte, fuhr ihn sein Fahrer aus Münster im Karree herum, in einem kleinen oder großen, je nachdem, wie lange es dauern sollte, denn das konnte der aus Füssen tatsächlich planen und dann auch einhalten, so dass er gerade fertig war, wenn sie zurück auf den Ramblas waren, wie auf Bestellung, selbst bei dichtem Verkehr.

„Na und?“ fiel der Hering angeödet ein, „das kann ich auch, wenn ich will.“

„Jungejunge“, sagte der Schmale.

„Auf die Sekunde genau“, grunzte der Hering und schloss, bevor er überraschend einschlief, mit einem lauten „Ploff!“

Auch der Aal begab sich da mit dem dünnen, scharfen Schnarchen einer Ratte und einem Schluckauf zur Ruhe, der diesem hartnäckig standhielt. Jupp blieb noch eine Weile bei den Finninnen, die er mit den Spanierinnen mindestens auf eine Stufe, wenn nicht noch höher stellte, allein schon der Kälte wegen, mit der sie es aufnehmen mussten, und glitt, je stärker der Cognac zur Neige ging, von den Träumen der Erinnerung allmählich in die seines Unterbewusstseins. Als er darin abgetaucht war, brachte er ein Röcheln hervor, das seine Bronchien bedrohte. Der Schmale aber auf dem Motorkasten in der Mitte schwankte im Schlaf und träumte lächelnd, er stände auf der Gorch Fock wie ein Finne im Schnee.

Sie wechselten die Schicht bei Heidelberg. Der Hering ließ sich lange wecken, und als er sich dann herunter bequemte, wachten durch sein lautes Fluchen auch die anderen auf. Er fuhr den Magirus wie seinen Prinz, trieb ihn in den Gängen hoch und hielt ihn vor dem Schalten, bis der Motor dem Kollaps nahe kam, so als gebe er nun keuchend auf und könne, pött pött, nicht mehr weiter. Während auch das Schnarchen der anderen wieder einsetzte – nur der Aal blieb still – kroch Karl in des Herings Koje hinauf und schlief bis Augsburg, wo sie am Morgen noch einmal wechselten. Er schlief fest wie eine verklemmte Puderdose.

Es war Aprilwetter, der Tag kühl und grau, als sie die Autobahn verließen und über ebenes Land durch Wiesen und Weiden fuhren, auf die ein feiner Regen fiel. Ergeben dampften

Kühe ihre Wärme aus und rührten sich nicht. Im dunklen Grün des Grases glänzte ihr nasses Fell wie Schuhleder. Die Familie zog gar nicht nach München, sondern aufs Land in der Nähe davon. Die Kniebundhose des Generals und seine zwiegenähten Schuhe fanden ihre letzte Erklärung in seiner Liebe zur Natur. Er mochte, wie seine Gattin es verniedlichte und dabei offen ließ, ob sie es abfällig meinte, die Blümchen und Bienchen. Das Dorf erstreckte sich die Straße entlang und besaß dort, wo sich diese zu einer Zwille verzweigte, eine Mitte mit Gasthaus und Metzgerei. Diese hatte ihr Geschäft um ein Sortiment von Lebensmitteln und Haushaltswaren, Zeitungen und Strumpfhosen erweitert, von denen nicht eine, bemerkte der Hering, als sie dort Leberkäs aßen, der zarten Klasse der Generalin entsprach, wenn sie denn welche getragen hätte. Die Wirtin war schwerhörig und kannte kein Kölsch.

Der General und seine Gattin zogen in das Pfarrhaus neben der Kirche. Es hatte nur einen Stock, was die Männer zufrieden begrüßten, und war von einer Mauer umgeben, durch deren Eisentor ein Weg zur Haustür führte, gesäumt von jungen Bäumen, die ohne Blätter waren. In den Blumenkästen auf den Fensterbänken steckten vertrocknete Strünke. Nach dem Tod des Geistlichen, den die Wirtin Hochwürden nannte, waren Stelle und Haus verwaist geblieben.

Die Männer blickten bittend zum Himmel, bevor sie die Möbel fassten und eilig in den Schutz des Eingangs trugen, doch konnten sie dem Regen nicht entwischen. Die Fische, die sich in ihrem Element hätten fühlen können, schimpften blasphemisch. Da die Generalin es vorzog, ihre persönlichen Dinge nun selbst auszupacken, kamen sie um das Tragen nicht herum. Auch das Harmonium verschonte die Nässe nicht, so dass der Umzug insgesamt sein Schicksal wurde, das der General nicht fassen wollte. Penetrant suchte er in den Kartons nach einem Föhn und begann es dann umständlich wie ein Lehrling zu trocknen.

Das Pfarrhaus war in Hinblick auf den Raum ein Rückschritt. Vor allem die Stube, wie der General das Wohnzimmer nannte, war nicht halb so groß wie die in Rheinbach, so dass die ländlichen Schränke und sperrigen Sessel dort eher eingelagert als zum Wohnen aufgestellt schienen. Die Kartons wuchsen zu Turmgebilden an, die schon die Wege versperrten, als erst der Hänger entladen war. Neben dem Harmonium war es des Generals zweites Unglück. Denn das Haus hatte er gewählt und sich dabei über die Bedenken seiner Gattin militärisch hinweggesetzt. Seinen Beschönigungs- und Versöhnungsversuchen zum Trotz, die im wesentlichen auf das Motiv der Gemütlichkeit hinausliefen, kanzelte sie ihn vor den Männern mit gewählter Kälte ab und fügte seinem Naturfimmel spottend einen Gemütlichkeitsfimmel hinzu, den Blümchen und Bienchen ein Stübchen. Den Föhn in der Hand erschien der General in seinen Schuhen und Kniebundhosen da nicht mehr als Herr über Kriege und Säcke, sondern glich jenem Pudel, der begossen wie ein Harmonium war. Selbst die aufgeweckten Kinder schwiegen betreten.

Während die Kühe reglos auf den Wiesen standen, nahm der Tag seinen tragischen Lauf. Die Fenster beschlugen von der Feuchtigkeit, welche die Männer hereintrugen, und bestärkten des Generals Sorge um sein Harmonium. Melancholisch schaltete er die Heizung an, um es an einen der Körper zu rücken, und begann Bilder aus dem Sudentenland aufzuhängen, was in dem Durcheinander unstrategisch war. Die Generalin schwieg eisig dazu, wenn er sie ansprach, und zog sich schließlich nach oben zurück.

Das Nieseln ging am Nachmittag in einen kräftigen Landregen über, durch den die Männer geduckt hin und her hetzten. Durch die Eingangstür, zu deren Seiten zwei leidende Gummibäume standen, schlüpften sie in die feuchte Schwüle des Hauses und stürzten zurück in die Kälte, um auf dem Weg zum LKW die Hals- und Ohrenschmerzen abzuschütteln, deren Vorboten sie bedrängten. Um es hinter sich zu bringen, verzichteten sie auf die Schnittchen und Häppchen, die ihnen der General flüchtig anbot. Die Generalin hatte, während sie mit einem Küchenmesser die Kartons zu öffnen begann, sich den Pullover ausgezogen. Verwunschene Pflanzenmuster schimmerten durch ihre Bluse und umrankten in der Mitte zwischen ihren mütterlichen Brüsten eine Blüte oder Knospe, die in dieser Ungewissheit die Blicke der Männer bannte. Bevor es zu dämmern begann, begaben sich die Fische auf Wunsch des Generals daran, die Deckenlampen anzuschließen. Im Dunkeln, sagte er, sei nicht gut Schunkeln. Sie begannen im oberen Stockwerk damit. Karl und der Schmale trugen das letzte Möbel herein. Jupp schloss den LKW. Damit sie den Sieg begießen konnten, ließ der General seine Kinder Flaschenbier an die Männer ausgeben, für das sie zur Metzgerei gelaufen waren.

Zum Regen hatte sich ein Sturm gesellt, der diesen an die Fenster trieb und lärmend mit Unwetter drohte. Als wolle er den Männern Mut in solchen Zeiten machen, rückte der General einen Stuhl an sein Harmonium heran und griff großartig in die Tasten. Das Instrument brachte klagende Töne hervor, mit denen es sich beweinte. Sie wollten, wie Jupp dem Schmalen und Karl aus der Seele sprach, lieber noch einmal nach dem Rechten sehen und stiegen die Treppe hinauf.

Oben stand der Aal vor einer geöffneten Tür und blickte, als er sie kommen sah, unschlüssig in das Zimmer zurück. Dort war der Hering im Stehen damit beschäftigt, die Generalin zu begatten, und ließ sich nicht dabei stören, als er die Männer im Rahmen bemerkte. Er hatte sie an die Wand gedrückt und an den Oberschenkeln ergriffen, die sie ihm willig öffnete. Sie trug, der Hering hatte recht, ein Mieder, das dem, was sie taten, entgegenkam, da sie ihren Spitzenschlüpfer nur hatte herabzulassen brauchen. Der Hering hatte ihre Bluse geöffnet und ihre Brüste aus dem seidenen Blumengebinde hervorgeholt, unter deren mütterlicher Üppigkeit die Blüte oder Knospe unerkannt zwischen den Körbchen verschwand.

Mit geschlossenen Augen, aber mit beiden Händen hatte sie des Herings Hoden ergriffen. „Ficken Sie mich“, stöhnte sie pornographisch. Jungejunge, flüsterte der Schmale, als stände er auf der Gorch Fock. Der Hering aber, dessen Unterhose, von wegen Hygiene, jeder Beschreibung spottete, wandte sich inmitten seiner Tätigkeit den Männern zu und fuhr sich, eher Reptil als Fisch, mit der Zunge über das Kinn.

Der General hatte unten mit missgebildeten Tönen Luthers „Feste Burg“ zu schleifen begonnen, seine Gattin über ihm derweil zum vertrauten „Du“ gefunden hatte, als die Männer in Mark und Bein erschraken. Sie hörten das unheilvolle „Mutti“, mit dem die Tochter die Treppe heraufgesprungen kam, und verfolgten in völliger Starre, wie sie über den Korridor huschte und nach wenigen Schritten neben ihnen stand. Während die Generalin jenseits von Gut und Böse nur noch zu einem „Ooh“ in der Lage war, das sie in kürzer werdenden Abständen wiederholte, rief ihre Tochter ein zweites Mal „Mutti“ und starrte entgeistert in das Zimmer hinein. Und während die Kühe draußen geduldig dem Sturm und Regen trotzten, wandte der Hering sich noch einmal um, zeigte noch einmal die Zunge und sagte, als die Generalin hier die Augen öffnete und sogleich ihre Tragik erfasste: „Ploff!“ Da zitterte sie wie Espenlaub und brach – „oh Gott“ – in sich zusammen.

Die Männer wären längst zurück im LKW gewesen, wenn sie nicht der General mit seiner Gemütlichkeit noch hingehalten hätte, bevor er endlich einem jeden einen Zwanzigmarkschein gab. Auch wenn die Frauen sich verstellten und die Erschütterung versteckten, waren sie kreidebleich. Kein Wunder, glaubte der General die Lage zu erfassen, bei all der Aufregung, die so ein Umzug mit sich bringe, hätten sie auch mit dem Wetter Pech gehabt. Jupp legte seinen ganzen Charme hinein, als er die Generalin „gnädige Frau“ zum Abschied nannte, ohne Häme und eher zur Ermutigung für das, was sie erwarten würde. Der Hering konnte es nicht lassen und zeigte auch der Tochter seine Zunge. Während der Aal darüber spitz wie eine Ratte lachte, fehlten Karl und dem Schmalen, Jungejunge, die Worte. Schweigend fuhren sie los. Jupp nannte es kurz eine Schweinerei, die nicht hätte sein müssen. Sie hätten wenigstens die Tür schließen können. Noch im Dorf gerieten sie in eine Herde müde trottender Kühe hinein. Den Bauer, der sie in Gummistiefeln in die Ställe führte, begleitete ein greiser Hund. Ihre Glocken läuteten den Abend ein. Nach Ribbenberg oder Wippersbach oder einem ähnlich lautenden Ort waren sie unterwegs, jedenfalls in die Nähe von Stuttgart, wo sie am nächsten Morgen laden sollten, Diplomaten. Genaueres war von Berthold am Telefon nicht zu erfahren. Wie eng und nass sie noch gewesen sei, bei dem Alter, schwärmte schweinisch der Hering, schlief ein und begann zu grunzen.

17. Kapitel | ICH WEISS NICHT, WAS SOLL ES BEDEUTEN

Karl durchreiste seine Zeit bei Schön in einem Bummelzug auf harten Bänken. Er bewahrte sich den Reiz der Menschen, die erschienen und verschwanden, um in wenigen Stunden dort ihre Rollen zu spielen und sich im Wechsel abzulösen. Die dynamisch jungen Diplomaten lernte er kennen, die zum Verdienst der ersten Sporen nach Uganda zogen, die abgestandenen Konsuln, die dem Schwermut verfallen und zu Trinkern befördert worden waren, schwatzende Chauffeure und steife Zeremonienmeister, Köche, die Belgien mit Spätzle überziehen wollten, Sommeliers, die sich im Glanz ihres Namens sonnten. Die Kleinlichen unter ihnen hatten die Teppiche schon eingerollt und die Gardinen abgenommen und gefaltet, die Stangen nummeriert und fein mit Klebeband gebündelt. Die Schlampen standen wie gewohnt in ihren Küchen, als ob sie Nachbarn zu Besuch erwarteten, für die kein Umstand lohnte, und verfolgten ungerührt, wie ihre Mülleimer gefüllt verladen wurden. Durch Nudelsalate und Würste zeichneten sich die Herzlichen aus, durch Bier für die Packer und Limonade für den Fahrer. Die Geizigen, die das nicht über ihr Herz bringen konnten, bestrafte die käsige Blässe dafür. Die aus Hochmut Verschlossenen und die aus Scheu gehörten dazu, die kumpelhaften Verbrüderer mit ihren Männerwitzen, die Ängstlichen, die aufgeregt ihre Schallplatten zeigten, die Frommen, die selbst zum Kuchen leise beteten, Typen, die in der Erinnerung blieben.

Die Arbeit als solche war öde. Wie der Sand durch das Stundenglas lief die Litanei des Abbauens, Einpackens, Einladens nach jeder Fahrt in zwanghafter Umkehr ab und musste eines Tages im Nirwana enden, in dem selbst der Schweiß und die Müdigkeit der abendlichen Aufbrüche nichts mehr gelten würde. Liefen die Wochen aber für Karl durch dunkle Tunnels dahin, in denen ihm das Wochenende als einziges Licht erschien, war es das Verdienst der Fische. Ihrer Natur gemäß suhlten sie sich darin, den Menschen Schaden zuzufügen. Fragte sie ein Fremder nach dem Weg, schickten sie ihn grinsend jotwede. Bat sie ein Kollege, beim Rangieren aufzupassen, wiesen sie ihn flissentlich ein, bis es krachte, und behaupteten unwillig, falsch verstanden worden zu sein. Vor allem der Hering gefiel sich darin. Gern zeigte er den Fahrern, die ihnen entgegen kamen, die Tachoscheibe, um sie fälschlich vor einer Kontrolle zu warnen, oder erfand in Raststätten phantasievoll ausgeschmückte Unfälle, die zu umfahren waren. Für den Aal, der dabeistand, war das wie Weihnachten.

Karl, den sie nicht verschonten, gewöhnte sich Misstrauen an, was sie ihrerseits anspornte, und beschimpfte sie laut, was sie freute. Besonders empfindlich trafen sie ihn mit ihren Schadensmeldungen, wenn sie, na Jongs, zu dritt vor Bürvenich standen und dieser sich vertrauensvoll an seine Rheinländer wandte, um zu erfahren, wat et jebe. Ritterlich nahm der Hering dann gewisse kleine Missgeschicke auf seine und des Aales Kappe, für einen Umzug alltägliche Schrammen, Brüche oder Sprünge, deren Ursachen er umständlich und unter Zuhilfenahme ausführlicher Ortsbeschreibungen zu erklären pflegte. Die wirklichen Fälle aber, die nach Entschädigung und Wiedergutmachung rochen, spielte er scheinheilig zum Schluss herunter: die geerbte Miele, die der Großmutter in den Himmel gefolgt war, der erblindete Spiegel, der seine besten Tage schon im Barock gesehen hatte, die spurlos verschwundenen Wäschekartons, die an sich nichts wert, doch der Hausfrau, äh, intim am Herzen lagen, von dem Weinbrand zu schweigen, der nicht einmal französisch war. Von diesen Dingen wüssten sie beide, hob er jungfräulich die Achseln, er und der Aal, leider nichts, bedauerlicherweise.

Karl musste sich daran gewöhnen. Anfangs suchte er sein Glück in der Empörung und nannte diese Art der indirekten Schuldzuweisung eine schlichte Sauerei. Doch brach er damit nur einen Streit vom Zaun, in dem der Hering mit der ganzen Sprachmacht seines Rheinischen wie aus der Bütte dem Tusch entgegen schwadronierte und mit dem Aal als Kronzeugen zur Hand die Oberhand behielt. Na ja Jongs, sagte Bürvenich, der mit Diplomaten Umgang pflegte, die Wahrheit liegt wohl in der Mitte.

Die Wochenenden waren Sonnentage für Karl. Wenn er sie nicht mit Brobach und Brontsch verbrachte und in verräucherten Lokalen vom lichten Griechenland des Sokrates erfuhr, vom Philosophenstaat und Gott und seiner Welt im allgemeinen, versuchte er sich mit Johanna zu treffen, um mit ihr am Ufer des Rheins entlang zu spazieren und sich im Wind vom Muff der Fische auszulüften. Nach dem Versagen des Professors vor dem Wesen der Ironie, als sich ein Knopf in ihrem vollen Haar verfing, hatten sie eine Freundschaft begonnen, die selbst Platon, der wohl hätte wissen müssen, was platonisch war, geheimnisvoll erschienen wäre.

Johannas Familie lebte seit Generationen in Bonn. An Ernst Moritz Arndt, erzählte sie und wusste vieles dieser Art, konnte ihr Urgroßvater sich noch erinnern. Auf der Adenauerallee hatte der große Dichter gewohnt und auf dem Alten Friedhof vor dem Sterntor für seinen ertrunkenen Sohn eine Rügener Eiche gepflanzt. Auf Rügen, Karl, musst du wissen, war er geboren.

Johanna war klug wie ein Käuzchen. Sie meinte, Karl müsse vieles wissen. Die wirklich großen Philosophen, musst du wissen, sagte sie, versteht man nicht. Hegel, musst du wissen, war nur als Guru groß. Im Grunde nannte sie das Wissenswerte nur redensartlich eine Pflicht. Sie hätte auch „weißt du" oder noch unverbindlicher „übrigens" einfügen können. Doch Karl beunruhigte diese Art, so als verstehe sie es wörtlich als Notwendigkeit, die es hinzunehmen galt. Er fürchtete, dass sie meinte: Der Mensch, Karl, musst du wissen, lebt nicht im LKW allein. Das hätte ihn getroffen, denn das wusste auch er. Melancholisch sprach er sie darauf an. „Wie meinst du das mit dem Wissen Müssen?" Sie aber schüttelte ihre roten Locken und nannte es Redundanz, was etwas Überflüssiges bedeutete, ihn aber auch nicht beruhigen konnte.

An einem der Sonntage beschlossen sie, einen Ausflug mit dem Rad zu unternehmen. Der Frühling war ganz und gar wunschgemäß. Um das empfindliche Grün der Straßenbäume kümmerte sich mütterlich ein warmes Licht, auf dem Balkon trieben die Sonnenblumenkerne fleißig die ersten Sprosse. Sie fuhren zum Rhein hinunter. Väter und Mütter schoben am Fluss ihre Kinderwagen entlang und steckten Schnuller und Rasseln in diese hinein. Die Onkel standen mit dem Hemd aus der Hose am Kiosk und dozierten beim Bier über Fußball, die Tanten tratschten in bunten Kostümen von den Männern ihrer Nachbarinnen. Vorsichtig überholten sie Dreiräder, wichen dem Klingeln der sie drängenden Sportsmänner aus und fuhren mit den Ausflugsdampfern, von denen Musik herüberklang, um die Wette. Überall war Sonntag.

Johanna liebte das Licht, das durch das Blattwerk der Bäume in zarten Flecken niederfiel. Sie spürte die Schwingungen darin, die den Dingen der Welt einen milden Zauber verliehen. Wer dieses Licht liebe, erklärte sie, müsse auch die Impressionisten lieben, was ähnlich auch umgekehrt gelte. Denn wer die Impressionisten liebe, könne dieses Licht nur noch mit ihren Augen sehen, und verbinde eine große Befreiung damit, eine Befreiung von dem alten Regelwerk der Kunst und den Schranken der Gesellschaft.

„Heraus aus den muffigen Ateliers in die freie Natur!" rief sie begeistert und wies auf den Rhein und das Siebengebirge, das jenseits in der Sonne lag. „Heraus aus der faden Bürgerlichkeit, hinein in die freie Boheme!"

Karl bemerkte selbst das eigene Schweigen, das Johanna im Fahrtwind gleichgültig nannte. Sie hatte insofern unrecht damit, als er ihre Worte sorgfältig aufnahm, um sie als Manna für die Woche im Führerhaus zurückzulegen. Es war aber in der Hinsicht wahr, dass er das Interesse daran verloren hatte, den Worten ihre Gültigkeiten beizumessen. Alles, was sie ihm erzählte, galt ihm gleich. Dass diese Maler kraftvolle Männer waren, die den Wohlstand des Bürgers verachteten, um ihren Visionen zu folgen, nahm er hin wie ihren Hinweis auf die Fische im Fluss, um die sie sich sorgte. Schwelgte sie in der Vorstellung, Monet oder Renoir bis an das Ende der Welt begleitet und ihre Not geteilt zu haben, reihte er es in die Bäume ein, die sie gern umarmte, und nannte es nicht einmal Schwärmerei. Nur wenn sie ihn zu necken begann, ihm selbst zuliebe, wie sie sagte, um ihn endlich zu wecken, wurde er empfindlich wie eine frische Narbe. Es genügte an diesem Nachmittag ihr läppischer Hinweis darauf, dass Cezanne im Café Guerbois, selbst wenn es dort möglich gewesen wäre, nie ein Schnitzel gegessen hätte, um nicht im Regenspiel des Lichts seine Laune zu Fall zu bringen.

„Warum sagst du nicht Jägerschnitzel?“ zeterte er, „denn das meinst du doch wohl. Warum nennst du mein Leben nicht einfach spießig. Das passt schon“, schimpfte er verkniffen. „Ich weiß selbst, dass ich kein Bohemien bin, und brauche mir das von keiner Studentin erzählen zu lassen, von einer der Kunstgeschichte schon gar nicht.“

Auch das war ungerecht. Karl bedauerte es und wurde doch, sich selber fremd, böse dabei. „Woher stammen sie denn, die Herren Impressionisten?“ fragte er. „Waren sie vielleicht doch nur unreife Bürgerblagen?“

Obwohl Johanna ihn bat, sich nicht aufzuregen, wollte er glatt seinen Kopf darauf verwetten, dass sie alle reiche Väter hatten, die ihnen im Falle des Schiffbruchs ihre Rügener Eichen pflanzten, empfindsame Mütter, die ihre Söhne, die Herren Künstler, allein schon darum im Herzen verstanden, weil sie so anders als die eigenen Männer waren. Ob sie dafür etwas könnten, fragte Johanna pikiert und nannte es defätistisch, womit sie zerstörerisch meinte.

„An seiner Geburt ist niemand schuld“, sagte sie.

„Eben“, sagte er und entgegnete ihrem Einwurf, dass

Renoir der Sohn eines Schneiders gewesen war, der im Akkordlohn stand, ungehalten:

„Da gratuliere ich aber", sagte er. „Da hat er ja Glück gehabt."

Johanna, klug wie ein Käuzchen, begann von Zola zu erzählen und einem gewissen Claude, einem Maler aus Paris, den er erfunden hatte und der doch eigentlich Cezanne war. An diesem, sollte Karl wissen, hatte der große Realist den Zweiflern gezeigt, dass das Leben für einen, der Impressionist zu werden beschloss, alles andere als einfach war. In welch ärmlichen Verhältnissen, und sie meinte wirklich ärmlich, „misérable", dieser Visionär gelebt hatte, für nichts, nicht einmal für Frau und Kind, als nur für seine Kunst, bis er sich schließlich vor seinem Werk, dem „œuvre", erhängte. Das besänftigte Karls Groll.

„Na gut", sagte er baff, „dann will ich nichts gesagt haben. Das musste nicht sein."

Während sie weiter flussaufwärts fuhren und die Wege hügelig wurden, verfing sich Karl in der Vorstellung, dass er in seinem Leben kein Werk schaffen würde. Er beklagte bei sich das Flüchtige seines Berufs, in dem nichts entstehen konnte, keine Fenster und Türen, von Häusern zu schweigen. Selbst Bäckern und Metzgern waren Brote und Würste vergönnt, die sie in ihren Händen hielten, bevor andere sie essen durften. Er sammelte nur Kilometer, deren Summe als solche bedeutungslos war. In seinem Alter hatten Diesel schon seinen Dieselmotor und Benz einen Benz gebaut, den er nach der Tochter eines Freundes Mercedes nannte. Karl hatte nicht einmal einen Freund, der ein Vater war.

Aus der Ferne wehten ihnen leise Klänge entgegen, die sich nach und nach zu einem Gesang zusammenfanden, den ein Klavier begleitete. Johanna das Käuzchen nutzte die Gelegenheit, sich Karls Grübeleien zu entziehen, und schlug romantisch vor, den Tönen zu folgen, bis sie ihre Quelle fänden. Auf Schumann tippte sie, den Karl der Einfachheit halber nichtssagend nannte, leider, bei aller Achtung vor dem Versuch, sich im Rhein zu ertränken.

Sie entdeckten Johannas Musik in einem der Ausflugslokale am Ufer, zu dem ein verwunschener Laubengang führte. Zwischen den knorrigen Kastanien des Wirtsgartens, die fernen Zeiten entstammten, öffnete sich der Blick auf den Fluss und das Siebengebirge, auf Petersberg und Drachenfels, die den Ölberg als größten in ihre Mitte nahmen. Lange Holzbänke hatte man aufgestellt, wie Karl sie von Schützenfesten kannte, und passende Tische dazu, die weiße Papiertücher deckten. Männer jeden Alters in Uniformen mit Kappen und Schärpen saßen daran und tranken aus Glaskrügen Bier. Unter der Last der Hintern, die wulstig darüber hingen, bogen sich unredensartlich die Balken. Sie tranken auf Kommando und rituell wie Spiritisten. Beschwörend rieben sie ihre Gläser auf dem Tisch, um sie in einem Zug zu leeren, trommelten mit ihnen, wenn das gelungen war, und setzten sie schließlich mit einem Schlag ab. Karl, der dem Trinken nicht abgeneigt war, nannte es Saufen, was Johanna nicht schön von ihm fand.

Der Sänger und sein Pianist waren, als Johanna mit Karl den Garten betrat, in den Vortrag eines Liedes vertieft, das sie sogleich erkannte. Es verehrte in alter Sprache den freien deutschen Rhein, seinen Feuerwein und seine Felsen, seine Knaben und Dirnen, die kühn und deutsch am Ufer standen, und war von einem Bonner Patrioten geschrieben worden, der Nikolaus Becker hieß und aus der Sternstraße stammte. Karl misshagten Donnerhall und Wogenprall allein schon des Sängers wegen, der sie rhythmisch zusammenreimte. Das Schwertgeklirr, von dem er sang, war sinnbildlich in einer bläulich verwachsenen Naht auf seiner Backe gegenwärtig. Jungejunge, hätte Karl mit dem Schmalen sagen können, fasste es aber in Worte, die Johanna als Miesmacherei bezeichnete.

„Das ist nicht so gemeint“, sagte sie verärgert. „Du musst wissen, dass es sich nur um Vergangenheit handelt, um Nikolaus Beckers Zeiten, in denen der deutsche Adler und der gallische Hahn sich um den Rhein als Grenze stritten. Das ist nur Geschichte, nichts weiter", meinte das Käuzchen, „aber natürlich, betrachtet man es recht, auch nichts weniger als das. Es ist vergangenes Leben, das in der Gegenwart in einem Lied fassbar wird, worüber wir uns freuen sollten. Das ist doch schön. Wie selten hört man Menschen noch singen."

Karl drängte zu gehen.

Mittags aßen sie am Ufer Brot und Obst, das Johanna ästhetisch auf einem Tischtuch verteilte, und tranken Wein aus Gläsern. Um diese Männer verstehen zu können, musste man, kam sie auf die Burschenschafter und ihre Gesänge zurück, ihre Geschichte auch kennen. Rebellen seien sie einst gewesen, als es das Deutschland, das ihnen das Schwarzrotgold verdankte, noch gar nicht gab.

„Weißt du, was der große Dilthey sagte?" fragte sie und hob lustig ihr Glas dabei.

Die Frage war starker Toback im Frühling am Ufer des Rheins, so dass Karl zu husten begann.

„Ist was?" fragte sie.

„Nein, nichts."

Die Erinnerung war wie ein Schatten auf ihn gefallen, in dem ein Prediger mit lautlosen Worten des Menschen geschichtliches Selbst beschwor und ein Seeräuber einäugig auf das Meer hinaus blickte, in dem Europa versunken war. Wie fern lag das alles zurück und war zur Fremdheit erkaltet. Was der Mensch sei, erfährt er nur durch die Geschichte. Ach, Dilthey. An einer der zahllosen Steigungen war der Satz liegen geblieben und hatte, pött pött, seinen hehren Geist ausgehaucht, in irgendeiner Kurve war sein edler Konjunktiv aus der Spur gekippt. Als Johanna am Ufer des Rheins ihm eine ihrer Käuzchenfragen stellte, wehte Karl aus der Vergangenheit der kalte Hauch des eigenen Alters an. Er spürte, wie die Ideale der Jugend ihn als Schimären berührten, und bemerkte die Leere, in der seine Abneigung gegen Burschen und Bohemiens als Ausdruck des eigenen Neids erschien. Denn im

Grund beneidete er Johanna um das Licht der Impressionisten, in dem die Möwen krächzend nach Brotbrocken schnappten. In der Schönheit hatte sie ihr Selbst gefunden, in der Geschichte der Kunst, die sie zu der ihren machte. Sie stand im Hafen von Le Havre an der Seite Monets, wenn dort der Morgen graute. Sie saß im Café Guerbois am Tisch mit Manet, um Mallarmé zum Absinth einzuladen, und tanzte ausgelassen in den duftigen Farben der Moulin de la Galette. Daraus speiste sie das Gefühl eines Glücks, das Karl nicht kannte, und nannte es, da die Künstler Franzosen waren, europäisch. Auch noch das. Wie beneidete er letztlich die studentischen Sänger sogar, in deren Himmel Hermann der Cherusker die Vögel beschirmte. Die frechen Römer hatten sie mit ihm besiegt und sich den Rhein als Vater ausgesucht, um dort ihr Bier zu trinken, als wäre es der Met der Germanen. Spürten sie ihre Narben dabei, so dachten sie einfach an Varus, den Feigen, dem sie im Teutoburger Wald begegnet wären und hätten zeigen können, was eine Harke war. Auch das noch. Nein, nicht einmal einen impressionistischen Zipfel vom Gewand der Mutter Europa hatte er festgehalten und hatte es versäumt, an der Weser, dem Fluss seines Vaters, auf den Herzog Wittekind zu trinken.

Er schämte sich für seinen Neid. Verstockte er gegenüber Johanna, wenn sie ihre Käuzchenfragen stellte, so war diese Scham der Grund dafür. Er fürchtete, von ihr ertappt zu werden.

„Ja“, sagte er, „ich weiß, was Dilthey sagte. Aber es interessiert mich nicht.“

„Na gut“, sagte sie weise.

Johanna und ein grübelnder Karl radelten in den späten Nachmittag hinein, flussaufwärts nach Süden am Ufer entlang. Das Sonnenlicht fiel zögerlich durch die vom Wind bewegten Büsche, das Spiel der Flecken wäre eher melancholisch als impressionistisch zu nennen gewesen. Es roch nach Regen. Als die Dämmerung sich auszubreiten begann, beschlossen sie überzusetzen, und erwarteten am Anleger die

Fähre, deren bunte Lichterketten auf dem Weg über das Wasser schaukelten. Junge Familien standen bei ihnen. Kinder fragten ihre Väter, ob das Schaukeln nicht gefährlich sei, und diese nannten es lustig. Johanna sprach von Pointillismus, einem Abzweig des Impressionismus, von dem sie nicht recht wusste, ob sie ihn schön nennen sollte, von Seurat, der eines Sonntags auch Familien sah. Doch Karl war nicht bei der Sache. Er entschuldigte sich, als sie es bemerkte, es sei nicht sein Tag. Während der Überfahrt schaukelten die Glühbirnen an Deck der Fähre. Die Kinder fanden es lustig, worüber die Väter sich freuten.

„Ich weiß es", deutete Johanna, das Käuzchen, sein Schweigen, als sie die Fähre verließen, doch er wollte es nicht wissen. Durch die Dunkelheit fuhren sie der Stadt entgegen. Während der Fluss zu schlafen und gleichmäßig zu atmen schien, stand über dem Münster und seinem Pranger ein runder Mond.

„Ich weiß, was dich bedrückt", sagte Johanna und erklärte ihm, was er nicht wissen wollte. „Es sind die jungen Männer, die ihre Kinder auf den Schultern tragen und ihre jungen Frauen küssen, Väter und Mütter, die schlank und schön geblieben sind. Du aber bereust die verschwendeten Tage. Verstohlen schielst du auf deinen Bauch und fürchtest, es ist zu spät, der Zug ist abgefahren."

„Bitte, lass meinen Bauch aus dem Spiel."

„Aber es ist doch so, alter Mann."

Obwohl sie sein Alter ironisch anzusprechen meinte – er war noch keine vierzig – und darum darüber auch lachte, wohlmeinend herzlich sogar, ergab sich Karl hier der Melancholie, die ihn im Lauf des Tags im Hinterhalt belauert hatte. Selbst das war ihm nicht erspart geblieben. Umsonst versuchte sie, ihn aufzumuntern, auch van Goch habe schlechte Tage gehabt, und stichelte ihn vergeblich, indem sie ihn Leberwurst nannte.

„Lass es gut sein", sagte er, „das ist nicht komisch."

Sie trennten sich hinter der Kennedybrücke. Karl kehrte am Münster im Hähnchen ein, um Brobach und Brontsch nicht zu treffen, und trank Bier ohne Grenzen, denn die erste Schicht fuhr der Hering in dieser Nacht, mit dem er sich geeinigt hatte, dass Losen wohl das Beste sei. Nach Mitternacht kroch er in die Koje und war mit den Fischen auf dem Weg nach Kaiserslautern. Der Hering fuhr wie die besengte Sau.

Mechanisch liefen die Wochen vom Rad und drehten sich zu Monaten ein, in deren Schlingen Karl zu ersticken drohte. Er türmte in Träumen Möbelberge auf, die langsam in sich zusammensackten, wenn er sie fast erstiegen hatte, rang nach Luft, wenn er im Wasser vor den Fischen floh, wachte schweißgebadet auf, wenn er auf Rastplätzen den LKW verlor. Er nannte das Leben hart.

Sein letzter Geburtstag in Bonn brach in Bremen an. Am Vorabend waren sie hoch zu Schön gefahren, um dort am Morgen einen Container umzuladen. Es war Sommer. Man empfing sie als arme Verwandte mit Mitleid und einer Art Sorge, dass sie nicht wieder gehen und mit dem Magirus den Fuhrpark verunzieren würden. Als der Hering vom Kreisverkehr in Bagdad zu schwadronieren begann und einem der Bremer Fahrer, der auf dem Weg dorthin war, die Abfahrt zum Zollhof erklärte, schlug die Stimmung in Spott um, der zunehmend feindselig wurde.

Der Container war aus grobem Holz gezimmert und mit dunklen arabischen Zeichen beschriftet, zwischen denen „up" und „down" auf Englisch das Wesentliche sagten. Er enthielt den Haushalt eines Diplomaten, der in Kairo Handelsattaché gewesen war und möglicherweise in die Walachei versetzt werden sollte. Bis dahin sollte das Gut in Bonn gelagert werden. Der Attaché war aus Sorge davor, dass etwas passierte, selbst nach Bremen gekommen, denn er hatte in Kairo Gegenstände von Wert gesammelt und sich diese im Container mitbringen lassen: Figuren und Bilder, Vasen und Schalen, die sich möglicherweise schon Pharaonen auf den Tisch gestellt hatten. Er wich den Männern nicht von der Seite, als sie Hand an die Dinge legten, und entdeckte so auch als erster die

Schlange, die sich auf einem der Verschläge eingeringelt hatte und möglicherweise lebendig, doch auf jeden Fall giftig war. Er kannte das Grün noch aus Kairo. Einen Kasten Bier ließ er zur Vorsicht holen und bestärkte den Aal darin, sich ruhig vorschicken zu lassen, damit er sie mit der Schaufel, falls nötig, erschlagen konnte. Nach der dritten Flasche ließ dieser sich dazu bewegen und brachte dem Tier, falls es nötig gewesen war, einen schnellen und sicheren Tod. Sie sollten sich besser die Hosenbeine zubinden, Handschuhe tragen und laut rufen, bevor sie den Kasten betraten, riet ihnen der Attaché. Schlangen seien im Grunde ängstliche Wesen, sagte er, nahm aber, als der Hering nur grobe Schweinereien rief, die selbst dem Aal die Spucke verschlugen, den letzten Rat zurück. Er habe sich da vertan, Schlangen hätten ja keine Ohren. Karl aber, den der Hering süffisant zu Tode erschreckte – pssst, bloß nicht den Kopf bewegen –, stopfte diesem, bevor sie Bremen verließen, den schmalen grünen Körper in die Koje, zu dem er sich, um seinen Wolf zu lüften, tatsächlich auch legte. Selbst das Grabbild der Ägypterinnen, deren eine nur einen Tanga trug, warf er in blinder Panik aus dem LKW. Da ginge, sagte das Geburtstagskind zufrieden, auf der Autobahn bei Delmenhorst der Nachwelt ein Kunstwerk verloren, an dem sich, möglicherweise, die alten Pharaonen schon aufgegeilt hatten.

Für den Abend hatte er Johanna und Brobach zum Jägerschnitzel in den Alten Fritz eingeladen. Brontsch war in Straßburg am Mieresch, um seinen Arzt zu besuchen. Er war um zwei Zentimeter geschrumpft. Das Essen lief auch darum aus der Spur. Johanna, er hätte es wissen müssen, war Vegetarierin und fand es befremdlich, dass der Wirt keine Frühlingsrollen kannte. Sie schenkte Karl einen Bildband über den Impressionismus mit Monets Sonne in Le Havre auf dem Umschlag, wovon sie sogleich zu schwärmen begann, um ihm für sein neues Lebensjahr einen Hauch von Boheme zu wünschen. Er bedankte sich artig dafür und konnte doch nicht verbergen, dass er gern darauf pfiff. Brobach saß auf seinem Dschungelbuch und trank maßlos, so als habe er genug gelebt. Zynisch fabulierte er Eifersucht und Hörigkeit in das Frühstück des großen Manet hinein, was Johanna verstörte. Sie drängte bald nach draußen, zum Vater Rhein in die freie Natur, wozu sich schließlich auch Brobach bewegen ließ. Gemeinsam gingen sie durch die Stadt. Junge Menschen saßen auf Bänken im Laternenlicht und sangen süß-sauer wie eine Königsberger Sauce „Blowing in the Wind". Am Bahnhof hatte eine Einheit der Heilsarmee Stellung bezogen und gegen die Stadtstreicher einen Choral angestimmt, dem diese zwischen verschüchterten Hunden zu trotzen versuchten. Verstohlen reichten sie ihre Flaschen einander in braunen Tüten herum. In den Cafés am Kaiserplatz trugen die Bürger einander den Lobgesang auf ihren Lebenswandel vor und zelebrierten sich im Stil des Südens mit griechischen Salaten und italienischen Weinen. Karl fühlte sich fremd in der Stadt und neben Johanna und Brobach, aller Wertschätzung hier und Zuneigung da zum Trotz, die man wohl Freundschaft nennen konnte, allein.

Durch den Hofgarten und am Alten Zoll vorbei erreichten sie den Fluss. Moby Dick lag am Ufer. Aus den Fenstern zwischen seinen Zähnen drangen volkstümliche Klänge. Als man schon die Taue löste, sprangen sie an Bord. Brobach strauchelte dabei und hätte leicht das Gleichgewicht verlieren können. Über eine schmale Treppe stiegen sie in den Bauch des Wales hinab und tauchten dort in ein rötliches Lampenlicht. An runden Tischchen saßen Rentner und tranken Weißwein. Ein Kellner bediente mondän die er als Herrschaften bezeichnete. Zwei Geiger in Balkantracht spielten Zarewitsch und Zigeunerbaron.

Karl ließ sich zur Feier des Tages eine Flasche Spätlese empfehlen, die der Kellner einen feinen Tropfen und erdig im Abgang nannte. Johanna und Brobach waren sogleich in das Wesen der Kunst verstrickt, das der Impressionismus, jawohl, für immer verändert hatte. Denn durch die Auflösung der festen

Gegenstände war ein Prozess der Abstraktion in Gang geraten, der nicht mehr aufzuhalten war. Karl, der das durchaus für wissenswert hielt, war nicht mehr bei der Sache. Während die Formen und Linien und schließlich die Farben aus dem Wesen der Kunst verschwanden, um es den Fahrrädern und Pissoirs zu überlassen, wandte sich ein Herr mit Fliege an die beiden Geiger und wünschte sich mit lauter Stimme ein Stück mit dem Namen „Die keusche Susanna", das sie nicht kannten. Mit dem „Weißen Rössl" hatte er Glück. Karl erhob sein Glas auf ihn und gratulierte: „Auf den Wolfgangsee!" Er bestellte eine zweite Flasche.

„Entschuldige", sagte Johanna.

„Wofür?" sagte Karl

Brobach schwieg.

Zwischen Moby Dicks Zähnen tauchte strahlend der Kölner Dom in der Dunkelheit auf, zu dessen Füßen einst der große Franz Liszt Klavier gespielt hatte.

„Umwogt von einem Meer schwarz-rot-goldener Fahnen", fügte Johanna, das Käuzlein, zögernd bei. Sie bemerkte die Nüchternheit, die trotz des Weines eingekehrt war und ihre romantischen Bilder fremd erscheinen ließ.

„Freunde", sagte Karl, „ich bin nur ein Fahrer. Ich wünsche mir zum neuen Lebensjahr einen neuen LKW, der noch die Kunststofffolie auf der Türverkleidung trägt, und ich sehne den Tag herbei, da ich wieder allein darin schlafen kann."

„Freunde", sagte Brobach und kämpfte nuschelnd mit den Lauten der Sprache, „ich bin nur ein elender Schreiberling und wünsche mir zu deinem neuem Lebensjahr eine neue causa finalis. Denn wie sich die Malerei von den Formen löste, so ist auch die Dichtung längst ihrer Wörter entblößt. Sie lässt sich nicht mehr schreiben."

Während Moby Dick auf den Anleger zielte und die Geiger im rötlichen Licht der Lampenschirme auf Wunsch des Herrn mit der Fliege den Vetter von Dingsda spielten, litt Brobach unter der „poésie pure".

„Ma chère", ergriff er wässrig näselnd Johannas Hand, „große Dichtung entsteht ohne Blabla. Das Leben allein", deklamierte er zwischen Trunk und Erhabenheit, „ist die Dichtung, das Leben ganz rein und allein."

Es hätte eine seiner Inszenierungen sein können, ein Akt eben jener „poésie pure", doch Brobach spielte diesmal nicht. Es war ihm schwer um die Seele. Er nannte sein Dschungelbuch nutzlosen Tand.

„Das ganze Geschreibsel", sprach er mit Lauten, die zwischen Zunge und Gaumen verrutschten „ist für die Katz. Wir sehen uns an Land", erhob er sich schwankend. „Ich bin an der Reling zum Reihern."

Sie sahen Brobach nicht an Land. Nachdem sie von Bord gegangen waren und die Schiffer die Taue gelöst hatten, entdeckten sie ihn auf dem Rücken des Wals. Mit einer großen Geste warf er das Dschungelbuch in den Rhein und winkte: „Lebt wohl!"

Im Herbst verließ Johanna die Stadt. Sie zog nach Italien, das sie für ein Muss der Kunstgeschichte hielt, und wählte klug wie eben ein Käuzchen Florenz. Karl brachte sie zum Nachtzug, wünschte ihr Glück bei ihren Malern, und winkte ihr nach, bis die roten Lichter in der Dunkelheit verschwanden, wozu sie nicht lange brauchten, da das Gleis in eine Kurve führte. Brontsch war in Siebenbürgen geblieben, um dem Verfall seiner Größe ein Ende zu setzen. In Kronstadt fand er Arbeit in der Stadtbücherei. Brobach aber war wenige Tage nach seinem Abschied auf dem Rücken des Wals zurückgekehrt und zog nachts mit Farbdosen durch die Straßen, um auf Häuserwände Sätze zu sprühen, die er Applikationen nannte. So wie Magda ihre Bikinis mit Federn und Glitzersteinen besetzte und ihnen dadurch den Hauch des Unerklärlichen verlieh, applizierte er Wörter auf die Wirklichkeit, um ihr Sein als Geheimnis zu zeigen. „Der einbeinige Herr holte sich gestern im Puff einen Holzwurm", zierte einige Tage die Wand der Bäckerei Keune. „Der Himmel des Herrn ist voll", schrieb er an die Bahnhofsfront, „die Nase des Herrn ist voll" an eine Bankfassade. Er hielt es für die ersehnte Verschmelzung von Dichtung und Wirklichkeit und nannte es „poésie fondue", er führe, sagte er, kein Dschungelbuch mehr, sondern sei selbst nun im Dschungel untergetaucht, was auch insofern stimmte, als die Polizei einen Schmierfink suchte.

Für Karl war die Zeit gekommen, die Bademeister zu verlassen, den rheinischen Bürvenich mit seinen Geschenkbonbonieren, den nuschelnden Milchbart von Berthold, den ganzen pornographischen Himmel, den er zur Hölle wünschte. Die Fische kosteten die Gelegenheiten aus, ihm Schaden zuzufügen, und erreichten darin einen Höhepunkt, als sie ihm in Hamburg heimlich ein Gummiband in den Fahrtenschreiber spannten und ihm damit eine Anzeige einbrockten. Beglückt verfolgten sie, wie er bei der Kontrolle den Schreiber öffnete. „Komisch, dieses Gummi da", rief der Hering dem jungen Polizisten zu, der den Trick gar nicht kannte. „Da muss wohl was defekt sein, herab gerutscht, Herr Kommissar, oder?"

Karl warf in der folgenden Nacht, während die Fische schliefen, des Herings Kleidung aus dem Fenster, alles, bis auf die Unterhose, die jener trug, und wusste am Morgen leider auch nicht – was, die auch? – wo Schuhe und Strümpfe geblieben waren. Zufrieden verfolgte er, wie der Hering in Mannheim zu Woolworth schritt, barfuß und im grauen Möbelkittel, so als sei er tatsächlich ein Büßer, und dort einen pinken Trainingsanzug kaufte, da sonst seinem Hintern nichts passte. Seitdem verkehrten sie jenseits jeglicher Komik auf Kriegsfuß miteinander. Als sich die Gelegenheit bot, Schön zu verlassen, zögerte Karl nicht, sie wahrzunehmen.

In Berlin waren sie und luden bei einer Bruchbude am Stadtrand sogenannte Konkurs- und Versicherungswaren, die durch Rauch- und Wasserschäden an Wert verloren hatten oder von vornherein nichts taugten, beleuchtete Bilder des Präsidenten Kennedy mit tropischen Muschelkränzen, Wandkalender aus China mit sozialistischen Arbeitergemälden, auf denen es tatsächlich Donnelstag und Fleitag hieß, beheizbare Socken und aphrodisierende Lippenstifte, Dinge, mit denen die Fische sich gierig die Kojen füllten. Am Abend aß Karl im Autohof an der Avus. Er hörte den Hering am andern Ende des Raumes vom Nürburgring phantasieren, wo er im Endspurt die Prinz-Meisterschaft gewann, Rechtskurve, Linkskurve, Zielgerade, Jungejunge, als sich ein Fahrer aus Augsburg an seinen Tisch setzte und knarrend zwei Polizistenfinger bestellte. Die erwiesen sich als Frankfurter Würstchen. Als er das Häufchen Kartoffelsalat auf dem Teller sah, das er abfällig Beilage nannte, bestellte er Pommes Frites und erzählte den Witz von dem Kellner, gell, der den Gast danach fragt, wie er das Schnitzel fand. „Sagt der Gast: Ich habe den Salat an den Rand geschoben." Das war Max. Als Karl ihm im Lauf dieses langen Abends von Schön und den Fischen berichtete, wusste Max von einer Spedition in Ludwigshafen, die einen Fahrer suchte, Kleinmann Frucht- und Gemüseimport. Am letzten Freitag des Monats schob Karl den Fischen zum Abschied zwei Prachtstücke von Hering und Aal in die Kojen, bei deren Kauf er sich nicht hatte lumpen lassen, und klopfte dem Magirus, der für all das nichts konnte, auf das matt zerfressene Blech.

Am späten Abend bezogen sie das „Albergo Cosenza" in Sesto San Giovanni. Karl wollte dem kommenden Tag geduscht und ausgeruht entgegentreten.

„Warum musst du dich immer in diesen schäbigen Herbergen einquartieren?" fragte der Kiepenkerl.

„Mir gefallen sie", sagte Karl und lachte. „Sie erinnern mich an Haudegen wie den Magirus. Bei allem Ärger mit den Fischen mochte ich ihn auf seine Art."

Der Kiepenkerl stand ungeduldig vor dem Schreibtisch im Flur, der dort als Barriere diente und mit einer der Seitenwände einen Durchgang zur Treppe bildete, die hoch zu den Zimmern führte. Als er das Schild mit der Aufschrift „Reception" entdeckte, rollte er mit den Augen. Enzo hatte es seinerzeit aus dem Allgäu mitgebracht, als sein Beruf noch Fahrer und nicht Hoteldirektor gewesen war. Dort sprach man kaum Englisch, erklärte er. Die Fahrer kehrten gern dort ein, wenn sie nach Mailand kamen. Die Speckigkeit der Möbel und der Krimskrams, der in allen Ecken stand, störte sie nicht. Die vergilbten Gardinen und die verstaubten Plastikblumen empfanden sie als heimelig. Zum Frühstück brutzelte Enzo Spiegeleier mit Tiroler Speck, die er stolz mit Tomaten servierte, obwohl er selbst Kalabrese war und Hörnchen in Milchkaffee tunkte. Im „Cosenza" gaben sich die Fahrer in ihrem bunten Kauderwelsch den Geschichten aus guten Zeiten hin und teilten sich radebrechend die letzten Neuigkeiten mit. Max fand dort dankbare Zuhörer für seine Witze. Erzähl uns einen, riefen sie ihm zu und mussten ihn nicht zwei Mal bitten. „Due carabinieri, gell, andare al bordello ..."

Am Schreibtisch saß wie immer Luisa, „la Signora“, wie Enzo sie nannte, seine „Gattin“, wie er wahrscheinlich auf Deutsch gesagt hätte.

„Ciao, Carlo“, sagte Luisa aus den Mundwinkeln heraus.

„Ciao, Luisa. Alles klar?“

„Jaja“, sagte sie und schob ihm die Schlüssel zu. „Heute mit Koffer?“

„Ja, heute mit Koffer.“

„Welch ein Zwiegespräch“, sagte der Kiepenkerl, „Dialog und Unterhaltung“, und blickte durch sie hindurch, als wäre sie nicht da gewesen.

Luisa Ciocca verfügte über ein verwirrendes Repertoire an Frisuren, Haarfarben und -schnitten, die sie stets aufs Neue in einem fremden Licht erscheinen ließen. Wäre sie keine Raucherin und nicht üblicherweise mit einer ihrer kosmetischen Tätigkeiten beschäftigt gewesen, hätte man sich, wenn man das „Cosenza“ nach längerer Zeit wieder einmal betrat, durchaus fragen können, wer die andere Frau dort war. Mit einem blonden Lockenschopf, die Zigarette lässig zwischen den Lippen, lackierte sie sich ihre Fingernägel, während im Fernsehapparat ihr schräg gegenüber eine Quizshow mit fast nackten Frauen lief, denen der Kiepenkerl inzwischen seine ganze Aufmerksamkeit zugewandt hatte.

„Wo ist Enzo?“, fragte Karl.

„Er hilft beim Laden“, sagte sie kurz.

Enzo half, den Lieferwagen des Sohnes zu beladen, der ein Geschick darin entwickelt hatte, Säle auszuschmücken und damit auch Geld zu verdienen. Kunstvoll spannte er Girlanden von Wand zu Wand, ließ bunte Luftballons unter die Decken schweben und verteilte aparte Blumengestecke auf Tischen, damit die Gäste leichter in eine festliche Laune fanden. An diesem Abend war er in Eile.

„Für morgen“, sagte Luisa, „hat er noch viel zu tun.“

Der Kiepenkerl zog Karl am Jackenärmel. „Lass uns gehen“, flüsterte er. „Es interessiert mich nicht, was dieses

Milchgesicht vor hat, im Schilde führt oder an seine Fahnen heftet. Ich will jetzt fernsehen."

„Ein Fest in Mailand?" fragte Karl.

Ja, so war es.

„Na denn", sagte der Kiepenkerl.

Soweit es die Zigarette zwischen den Lippen erlaubte, berichtete Luisa in seligen Tönen von einer märchenhaften Hochzeit in den höheren Kreisen der Stadt. Der Bräutigam war ein edler Dichter, die Braut ein armes Findelkind, das mit diesem wie eine Schwester aufgewachsen war, bevor sie ihre Liebe zueinander entdeckten. In der Kirche des Heiligen Ambrosius würden sie heiraten, im engsten Kreis von dreihundert Personen, um dann in der Nähe des Doms ein bescheidenes Fest zu feiern.

„Zufrieden?", zischelte der Kiepenkerl und drängte zur Treppe.

„Del Santo Liquido?" fragte Karl.

„Carlo, woher weißt du das?"

„Prost Mahlzeit", sagte der Kiepenkerl.

Luisa Ciocca steckte vorsichtshalber das Pinselchen des Nagellacks in die Flasche zurück und schraubte diese zu.

„Den Dichterling kenne ich", sagte Karl, „il poetino" wörtlich, was kein netter Ausdruck war. Er fühlte die Wunde in seiner Schulter wieder, die er in Gegenwart des Kiepenkerls vergessen hatte, und bemerkte den Klos im Hals, der sich mit der Nennung des Dichterfürsten dort festgesetzt hatte.

„Er ist ein Doktor", sagte Luisa pikiert, die auch aus dem Süden kam, wo Dichter wie Doktor noch galten.

„Sie ist auch kein Findelkind", sagte Karl. „Das hat der Dichterling sich nur zurechtgedichtet. Sie ist eine Waise."

„Carlo", sagte Luisa und schraubte verständnislos ihr Fläschchen wieder auf, „als wenn das nicht schlimm genug wäre. Trotzdem ist sie Doktorin geworden."

Karl spielte verlegen mit den Schlüsseln in der Hand.

„Da bist du baff", sagte der Kiepenkerl. „Ich ahnte es. Die

Welt der Geschichten weicht nun der rohen Wirklichkeit. Wenige Stunden noch und du wirst vor ihnen stehen, von Angesicht zu Angesicht, und dich behaupten müssen."

„Sie soll jedenfalls eine Schönheit sein", sagte Luisa, um die Beleidigung des Doktors durch Karl zu überspielen, und blies mit gespitzten Lippen den Lack auf ihren Nägeln trocken.

Karl hätte stänkern wollen. „Was man vom Bräutigam nicht unbedingt behaupten kann", hätte er sagen können, aber er sagte einfach nur: „Ich weiß."

„Das verstehe, wer will", zog sie an ihrer Zigarette.

„Er kann nichts dafür", sagte der Kiepenkerl. „Es sind nur Angst und Eifersucht." Doch Luisa Ciocca hörte ihn nicht.

„Ich bin müde", sagte Karl ergriff den Koffer und wandte sich dem Aufgang zu. „Morgen wird ein harter Tag."

„Morgen ist Feiertag", rief sie ihm nach, als er schon auf der Treppe stand, „der Tag des Heiligen Ambrosius."

„Ja, genau. Gute Nacht."

Die Küste Kalabriens vor Augen, die ein Plakat als unvergesslich pries, fand Karl nur mit Mühe in den Schlaf. Er vermisste nicht nur die gewohnten Geräusche, das Gemurmel der Kollegen, die beim Flaschenbier nicht den Absprung schafften, die dumpfen Litaneien der Fernsehapparate. Die Angst und die Eifersucht – der Kiepenkerl hatte recht – drückten aus der Brust heraus die Rippen nach außen, so dass die Haut sich spannte. Er begann die Gluckser zu zählen, die in den Leitungen der Heizung reisten, um über den Schlummer schließlich doch in einen tiefen Schlaf zu gleiten, der ihn mit Träumen in kräftigen Farben beschenkte. In einem von diesen erkannte er Max, der seinen LKW am Christbaum der traurigen Frau Habermas parkte, auf dem fröhlich der Weihnachtsmann saß. Er folgte ihm in die Truckstopstube und wartete darauf, dass er mit einem lauten Ruf ein Paar Polizistenfinger bestellte, aber Max trat schweigend ein und grüßte kaum. Betty saß allein an der Theke und rauchte.

„Hallo Max", sagte sie. „Keine Frankfurter Würstchen?"

„Nein“, sagte er, „und keinen Peter Alexander.“

Er räusperte sich, als er bei ihr stand.

„Io andare in Africa“, sagte er mit seiner lauten Stimme, die an den Wänden verhallte.

„Lass den Unsinn“, sagte sie, „sprich gefälligst deutsch mit mir.“

In unbeholfenen Worten, die seiner sonstigen Sprachmacht entkleidet waren, erklärte ihr Max, dass er einen LKW und eine Liebe in Afrika verloren hatte. Doch das wusste Betty bereits und nannte ihn Scherzkeks.

„Ich glaube“, nahm Max sich zusammen, „ich habe zu meinem neuen LKW nun auch eine Liebe gefunden.“

„Echt?“ sagte sie. „Wie heißt sie denn?“

„Betty Habermas“, sagte er, „wollen wir es zusammen versuchen?“

„Ach Max“, sagte sie, „warum erst jetzt?“ und brachte ihn damit ins Wanken.

Sie zündete alle Kerzen an, die auf den Tischen standen, und fragte: „Sind wir jetzt verlobt?“

„Auch wenn niemand es hören kann“, sagte er lachend, „Max Ruf und Betty Habermas geben hiermit ihre Verlobung bekannt.“

„Ach, so“, lachte Betty, „na denn.“

Am Morgen schwebten die Worte, mit denen Betty und Max ihre Verlobung begangen hatten, wie feiner Staub in der Dunkelheit und setzten sich an den Gedanken fest. Nicht einmal im Traum, hätte Karl bis dahin gesagt, wäre ihm diese Verbindung in den Sinn gekommen. Während er sich umständlich rasierte und dann duschte, bis das Wasser lau war, versuchte er sich vorzustellen, dass beide wirklich zueinander fänden, das Halbblut und der Tuareg, und nicht mehr nach Michigan und in die Sahara zurückzukehren brauchten. Denn was sie beginnen würden, wäre Abenteuer genug.

Er kämmte sich sein Haar zurück, als wäre Pomade darin gewesen. Als er geschniegelt auf den Korridor trat und zum

Speiseraum ging, war der Kiepenkerl verschwunden. „Du bist nun auf dich gestellt“, hatte er schon am Abend gesagt, bevor er in sein Zimmer gegangen war, um den Fernseher einzuschalten. „Das, was zu erzählen bleibt, passt nicht in einen Sack. Es sperrt sich. Die Gegenwart hängt noch daran wie ein riesiger Mutterkuchen.“

Karl war der einzige Gast. „Wie siehst du denn aus?“ fragte Enzo, als er ihm die Spiegeleier brachte.

„Ich habe etwas vor“, sagte Karl und nannte es, als Enzo danach fragte, geheimniskrämerisch „vitale“, was lebenswichtig bedeuten sollte. Dass für ihn am Tag des Heiligen Ambrosius die Zukunft auf dem Spiel stand, hätte er beim Frühstück kaum erklären können, selbst wenn er es gewollt hätte.

„Ist dein Sohn schon unterwegs, um dem Herrn Dichter die Tische zu schmücken?“

„Darauf kannst du einen lassen“, sagte Enzo, „für dreihundert Gäste. Der Herr hat sich nicht lumpen lassen.“

„Na denn“, sagte Karl.

Auch wenn es noch früh war, drängte es ihn, vor Ort zu sein. Als er am Schreibtisch bezahlte, zog sich Luisa das Rot ihrer Lippen nach, wozu sie die Zigarette ablegen musste.

„Na?“ sagte sie charmant, „was machst du heute?“

„Nichts Besonderes“, sagte er, ergriff den Koffer und wandte sich dem Ausgang zu.

„He Carlo“, rief sie ihm nach, als er schon die Tür schließen wollte.

„Ja?“

„Hast du das von Herr Müller gehört?“

„Was?“

„Ihn hat es am Gotthard erwischt.“

Ja, so war es. Luisa Ciocca hatte ihre Nachricht gut platziert. Auf Herrn Müller war auf dem Großen Sankt Bernhard in der Nähe des Tunnels eine Lawine niedergegangen. Der treue Opel hatte nicht einmal die Augen in den Himmel richten können, als beide der Schnee begrub.

„Und?“

Luisa tuschte sich jetzt die Wimpern, bevor sie sich der Antwort widmen wollte, und wartete, bis Karl zum Schreibtisch zurückgekehrt war und seinen Koffer wieder abgestellt hatte.

Herr Müller lebte, als sie ihn erreichten, war aber ohnmächtig in sich zusammengesackt, so dass sie ihn in seiner Leibesfülle nicht zwischen Sitz und Steuerrad hervorziehen konnten und mit der Flex dem Opel das Dach entfernten. Dass ihm das Handtuch am Bauch festgefroren war, als sie ihn zum Hubschrauber brachten, musste nicht wahr sein, da Luisa solche Einzelheiten sich von den Fahrern abgelauscht und ihrerseits nun gern verwandt haben mochte. Vom Krankenbett aus aber soll er gleich ein Auge auf ein Fräulein Martina geworfen haben, die ihm das erste Essen brachte, und ihr geschworen habe, dass nun Schluss mit dem Fahren sei und er in der Schweiz bleibe. Man dürfe, soll er gesagt haben, den Tod nicht ein zweites Mal versuchen, zumal es sein Waldi nicht geschafft hatte, dem von der Schippe zu springen. Damit hatte er recht.

„Ein Kombi ohne Dach“, stellte Luisa mit der Nonchalance einer Chefingenieurin abschließend fest, „ist im übrigen kein Cabriolet, sondern ein Haufen Schrott.“

„Das stimmt auch“, sagte auch Karl. „Nun aber endgültig ciao.“

Karl deutete das Unglück, dem Herr Müller trotz des Verlustes seines Autos glimpflich entronnen war, als ein Zeichen. Die Aussicht, dass Betty und Max sich in Liebe binden würden, erhöhte sich dadurch zwar in Wirklichkeit nicht, erschien aber nun in einem dieser Zusammenhänge, von denen man sagt: das kann kein Zufall sein! Der Traum war eine Vorahnung der Tatsache gewesen, dass Herr Müller aus dem Geschäft war und das Schicksal derzeit insgesamt die Karten neu mischte. Vor allem aber lag in dem Zeichen diese Bedeutung: Der Kiepenkerl war tatsächlich ein Seher. Er hatte

Karl den Weg zum Brenner gewiesen und ihn damit vor der Lawine bewahrt. Selbst wenn er nicht verschüttet worden wäre, hätte er doch im Stau den Tag des Ambrosius verpasst, denn der Sankt Gotthard blieb nach dem Unglück auf Tage gesperrt.

Karl durchströmte ein Gefühl der Dankbarkeit und Zuversicht zugleich, das der Klarheit des Morgens eine eigene Wärme verlieh. Er stieg in den LKW, schrieb den 7. Dezember auf die neue Scheibe und fuhr an. Während ihn die Straßen stadteinwärts zur Kirche des Heiligen Ambrosius führten, kehrte die Ruhe vor dem Sturm in das Führerhaus ein. Karl nahm sich die Zeit, die vergangenen Monate noch einmal zu erleben, die in keinem Sack der Welt als Erinnerungen abgelegt werden konnten, sondern ihn von Kopf bis Fuß mit Haut und Haar erfüllten. Mit einem Glas Trollinger trank er in Gedanken Max und Herrn Müller zu. „Auf euer Wohl“, flüsterte er, „und auf das der Verlobten, ob sie Betty, Fräulein Martina oder Cecilia die Schöne heißen.“

19. Kapitel | CECILIA

Karl Krüger war noch keine vierzig Jahre alt, als er sein Leben in das Zeichen einer Banane stellte, die an einer Plane prangte. Er war fortan dem Obst und Gemüse verfallen. Die Firma hieß Kleinmann, ihr Eigentümer aber war eigentlich ein gewisser Großenkötter, der den Lebenswandel in der Blüte seines Lebens nun mit einer Diabetes büßte und im Betrieb nur selten, doch dann in Begleitung einer Dogge erschien, die sich instinktiv für das Männliche der Angestellten interessierte. Nach Italien führten Karl die Fahrten, nach Meran und Ravenna um der Äpfel und Pfirsiche willen, nach Pompeji oder Bari, damit er Kartoffeln und Trauben dort lud, um sie eilig nach Norden zu bringen. Damit es sich lohnte, damit es, wie Wellensiek, der Disponent, es mathematisch fasste, sich überhaupt erst zu rechnen begann, nahm er allerlei Fracht mit nach Süden hinab, Maschinen in Holzverschlägen, Kartons und Säcke auf Paletten, gefüllt mit Dingen, die miteinander in keinem Zusammenhang standen, außer einem logistischen.

In einem Mietshaus am nördlichen Stadtrand bewohnte Karl ein Zimmer mit Balkon, von dem aus er die rote Lichtreklame des Ladens gegenüber sah – Sponagels Lebensmittel – und, wenn es dunkel wurde, über die Tragik und Komik des Daseins nachdenken durfte. Denn hinter Sponagel, von oben aus in seiner ganzen Breite sichtbar, lag der Friedhof mit seinen ruhenden Toten, die das Essen und Trinken hatten vergessen müssen. Dass er sich in Ludwigshafen bald heimisch fühlte, verdankte Karl vor allem dem Rhein. Es war ihm, als habe er ihn aus Bonn mitgebracht und sei verantwortlich dafür, ihn an das Neue zu gewöhnen, an all die Schornsteine und Spannungsmasten, die sich in ihm spiegelten, die Schatten der Fabrik- und Lagerhallen, die Wände der Kais und Hafenbecken. So war es kein Zufall, dass die erste Kneipe, die er in der Stadt betrat, so nah am Fluss lag, dass er ihn vom Tresen aus sehen konnte. Sie wurde sogleich die seine. An den Wochenenden, die er zu Hause verbrachte, ankerte er im „Chicago", und ließ sich dort bei Schnitzel und Bier behäbig zusammensacken, an schönen Tagen mit der Ruhe des Anglers, an schlechteren zagend wie einer, der nie etwas fängt. Verfolgte er nicht die Schiffe, die langsam vorüberzogen, so lauschte er in die Musikbox hinein und verlor sich in den bräunlichen Fotografien, die zwischen den Flaschen hingen, Bildern aus der rauhen Zeit der Stadt, als man sie mit Capone in Verbindung brachte. Zum „Chicago" ging er zu Fuß bei Wind und Wetter den Fluss entlang, zurück nahm er ein Taxi, wenn möglich, das von Hans Albers, einem Fahrer, den im Alter das Fernweh seiner Mutter zu plagen begonnen hatte. Hans, der ihn sonntags auch zur Firma brachte, nahm an den Fahrten nach Bella Italia, wie er es nannte, einen melancholischen Anteil, da er glaubte, auf den Straßen seiner Stadt etwas verpasst zu haben. Die Touren, die sich wiederholten, kannte er bald. Ging es nach Modena, fragte er „Zigaretten?", und assoziierte Turin mit Kabelrollen oder Bozen mit Sammelgut. Holte er Karl von der Firma am Freitag ab, stellte ihm dieser von dem Obst eine Stiege in den Kofferraum. „Aus Gries?"– „Nein, Schlanders."

Karls Welt war klein in Ludwigshafen. Die Wege waren wenige, die Personen, die ihn mit Namen kannten, an den Händen abzuzählen. Neben Hans Albers fielen ihm unterwegs vielleicht der Wirt des „Chicago" noch ein, Gilbert, ein ehemaliger Gauner aus Mannheim, der durch die Zähne pfiff, und Sponagels dünne Verkäuferin, die Elisabeth hieß und ihre Finger rot lackierte. „Guten Morgen, Fräulein Elisabeth", sagte Karl altmodisch, wenn er samstags sein Frühstück bei ihr kaufte. „Guten Morgen, Herr Krüger", sagte sie, „zwei Brötchen mit Lyoner?" „Ja, dick belegt, bitte. Es ist schließlich Samstag." Sie lächelte dann und sagte „Danke", und Karl nahm hin, dass er nicht wusste, wofür sie sich bedankte. „Bitte“, sagte er entsprechend.

Wie das Führerhaus, das er allein bewohnte, war auch das Leben überschaubar geworden, entfernt vom Fischigen des Herings und des Aals, entschlackt vom Akademischen. Er genoss das in den ersten Monaten, ergab sich zufrieden der Klarheit der Wochenordnung, der Wiederkehr von Aufbruch und Ankunft, der Regelmäßigkeit der Kneipengänge, die im Wesentlichen dem Spielplan der Fußballbundesliga entsprach. Mit der Gewohnheit aber und ihrer Anspruchslosigkeit stellten sich bald die dunklen Gedanken ein. Sinnierte er gegenüber den Toten, sank er in verschwommene Schemen hinab, in das Zwielicht in sich verronnener Zeiten, das der Erinnerung keine Konturen lässt. Auf solche Weise, ohne sich hinter dem Steuer an Europa zu entsinnen, es als Bild wahrzunehmen, das er schon lange kannte, erlebte er auch Italien. Die Fahrten dorthin blieben Teile seiner Wirklichkeit, die von Tag zu Tag nur der Zufall bedingte.

Karl ertappte sich dabei, dass er älter wurde. Er spürte in seiner Bequemlichkeit dem Zufall gegenüber eine Müdigkeit, die nicht durch Schlaf zu überwinden war. Der Verdacht beschlich ihn, dass auch ihm, dem Sohn des Bisammanns, die Zukunft abhanden gekommen war. Er begann zu ergrauen, und als er in der Frühe eines Wintermorgens in Österreich dem Schnitter Tod begegnete, erschrak er, ohne überrascht zu sein.

Mit einer Ladung gepressten Papiers, wie es im Frachtbrief hieß, hatte Krüger Karl an einem Wintermorgen bei Kiefersfelden die Grenze überquert und war auf dem Weg nach Turin. Die Nacht war ruhig, die Autobahn war frei von Eis und Schnee gewesen, die Nebel in den Bergen hatten sich flüchtig in Schwaden aufgelöst, die dann als Dunst verschwanden. Im zarten Blau, das die Gipfel umgab, begann die Sonne aufzugehen, das luftige Weiß der Wolken errötete leicht, als sie es berührte.

Des Schnitters Augen drangen dunkel durch das Zwielicht, als er in einem weiten Mantel die zu den Seiten ausgestreckten Arme auf und ab bewegte. Er hatte eine Panne. Schwarz und mit hochgestellter Motorhaube stand sein Mercedes auf dem Seitenstreifen.

Karl wusste selbst nicht, warum er hielt. Vielleicht zog ihn das Bild der Schaufel in den Bann, von der man dem Tod nicht mehr hüpfen kann, vielleicht das zauberhafte Lied, das man lautlos davon hinter Sponagel sang. Er lächelte ergeben, als er ihn im Rückspiegel kommen sah, in Eile, mit wehendem Mantel, und wunderte sich sprachlos, als hinter der dunklen Gestalt das Trugbild einer jungen Frau erschien, die er sich bereits geholt haben musste. Ein kurzes Kleid war ihr verblieben, das ihre Beine schmückte.

„Marsullo", stellte der Geselle sich am Fenster vor und fragte Karl, ob er nach seinem Wagen schauen könne. Er hielt Fahrer für Schlosser. Irren ist menschlich, dachte Karl, das kann der Tod nicht sein, und stieg aus.

Vorsichtig dampfend führte der Inn sein flaches Wasser um die Steine im Flussbett herum, deren geschliffene Köpfe der Rauhreif überzogen hatte, an Rehen vorüber, die reglos am Ufer verharrten.

„Etwas", schwante es Marsullo, „ist defekt", und munkelte dunkel, als sie zum Wagen gingen, „vielleicht sogar kaputt."

An der geöffneten Motorhaube entdeckte Karl die Sommersprossen im Gesicht der jungen Frau und forderte Marsullo, der mit den Schultern zuckte, auf, den Motor anzulassen. „Gut" rief er in den strahlenden Himmel hinein, als er das nutzlose Schleifen hörte, wandte sich sorglos den Kabeln und Schläuchen zu, rümpfte über dem Einfüllloch des Öls die Nase, und zog schließlich den Messstab heraus, um diesen zwischen Daumen und Zeigefinger abzustreifen. „Die Viskosität", sagte er flötend, „ist noch gut", fragte, ob das ein Diesel sei, und meinte, als Marsullo das bejahte, dass es nicht an den Zündkerzen liege. „Denn daran", meinte er getragen, dem

Mädchen zugewandt und ihren Sommersprossen, „gibt es nicht den geringsten Zweifel."

Zaghaft und hinter den Gipfeln schob sich der rote Rand der Sonne in die Höhe.

Nein, Marsullo war nicht der Schnitter Tod, er war nur, wie Karl erfuhr, ein Professor. Ihn aber, den Fahrer begann leichthin der Teufel zu reiten. Sein Werkzeug hätte er holen und wahllos mit dem Abbau des Motors beginnen können, und wusste selbst nicht, warum. Als er es aussprach, er gehe jetzt den Kasten holen, ahnte auch Marsullo etwas, das besser zu vermeiden war, und fragte, ob sie nicht zur Raststätte mitfahren könnten.

„Selbstverständlich", sagte Karl, schob elegant die Stange an die Seite, welche die geöffnete Haube stützte, ließ diese ein Lächeln lang auf seinen Fingern ruhen und dann, indem er sie schwungvoll zurückzog, in das Schloss hinunterfallen.

Oh, da traf ihn kalt der Schlag. Hinter der Windschutzscheibe saß auf dem Beifahrersitz eine Tote.

„Dottoressa Pupi", sagte Marsullo hastig, als er den Schreck bemerkte, wankte selbst in seinem Zweifel, winkte ihr zaghaft zu und lächelte erleichtert, als sie den Kopf leicht hob.

Die Dottoressa war nicht tot, und doch konnte Krüger Karl sie durchaus dafür halten. In ihren Augen lag eine jenseitige Langeweile und Erhabenheit dem Leben gegenüber, in welcher der Tod als Erlösung vom Ekel daran erscheint.

„Die Damen", sagte Professor Marsullo mit übertriebener Heiterkeit, „können, so sieht es aus, einen Kaffee vertragen", öffnete, ohne sich weiter aufzuhalten, die Wagentür und führte die Dottoressa zum LKW voran. Sie schwankte schwer wie eine Wiedergängerin. Karl aber, von neuem von Vorsicht erfüllt, begleitete das Mädchen, das er in der Gesellschaft der beiden für eine Studentin hielt, wie ein Oberschüler zum Tanz.

Der Dottoressa herausragender Körperteil war ein großer Hintern, den sie hoch zum Führerhaus hievte und dessen

Bann auch Karl sich nicht entziehen konnte. Mit diesem besetzte sie den Sitz des Beifahrers und zwang den Professor, der ihr folgte, zu einer ungeschickten Akrobatik. Denn während er über sie hinwegzusteigen und auf den Motorkasten zu gelangen suchte, verfing sich der Knüppel der Schaltung in seinem Hosenbein. Die Dottoressa lachte, ohne dass ihre Augen Vergnügen zeigten.

„Professore“, rief sie, „was haben Sie denn da in Ihrer Hose?“

„Einen Schaltknüppel“, sagte er kurz.

„Einen Knüppel?“ fragte sie, „na so was aber auch, tsi, tsi, tsi“, schnipste den Klemmverschluss ihrer Handtasche auf, zog daraus ein silbernes Döschen hervor und entnahm ihm eine weiße Pille, die sie seufzend im Mund verschwinden ließ. Dann fiel sie in Starre zurück.

Die Studentin aber stieg leicht und natürlich an der Fahrerseite ein und kroch, da kein Platz mehr blieb, in die obere Koje hinein. Schüchtern wie ein Tanzschüler hatte Karl sie dazu eingeladen.

Zu viert im Führerhaus zogen sie zum Brenner hinauf. Professor Marsullo, der sich verantwortlich fühlte, erklärte, dass er und die Damen von einem Kongress in München kämen und auf dem Weg nach Mailand seien.

„Wir sind“, sagte er bedeutungsvoll, „Komparatisten.“

„Aha“, sagte Karl, ohne über das Wort weiter nachzudenken. „Und? Wie laufen die Geschäfte?“

„Tsi, tsi, tsi“, zischelte die Dottoressa spitz. „Wir führen keine Geschäfte, wir treiben Wissenschaft“, und während sie sich knöchern räusperte, erklärte sie: „Wir vergleichen.“

Professor Marsullo setzte sich eine Brille auf. „Das Vergleichen“, sagte er glättend, „ist die Mutter unserer Wissenschaft.“

„Was vergleichen Sie denn?“ fragte Karl.

Die Dottoressa hatte sich gefangen und blickte, soweit ihre leblosen Augen es erlaubten, fragend den Professor an, der daraufhin die Brille von der Nase zog, ihre Gläser behauchte und mit einem Taschentuch zu säubern begann. „Bitte, Dottoressa“, sagte er, „sagen Sie es ruhig.“

Sie aber hatte erneut den Verschluss ihrer Tasche aufgeschnipst, das Döschen hervorgezogen und ihm eine Pille entnommen, die sie nun in den Mund schob.

„Wir vergleichen“, lutschte sie, als sei sie die Froschkönigin, „die großen Dichter.“

„Dichter?“

„Ja.“ Der Professor nickte.

„Sie meinen“, fragte Karl, „Sie vergleichen Goethe und Schiller?“

„Tsi, tsi, tsi. Das geht nicht“, sagte sie seifig, „ich bitte Sie. Die sind doch beide deutsch.“

„Das Wesen des Komparatisten“, griff der Professor mit einer Entschuldigung ein, die Handbremse unterdessen im Hosenbein, „ist leider, das lässt sich nicht ändern, seine Internationalität.“

Während es steiler wurde und Karl Gang um Gang herunterschaltete, begann Marsullo von Goethe und Tolstoi zu berichten, von Dichtung und Wahrheit, Krieg und Frieden und anderen Paaren dieser Art, und kam über die Wege und Grenzen des Vergleichens auf die Jugend und Reife der beiden zu sprechen. Als er im Studium der Rechte steckte, für das sich Goethe entschieden, und der Schuld und der Sühne des Knaben Tolstoi, der nicht nur die Eltern, sondern an Dostojewski auch den guten Buchtitel, Schuld und Sühne, verloren hatte, erschien am Straßenrand das Schild, das Rast versprach. „Na“, sagte er, „dann kann ich ja aufhören.“

Über die Dottoressa hinweg, die sich noch nicht rühren wollte, stieg Marsullo als erster aus und reichte ihr die Hand, auf die sie sich mit solcher Gleichmut stützte, dass er zu straucheln drohte.

Was dann geschah, spielte Karl an den Tagen, die folgten, sich in Gedanken immer wieder vor und sollte es so wenig vergessen wie das Staunen selbst, das ihn dabei erfasste. Er sah den Professor an der geöffneten Beifahrertür seinen Arm in die Höhe strecken und hörte ihn „Dottoressa Meucci" rufen. „Kommen Sie, Dottoressa." Er verfolgte, wie die Doktorin, die keine Studentin war, hinunterstieg und dabei die Hand des Professors verschmähte, sich zum Führerhaus umwandte, als sie stand, und klar und deutlich fragte: „Wohin fahren Sie, mein Herr?"

„Nach Turin", sagte er, „gepresstes Papier."

„Wenn Sie erlauben", sagte sie, „fahre ich bis nach Mailand mit."

„Dottoressa", sagte Professor Marsullo empört, als ob er ihr Vater wäre.

„Ich muss nach Hause", erklärte sie, „wer weiß, was mit dem Wagen wird", und während sie noch mit den beiden die Frage ihres Gepäcks besprach, das unten im Kofferraum lag, war sie auch schon eingestiegen. Dottoressa Pupi neigte schräg wie ein Huhn ihren Kopf nach oben und zischelte „Tsi. Tsi. Tsi", als der LKW anfuhr.

Die junge Doktorin besaß eine gute Menschenkenntnis. Karl hätte sie auf Händen nach Mailand getragen. Dem italienischen Zöllner, der im Glashaus saß, reichte er die Papiere hinein, antwortete auf die Frage, was er geladen habe, „gepresstes Papier" und folgte der lässigen Handbewegung, die „weiter" besagte.

„Erstaunlich", sagte Cecilia Meucci.

„Das ist nur eine Zeremonie", sagte Karl, „die Zöllner fragen das immer auf Deutsch – was hast du geladen, Chef? – und verstehen dann die Antwort nicht. Wie sollten sie auch? Selbst ich weiß nicht, was gepresstes Papier bedeutet. Ich habe nur die Kartons gesehen, in denen es ist."

Im dritten Gang – sie sagte ganz richtig, wie in einer Zahnradbahn – krochen sie nach Sterzing hinunter. Sie fragte, wie viele Gänge der LKW habe – zwölf waren es –, und wie viel Diesel – sie sagte „Benzin" – in den Tank hineinpasste. „600

Liter“, sagte er und versprach, den zwölften Gang ihr in der Ebene zu zeigen, 95 Stundenkilometer laufe der LKW darin.

Karl war verzaubert von Cecilia Meucci, in der sich Neugier und Takt zu einer wunderbaren Natürlichkeit paarten. Eine Klarheit lag in ihrem von Sommersprossen übersäten Gesicht, in der er die Autobahn hätte vergessen können, um darin davonzuschweben. Während sie durch die schneebedeckten Berge nach Süden fuhren, an Bozen vorüber, die Brücke zum Zollhof zur Rechten, an Trient vorbei, wo er linkerhand lag, widmete Karl ihr seine ersten Geschichten vom Fahren, in die er übermütig wie ein Bub ihren akademischen Titel hineinwob. Ihre Anteilnahme spiegelte eine Würde seines Lebens wider, die ihm bis dahin unbekannt gewesen war.

„Auf dem Zollhof in Bozen, Dottoressa“, erzählte er, „ließ mich der Zöllner im letzten Monat die ganze Ladung auf die Rampe laden, aus reiner Schikane, nur weil es Sammelgut und ihm zu viel Arbeit war, die ganzen Begleitpapiere abzustempeln. Chef, sagte er, das kannst du dir merken, wenn du mit so einem Sammelgut hier aufkreuzt, dann kannst du das gleich schön sauber zur Visite auf die Rampe packen, weil ich dann alles, aber auch alles sehen will. Ich habe besseres zu tun, als nur auf deinem Haufen Papier herumzustempeln. Und dann, Dottoressa, können Sie sich sicher schon denken, was dann geschah. Na Chef, sagte er, als ich vor seinem Büro auf ihn wartete, hast du auch alles schön ausgepackt? Ja, Dottore, sagte ich. Na wunderbar, sagte er, dann pack es nur schön wieder ein, es sind ja nur 15 Tonnen. Ich mache heute keine Visite. Ich fange solange schon mit dem Stempeln an. Nicht einen Blick, Dottoressa, wollte er auf die Ladung werfen, nicht einen.“ Er nannte das Verzollen ein Mysterium, von dem er nicht wisse, wie und wo es passiert.

Hinter Trient begannen sie zu fliegen, der LKW im zwölften Gang. Karl sprach von Liebe. Er sagte: „Ich liebe das Flachland.“ Die sanften Windungen der Etsch hinab ging es rasch Rovereto entgegen. „Nach den Mühen, welche die

Berge bereiten“, sagte Karl, „mit all dem Herauf- und Hinunterschalten, bietet die Ebene Erholung und Erleichterung. Ein Name wie Mantua klingt mir lieblich, viel lieblicher als zum Beispiel Florenz im Ohr.“

„Aber Signor Krüger“, sagte sie zum ersten Mal seinen Namen, „was kann lieblicher klingen als Florenz?“

„Auf dem Weg nach Florenz, Dottoressa“, antwortete er, „fahre ich immer die Raststätte von Bologna an. Wissen Sie, warum? Um mich noch einmal zu sammeln, zu konzentrieren auf die letzten hundert Kilometer durch die Berge, die nun folgen. Denn ich habe noch immer den Geruch in der Nase und den Rauch im Rückspiegel vor Augen, den ich auf meiner ersten Fahrt nach Florenz roch und sah, als auf einem langen Gefälle die Bremsen des Hängers zu glühen begannen und der Drehzahlmesser in den roten Bereich hineinzeigte. Da überkam mich eine große Angst, dass ich mit 25 Tonnen Furnier, mit den ganzen 38 Tonnen, nun den Berg abgehen und alles in einem großen Kleinholz enden würde. Erst als ich mich auf die Bremse stellte, kam ich allmählich zum Halt und verräucherte danach noch sehr lange die Bahn. Es war, um Ihnen auch das Ende nicht zu ersparen, im Ganzen eine Unglücksfahrt. Als ich in Florenz ankam, waren die Furnierpaletten verrutscht und zum Teil umgekippt, und ganz abgesehen von dem Empfänger, der auf der Ladefläche mit dem Photoapparat zwischen den Haufen turnte und mich beschimpfte, dauerte das Entladen eine Ewigkeit, da auf dem Gabelstapler alles nur noch mehr zerrutschte und schließlich mit der Hand heruntergereicht werden musste. Nein, Dottoressa Meucci, dem unzugänglichen Florenz ziehe ich das flache Mantua vor. Sehen Sie nur“, nahm er den Gang heraus, „im Flachen fährt er ganz allein, so leicht fällt es ihm.“

Karl erklärte ihr die Rolle der Berge und ihrer Gefälle beim Fahren: „Treffen ein Berggefälle, Dottoressa, und ein beladener LKW aufeinander, stellt sich dem Fahrer ein Problem in den Weg. Und wissen Sie, welches?“

Nein, das wusste sie nicht.

„Es ist das Unvorhersehbare", sagte er.

„Aha", lächelte sie.

„Ich meine", sagte er, „dass man oben nie mit Gewissheit weiß, wie steil und wie weit es hinuntergeht, und die Gänge darum dem Gefühl nach wählt."

„Ach so."

„Das Gefühl aber kann auch trügen, oder?"

„Sie meinen", fragte sie, und Karl hätte sie dafür in den Arm schließen wollen, „das Mysterium des Auf und Ab?"

Ja, genau das meinte er und nahm die Zypressen auf den Hügeln wahr, die klare Schönheit, mit der sie im Blau des Himmels standen und vor welcher der Winter aus Ehrfurcht verging. Er sprach von Bekanntschaft und Freundschaft.

„Menschen und Berge sind darin ganz gleich", sagte er, „um gut mit ihnen klar zu kommen, muss man sie kennen. Die Kasseler Berge, zum Beispiel, in deren Auf und Ab ich mich früher verlor, sind heute meine Freunde. Bei ihnen bin ich gut aufgehoben und schalte wie im Schlaf." Kassel kannte sie nicht.

Die Mittagssonne hatte, während sie fuhren und über das Leben sprachen, das Land mit einem warmen Glanz überzogen. Die Weinstöcke wanden sich kunstvoll darin wie japanische Gartengeschöpfe. Die Kakis strahlten an den nackten Ästen prall wie Papierlaternen. Er wies auf die Kinder hin, die vor einer Kirche in kurzen Hosen Fußball spielten. Sie entdeckte einen Fuchs, der sich ungestört sonnte. Wie ein Krokodil, sagte er. Hinter den Hügeln versteckt schlief rechts der Gardasee.

Cecilia Meucci begann von Catull zu erzählen, dessen Grotten dort am Ufer lagen. Ein Eremit? Nein, ein Dichter mit einem Landsitz, der längst verfallen war. Sie sprach von Liebe, von der Sehnsucht Catulls nach Lesbia, die letztlich unerfüllt blieb. Kein Wunder? Keineswegs. Nein, die Frau war nicht lesbisch gewesen und hatte eigentlich Clodia geheißen. Ach so.

Liebevoll nannte sie Namen, die so alt und so fern wie die Steinhaufen schienen, die jenseits des Hügels am Ufer lagen, Caesar und Cicero, Mamurra und Mentula, was wörtlich Schwanz bedeute. Nein, Kuh- oder Pferdeschwanz. Für Karl waren die Namen Kostbarkeiten, die er in seinem Herzen sammelte. Als sie von der Dichterin Sappho berichtete, die ihre Mädels auf Lesbos geschult und dann Catull in ihren Bann gezogen hatte, nahm er deren Schicksal aus ihrer Hand zunächst als Versteinerung entgegen. Dann aber erzählte sie eine Geschichte, die ihn rührte.

„Lange bevor sich Catull in Clodia verliebte", erzählte sie, „und ihr wegen Sappho den Namen Lesbia gab, liebte die Dichterin einen Mann."

„Ah ja?"

„Namens Phaon."

„Ach so."

„Und wissen Sie, was er von Beruf war?" Nein, das wusste er nicht.

Während die Sonne die Nachmittagsschatten auf das Land zu werfen begann und sie im LKW dem päpstlichen Brescia entgegenzogen, sagte sie:

„Er war Fährmann."

Karl verwirrte das Wort in ihrer Gegenwart, so dass sie darauf bestehen musste.

„Kein Fuhrmann", sagte sie, „Phaon fuhr eine Fähre."

Als sie den edlen Alkaios dann nannte, der als Ritter Reiche, aber nicht Sapphos Herz erobern konnte, da dieses doch nur für den Fährmann schlug, war ihm klar, dass er sie nicht verlieren durfte.

Sie näherten sich dem wehrhaften Bergamo, das mit dem Löwen protzte, als er von den Tatzen der Katzen zu sprechen begann, von den Krallen und Ballen, die sich als Spuren so zart in die Erde prägten, von der Empfindsamkeit der Schweine, mit der sie dem Boden ihre Wildheit anvertrauten. Behutsam schwankend schickte er ihr eine schwangere Kuh durch den Wald, eine Hirschkuh, ja, natürlich, und legte geduldig den Fuchs, nein, den Luchs auf die Lauer, um sich lautlos das Kitz zu schnappen. Wie ein Krokodil, sagte sie. Ja, genau. Sein Glück hätte dort zwischen Adda und Nil kaum noch zunehmen können.

Als sie Sesto im Norden Mailands erreichten, erkannte er die Gewissheit an, dass sie aussteigen würde, und wusste um die Gefahr, dass er sie nicht mehr wiedersah. Aber es lähmte ihn, anstatt ihn anzutreiben. Im Verkehr, der stadteinwärts drängte, steckte er ungeduldig hadernd in seiner eigenen Sprachlosigkeit, bis die Zeit, sich ein Herz zu nehmen und einen Zipfel der Zukunft zu fassen, auf einmal abgelaufen war. Ohne es anzukündigen, öffnete Cecilia Meucci an einer Kreuzung die Beifahrertür und stieg aus. „Danke", sagte sie und winkte, bevor sie die Tür wieder schloss, was Abschied bedeuten sollte. In eine Seitenstraße lief sie hinein und war darin verschwunden.

Karl hörte, dass man hupte, aber er nahm es nicht wahr. Aus Gewohnheit fuhr er letztlich an, bog ab und zog suchend um den Häuserblock herum. Er fand einen großen Hauseingang, auf dessen Bogen zu beiden Seiten hin je eine Steinfigur lag, links eine Frau mit großen Brüsten, rechts ein unzufriedener Mann. Er fuhr ein zweites Mal herum, an den beiden vorbei, die in ihrer Nacktheit zu einander nicht sprechen konnten, sah keine Möglichkeit, den LKW zu parken, und ließ sich darum wieder zurück zum Stadtring tragen.

Mitternacht war es, als er vor einer Bonbonfabrik in Turin den Motor abstellte, eine Flasche Stroh-Rum hervorholte und in der Koje sich schläfrig zu trinken versuchte. Erst nach Stunden, der Hahn hätte längst gekräht, gelang ihm das. Unverhofft war das Leben wieder erblüht und hatte seine Schönheit neu entfaltet. Wie eine Bombe, lächelte Karl, als er die Augen schloss und ihre Sommersprossen zu zählen begann, war plötzlich das Glück herangebrettert Am folgenden Morgen entdeckte er die Bedeutung gepressten Papiers und verstand sie sogleich als Sinnbild: es waren Lutscherstäbchen.

Zwei Wochen und drei Tage später kam sie die Treppe heruntergelaufen, öffnete die Haustür und sagte: „Guten Tag, Signor Krüger, wie geht es Ihnen?“ Sie sagte es so selbstverständlich, ohne Mensch und Meier, dass er nur „gut“ zur Antwort gab. Hätte sie nicht auch gefragt, ob er einen Kaffee wolle, er sei frisch aufgebrüht, wäre er aufrecht stehend in seinem Schweigen versunken. „O danke, Dottoressa“, fing er sich und log, „das kann ich gebrauchen.“

Zwei Wochen und drei Tage zuvor hatte Karl noch in der Fabrik, während entladen wurde, ein Mailänder Telefonbuch gesucht. Drei Dutzend Meuccis hatten darin gestanden, von denen keine Cecilia hieß. Er hatte die Seite herausgerissen und sie alle angerufen: „Buon giorno. Cecilia Meucci?“ Doch sie zu erreichen war nicht möglich gewesen, da sie kein Telefon besaß.

Am siebzehnten Tag, einem Freitag, hatte Karl in Neapel Tomatenkonserven für eine Supermarktkette in Mühlheim geladen, am Abend des achtzehnten Tages war er in Mailand. Den LKW ließ er in Sesto bei Enzo stehen und fuhr mit der U-Bahn hinein.

Ihm half das Glück auf seiner Suche. Um Ecken und doch geradewegs führte es ihn zu jenem Eingang zurück, auf dem die Steinfiguren lagen, die träumende Frau, deren sinnliche Brüste ein Uhu bewachte, und der störrische Griesgram, der seitwärts abgewandt etwas im Schilde führte. Als er auf einem der Klingelschilder C. Meucci las, erschrak er mehr, als dass er jubilierte, fürchtete über die Claudias und Claudios hinaus, die dort heimlich im Hinterhalt lagen, die Unwägbarkeiten des Wiedersehens selbst, ihren Unmut, gar Belustigung.

Cecilia Meuccis Begrüßung war kühl und ungetrübt wie frisches Wasser. Sie ging voraus, überquerte den Innenhof und stieg über Stufen, deren ausgetretene Kuhlen aufwärts zu Dellen verflachten, zu ihrer Mansardenwohnung hinauf. Karl, der seit seiner Ankunft in der Stadt mit einer unruhig zerlöcherten Müdigkeit kämpfte, schnaufte wie ein Klosterkoch.

Sie wandte sich lächelnd um. Als sie die Tür öffnete und „kommen Sie“ sagte, erfasste ihn der Schwindel und trieb ihm den Schweiß auf die Stirn. Er war froh, als er in einem Korbsessel saß, und ehrlich genug, an Stelle des Kaffees um einen Schnaps zu bitten, den sie nicht hatte. Während sie verschwunden war, um eine Flasche Wein zu holen, betrachtete er eine Photographie, die wie ein Gemälde über ihrem geordneten Schreibtisch hing. Es war ein Bild aus vergangenen Zeiten, das Porträt eines bärtigen Mannes, der Zwicker und Gamaschen trug, Hut und Mantel, die deren Mode entsprachen, und nachdenklich in die Ferne sah.

„Hermann Schlotter“, sagte sie, als sie seinen Blick bemerkte, und reichte ihm ein Glas, „1908 in Meran.“

„Aha“, sagte er, „ein Tiroler.“

„Nein, ein Dichter aus Deutschland.“

„Ach so.“

Dottoressa Meucci war Schlotter-Forscherin, aber sie lenkte ab davon und fragte Karl, was er getrieben habe, seit sie sich getroffen hatten.

„Nichts“, sagte er.

Das stimmte insofern, als alles Alltag gewesen war. Von Turin aus hatte es ihn nach Schlanders geführt, wo er Äpfel für Gelsenkirchen lud. Zwischen Erfurt und Bari war er unterwegs gewesen, zwischen Frankfurt und Pesaro, Köln und Cosenza, hatte Maschinen und Schrauben gefahren, Tomaten und Trauben, deren Ladungen in seinem Kopf mit dem übrigen Obst und Gemüse, den üblichen Collis und Kisten verrutschten und sich ineinanderschoben. Karl hatte die Tage im Tran erlebt, gelenkt wie im Traum und an den Wochenenden im Chicago so lange den Schiffen nachgesonnen, bis er selbst auf Grund gelaufen war.

„Nichts eigentlich“, ergänzte er und leerte das Glas, als sie schwieg, „nichts Besonderes jedenfalls. Und Sie?“

Wortkarg wie er wies sie auf ihren Schreibtisch, der eine Reihe kerzengerader Ordner trug.

„Schlotter", sagte sie und gab ihm in groben Zügen zu verstehen, dass sie des Dichters Handschrift zu entschlüsseln hatte, die ziemlich kritzelig sei.

Ohne näheres darüber abzuwarten, bat Karl um mehr Wein und begann, von der Bewunderung zu sprechen.

„Wissen Sie", sagte er, „was ich bewundere?"

„Nein, was denn?"

„Ich bewundere die Menschen, die Ordnung im Leben halten. Ich kann das nicht. Anstatt sie zu halten, kämpfe ich immer nur gegen ihr Gegenteil an."

„Ach", sagte sie.

„Wenn ich aufbreche, wissen Sie, frisch rasiert und die Haare noch feucht, ist mein Führerhaus aufgeräumt, als wenn es ein Schreibtisch wäre. Alles liegt an seinem Platz, von dem ich es nehmen und an den ich es wieder zurücklegen kann."

„Aha" sagte sie, als er trank.

„Dann aber, während die Zeit auf der Straße vergeht, tritt die Verschwörung der Dinge ein, die nicht mehr zurückkehren wollen. Tachoscheiben und Kugelschreiber verschwinden und tauchen erst später an Plätzen auf, wo sie nicht hingehören. Sogar mein Portemonnaie verschont mich nicht dabei."

Cecilia Meucci nannte das unangenehm, ein Gefühl, das er teilte. Er bat um mehr Wein und kam auf den Druck zu sprechen: „Auf der Fahrt nach Erfurt", sagte er, „merkte ich, dass der LKW Luft verlor."

„Oh Gott, ein Platten?"

„Nein, Druckluft aus einer der Bremsleitungen."

„Oh Gott."

„Nein, wissen Sie, wenn der Motor läuft, merkt man so ein kleines Loch dort gar nicht, weil der Kompressor ausreichend nachpumpt. Aber steht man eine ganze Nacht, wie es vor Erfurt war, dann rührt sich der LKW am Morgen nicht mehr vom Fleck."

„Ach so", sagte sie und stand auf, um aus dem Nebenzimmer eine zweite Flasche zu holen.

„Dann muss man“, erhob er die Stimme, damit sie ihn hörte, und brach erschrocken ab, als er den Wein bemerkte, der seine Worte durchtränkte.

Sie hatte ihr Haar hochgesteckt, als sie zurückkam, und blickte, während sie eingoss, bedenklich.

„Dann gibt man“, sagte er gesetzt, im Sessel nach Haltung suchend, „dem Motor im Leerlauf so lange Gas, bis die Leitungen wieder gefüllt sind. Erst dann bewegt er sich wieder.“

Sie lächelte flüchtig und verschränkte die Arme unter den Brüsten, als er vom Pech zu berichten begann, das den Fahrer des Nachts im Schlaf beschleicht, um nicht nur die Luft aus den Bremsen, sondern auch noch den prickelnden Saft abzusaugen, der von der Batterie gehütet wird.

„Dann“, sagte er, „ist der Ofen aus am Morgen.“

„Natürlich“, sagte sie knapp.

„Dann kann man den Motor nicht starten und sich auch nicht anschleppen lassen.“

Trotz der Flüchtigkeit verführte Karl ihr Lächeln, schwächte ihn gegenüber den Geschichten, die rechts und links in seiner überspannten Müdigkeit erzählt zu werden drängten, die Kolonne der Bundeswehr, die ihm mit Kabeln aus der Klemme half, die Kehrmaschine, die ihn aus ähnlicher Not vor dem Großmarkt in Frankfurt erlöste.

„Wie aufgeräumt und blankgeputzt war doch das Führerhaus“, sagte er und leerte abermals sein Glas, „welch eine Qual bei einer Kehrmaschine.“

„Entschuldigung“, sagte Cecilia Meucci und entschränkte die Arme. „Ich habe kein Telefon, wie Sie wissen“, lächelte sie. Flüchtig verließ sie die Wohnung, um anzurufen, aus einer Bar, einen Mann in Meran.

Karl hatte sich verfahren, wusste nicht, wo er war. Er erinnerte sich nicht mehr an das, was er erwartet hatte, bevor er klingelte, schwankte erschöpft zwischen Enttäuschung und Zuversicht und glitt trotz des Weines, ohne Halt zu finden, in eine karge Nüchternheit hinein. Ihr Verhalten hatte ihm die Richtungen verstellt. Sie hatte ihm die Tür geöffnet und ihn hereingebeten, wunderbarerweise. Ihre Freundlichkeit aber und ihre Zuvorkommenheit steckten eingezwängt im Kleid der Höflichkeit. Hermann Schlotter vor Augen suchte er nach einem Platz zum Wenden und beschloss, wenn sie wiederkam, sich ganz seiner Neugier gegenüber dem Dichter hinzugeben. Cecilia Meucci aber telefonierte lange mit Meran. Als sie zurückgekehrt in der Tür ihrer Wohnung stand, lächelte sie und brauchte die gelöste Heiterkeit, die darin lag, vor Karl nicht zu verbergen: Er schnarchte wie ein Holzfäller. In ihren Sessel gesunken träumte er von der Sahara, wo er am Steuer einer Kehrmaschine saß, und träumte im Traum davon, wie sauber sein Führerhaus war.

Es duftete nach Kaffee, als er erwachte. Sie fragte ihn, ob er duschen wolle, und reichte ihm ein Handtuch, ohne die Antwort abzuwarten. Seit Neapel war er nicht mehr aus Hemd und Hose gekommen.

Sonnenlicht fiel in ihr Bad und weißte den Wasserdampf zu Himmelswolken. In ihrer Küche, die sie Nische nannte, tranken sie Kaffee im Stehen. Krüger Karl legte sich in Gedanken die Frage zurecht, bevor er sie stellte, probte den Ton der Belanglosigkeit, der darin liegen sollte, und band sein ganzes Glück daran.

„Dottoressa“, sagte er, „was machen Sie denn heute?“

„Nichts“, gab sie beiläufig Antwort und fügte, auch als ihm die Wörter aus den Sätzen sprangen, nichts Weiteres hinzu.

„Sie meinen“, sagte er, „ich meine, wissen Sie“, und lud sie unbeholfen zum Abendessen ein. Sie lehnte ab.

„Zum Mittagessen?“

„Nein.“

„Schade.“

„Wollen wir“, sagte sie flüchtig, „nicht einen Ausflug machen?“

Er fragte nicht, wohin.

Sie schlug den Lago Maggiore vor. Den Winter über hatte es in Mailand nicht geschneit und nicht geregnet, so dass die Erde dörr geworden war und als Staub die Stadt durchwehte. Die Luft war zum Beißen trocken. Sie gingen zur Piazza Cadorna, wo der Nordbahnhof lag, und nahmen den Zug nach Laveno. Auf Bänken saßen sie sich gegenüber und sahen zum Fenster hinaus, das braun gesprenkelt war, so als hätte sich im Regen der Ruß dort abgesetzt. Sie durchfuhren die Vorstadt, an dampfenden Wohnblocks vorüber, an Fabriken, die zu hohlen Kästen verfallen waren und in den zerbrochenen Fenstern das Bild des Zugs brachen.

„Seltsam", sagte er.

„Vorbei", meinte sie.

Krüger Karl erzählte Cecilia Meucci, dass er als junger Mann an Wochenenden mit dem Zug gefahren sei, von Lewitte nach Holberg, hin und zurück, auf Holzbänken auch, und die Fenster seien durch wirklichen Ruß gesprenkelt gewesen, damals, als Dampfloks die Züge noch zogen. Er vertraute ihr an, dass er sich der Freude des Wiedersehens wegen die Loknummern zu merken versuchte, von denen eine jede einzig und manche selten war. Anders, erklärte er, sei das bei einem LKW, dessen Nummer den Typ nur nenne. 2232 stehe bei seinem für 22 Tonnen und 320 PS an der Tür.

„Aha", sagte sie und, „richtig".

Sie war abgelenkt. Karl fürchtete, er langweile sie, und kam auf Schlotter zu sprechen. Ob der Dichter verheiratet war, wollte er wissen. Glücklich? Sie vermutete es, bei der Reife, die beide hatten, als sie sich kennenlernten, und der kurzen Zeit, die ihnen zur Verfügung stand. Denn nach sieben Monaten nur war Frau Schlotter Witwe geworden.

„Oh", sagte Karl.

„Eine Krankheit", kam sie seiner Frage zuvor.

„Schade", sagte er und schloss sich aus Anstand ihrem Schweigen an.

„Innere Blutungen", fügte sie schließlich hinzu, „im Alter

von nur dreiundvierzig Jahren", und dann, nach einer weiteren Weile, die Arme vor der Brust verschränkend, „Suizid, könnte man es auch nennen."

„Selbstmord?"

Nein, das Wort fand sie unangemessen für Schlotter, so wie das Saufen selbst, dem er letztlich erlegen war und das sie zaghaft Zuspruch nannte. Er habe zu häufig dem Wein zugesprochen, sagte sie achselzuckend, so als wenn es ihr peinlich wäre.

Nein, Cecilia Meucci war nicht gelangweilt, sie war verunsichert. Sie schien es zu bereuen, dass sie gegenüber Karl Krüger auf einer Holzbank saß.

Schweigsam durchfuhren sie die Ebene, an Bahnhöfen vorüber, die bunt geschmückt wie Puppenhäuser waren, und erreichten schließlich Laveno. Am Ufer schwankten sanft die Fähren auf dem See und überließen dem Wind ihre Fahnen. Am Horizont leuchtete fern der Schnee des Monte Rosa.

Sie eilte zum Wasser, ihm einen Schritt voraus, und nahm auf der erstbesten Bank Platz. Er lud sie in eine Bar ein, wo sie Weißwein zu schwarzen Oliven tranken. Ihre Wangen röteten sich. Ob sie nicht, sagte sie fliehend, die Seilbahn zum Sasso del Ferro, dem Eisenberg, nehmen sollten. Natürlich, sagte er, befangen in ihrem Unbehagen.

Sie tauchten in die Stille des Gipfels ein, ließen den Lärm im Tal zurück wie feuchten Staub und nahmen auf Graspolstern Platz, den See zu Füßen, in den die Fähren Streifen zogen, die Alpen in traumhafte Ferne entrückt. Unter dem leichteren Druck der Höhe entspannte sie sich, begann ihre Unruhe zu verdampfen wie das rascher siedende Wasser. Von ihrer Mutter sprach sie unvermutet, die aus Modena kam, von Tortona und dem Schatten des Kirchturms, in dem sie, die Tochter, aufgewachsen war. Karl nannte das Wurzeln, aber ihr gefiel das Sinnbild nicht, das ihr hölzern und dunkel schien.

„Und Sie, Herr Krüger?"

„Ich bin in meinem LKW zu Hause."

„Eine Pflanze, die mit den Wurzeln im Topf durch das Leben fährt?"

„LKW fahren", sagte er, „ist ein gutes Sinnbild für das Leben. Man ist unterwegs und zugleich doch auch bei sich."

Sie nannte das schön gesagt, aber er hatte nichts Schönes sagen wollen.

„Ich meine", sagte er, „eigentlich nur mein Führerhaus, meinen Sitz und mein Bett, die Vorhänge, die ich zuziehe, wann immer ich will, das Geräusch des Motors, den Geruch des Kaffees in der Nacht. Da bin ich bei mir zu Hause, ob ich in Mailand oder in Modena bin."

„Ich verstehe", sagte sie und fragte nach Ludwigshafen.

„Eigentlich", sagte er, „ist es ein Ort der Durchreise wie jeder andere."

Gelöst erzählte sie von ihrem Vater, der in Turin geboren war, ein Despot, lachte sie, der Frau und Tochter das Glück der Berge aufgezwungen hatte, Wanderungen von biblischer Länge, mit schwerem Schuhzeug und Pfefferminztee. Sie genoss es, im Gras zu sitzen und in Ruhe die Welt zu betrachten.

„Und Ihr Vater, Herr Krüger?"

„Er hatte nur ein Bein", sagte Krüger Karl.

Unter Gesprächen solcher Art, die weiter und enger um sie als Personen kreisten, verging der Nachmittag. Sie war ernsthaft, er um Ehrlichkeit bemüht und beseelt von der sorgsamen Aufmerksamkeit, die sie ihm entgegenbrachte.

Als sie zurück zur Seilbahn gingen, war das Sonnenrot in den dämmernden Himmel eingesickert und füllte ihn mit dunklen Fliedertönen. Von den Bergen her zogen Wolken auf, deren Grau sich zunehmend schwärzte. „Es wird", sagte sie, „endlich regnen", schloss in der Gondel die Augen und legte den Kopf in den Nacken, so dass der erste Tropfen sie auf der Nase traf. Sie erschrak und lachte, als ob sie Zöpfe hätte. Er nannte es verzaubert ein großes Glück, das nicht ein jeder habe.

Im Tal auf dem Rückweg brachen die Wolken. Das Wasser drängte sie unter Arkaden, durch die nass der Wind wischte. Geduckt, die Köpfe eingezogen, liefen sie schließlich zum Bahnhof. Als sie vor einer Pfütze strauchelte, ergriff er ihre Hand und half ihr beim Sprung hinüber. Heimlich nannte er die Berührung ein großes Glück.

Unter den Bänken im Zug brachte die Heizung eine kannibalische Hitze hervor, während zugleich von den Wänden die Feuchtigkeit rann und über die Flecken der Fenster gerippte Kondensgardinen hängte. Als er sie zu überzeugen versuchte, mit ihm doch noch zu Abend zu essen, als Dank gewissermaßen für das Geschenk des Nachmittags, verstockte sie und blieb befangen.

„Das geht nicht", sagte sie.

„Warum nicht?"

„Ich bin verabredet."

„Mit wem?"

„Signor Krüger!" hob sie den Ton, da ihn das nicht kümmern dürfe. Er aber sah ihren Augen die Unsicherheit und keine Empörung an.

In der Halle des Mailänder Nordbahnhofs gab sie ihm kurz die Hand und sagte kühl „Auf Wiedersehen". Ohne sich umzuwenden, ging sie in den Abend hinaus, als ob es nicht regnete, und verschwand zwischen schillernden Lichtern.

Karl nahm die U-Bahn nach Sesto und trank bei Enzo ein Bier. Im Schein der milchigen Lampen und des Fernsehapparats spielten die Fahrer Billard und rauchten zufrieden. Nein, es gab keinen Grund zu schmollen. Dottoressa Meucci war verabredet, das war ihr gutes Recht. Was aber wäre gewesen, wenn sie Zeit gehabt hätte? Während draußen in der Dunkelheit das Land zu trocknen begann, träumte er Pfützen und Winde herbei, durch die er sie liebevoll trug, Meere und Stürme, um ihr näher zu sein. Erst als er in der Koje lag, traten nüchterne Zweifel in seine Beschwingtheit ein und räumten die Erkenntnis frei, dass über Wünsche und Hoffnungen hinaus nur eine vage Ahnung in ihm war, dass Cecilia seine Liebe erwidern könnte. Auf die Flüchtigkeit ihres Lächelns verließ er sich nur, auf die Wiederkehr der Bewegung, mit der sie schützend ihre Arme vor der Brust verschränkte, die feinen Risse und Brüche in ihrer Sicherheit, durch die hindurch Gefühle schienen, die er nicht benennen konnte und doch auf sich bezog. Dass sie aus Neugier nur den Tag mit ihm verbrachte, da in ihrer Welt niemand sonst einen LKW fuhr, hielt er allein aus Menschenkenntnis für vollkommen ausgeschlossen. Oder saß sie doch an einem weißen Tischtuch aus Damast und erzählte gepflegt davon?

Nur schwer fand Karl in den Schlaf und ließ sich bereitwillig treiben, als ihn der Traum zurück nach Leipzig führte, in die Zeit vor dem Mauerfall, zu den speckigen Volkspolizisten, die rauchend die Verladung zweier Kisten überwachten. Eine Hühnereiersortiermaschine war darin eingeschlagen, die er nach Bari bringen sollte. Er las das verrückte Wort auf dem Frachtbrief, Hühnereiersortiermaschine, und konnte die Silben nicht trennen. Die zwei Kisten waren so groß, dass er abplanen und den Kranführer einweisen musste. Mit Keilen ließ er sie vernageln, damit sie nicht verrutschten. Kaum hatte er Leipzig verlassen, erstickten die ersten Hühner und zerbrachen die letzten Eier. Aus den Spalten der Ladeklappen kroch eine klebrige Flüssigkeit heraus und zog im Fahrtwind Schlieren auf die Planen. Am Kontrollübergang vor Hof schickten ranzige Volkspolizisten einen Schäferhund darüber, der vor Eifer wahnsinnig wurde. Sie brachen die Kisten mit Stemmeisen auf. „Nichts", sagte einer von ihnen, „in den Kisten ist nichts." Sie begannen höhnisch zu lachen und trieben ihn durch die Sperren. „Nichts, nichts", sangen sie, „hat er. Nichts, nichts." Er verlor die Richtungen, taumelte mit dem LKW betäubt in die Dunkelheit und fand sich erst im Morgengrauen an der Grenze zu Österreich wieder, wo eine dicke Zöllnerin in grüner Uniform den Zoll für nichts verlangte. Er aber fand den Geldbeutel nicht und hatte nichts, womit er hätte zahlen können. Als sie geschminkt die Schergen rief, erkannte er sie als Dottoressa Pupi wieder und fragte, wo Cecilia war. „Dottoressa Meucci", sagte sie, „ist aus", und fügte verächtlich hinzu, „verschwinden Sie, auf Nimmerwiedersehen."

Krüger Karl sah Cecilia Meucci wieder, auf gut Glück, sich dem Schicksal anvertrauend. Er bat Wellensiek, die Fahrten so zu legen, dass sie ihn oft nach Mailand führten. War er freitags in Bozen, Verona oder Genua, ließ er den LKW dort stehen und nahm den Zug zu ihr, auch wenn er nicht wusste, ob sie zu Hause war. Klingelte er vergebens, ließ er sich rückwärts in das Wochenende fallen, durch die Straßen treiben, die auch die ihren waren, und strandete gewöhnlich in einer der Bars am Dom oder draußen an den Kanälen, in deren Nähe er auch eine Herberge fand, „Le barche" mit Namen. Es war Frühling. In kurzen Röcken flanierten die Mädchen die Schaufenster entlang und suchten heimlich ihr Bild in den Scheiben. In den Parks tobten die Hunde umeinander und fütterten Damen die Tauben. Karl kaufte sich eine Sonnenbrille.

Dreimal begrüßte sie ihn bei diesen Besuchen, fragte, ohne die Antwort abzuwarten, wie es ihm gehe, und erklärte sogleich, dass sich das günstig treffe. Sie wolle, sagte sie flüchtig, die Gelegenheit nutzen. Wozu? Zu einem Ausflug. Denn sie hatte die Seen in ihr Herz geschlossen, besonders den von Como, an dessen Ufern sie ihr Leben hätte verbringen können, auf einer Bank, lachte sie, die Berge vor Augen, die sie nicht zu durchwandern brauchte. Ihre Wohnung sah Karl nicht wieder. „Warten Sie, Signor Krüger", sagte sie an der Haustür unten, „ich bin sofort zurück", und dann, vor Eile außer Atem: „Gehen wir."

Dreimal ließ sich Cecilia Meucci auf seine Nähe ein und suchte zugleich Abstand. Wenn auf den schmalen Zugbänken sich im Geruckel und Geschüttel ihre Körper aneinanderschoben, spürte er ihre Spannung, so als ob sie der Berührung standhalten wollte, einen Augenblick lang, um sich dann entschlossen zu lösen. Streiften sich ihre Arme im Gehen oder gerieten ihre Hände gestikulierend ineinander, verwirrte sie das. Freimütig bot sie ihm an den Seen die Jahre ihrer Kindheit dar, Tortona und Turati, mit dem ihr Großvater befreundet gewesen war, vertraute sich ohne zu zögern den Fahrten an, von denen Karl erzählte, aber sie wagte es nicht, ihm das Du zu geben, um das er sie bat.

„Signor Krüger", sagte sie, „wir kennen uns kaum. Wollen wir Freunde werden, brauchen wir Zeit."

„Freunde?"

Ja, vor allem aber Zeit.

In der Dämmerung, auf dem Rückweg nach Mailand, schloss sie sich wie die Gottesfinger der Sonne gehorchen. Die Abende blieben Tabu. Als sie von ihrem dritten Ausflug zurück aus Lecco kamen und einander gegenüber saßen, wollte Karl es noch einmal wissen.

„Bitte, Dottoressa, mit wem sind Sie heute verabredet?"

Sie verschränkte die Arme vor der Brust und schwankte innerlich. „Mit niemandem eigentlich", sagte sie schließlich, „es ist nur ein Kreis."

„Ein Kreis?"

„Ja, ein Dichterkreis", meinte sie.

„Oh!" sagte er, „oje."

„Signor Krüger! Ich bitte Sie."

Ohne sich umzuwenden, verließ sie die Halle des Mailänder Nordbahnhofs, um im Nichts zu verschwinden.

Cecilia Meucci aber verschwand nicht im Nichts. Aus Notwendigkeit, wie er meinte, und keinesfalls aus Neugier, aber doch so, dass sie es nicht bemerkte, folgte ihr Karl und erreichte auf diese Weise das „Shanghai", ein Chinarestaurant in der Nähe des Schlosses. Er ging auf und ab davor, nachdem sie eingetreten war, und versuchte sich zu entscheiden, zog schließlich die Sonnenbrille heraus, setzte sie auf und öffnete die Tür des Restaurants.

Durch den Spalt schon sah er sie. Sie saßen in einem hinteren, höher gelegenen Raum des Shanghai, zu dem eine Treppe führte, versammelt unter dem bunten Glasbild eines Wasserfalls, den ein Lichtspiel bewegte. Sie aßen Reis mit Stäbchen, Cecilia Meucci, Marsullo, Pupi und ein Mann, den er nicht kannte. Geduckt eilte er zu einem Tisch in der Nähe der Treppe, von dem aus er heimlich lauschen zu können hoffte. Die Runde im Rücken bestellte er Reisschnaps, der ihm denken helfen sollte. Der Kellner aus China winkelte geschult den linken Unterarm an, so dass das weiße Tuch darüber wie an der Leine hing.

Ihm war klar, dass sie das falsche Wort benutzt hatte. Es konnte kein Kreis von Dichtern sein, der dort zusammensaß, da sie, Marsullo und Pupi nur Wissenschaftler waren. Meinte sie aber in ihrem Missverständnis einen Kreis um einen Dichter herum, dann kam nur der eine als solcher in Frage. Karl brauchte ihn nicht zu sehen, er hatte sein Bild mit dem ersten Blick durch die Sonnenbrille aufgenommen und auf Anhieb einen Mann darin erkannt, den er nicht leiden mochte, den Grund für Cecelia Meuccis Heimlichkeit.

Während sie schweigend aßen, bestellte er sich Huhn und den Wein des Hauses, der aus dem Veneto kam, und lud sich Glas um Glas mit dienlichen Wörtern auf. Einen Poussierer nannte er den Mann, der in der Brusttasche seines Blazers auch noch ein purpurnes Seidentuch trug, einen Aal in Aspik, eine Morchel in Öl, und war dabei, das Arsenal der Schwammerln insgesamt zu nutzen, als er Marsullo „bitte" sagen hörte: „Bitte, fangen wir an, Dottore." Es war das Signal, die Ohren zu spitzen.

„Ist es", sagte der Dichter devot, „auch allen recht?"

„Ich bitte Sie, Meister." Es war Dottoressa Pupis käsige Stimme.

„Nun denn", sagte er, „heute spreche ich über die Jahre der Kindheit in meinem Elternhaus."

„Sehr gut", sagte Marsullo, „das ist elementar."

„Mein Vater", begann er sich räuspernd, „besaß Felder und

Wälder, die er bewirtschaften ließ, und wünschte, dass auch ich ein Landwirt würde."

Allein aus Abneigung war Karl nicht bereit, sich auf die ländliche Rede im Einzelnen einzulassen, auch wenn ihm die Aufmerksamkeit letztlich der Kellner raubte. Den Unterarm in waagerechter Haltung wich ihm dieser nicht von der Seite, und nickte lächelnd, wenn sich ihre Blicke trafen, so als lauschten sie beide der Weisheit des Ostens.

Geschmeidig berichtete der Dichter derweil von dem Pech des bäuerlichen Vaters, dessen Sohn schon früh die Kunst gerufen hatte, die Mutter, genauer gesagt, die musisch hoch begabt gewesen war, eine Sängerin eigentlich, deren wahre Liebe dennoch dem Sophokles galt. Nein, es war nicht so, dass den Vater die Künste kalt gelassen hätten, im Gegenteil. Das Haus der Familie hatte er mit alten Gemälden und allerlei anderen Gegenständen ausgestattet, die man wohl kunstgewerblich nennen konnte. Kunst und Gewerbe, entdeckte er dem Kreis des Wortes Sinn, Nutzen und Freude, das war es, das Wesen des Vaters.

Karl nannte den Vortrag öd wie die Wüste Gobi – chinesisch „Schamo", wie der Kellner bemerkte –, horchte aber auf, als die Sprache auf Busen kam: „Die Lust am Schöpfen", erklärte der Dichter rundheraus, „pflanzte mir dennoch die Mutter in den Busen."

Er gönnte dem Kreis eine kunstvolle Pause. Karl hörte die Pillendose schnipsen.

„Dottore", sagte Marsullo eilig, „warum gerade Drama? Reichen auch Ihre tragischen Wurzeln in die elementaren Jahre der Kindheit zurück?"

„Professore, gewiss", sagte dieser. „Mit großer Lebendigkeit steht mir das Puppentheater vor Augen, das wir besaßen, die bunten Bühnenbilder und Kostüme, die ersten kleinen Stücke, die darauf zur Aufführung kamen."

„Wie Goethe", sagte Marsullo.

Karl hörte Stühlerücken und behäbig schleppende Schritte,

die sich der Treppe näherten. Er griff zur Speisekarte, um sich zu verstecken, aber die Vorsicht war nicht nötig. Die Augen starr voraus gerichtet schritt Dottoressa Pupi an ihm vorüber und war bleich und verquollen auf dem Weg zum Klo. Er dachte, sie wolle sich erbrechen, doch sah sie, als sie zurückkam, um keinen Deut besser aus.

„Meister“, sagte sie, nachdem sie knarrend wieder Platz genommen hatte, „ich möchte sie vergleichen.“

„Das geht nicht“, unterbrach sie Marsullo spitz.

„Warum nicht, Professore?“

„Weil der Dottore, Dottore, entschuldigen Sie, noch nicht tot ist.“

Marsullo belehrte den Kreis über die Schwierigkeiten der Deutung, wenn sich Dichter noch bewegten. Um zuverlässig verglichen zu werden, müssten sie stille halten. Das aber täten sie nur, wenn sie tot wären. Lebten sie noch, dann lieferten sie verwackelte Bilder, und das ganze Vergleichen sei für die Katz.

„Sammeln ja“, sagte er, „das geht bei lebendigem Leib. Gedeutet aber, mit Verlaub, wird hinterher.“

Der Dichter kam Pupi zur Hilfe, als ihre Dose schnipste. Jovial lenkte er zu dem über, was er die Seelenverwandtschaft von Dichten und Deuten und eine Seltenheit nannte, die er in ihrem und seinem Fall durchaus nicht ausschließen wolle. „Vielleicht“, sagte er, „ist mir gar Schlotters Glück vergönnt“, und munkelte „wer weiß.“

Karl wurde unruhig, als die Rede über den toten Schlotter hinweg Cecilia Meucci erreichte, und ahnte Böses, als er weiterhörte: „Vielleicht wird seine Muse sich auch um meine Schriften kümmern.“ Dann geriet die Zeit aus dem Schritt und stürzte, bedrängt von dem, was geschehen musste, haltlos voran.

Deutlich und unmissverständlich nannte der Dichter Schlotters Muse seine „Beatrice“. Er sagte: „Oder? Meine Beatrice?“

Verwirrt richtete Karl sich auf und sah im Schutz der Sonnenbrille, wie der Mann mit dem purpurnen Tuch sich zu Cecilia Meucci hinüberlehnte, ihr in die Augen blickte und sie küsste. Auf den Mund. „Beatrice", wiederholte er den Namen.

Es waren nur wenige Schritte. Durch einen Schwung am Treppenknauf beschleunigt, sprang Karl die Stufen hinauf, stand vor ihnen am Tisch und sagte: „Wieso Beatrice?"

„Carlo", rief sie, „was machen Sie hier?"

Er hörte sie seinen Vornamen aussprechen und blieb einen Augenblick lang, während die Weißbrotkrümel vom Schoß Marsullos auf die Tischdecke sprangen, als dieser aufstand, im Nachhall ihrer Stimme hängen.

„Wieso der Kuss, Cecilia?"

„Was machen Sie hier?" wiederholte sie.

„Es ist der Fahrer", sagte Pupi und fügte, während der Dichter sein Glas hob und ungerührt trank, süffisant ihr „tsi-tsi-tsi" hinzu.

Marsullo ergriff entschlossen das Wort und erklärte, irrtümlich auch er, dass es sich um einen Dichterkreis drehe, in den Karl eingedrungen war und störte. Als dieser nach den Dichtern fragte, erhob sich der eine und sagte: „Gestatten, del Santo Liquido."

Der Poussierer, der Cecilia Meucci küsste, hieß Armando Massimo del Santo Liquido und war ein Edelmann.

„Krüger", sagte Karl verwirrt, „wieso Beatrice?"

„Ach", sagte der Dichter und lächelte lässig, „ich könnte auch Laura sagen."

„Laura?"

„Je nachdem", mischte Marsullo sich ein, „ob man Dantes oder Petrarcas Muse meint. Dottoressa Meucci ist, wenn ich das sagen darf, Dottore, nicht nur verlobt mit unserem Dichter, sie ist auch seine Muse."

Verlobt? wiederholte Karl das bestürzende Wort, ohne dass er es aussprechen konnte. Auf alle Dichter der Welt hatte er sich eingerichtet, als er ihr folgte, aber nicht darauf, dass sie einem von ihnen versprochen war. Cecilia Meucci war die Verlobte eines Dichters. Sprachlos sah er sie an.

Sie hatte sich gesetzt und war so bleich, dass ihre Sommersprossen grau erschienen. Auch del Santo Liquido bemerkte es und fragte streng: „Hast du mir etwas zu erklären?“

„Nein“, sagte sie, „nichts.“

„Bist du sicher?“

Ihre Serviette wringend errötete Cecilia Meucci bis in die feinsten Sprossen. Karl hätte weinen können vor ihrer Scham.

Die drei Männer standen einander am Tisch gegenüber. Der Professor reihte die Krümel auf der Decke zu geometrischen Figuren auf, als Karl im weichlichen Gesicht del Santo Liquidos dessen Liebe zu edlen Sahnetorten entdeckte. Während schwer die Sekunden tropften, nannte er ihn heimlich eine Kaffeetante und sagte dann, gestärkt, aber letztlich aus dem schlichten Wunsch heraus, Cecilia Meucci aus ihrer Pein am Tisch zu helfen, etwas Missverständliches, dessen allgemeine Wucht er nicht ahnte und dessen Folgen darum nicht voraussah.

„Lassen Sie sie in Ruhe“, sagte er.

Del Santo Liquido entrüstete sich. „Wie bitte?“ rief er und fügte empört hinzu: „Was fällt Ihnen ein? Ich glaube, ich höre nicht recht.“

Es war der Anfang vom raschen Ende. Marsullo stellte die Frage nach dem möglichen Missverständnis, der Verwechslung des Hier und Jetzt mit dem Immer und Überall – aber es war zu spät. Hemmungslos unphilosophisch bediente sich die Pupi bereits aus ihrer Dose. Cecilia Meucci war zu Stein erstarrt.

Karl nannte del Santo Liquido inspiriert eine taube Nuss.

„Sie Flegel.“

„Sie Kaffeetante von einem Dichter.“

Das Maß war voll. Del Santo Liquido forderte den Kellner auf, die 112 zu wählen, er sei beleidigt worden, doch diesem kam das japanisch vor. Calabinieli, nein, meinte er, das Tuch wie einen Schild am Arm, in dem er etwas hätte führen können.

Es war Zeit zu gehen. Karl merkte es selbst, auch ohne des Dichters Wink mit dem Pfahl, den er zufrieden für feige erklärte. Dottoressa Pupi hatte die Augen geschlossen und ergeben die Hände auf dem Bauch gefaltet. Cecilia war entrückt. Ohne Abschied nehmen zu können, suchte er den Weg zurück zum Ausgang, gab dem Kellner, der die Tür geöffnet hielt, einen Geldschein in die Hand und wandte sich, als dieser sich verneigte, noch einmal um. „Sie Feigling", rief er zur Empore hinauf und setzte, umfangen von konfuzianischer Heiterkeit, „Sie Goethe von einem Feigling" hinzu.

„Sie Flegel."

Als Karl in den lauen Abend trat, in dem phosphoreszierend wie Wunderkerzen am Straßenrand die Bäume leuchteten, stellte er zufrieden fest, dass del Santo Liquido ein Edelmann ohne Einfälle war, ein Schatten von Schlotter. Er nahm ein Taxi zu den Kanälen und träumte bei Weißwein Kähne auf das Wasser. Schwer beladen zogen die aufwärts nach Hause. Cecilia Meucci war verlobt, mit einem Dichter, aber das machte nichts. Fast nichts, verbesserte er sich, als er in der Koje lag und durch die Luke dem Mond in die Täler und Krater sah.

20. Kapitel | HEILIGER AMBROSIUS

Die Verlobung Cecilias mit dem Edelmann del Santo Liquido blieb Karl zunächst ein ebensolches Rätsel wie ihre Beziehung zu ihm selbst, die sie wider Erwarten seit den chinesischen Begebenheiten eine Freundschaft nannte. Sie erklärte, sie liebe den Dichter, verehre seine Schaffenskraft und wisse ihrerseits, dass diese ohne sie nicht wäre. Von inniger Verbundenheit sprach sie und tiefem Einverständnis und bemühte jene Seelenverwandtschaft, auf die sich schon del Santo Liquido berufen hatte. Allein ihre Wörter kamen ihm fremd vor, muffig und schwer wie antike Theaterkostüme, mit denen sie das, was sie für Liebe halten mochte, zu einer Leidenschaft hochstaffierte, die sie nicht empfand. Ihn beruhigte das. Je großartiger sie die Verlobung als Angelegenheit ihres Herzens pries, desto harmloser erschien sie ihm. Dass der Dichter sie schließlich in empfindsame Verse setzte und edle Dramen um sie goss, erfüllte ihn mit kalter Zuversicht, seit er wusste, dass sie noch Jungfrau war.

Im Museum der Brera bekannte sie es, unabsichtlich und in Gegenwart einer Volksschulklasse, die ungeachtet der Ermahnungen durch ihre junge Lehrerin kichernd vor Maria und Jesus stand, einem Gemälde des Meisters Francesca. Sie hatte ihn zu Raffaels Sposalizio geführt und wollte ihn die Würde spüren lassen, mit der Joseph der Braut den Ring entgegenreichte, die Anmut mit der diese ihn erwartete. Der Zeitpunkt war unglücklich. Während sie sich dem inneren Ernst und der tiefen Verpflichtung zu widmen begann, die sie mit der Heirat verband, machten sich die Kinder tuschelnd darauf aufmerksam, dass Gottes Sohn der Mutter von den Knien zu rutschen drohte. Die Lehrerin schlingerte. Der Meister habe das anders gemeint. Ein Junge ohne Schneidezähne fragte unter heiterer

Anteilnahme seiner Kumpanen, was das Ei zu bedeuten habe, das über Maria herunterhing. Es sei wohl, mühte sich die Lehrerin, im Gelächter der Rasselbande errötend, ein Fruchtbarkeitssymbol. Karl war abgelenkt, nahm die quälende Schwere nicht wahr, mit der sich Cecilia das Wort Gelübde zurechtgelegt hatte. Als sie es aussprach – sie habe als Verlobte ein Gelübde abgelegt – hatte er noch das Schimpfen des Wärters im Ohr, der sie kurzerhand alle hinauswerfen wollte, und grinste sie unpassend an. Verwirrt bemerkte er die Verunsicherung in ihrem Gesicht und sagte schnell scherzend: „Sie sind doch nicht auch eine Jungfrau?" Doch, sie war es und biss sich sogleich auf die Lippen.

Warum sie nicht heirateten, der Verlobte und sie, fragte er sie eines Sonntags am See. Del Santo Liquido, erklärte sie, im seichten Wasser ihre Waden badend, halte die Zeit noch nicht reif für die Ehe, fürchte um diese zarte, schwebende Spannung, die zwischen Gewissheit und Sehnsucht liege und ihm ein Quell der Dichtung sei. Karl nannte es eigennützig, auf Kosten einer Verlobten, dazu noch der eigenen, ein Kunstwerk schaffen zu wollen. Heimlich aber hielt er es für durchaus vorteilhaft. Über den Zeitgewinn hinaus, den der Dichterfleiß ihm bis zur Hochzeit verhieß, verdankte er diesem auch die Wochenenden mit Cecilia, denn dann zog sich del Santo Liquido gewöhnlich auf sein Landgut in Torreleoni zurück, um seine Sätze über sie und sich mit Sorgfalt aufzuschreiben. Auf diese Art, beruhigte sich Karl, durften er und die Muse ruhig knutschen.

Er richtete sich ein. Was ihm in der Nase stach, blieb die Art, mit der del Santo Liquido nach jenem Abend im Shanghai die sogenannte Freundschaft hingenommen hatte, die seine Verlobte mit einem Fahrer verband. Zwar hatte sich der Dichter geschworen, ihn auf keinen Fall wiederzusehen, übte sich aber im Übrigen in einer unerträglichen Nachsicht, einer vornehmen Gutmütigkeit, die Karl als Demütigung auslegen musste. Erzählte Cecilia beschwingt, Armando habe amüsiert von einer hübschen Dreiecksbeziehung gesprochen, fragte er allein schon des Vornamens wegen beleidigt nach, ob wirklich „hübsch“ das Wort gewesen sei, und hielt auch „carino“ für unannehmbar süffisant. Dass del Santo Liquido sie einen Wanderer zwischen zwei Welten nannte, erklärte er, gerade weil es nicht ernst gemeint gewesen war, zum Ausdruck des Hochmuts ihr selbst gegenüber, las Herablassung aus dieser ironischen Gleichgültigkeit, die letztlich doch ausschloss, dass sie je seine Welt verlassen könnte.

An einem späten Freitagabend besuchte Karl sie zum ersten Mal in Meran. Mit Torfballen aus der Lüneburger Heide, die er in Sterzing verzollt hatte, war er nach Gries, einem Dorf in der Nähe von Bozen, gekommen, hatte dort bei einer Großgärtnerei entladen, deren Pfingstrosen vielfarbig blühten, und war dann das Etschtal hinaufgefahren. Als er in der Dunkelheit endlich die Villa Schlotter und ihren verwilderten Garten entdeckte, brannte in einem der Zimmer noch Licht. Er klingelte. Der Hausmeister öffnete, den er von ihrer Seite als Kustos Duschek kannte, und gab im Trainingsanzug mit steifem Pflichtbewusstsein Auskunft. Das Fräulein Doktor hatte sich im Einhorn eingemietet, wo dann eine Frau Pichler im Dirndl am Empfang saß und ihren Dackel, den sie Ferdi nannte, ermahnte, nicht zu beißen. Das Fräulein Doktor schlief schon. Eher müde als enttäuscht, da er sich nicht angemeldet hatte, versackte Karl im Stübl des Hotels, wie es in ländlichen Schnörkeln auf der Eichentür stand, trank Peroni aus Flaschen, träumte sinnlos in ein trockenes Blumengesteck hinein und sank in einem der Zimmer, zu dem der Schlüssel schließlich passte, ins Bett.

„Guten Morgen, Signor Krüger“, sagte sie förmlich, als sie das Frühstückszimmer betrat, ihn entdeckte und geradeaus auf ihn zuschritt.

„Guten Morgen, Dottoressa“, rührte Karl ertappt im Kaffee.

„Woher kommen Sie?“ fragte sie, als sie sich setzte.

„Aus Gries, Dottoressa. Das kennen Sie sicherlich nicht. Es liegt in der Nähe von Bozen. Ich habe Torfballen dorthin gefahren. Ist es nicht verrückt, dass man Torf in ein Dorf fahren kann?“

„Wissen Sie, was ich bewundere?“ sagte sie, zwischen Scherz und Ernst schwankend.

„Nein, was denn?“

„Ich bewundere Ihre Allgegenwart.“

„Unkraut, Dottoressa.“

Frau Pichler brachte ihr ein Hörnle an den Tisch und fragte, während der Dackel sich knurrend Karl zuwandte: „Ists recht so, Fräulein Doktor?“

„Ich“, sagte Karl, als Ferdi seinem Frauchen in Treue zurück zum Tresen folgte, „habe den Gärtner von Gries bewundert, der in Gewächshäusern Pfingstrosen zieht und durch Kreuzung nach neuen Arten sucht. Wissen Sie, wie er eine davon nannte? Nein? Er nannte sie Gianni Rivera, nach dem Stürmer, der das Tor in Mexico schoss. Ist das nicht verrückt, Dottoressa, hier in Südtirol?“

„Bitte“, sagte sie, „ich heiße Cecilia.“

„Karl“, sagte er, „Krüger Karl.“

„Welches Tor meinen Sie?“

„Meinst du.“

„Welches Tor meinst du?“

Das vier zu drei von 1970 meinte er, das Siegtor Italiens im Halbfinale, und revanchierte sich bei Rivera, als Dank für ihr Du, indem er es im Grunde als verdient bezeichnete, gegen Deutschland hochverdient eigentlich.

Am ersten Samstagmorgen in Meran führte sie ihn in die Unterwelt hinab, wie sie selbst spöttelnd meinte, ihr Reich im Keller der Villa Schlotter, wo sich der Nachlass des Dichters befand. Duschek begleitete sie mit seinem dicken Schlüsselbund. Auf Blechregalen, die wohl noch aus Lebzeiten stammten, waren in Kisten und Kästen, zwischen Deckeln und Zeitungspapier allerlei Aufzeichnungen und Abschriften gelagert, Hefte und Kladden in einer Art, die selbst Karl, der Unordnung gut aus dem Alltag kannte, als heilloses Chaos bestach. Cecilia hob die Arme zum staubigen Gewölbe empor. Es sei nicht ihre Schuld, sie habe erst angefangen. Seine auch nicht, sagte Duschek schnell und ließ zum Zeichen des Nachdrucks die Schlüssel aneinander schlagen. Er passe als Kustos nur auf, dass nichts verloren gehe. Sie hatten das Tohuwabohu dem Dichter selbst zu verdanken, der hier unten allzu gern den Weinvorräten zugesprochen hatte, bis ihn, als er dreiundvierzig war, der Tod daran hinderte, in die Ergebnisse seiner brodelnden Schaffenskraft noch einmal Ordnung zu bringen.

Cecilia öffnete eines der Hefte, die Schlotter mit Versen gefüllt hatte. „Hier, sieh mal", sagte sie, „ziemlich kritzelig, oder?" Das stimmte. „Aber auch schön." Sie las mit Sorgfalt eine Strophe vor, die im Tal von Meran ein Gewitter beschrieb, den Duft der Nässe, der in den Ästen einer Buche blieb, den feuchten Glanz der Rinde.

„Was wäre gewesen", begann sie von der Verantwortung des Dichters gegenüber den Dingen der Welt zu sprechen, „wenn Schlotter den Baum nicht beachtet, sich seiner mit Worten nicht angenommen hätte? Dann wüssten wir nichts mehr von ihm, dann wären sein Duft und sein Glanz längst vergangen."

„Dann wäre verloren gegangen", sagte Duschek, seine Gleichgültigkeit den Dingen und dem Dichten gegenüber nicht verhehlend, „dass es eine Buche war."

Es war ein großer Augenblick für Karl, als Cecilia dort unten zwischen Spinngeweben sein Verständnis suchte. Sie sagte nichts, sondern sah ihn nur an, nicht einmal fragend, aber doch prüfend, ob er bei ihren Gedanken war und den Duft und den Glanz des Baumes wie sie durch die Dichtung gerettet sah.

„Buchenrinde", sagte er, „glänzt bei Regen glatt wie Silber. Jedenfalls war es am Wiehen so."

Sie lächelte, und er konnte sich nicht vorstellen, dass sie jemals del Santo Liquido auf diese Art beschenkte. Rasch kehrte sie, als sie sein Glück bemerkte, zur Strophe im Heft zurück.

„Hm“, sagte sie, „vor 1902“, und benutzte zum ersten Mal das Wort, das er sie in Meran so gerne sagen hörte, als Ausdruck der nackten Entdeckerlust, das Zauberwort „datieren“. „Ich würde“, erklärte sie, „die Strophe auf die Zeit vor 1902 datieren, da er hier noch mit H das Thal von Meran beschreibt, also vor der preußischen Rechtschreibreform, in jedem Fall aber“, sagte sie und suchte Karls Augen, „nicht früher als 1894, als Schlotter aus der deutschen in die lateinische Schreibweise sprang.“

„Zwischen 1894 und 1902 also“, sagte er eilig, „Donnerwetter“, und stellte sich heimlich die Thausendsassas und Thunichtguthe vor, denen die Preußen den Zahn gezogen hatten.

Kustos Duschek rasselte mit den Schlüsseln und gemahnte in seinem Sinn an die Zeit, die gegen Samstagmittag ging, wenn sein Dienst, wie er sagte, sich schloss.

Kam Karl nach Meran, durchstreiften sie, so weit es des Dichters Nachlass erlaubte, die Stadt und ihre Umgebung. Die Promenade an der Passer spazierten sie entlang, am Kurhaus vorüber, auf dessen Terrasse Schlotter beim Frühstück gern Spatzen gefüttert und dabei auch eine Morgensonne im Prisma seiner Verse festgehalten hatte, die eigentlich, las man die Eigenschaftsworte genau, eine Mittagssonne schon war. Zur Fragsburg stiegen sie hinauf, die der Dichter als höchste pries, auch weil er von ihrer Loggia aus die meisten seiner Gedichte verfasst hatte, die das Tal von Meran betrafen, dessen Thal, genauer gesagt, da die Mehrzahl von ihnen dort wiederum vor 1902 entstanden war. Der Blick auf die begrenzenden Berge war nirgendwo schöner. Sie promenierten am „Pavillon des Fleurs“ vorüber, an dessen Bällen Schlotter im Champagner schwelgend teilgenommen hatte, um sich im

Morgengrauen in den dampfenden Fluss zu übergeben, vor den Schulden auch schwindelnd, da er sich die Mondänität gar nicht leisten konnte. Sie wanderten zum Schloss des Grafen Trauttmansdorff, in dessen Gärten sich der Dichter an der Sonne satt zu trinken pflegte, zwischen Zitronen und Oliven, Zypressen und Pinien, und sich am Duft des Lavendel berauschte, bevor er zur „Schwarzen Katz“ hinunterstieg und billigen Wein aus dem Vintschgau bestellte, um auf dem mitgebrachten Papier des Lebens Adel zu besingen.

Er sei ein widersprüchlicher Mann gewesen, sagte Cecilia oft, um mit dem Wort die Seite zu bewältigen, die ihr unheimlich an Schlotters Persönlichkeit blieb. Als Dichter war er für sie der Schönheit verpflichtet und kam dieser Pflicht auch nach. Großzügig kümmerte er sich in seinen Gedichten um die Dinge der Welt, wurde nicht müde, ihre Formen und Farben mit der Liebe der Worte zu pflegen. Seine Abstürze in den Alkohol aber, die weit jenseits der Grenze zum Zuspruch geschahen, waren jeglicher Ästhetik bar gewesen. Was sich darüber prosaisch in seinen Tagebüchern wiederfand, wagte sie nur flüchtig anzudeuten und erfüllte sie mit nachdenklicher Trauer.

Meran vergoldete sich. Karl kannte die Stadt, schon bevor er Cecilia dort zu besuchen begann, hatte oft Äpfel in der Gegend geladen und den LKW dann auf dem kleinen Zollhof verschlossen. Die Tage aber, die er mit ihr dort verbrachte, ließen es in einem Maße verwandelt erscheinen, dass er seine eigene Wahrnehmung in Frage stellte. Anfangs schrieb er es Schlotter und dessen dichterischer Kraft zugute, mit der er das Tal von Meran so vertraulich verfremdet und den Dingen darin die Würde der Erinnerung verliehen hatte. Las Cecilia am Fuß der Fragsburg Verse aus ihren Abschriften vor, spürte Karl, wie ihn der Zauber der Erhabenheit erfasste, wie die Landschaft, obwohl es unmöglich war, zu schweben begann. Den wahren Grund des sonderbaren Vorgangs entdeckte er schließlich in diesen Augenblicken selbst. Es war Cecilia, die spürbares Leben in Schlotters Verse hauchte. Es waren ihre Stimme, durch die erst die nasse Buchenrinde ihren glänzenden Klang erhielt, und ihre Begeisterung, in der die Morgensonne auch mittags noch am Himmel strahlte. Cecilia Meucci war die Zauberin, die Karl das Tal von Meran in einen Ort bewussten Glücks verwandelte. Die Welt, in der er lebte, war seitdem eine andere.

Sie saßen an einem Sonntagabend am Fuß des Pulverturms und blickten hinab in das goldene Tal. Es war Herbst geworden in Meran. Cecilia hielt sich und ihn für gute Freunde und nannte es für Frau und Mann ein seltenes Glück.

„Wohin geht es“, fragte sie, „und was hast du geladen?“

„Nach Rom geht es, mit einer Ladung Weihnachtskrippen.“

Sie wollte das nicht glauben.

„Es ist so wahr wie die Zwiebeln nach Hamburg, die ich wieder mit hochbringen werde.“

„Hamburg?“

Sie nannte es einen schönen Zufall. „Vielleicht sehen wir uns dort“, sagte sie.

„Ach, ja?“

Hermann Schlotter hatte die Jugend in Hamburg verbracht, bei seinem Patenonkel, der von Beruf ein Kunstmaler gewesen war, und Cecilia plante einen Besuch im Archiv der Stadt.

„Komm doch mit“, sagte er und warf nach einer Zeder, „dann sparst du die Reisekosten.“

„Du weißt, dass das nicht geht.“

„Selbstverständlich.“

Es wurde kühl, als die Sonne unterging. Karl hätte gern ihre Wärme gesucht, aber das ging nicht.

„Weihnachtskrippen im Herbst“, versuchte sie zurückzulenken, „sind unmöglich.“

„Wie du meinst“, sagte er, „die Marien jedenfalls, die darin knien, sind dir zum Verwechseln ähnlich.“

Er stand auf am Fuß des Pulverturms, warf einen weiteren Stein, der die Zeder verfehlte, und reichte ihr zum Abschied die Hand.

„Ich muss los", sagte er, „bis bald. Du weißt, ich bin ein Edelmann."

Ohne sich noch einmal umzuwenden, ging er mit großen Schritten den schmalen Weg hinab. Der Himmel war blass geworden, in der Ferne stand ein einzelner Stern. Als Cecilia ihn rief und er stehen blieb, zeterte eine Drossel.

„Warte", sagte sie, „ich komme mit", und fügte unsicher hinzu: „Wir sind Freunde, oder?"

„Selbstverständlich."

Sie nahmen den Bus nach Bozen hinunter, wo der LKW stand, und schwiegen. Sprach der eine, wusste der andere, dass es um des Sprechens willen geschah. Ihre Gedanken galten nur noch der Fahrt. Karl sah, dass sie schwankte, die Reise für leichtfertig hielt und darum bereute. Aber sie blieb dabei.

„Hier ist er. Erkennst du ihn wieder?"

„Nicht ganz so schmutzig", sagte sie, „und auf der Plane des Hängers fehlt die Banane."

Das stimmte. Er öffnete die Türen, räumte sein Bett von der oberen in die untere Koje, rollte ihren Schlafsack aus und ließ, während er die Tachoscheiben wechselte, den Motor an. Er legte beide Scheiben ein, eine für sie als zweiten Fahrer. Cecilia Meucci schrieb er darauf, Meran.

Sie sagte kein Wort, als er anfuhr, und schwieg bis Bologna. Beim Anstieg in den Apennin gerieten sie in Nebel und Verkehr. Es war zwei Uhr nachts. Sie saß wie versteinert. Die LKWs folgten sich endlos, zogen Seite an Seite auf den schmalen Spuren so eng aneinander hinauf, dass sich die Außenspiegel zu berühren drohten. In den alten Tunnels schien es nur Glück, dass sie nicht die Wände streiften.

„Gespenstisch", sagte sie und beugte sich, als müsse sie sich vor Unheil ducken. Auch Karl war angespannt.

„Mir wird es auf manchen Brücken mulmig", erzählte er,

„ich kenne den Sturz aus den Träumen. Koffer und Kochgeschirr fallen dann über mich her, über das Lenkrad hinweg, das ich immer noch halte. Der Hänger knickt ein und legt sich von hinten seitlich neben den Maschinenwagen. Der Motor läuft nicht mehr, und ich höre den LKW pfeifen, leise wie ein Segelflugzeug.“

Gegen vier Uhr waren sie im Arno-Tal und erreichten Florenz. Karl schlug eine Pause vor, die erste Schicht war zu Ende. Er fuhr auf die Raststätte, die hinter der Abfahrt Süd wie ein Triumphbogen die Autobahn überspannte. Sie setzten sich an eines der großen Fenster, aßen Toast, tranken Kaffee und schauten hinunter in den Nebel. Karl nannte ihn eine Graupensuppe. Cecilia war melancholisch. An den Nebentisch setzten sich zwei Fahrer, deren Sprache sie nicht verstanden, Griechisch, meinte sie, Ungarisch er. Aus einer Sporttasche, auf der Wembley stand, zogen die beiden ein großes rundes Zeitungskneul hervor und wickelten daraus einen geräucherten Schweinekopf aus, an dem sie sich zu schaffen machten. „Bitte“, sagte Cecilia, „lass uns gehen.“

Es war fünf Uhr. Sie sah schlecht aus, und Karl war in Sorge. „Bitte, leg dich schlafen“, sagte er, „gerade im Nebel ist die Koje gemütlich.“ Aber sie wollte es nicht, blieb sitzen, bis sie in Rom waren.

Gegen neun Uhr standen sie auf dem flaschenförmigen Zollhof der Stadt. Als er zurück vom Zollagenten kam, um sie mit in die Bar zu nehmen, hatte sie den Vorhang der Kojen zugezogen und schlief. Sie schlief noch, als der LKW verzollt war. Leise stieg er in das Führerhaus und fuhr behutsam an. Über dem chaotischen Verkehr der Stadt brannte heiß die Sonne.

Die Firma lag in einer kleinen Gasse nahe dem Tiber. Er verfuhr sich zwischen Kirchen und Palästen, umkreiste von Polizisten beschimpft das Colosseum und musste schließlich aussteigen und Fußgänger bitten, Autos mit ihm zu verrükken, da er nicht um die letzte Kurve kam. Das Tor war groß genug, um Hänger und Maschinenwagen Seite an Seite an die Rampe zu schieben.

„Wo sind wir?“ fragte sie.

„In Rom“, sagte er übermüdet.

Bis auf den Pförtner war die Firma menschenleer. Er saß in seinem Kasten und aß bei Arien aus dem Radio Schinken und Brot. Auf seinem Tisch stand eine der Krippen.

„Krippen im Herbst“, sagte Karl, „das gibt es doch nicht.“

Der Pförtner lachte kauend, als er den Frachtbrief sah.

„Gibt es doch“, sagte er und wies auf die Kartons, die in der Halle standen.

„Hier“, griff er unter den Tisch, „die schenke ich dir. Damit kannst du spielen, während du wartest. Jetzt ist nämlich Mittagspause.“

Cecilia stand gewaschen und gekämmt am Führerhaus. Sie hatte eine Bar entdeckt.

„Du wirst staunen“, sagte sie aufgeräumt, als sie hinübergingen.

Das stimmte. Mitten im Herbst stand an der Kasse auf dem Tresen eine Weihnachtskrippe. Karl hielt lange seinen Kopf unter den Wasserhahn. Sie aßen Focaccia. Dann baute er Cecilias Krippe auf. Wie rohe Eier nahm er die Figuren in die Hand, befreite sie von Holzwolle und Staub und ordnete sie vor ihr an. Maria sah ihr nicht ähnlich. Die war blond. Cecilia lächelte.

Während entladen wurde, lag Karl beruhigt in seiner Koje. Er schlief kurz, aber fest.

Sie verließen den Tiber, die Paläste und Kirchen und ihre ewig versteinerte Schönheit, und trieben im zähen Chaos des Verkehrs durch die Vorstädte hinaus zur Ringautobahn, an Wohnblocks und Wellblechhütten vorüber, zwischen Autowerkstätten und Hühnerställen, schwelenden Haufen und dicken Frauen, die wartend in kleinen Autos saßen.

Castiglione hieß das Dorf, in dem sie laden sollten. Es versteckte sich in den Bergen hinter Salerno. Am Abend kletterten sie über schmale Straßen hinauf und fanden das Zwiebellager vor dem Dorfeingang. Die Hunde schliefen schon. Durch einen Torbogen mit gemeißelten Lilienmotiven betraten sie Corso Magenta, die Hauptstraße, die zur Piazza führte. Über die Gassen hinweg waren Leinen mit Wäschestücken gespannt. Aus den Fenstern schwatzten, während die Fernseher liefen, die Wäscherinnen miteinander, und unterbrachen sich, als sie die Fremden kommen sahen. Cecilia hakte sich ein. Als unverhofftes Paar erreichten sie den Dorfplatz mit dem kleinen Rathaus und einem Denkmal zu Ehren Garibaldis, dem zwei Palmen zur Seite standen. Diesem gegenüber lag die Bar Moderno, von deren Mauerwerk der Putz in Placken abgefallen war und mit den Resten hinfälliger Wahlplakate – „libertas“ war noch zu lesen – die Flecken der Vergangenheit bezeugte.

Sie setzten sich an einen der runden Tische vor der Bar und blickten auf Garibaldi. Cecilia hatte Hunger. Der Kellner musste seine Chefin, die padrona, fragen und rief „Mamma“ in die Bar hinein, die sich anbot, etwas für sie zu kochen.

Dies war ein Dorf des Südens. Die Mutter schickte ihren Sohn zum Schlachter, um ihnen Fleisch zu braten, und stellte eingelegtes Gemüse auf den Tisch, an dem allein sie sich hätten satt essen können. Cecilia wurde nachdenklich. Es täte ihr leid, Signori, hatte die Mutter gesagt. Nein, eine Pension gab es nicht im Dorf.

Karl war ein Edelmann. Als sie am Morgen in ihren Kojen erwachten, lachte Cecilia und trotzte tapfer den Mückenstichen. Sie duschten unter einem Wasserschlauch, den sie sich gegenseitig hielten. Während der Tag begann, die Arbeiter eintrafen und Karl die Ladeflächen öffnete, lief sie ins Dorf und holte beim Bäcker Brioches.

Die Frauen saßen mit Schürzen am Rüttelband und sortierten die Zwiebeln, die am Ende in eine Blechschale fielen und, wenn sie fünfzig Kilogramm erreichten, in ein Netz kippten, durch das eine Nähmaschine ihren Fäden schoss und dadurch als Sack verschloss. Die Männer begannen in Unterhemden, den LKW zu beladen, Schicht für Schicht, abwechselnd längs und quer.

Drei Jungen aus dem Dorf sahen zu. Mit ihnen erlebte Cecilia das Staunen über die Fernfahrerei, als sie ihnen die Krippe schenkte.

„Sie ist aus Rom“, erklärte sie ihnen und verbesserte sich, „sie kommt eigentlich aus Deutschland.“

Die Kinder wollten wissen, aus welcher Stadt. Sie fragte ihn danach.

„Aus Radevormwald.“

„Echt?“

„Ja“, lachte er, „sag einfach, aus dem Bergischen.“

Sie steuerte das ihre dazu bei, erlaubte ihnen, im Führerhaus die Gänge zu zählen, und forderte sie auf, die Dieselmenge im Tank zu errechnen. Seine Liebe zu ihr hätte nicht größer sein können.

Einer der Jungen fragte, wie sie den Weg gefunden hatten von dieser Stadt in den Bergen von Deutschland bis nach Castiglione.

„Mit der Landkarte natürlich“, sagte Cecilia, aber das stellte ihn als Antwort nicht zufrieden. Karl verstand das. Auch er hielt es nicht für selbstverständlich, die in der Campania verlorenen Dörfer und die in den Städten verborgenen Firmen zu finden. Oft unterbrachen Kurven, die zu eng, Brücken, die zu niedrig waren, die Wege dorthin. In Wochenmärkte geriet man hinein, deren Stände umgebaut, in Volksfeste, deren Straßengirlanden abgenommen werden mussten – er verstand das Staunen des Jungen darüber, dass die Krippe aus Radevormwald ihren richtigen Weg gefunden hatte.

Gegen Mittag verließen sie Castiglione, um drei erreichten sie den Zollhof von Bullona bei Neapel. Ein Zöllner fertigte sie ab, der im Sitzen so speckig geworden war, dass er unter den Ringen der Hüfte die Pistole nicht aus dem Halfter hätte ziehen können. „Amburgo?“, fragte er träge. Ja, genau. Sie fuhren, um Kraft zu schöpfen, zum Meer hinunter, legten sich an den Strand und sahen der Sonne zu, die in den Horizont sank. Karl schlief ein, tief und fest, und als er erwachte, glänzte Cecilias Haar. Sie hatte gebadet.

Frosinone, Rom, Orvieto. Bei Arezzo stieg sie in die Koje, sah den Lichtern der Dörfer nach, die in der Dunkelheit verschwanden, und schlief ein. Er fuhr bis Florenz. Am Morgen frühstückten sie am selben Tisch im Triumphbogen über der Autobahn.

„Weißt du noch“, begann Cecilia ihre erste Geschichte vom Fahren und erzählte von einem Schweinekopf im Nebel. „Gespenstisch“, sagte er.

An Bologna vorüber, Modena, und Verona zogen sie in der Nachmittagssonne zum Brenner hinauf, wo sie lange vor der Waage standen, und fertigten in Kiefersfelden in der Dunkelheit ab.

In der Imbiss- und Kaffeestube aßen sie Spaghetti alla Bolognese. Nadia hatte Spätschicht. Sie fragte nach Herrn Müller.

Am Nachbartisch saßen drei Fahrer aus Hamburg. Der eine kam aus Altona. Sie trugen groß karierte Hemden und erzählten einander Geschichten vom Brenner, von denen die eine die nächste aus der Erinnerung löste und mit sich zog. Von einem Dänen wollte der aus Altona erzählen, der oben auf dem Pass einen Zöllner zu Boden geschlagen hatte, aus dem Anzug gestoßen, wie er es nannte. Sie rieben sich diebisch die Hände und tranken noch schnell einen Schluck, bevor es begann, aber Karl und Cecilia waren nicht zum Zuhören aufgelegt. Selbst die Begegnung mit Max, der sich zu ihnen setzte, als sie schon Kaffee getrunken hatten, stand im Zeichen einer Fahrt, die zu einem natürlichen Ende drängte. Um Cecilia nicht in Verlegenheit zu bringen, stellte Karl sie ihm als alte Freundin aus Mailand vor, was er für unverbindlich hielt. Max küsste ihr altmodisch die Hand, wie es bei den Tuareg in der Wüste keineswegs üblich war. Nicht einmal einen Witz erzählte er. „Hast du Herr Müller gesehen?" rief er Karl nach, als dieser schon in der Tür stand.

„Wer ist Herr Müller?" fragte Cecilia.

„Den kennst du nicht", sagte Karl.

Die Nacht war ruhig, er schaffte es bis Geiselwind, der Morgen kühl und trüb. Beim Frühstück begann es zu nieseln. Würzburg, Kassel, Hannover, es regnete bis Hamburg.

Die Glocke der Michaeliskirche hatte noch nicht fünf geschlagen, als sie in die Unterwelt des Großmarkts schlüpften. Das Wasser troff von der Plane, als Karl den LKW öffnete. Einer der Männer, die zügig die Säcke auf Paletten luden, fragte, woher die Zwiebeln kämen. Er hielt eine davon in der Hand.

„Aus der Nähe von Neapel", sagte Karl, zweitausend Kilometer südlich von hier."

„Nun ist sie hier in Hamburg", drehte er die Zwiebel in der Hand, „im Grunde unglaublich, oder?"

„Da hast du recht. Vor zwei Tagen war sie noch unten in Italien, und in ein paar Stunden liegt sie schon im Edeka-Laden, und eine Kapitänswitwe mit Regenschirm trägt sie nach Hause."

„Oder", lachte der Lagerist, „Frau Hrubesch kauft sie."

Auch Cecilia fand das komisch, obwohl sie Horst Hrubesch nicht kannte. Karl liebte sie.

Als sie im Freien waren, hatte der Seewind die Regenreste am Himmel schon zu buschigen Wolken zusammengefegt und war dabei, sie hinunter ins Land zu treiben.

Cecilia war in Hamburg. „Und nun?" fragte er. Sie beschlossen, die gelungene Fahrt mit einer kleinen Feier zu beenden und gemeinsam auszugehen. Er sollte am Morgen in Oldenburg Eier laden, sie mochte an das Archiv noch nicht denken. Er kannte eine billige Pension in St. Pauli, zu der sie ein Taxi nahmen. An den gelblichen Wänden des Flurs hingen Netze, in denen sich Krebse und Seesterne verfangen hatten. In beiden Zimmern standen Segelschiffe auf gehäkelten

Decken in Flaschen. Cecilia nannte das „Garni Nautilus“ ein ziemliches „Etablissement“.

Im „Dönitz“ aßen sie Labskaus, das sie so wenig wie Rote Grütze kannte, und spazierten zum „Kap Horn“ hinüber, wo eine Dixielandband „Tuxedo Rag“ spielte. Der Abend war verzaubert. Cecilia drängte Karl zum Tanzen, was er seit Baltimore nicht mehr zu können meinte. Baltimore? Er erzählte ihr davon. Sie trank Cinzano, den sie zum letzten Mal in Padua getrunken hatte. In Padua? Sie hatte dort studiert. Obwohl sie sich seit Monaten schon kannten, gingen sie miteinander um wie Backfische beim Rendezvous, überboten sich in dem, was der eine vom andern wissen wollte, und übertrafen sich in der Bereitschaft, Auskunft zu geben. Cecilia war glücklich, Karl entging das nicht. „Everybody loves my baby“ war das letzte Stück, das die Band spielte. Auf dem Rückweg legte er den Arm um ihre Schulter. Sie nahm es hin. Im Nautilus ließ sie es zu, dass er die Nacht bei ihr verbrachte. Karl und Cecilia waren auf ihren Grund gelaufen. Am Morgen verließ sie ihn grußlos.

Am Nachmittag saß Karl im Zug nach Mailand. Er könne nicht in Oldenburg laden, erklärte er Wellensiek am Telefon, es sei lebenswichtig, und das war nicht gelogen. Am Morgen darauf stand er vor ihrer Tür. Cecilia war verschwunden. Sie kam nicht nach Hause und ging nicht in die Universität. Wie ein Wegelagerer verbrachte er zwei Tage am Fenster der Bar, die ihrem Haus gegenüber lag, bis ihn die Sinnlosigkeit seines Tuns aus diesem aufschreckte. Der dichterischen Vorstellung folgend, sie habe in ihrer Seelennot Rat bei der Mutter gesucht, fuhr er schließlich nach Tortona, ihrer Heimatstadt.

Auf der Zugfahrt durch die Ebene nach Süden plagten ihn Vorwürfe. Reisfelder und Wiesen drängten sich zu beiden Seiten, Mustergrund, Rasterland, Gräben und Kanäle, in Reih und Glied gepflanzte Pappelbataillone, bis sich die Hügel am Horizont zu einer unauflöslichen Kette schlossen. In Voghera waren die Gleise gekalkt.

An den Taxifahrern, die vor dem Bahnhof im Schatten der Platanen Karten spielten, erkannte Karl, dass er in ihrer Stadt war, und folgte vertrauensvoll ihren Erinnerungen an Kindheit und Schulzeit, von denen er keine vergessen hatte. Auf ihren Wegen fand er das Haus mit seinen hohen Fensterläden und hörte, als er den winzigen Balkon entdeckte, sie „balconcino“ sagen. Der Schneider war im Erdgeschoß, der Bäcker im Nachbarhaus, der noch die gleichen Nussecken buk. Karl sah Cecilia vor ihrem Haus stehen, sah, wie ihre Mutter das Fenster öffnete und winkte. Sie solle sich vorsehen unten am Fluss, rief diese ihr nach, ihre Kniestrümpfe schonen und sich die Nase regelmäßig putzen, heraus damit ins Taschentuch, da das ständige Hochziehen auch schädlich und nicht nur unanständig war. Auf Wiedersehen, bacione, mein Kind.

Erfüllt von unverhoffter Heiterkeit begann er, die Stadt zu durchstreifen, und nahm sie im Licht seiner Liebe wahr. Er brachte Cecilia zum Mädchenhort, wo Schwestern sie im Schatten der Arkaden das Beten und das Händewaschen vor dem Essen lehrten. Im rosa Kittel saß sie an ihrem Zwergentisch und kleckerte sich Suppe auf die Knie. Er passte sie auf dem Schulgang ab, las auf dem Domplatz die Uhren mit ihr, die Sonnenuhr und die Regenuhr, wie sie diese nannte, deren Zeiger sich mechanisch fortbewegten. Sie hatte Zeit, hüpfte auf einem Bein durch die Bogengänge von Quaderstein zu Quaderstein, bis sie vor Georg geriet und, während dieser mit dem Drachen stritt, sich in den Ohren bohrte. Heraus nur damit in das Taschentuch. In das Kaufhaus Standa schlüpfte er hinter Cecilia hinein, an denselben Schaufensterpuppen vorbei, die bakalitisch grinsten, und lugte ihr über die Schulter, als sie den ersten BH anprobierte. Wie bewachte er sie abends beim Schmusen auf der Bank im Hof der Kirche, als der frühreife Sohn des Schneiders ihn gleich schon öffnen wollte, heraus nur damit. Das führte zu weit. Knutschen schon, ließ er sie sagen, die Möpse aber bleiben drin, auch wenn sie den Ausdruck nicht kannte.

Auf dem Rückweg zum Bahnhof ging er noch einmal an der Bäckerei vorbei, um Nussecken zu kaufen. Während ihm die Bäckersfrau die Stücke auf einem Papptablett verpackte, fragte er sie nach den Meuccis.

„Die Meuccis?“ wiederholte sie den Namen und fragte ihn ihrerseits, woher er komme. „Aus Deutschland? Na denn.“

In der kleinen Bäckerei, die neben dem ehemaligen Haus der Meuccis lag, erfuhr Karl das, was Cecilia all die Monate vor ihm verborgen hatte. Er hörte zum ersten Mal von dem Unglück, das über ihre Kindheit hereingebrochen war. Nicht ein Wort hatte sie jemals darüber verloren. Auf der Autobahn bei Vercelli waren ihre Eltern bei einem Unfall ums Leben gekommen. Ihr Wagen brannte aus, als sie noch keine vierzehn war.

„Oh je“, sagte Karl betroffen.

„Ja“, sagte die Bäckersfrau. „Aber Gottseidank war ihr Vater mit dem Grafen befreundet gewesen, dem alten del Santo Liquido.“

„Armando?“

„Nein, Sergio, dem Vater des Doktors. Er hat sie damals adoptiert und sie gefördert, bis auch sie Doktorin war.“

Das also war es. Aus Dankbarkeit hielt Cecilia zu ihrem Dichter, aus Verpflichtung gegenüber seiner Familie. Karl schwankte in dem, was er davon halten sollte. Er versuchte vergeblich, die Aussichten abzuwägen, die sich daraus ergaben, verhakte sich nervös in strategischen Gedankenpielen, mit denen er nichts anfangen konnte, und war letztlich mit seiner Liebe allein. Nein, nichts hatte sich verändert. Im Zug nach Mailand schloss er die Augen und suchte sie in den Abteilen, ließ sie zusteigen und die Tür aufschieben und sie fragen, ob noch ein Platz frei war. Carlo, hätte sie gesagt, was machst du hier? Nichts. Er verbrachte die Nacht im „Le barche“, ohne zu schlafen.

Am Morgen mietete er bei einem Mechaniker in der Nachbarschaft des Hotels einen Alfa Romeo, den sie ziemlich alt genannt hätte, und brach damit nach Torreleoni, zu del Santo

Liquidos Landsitz in den Abruzzen auf. Schon hinter Piacenza begann das Auto heiß zu laufen und zwang ihn zu mehreren Aufenthalten. Als er das Dorf mit seinen wenigen Häusern entdeckte, die sich oben an den Bergkamm drängten, dämmerte es. In den Kehren auf dem Weg hinauf verlor sich das Licht der Scheinwerfer im fahlen Raum.

Er hielt vor der Bar an, die zugleich des Dorfes Lebensmittelladen war, um nach der Villa Virgilio zu fragen. Die alten Männer horchten auf. Der Wirt begann, ohne Auskunft zu geben, von den „Signori" zu sprechen. Er glaube nicht, sagte er, dass die Herrschaften zu Hause seien.

„Sind Sie ein Freund des Herrn?" fragte er nach einem Blick durch das Fenster.

„Gewissermaßen", sagte Karl.

„Ich habe", erklärte der Wirt bedeutsam, „den Commendatore noch gekannt und war in Rom dabei, als er im schwarzen Frack in den Senat einzog. Es waren große Zeiten."

„Oh ja", die alten Männer pflichteten dem murmelnd bei und tranken mit Stolz auf die Ehre.

„Der Herr", sagte der Wirt und blickte Karl durch ein Glas an, dessen Klarheit er prüfte, „ist heute Morgen ins Tal gefahren."

„Oh ja, der Herr."

Cecilia gefiel das Dorf in seiner Abgeschiedenheit von aller Welt und Gegenwart. Urtümlich hatte sie es genannt und verband Natürlichkeit und Bodenständigkeit damit. Karl bezeichnete die Männer aus der Heimat ihres Dichters, die dort in der Bar ihren Rotwein tranken, heimlich als hinterwäldlerisch, auch weil ihre Ergebenheit vor dem adligen Herrn ihm lästig zu werden begann.

„Wo liegt denn die Villa?" fragte er.

Die Männer wandten ihre Köpfe und wiesen wortlos die Straße hinauf. Der Wirt sagte, als Karl die Tür geöffnet hatte: „Ins Tal ist der Herr gefahren, und mit ihm unser Fräulein Doktor, seine Braut."

„Oh ja, die schöne Braut."

Karl stieß einen leeren Blecheimer um, als er die Bar verließ, und hörte ihn über Stock und Stein den Berg hinunterrollen. Das Scheppern dröhnte in seinem Ohr, während er mehrmals vergeblich versuchte, den Schlüssel in das Zündschloss des Alfa zu stecken, und hörte nicht auf, als er den Anhänger zwischen den Fingern spürte: Le barche, Milano. Übermüdet und unsicher gegenüber den eigenen Wahrnehmungen fuhr er zum Herrensitz hinauf.

Von einer Mauer umgeben lag die Villa Virgilio in einem kalten, klaren Mondlicht. Den Zugang versperrte ein Eisentor, durch das ein Schotterweg nach oben führte, vorüber an Pinien und Rhododenronbüschen, um vor dem Gebäude in einem Platz auszulaufen. Dieses war mit seinen Flügeln und Erkern, Türmen und Säulen ein Schloss. Eine Rotte Schäferhunde wachte davor und stürmte, als Karl durch das Gitter sah, zum Tor, um die Zähne zu zeigen. Während die Tiere sich außer Rand und Band gebärdeten, ging das Licht einer Laterne an, in dem Karl jetzt das Pförtnerhaus entdeckte. Ein buckliger Mann trat heraus, dessen rotes Haar im Zwielicht von Mond und Laterne wie Phosphor glühte. Er hinkte und trug eine Flinte. Als er das deutsche Wort „Sitz" aussprach, verkam das Bellen der Hunde, da sie alle schon saßen, zu Wimmern und Winseln. Er fragte Karl, was er wolle, und fügte, ohne die Antwort abzuwarten, hinzu, dass der Herr am Morgen ins Tal gefahren war.

„Ich suche", sagte Karl, „die Dottoressa."

Die Hunde bellten und mussten jaulen, als der Pförtner mit einem zornigen „Sitz" dem nächsten unter ihnen in die Seite trat.

„Wer sind Sie?" fragte er misstrauisch.

Karl war müde, er hätte dem Mann mit den Hunden zu Füßen und dem Gewehr in der Hand nichts Sinnvolles erklären können. Unabsichtlich sagte er in seiner Not etwas im Grunde Geschicktes: „Ich bin ein Cousin von Fräulein Cecilia."

Die Möglichkeit, dass der Fremde zur Familie gehörte, verunsicherte den Pförtner. Er hinkte, während die Hunde verhuscht am Boden liegen blieben, zu seinem Häuschen zurück und kam in Begleitung einer dicken Frau mit Lippenbart wieder. Diese zog, als sie nach Suppe duftend am Tor stand, eine Brille unter ihrer Schürze hervor und putzte sie darin, bevor sie hinter den Gitterstäben Karls Gesicht zu mustern begann. Unter ihrem langen, stumpfen Blick drohte er wegzusinken und zu Füßen der Villa einzuschlafen, als sich die Hunde plötzlich regten und mit wedelnden Schwänzen ihre Schnauzen durch das Gitter steckten.

Karl wandte sich um. Der Wind hatte kalten Nebel herangetragen, ließ die Schwaden wie Tücher vor dem Mond wehen. Dort kamen sie! Wie Irrlichter, verfolgt von Motorengeräusch, das sich im Auf und Ab der Gänge heraufwand, erschienen und verschwanden Scheinwerfer. Als der Geländewagen aus einer letzten Nebelsenke heraus auf die Villa zuhielt und die Hunde erwartungsfroh kläfften, wusste Karl, was kommen musste, und war doch weit von dem entfernt, was kommen sollte.

Del Santo Liquido hielt ein Dutzend Meter vor dem Tor. Den Motor ließ er laufen, als er ausstieg und im Scheinwerferlicht als schwarze Silhouette vor das Auto trat. Er trug die Kluft eines Reiters. „Was ist hier los?“ rief er zum Tor.

Geblendet, mit dem Unterarm die Augen schützend, versuchte Karl zu erkennen, ob Cecilia im Auto saß. Aber es gelang ihm nicht.

„Was zum Teufel ist hier los?“

„Signore“, antwortete der Pförtner seinem Herrn, „Ihr Cousin ist gekommen.“

„Nein, nein“, verbesserte ihn Karl, in dessen Sinnen sich die Wirklichkeit verfranste, „der Cousin des Fräuleins, nicht der seine.“

„Signore, es ist nicht Ihr Cousin, es ist der Cousin der Dottoressa.“

Die Hunde wurden unruhig, die Suppen in den Tellern kalt. Die Pförtnersfrau ging grüßend in das Pförtnerhaus zurück.

„Zoppo“, rief del Santo Liquido, „rufen Sie die 112. Die Carabinieri sollen kommen.“

Karl nahm auch die Drohung im Tran nur wahr. Er suchte Cecilia. Den Unterarm als Blende vor der Stirn schritt er langsam, aber zielstrebig auf das Auto zu, zwischen dessen Scheinwerfern in langen Stiefeln noch immer del Santo Liquido stand.

„Zoppo!“ war das letzte Wort, das er im wütenden Gebell der Hunde noch erkannte. Den Schlag in die Schulter spürte er, ohne dass er Schmerz damit verband, und trennte auch den Knall davon, der in der Ferne hallte. Cecilias entsetzlichen Schreckensschrei aber nahm er schon als Wasserfall in seine Ohnmacht mit hinab. Der debile Pförtner Leonardo lo Zoppo hatte hinterrücks auf Krüger Karl geschossen, um seinen Herrn aus vermeintlicher Not zu erretten.

Während er das Tor nun öffnete, um hinkend nachzusehen, was er angerichtet hatte, war Cecilia aus dem Wagen gestürzt und hielt Karls Kopf in ihren Armen. „Oh, mein Gott“, weinte sie, „oh, mein Gott“, und riss mit ihrer Fassungslosigkeit den Dichter aus der Starre der Entgeisterung. Mit langen zornigen Schritten ging er auf den Pförtner los, entwandt ihm das Gewehr und schimpfte ihn inmitten seiner Hunde, die mit den Schwänzen wedelten, einen hirnlosen Idioten.

Sie brachten Karl in die Villa und riefen den Arzt der Familie. Er aber, versunken in den dunklen Schichten seiner selbst, folgte sieben Jungfrauen durch das Tor in den Park hinein, die weiße Gewänder trugen. Bußgesänge singend zogen sie den Weg hinauf, sieben Kerzen in den Händen, deren Flammen im Nebel zu Kränzen erstrahlten. Durch die Reihe der Paare gingen sie hindurch, die sich im Mondschein erstarrt gegenüber standen und auf die Sintflut warteten, durch Dornröschens Hecke, die sich lautlos auseinander schob, am Schloss vorüber, das verwunschen blieb, traten schließlich auf eine weite Wiese, die unten ein Fluss begrenzte. Man feierte ein nächtliches Fest. Kapellen spielten Blasmusik vor Zelten, Hühner gackerten, Hähne krähten nach ihnen, obwohl ihre Stunde noch nicht gekommen war. Auf den Feuern briet Fleisch in großen Stücken, gewürzt mit Rosmarin und Thymian, deren Duft in Schwaden die Luft erfüllte. Während sieben Jungfrauen als sieben Lichter weiter zum Ufer schritten, tauchte Karl in die bunte Menge der Ritter und Knappen ein, die im Schein der Fackeln flanierten, der Sänger und Spielleute, die beengt ihre Künste zeigten. Vor einem der Zelte, auf einer Bank am Feuer entdeckte er eine Jacke aus Kord, und als er sich dieser näherte, sich durch schwatzende Menschen drängend, erkannte er Rudi Hupes bluterfülltes Gesicht. Der trug eine rotweiße Rosette an der Brust, auf deren grünen Bändern „Erster Preis" geschrieben stand. Clyde saß mit ihm, in einen weiten Mantel aus Katzenfell gehüllt. Aus Pokalen tranken sie Whisky und erzählten einander Geschichten von Bankiva und Kentucky. Die Mohikaner waren tot, doch Winnetou lebte. Und Buffalo Bill? fragte Karl, aber sie sahen und hörten ihn nicht, horchten erst auf, als Fanfaren erklangen, und blickten sich um, als diese näher kamen und die Stimme des Truchsess die Ankunft des Königs verkündete. Das war die Stimme Erlings. Den kunstvoll geschnitzten Stab des Küchen- und Tafelmeisters tragend schritt er voran.

Karl durchströmte reines Glück. Er erkannte Gustav Ruschemeier in des Königs Gefolge, seine im Widerschein der Feuer leuchtenden Sommersprossen, seine lachenden Augen, sah Gloria und die Kinder wieder, die sich spielend an einen Falkner drängten, entdeckte Brobach, der die Schönheit des Dschungels vordeklamierte, Jupp, der Lieska zärtlich in den Armen hielt und finnische Weisen sang. Er winkte ihnen, rief ihre Namen, aber sie nahmen ihn nicht wahr. „Grüßet den Earl", rief Erling der Volksmenge zu, „von Wessex und Herefordshire, Harold, den König von England", und stieß den

Stab auf den Boden, dem dabei ein schwarzer Bisam entsprang, welcher mit bewundernswerter Wendigkeit durch die Unzahl der Füße zum Ufer lief. „Grüßet auch seine Königin“, fuhr abermals der Stab hinab, ein zweites Tier von weißem Fell entlassend, das dem ersten flink zum Wasser folgte, „Madame Arlette aus dem Frankenreich.“ Sieben zarte Zofen trugen die Schleppe Arlettes, die mit edlen Gesten den jubelnden Menschen ihre Zuneigung zeigte. „Grüßet, Brüder und Schwestern, die Erben des Großen Karl, der im Namen Jesu Christi das Gold Europas läuterte. Verneigt euch vor denen, die fühlend leben. Bekennt euch mit ihnen zum Vogelflug.“ Als Erlings Stab zum dritten Mal die Erde traf, löste eine Elster sich aus seinem Holz und schwang sich im schwarzweißen Glanz ihres Gefieders empor in die Nacht.

Das Ufer säumten junge Weiden, zwischen denen flussaufwärts ein weißes Dampfschiff am Horizont erschien, auf dem ein Chor von der Schlacht um Jericho sang. Das Gras war so dicht und so weich, dass die Gesellschaft es als Kissen nutzte, um auf den Augenblick zu warten, da es vorüberziehen würde. Die Menschen wiegten sich in der Musik und sahen im Spiegel des Flusses dem Spiel der Lichter zu, als sich aus einem der Wirbel ein glanzvoller Ritter erhob und auf einem schwarzen Rappen hinauf zum Ufer ritt. Kunstvoll drehte sich das Pferd in einer Pirouette, tief neigte sich der Reiter seitwärts zu einer Geste der Höflichkeit herab, während in glutroten Perlen noch das Wasser von der Rüstung tropfte.

„Oh“, raunten die Menschen einander bewundernd zu, „welch ein Geschick. Seht doch, er hat nur ein Bein. Es ist der Ritter Einbein.“

„Ich bringe euch gute Kunde“, sprach der Ritter, wandte das Pferd und rief an den Weiden, den rechten Arm zum Fluss gestreckt: „Begrüßet das Beste mit mir.“ Der Rappe scharrte dreimal mit dem Huf, der Wind blies in die Harnischfedern, als dem Wasser im fahlen Mondlicht ein Stier entstieg. Auf seinem triefenden Rücken saß ein zartes Wesen, dessen

Gesicht sieben Schleier verbargen. Der Ritter verbeugte sich und bat sie würdevoll: „Enthülle uns dein Antlitz doch."

„Oh", riefen die Menschen entzückt einander zu, als sie es tat, „welch ein Glück. Seht nur, es ist Thekla, des Herzogs vorzügliche Tochter. Sie ist das Beste."

Karl nahm ihr Anblick den Atem. Sein Ein und Alles saß auf des Stieres Nacken. Sie trug ein weißes Gewand aus einfachem Leinen, in dessen geklöppelten Spitzen sich wie Spinnfäden das Licht verfing. In ihren Sommersprossen spiegelten sich Sternenbilder.

„Cecilia", rief er stumm, „Cecilia!"

Als sie den Kopf in seine Richtung wandte, hüpfte sein Herz vor Freude, als sie ihm müde in die Augen sah, drohte es zu zerspringen.

„Wade in the water", sang der Chor, während das Schiff sich den Weiden näherte, „follow the Jordan River", als hinter ihnen der weiße Rumpf erschein. Lautlos liefen die Maschinen. Stumpf starrte durch die Luken die leere Dunkelheit. An Deck, dem Ufer abgewandt, stand der Knochenmann und trug in der Kiepe ein einzelnes Bein. Als Karl seinen Namen rief – „he, Kiepenkerl" – winkte er, ohne sich umzuwenden, winkte, als über dem Schornstein der Rauch zu einer Rabenschar zerstob und das Schiff in der nächsten Kehre des Flusses verschwand. Die Menschen aber, die zum Ufer hinuntergelaufen waren, um die Vorbeifahrt aus der Nähe zu verfolgen, drehten sich um, da nun der letzte Schein verschwunden war, und fassten sich an den Händen, wie auf der Bühne, als solle der Vorhang fallen. Sie waren alle da, Debbie und Brontsch, Johanna und Chuck, alle. In sternklarer Nacht verbeugten sie sich. Brobach strauchelte, um nicht nach vorn zu kippen, da er auch diesmal nicht anders konnte und aus der Rolle fallen musste. Sie lachten, als sie sahen, dass der Stier gelassen zu grasen begann.

Die Nebel waren verschwunden, als Karl am Morgen erwachte. Er lag in einem Zimmer im zweiten Stock der Villa und spürte den Verband an seiner rechten Schulter mehr als den dumpfen Schmerz darunter. Cecilia saß an seinem Bett.

„Wie geht es dir, Carlo?“ fragte sie.

„Gut“, murmelte er.

Auf dem Tisch standen frische Blumen.

„Es tut mir so leid“, sagte sie.

„Dafür kannst du nichts.“

Die Sätze, die sie miteinander wechselten, beschränkten sich auf diesen kargen Sinn. Mehr gab es nicht zu sagen. Ihre verweinten Augen schwollen im Lauf des Tages ab, die Blässe blieb. Er sah verloren auf den Park hinaus, die Pinien und Rhododenronbüsche, die Hunde, die rastlos umherliefen und sich hastig setzten, sobald lo Zoppo die Tür des Pförtnerhauses oder seine Frau das Küchenfenster öffnete und Suppendampf daraus entließ.

Es war nichts Ernstes, hatte der alte Arzt ihn beruhigt, als er die Wunde mit wenigen Stichen vernähte und drei oder vier Tage Ruhe verschrieb. Kein Knochen war getroffen, die Schulter nur angerissen, gewissermaßen, sagte er. „Glück gehabt“, sagte Karl und fügte aus der Erinnerung an die Abenteuer, die er als Fährtensucher lebend überstanden hatte, das Zauberwort „Streifschuss“ hinzu.

Nichts war passiert, stellte del Santo Liquido erleichtert fest und trank heimlich ein Glas Sherry darauf, als Karl in den Augen Cecilias die Bitte las, er möge den armen Pförtner, der von der Natur nicht verwöhnt worden war, mit den Carabinieri verschonen. Dieser selbst leistete im schwarzen Anzug Abbitte. Das habe er nicht gewollt, sagte er, den Hut vor dem Bett in den Händen drehend, und ließ seine Frau im Garten Blumen schneiden. Ein junges Dienstmädchen aus dem Dorf brachte sie auf das Zimmer, den gebohnerten Muff der Herrschaftshallen in den Kleidern.

Die Hunde hoben ihre Beine an Pinien und Rhododenronbüsche, als del Santo Liquido, den der Sherry beflügelt hatte, vor den Augen Karls Cecilias Hand ergriff. „Übrigens“, wandte er sich harmlos wie der Wolf an ihn, „wir haben das Aufgebot bestellt. Wir heiraten."

„Wann?"

„Am Tag des heiligen Ambrosius."

„Stimmt das?"

Cecilia nickte stumm. Es sollte der 7. Dezember sein, in St. Ambrogio, der Basilica des Heiligen.

Er verließ sie am Abend, ohne Abschied zu nehmen, stieg in den Alfa und machte sich auf den Weg nach Norden. Die Kühle der Nacht begünstigte die Fahrt. Er spürte, wie er unter dem Schmerz der Wunde selbst zu vernarben begann. Die Gedanken und Gefühle verkapselten sich und verknorpelten vor des Dichters stillem Triumph und dem Schweigen seiner Verlobten.

Im Morgengrauen erreichte er Mailand, war er spröde und hart wie ein weggeworfener Knochen. Am Nachmittag landete er in der Bar des Hauptbahnhofs, wo er Bier aus großen Gläsern trank. Auf dem Bahnsteig überfielen ihn Schwindel und Übelkeit, von denen er sich auf der Toilette des Zugs zu befreien versuchte. Da der Schaffner noch nicht gepfiffen hatte, war das verboten. Die Fahrt dann war endlos, das Ruckeln über den Schienennähten erschütterte ihn in Mark und Bein und führte zur Taubheit des Armes. Als er in Ludwigshafen ausstieg, fühlte er sich dem Tode näher als dem Leben und seinen Fragwürdigkeiten. Er rief ein Taxi, Hans Albers, wenn möglich, aber der war nicht da. Ein junger Türke mit Namen Achmed brachte ihn nach Hause.

Bevor er wieder zu fahren begann, setzte sich Karl gegenüber Sponagel drei oder vier Tage zur Ruhe und blickte zum Friedhof hinaus. Die Wochen, die folgten, verlotterten wie Straßenkinder in ihren Alltagskleidern, vernachlässigt, vergessen zwischen angebrochenen Konservendosen, missachtet unter halbleeren Flaschen, die dann und wann kippten. Er hatte Glück, nicht unter den Vagabunden zu enden. Bis er wieder zu sich fand, bereit, unter Brücken zu schlafen, wurde es Winter.

Es schneite, als Hans Albers Karl Krüger und seine Habseligkeiten zum Hof der Firma brachte. Er hatte Milchpulver für Neapel geladen und fuhr es wie ein Musterschüler. Am Abend des 6. Dezember war er pünktlich in Sesto San Giovanni und übernachtete bei Enzo im „Cosenza". Am Morgen stieg er in seinen LKW. „Krüger" schrieb er auf die Tachoscheibe, „Meucci" darüber für den zweiten Fahrer. Es war ein kalter Tag von seltener Klarheit.

Wie Nikolaus durch frischen Schnee glitt der LKW in die Stadt hinein, Viale Italia, Corso Buenos Aires, am Schloss vorbei, dem Nordbahnhof, Via Carducci schließlich, wo der Jahrmarkt im Namen des Heiligen seinen Anfang nahm. Die Polizisten fragten, aber wehrten sich kaum, als er auf den Frachtbrief wies, den sie nicht verstanden. „Bonbons." Unter Flüchen und Verwünschungen, zwischen Ständen und Buden hindurch, die im Aufbau waren, fand er eine Bushaltestelle, wo er den LKW parkte. Um das Kriegerdenkmal herum, wo ein ewiges Feuer brannte, am Brunnen vorbei, in dem das Wasser fror, kam er zu St. Ambrogio. Ein Alter saß am Eingang zum Hof auf einem Karton und wünschte ein frohes Weihnachtsfest. „Auguri", sagte er, „e buon natale."

Karl war früh dort. Der Sakristan war noch damit beschäftigt, das Kirchenschiff mit Blumen auszuschmücken. Ein roter Teppich bedeckte den Gang durch die Bänke vom Eingang bis zum Altar, über dem Christus dem Petrus zwei Schlüssel und dem Paulus ein Buch anvertraute. Karl schwindelte bei der Vorstellung, Cecilia dort schreiten und knien zu sehen. Scheinheilig fragte er den Sakristan nach dem Grund des Prunks. Die Kerzen richtend nannte dieser den Doktor und seine Braut ein schönes, ein gebildetes Paar. „St. Ambrogio würde sich freuen."

„Der Heilige?"

„Fragen Sie ihn."

Karl fragte ihn nicht, so dass ihn dessen Lächeln nicht erreichte. Während er aus der Kirche in die trockene

Morgenkälte trat, lag Ambrosius geschützt in seinem Kasten, die Hände in Handschuhen, die Füße in Pantoffeln versteckt, und lächelte seraphionisch über den wechselhaften Gang der Weltendinge. Ein junger Mann aus Trier, war er am 7. Dezember Bischof von Mailand geworden und eine Woche zuvor noch nicht einmal getauft gewesen, was Karl als Zeichen hätte deuten können. Dieser aber streifte durch die weihnachtlichen Straßen, mied die Bars, sammelte sich in der Vielfalt der Gesichter und sog im Park die Feuchtigkeit der Erde ein. Dann war es so weit.

Armando Massimo del Santo Liquido hatte sich nicht lumpen lassen, hatte Mailands hohe Kreise eingeladen, in denen er sich sonnen konnte. Dichter und Denker waren gekommen, Kritiker, die das bezeugten, Mäzene, die das bezahlten, Frauen mit mageren Pferdegesichtern. Heidnisches erfüllte das Gotteshaus, Gold, der Tanz um das Kalb. Der Weihrauch stieg an den Fratzen der Säulen empor.

Karl suchte Cecilia mit den Augen und fand in der ersten Reihe, unübersehbar in ihrer Art, Maria Pia Pupi. Ihr zur Linken saß Marsullo, der auf sie einsprach, zur Rechten del Santo Liquido, der in Andacht versunken schien. Sie hatte ihr Haar zu einer Art Turm aufgestockt und schwieg, als dächte sie an Dante. Am Altar vollzog der Priester seine Handlungen, mit denen er die Trauung vorbereiten musste. Von einem Podest aus, das hinter Lorbeerzweigen eingerichtet war, trug ein Orchester langsame Lieder vor.

Als sich die Tür zum Atrium öffnete, blieb Karl der Atem aus. Er hatte im Geist vieles durchgespielt, um auf alles vorbereitet zu sein, auf ihre Worte, Mienen, Gesten, und war nun, bevor das Geringste geschehen war, überwältigt von Cecilias Gegenwart. Ihre Schönheit, die Reinheit und Begehrlichkeit in sich vereinte, hätte nur von seiner Liebe übertroffen werden können. Del Santo Liquido daneben, der sie im kolonialen Air des Edelmanns erwartete, schien ihm lächerlich.

Von den Geschehnissen am Tor vor dem Altar behielt Karl nur wenige unwirkliche Ausschnitte in der Erinnerung, die sich wie Spiegelscherben nie wieder ganz zusammenfügen wollten. Obwohl er gemessenen Schrittes ging, war ihm, als ob er sich in großen Sprüngen auf eine Grube zubewegte. Als er neben ihr stand und sich „Cecilia“ sagen hörte, „Cecilia, komm, wir gehen“, verschlug es ihm selbst die Sprache.

„Carlo“, sagte sie, „was machst du hier?“

Als ob auch er nicht bei Sinnen wäre, wiederholte der Dichter die Frage. „Carlo“, sagte er, „was machst du hier?“

„Komm, Cecilia, wir gehen.“

Er sah das Zittern in ihrem blassen Gesicht, fürchtete, sie würde zu weinen beginnen, und strich ihr zärtlich über ihre Sommersprossen.

„Was zum Teufel ist hier los?“ fragte del Santo Liquido.

„Gehen wir“, sagte Karl und fand sich aus heiterer Höh einem Unbekannten gegenüber, der ein Buch in den Händen haltend an den Altar getreten war. Karl las die Namen Goethe und Tolstoi im Titel und merkte, dass er abzustürzen drohte, dass die Wirklichkeit aus den Fugen und sein Plan aus der Bahn geraten mussten.

„Trüberitzky“, sagte der Fremde, ein gedrungener Mann mit dichtem krausem Haar, dessen Augen unter dem Bluthochdruck, an dem er litt, fiebrig aus dem Kopf zu treten schienen.

„Professor Trüberitzky“, fügte er seinen Titel hinzu, „Germanist aus Bukarest. Kann ich Ihnen helfen?“

„Was zum Teufel ist hier los, Professore?“ fragte del Santo Liquido, begann dann aber, sich eines Besseren besinnend, Karl zu beschimpfen und sich dabei Wörtern zu bedienen, die eines Dichters nicht würdig und dennoch, bedingt durch die gute Akustik der Kirche, allen Anwesenden zugänglich waren.

„Armando!“ sagte Cecilia.

„Also?“ fragte Trüberitzky.

Man hörte die Pillendose schnipsen.

Durch die oberen Fenster fiel das Morgenlicht in das Kirchenschiff, durch das mittlere von ihnen in der Form eines Kreuzes. Jesus Christus übergab Petrus ein Buch und Paulus die Schlüssel, umschwebt von Erzengeln, die den Märtyrern himmlische Kronen versprachen. Karl Krüger erfasste Cecilia Meucci am Nacken und unter dem Becken, hob sie hoch und strebte mit ihr in den Armen, so wie man Bräute eben über Schwellen trägt, der Pforte zu. Sie wehrte sich vergeblich.

„Keine Sorge, meine Liebe", sagte del Santo Liquido und folgte ihnen hastig wie eine Heuschrecke, „ich rufe die 112", strauchelte aber und fiel, als er Hand an sie beide zu legen versuchte und Karl ihm ein Bein stellen musste, auf den Teppich zu Boden.

Während Professor Trüberitzky gelehrt mit dem Priester sprach und Dottoressa Pupi mit geschlossenen Augen den Inhalt ihres Munds bedachte, ließ Karl sich durch nichts und niemanden mehr beirren. Die Menschen auf ihren Bänken waren zu einer heidnisch schwelenden Menge verschmolzen, die es nur zu durchmessen galt. Er wusste, dass es mehr als fünfundfünfzig und weniger als sechzig Schritte vom Altar zum Eingang waren, und zählte sie nun noch einmal stumm und doch so laut, dass er nur sie noch hörte.

Die letzten Schritte erfüllten ihn mit ätherreinem Glück. Während del Santo Liquido ein Telefon verlangte, lag Cecilia in den Armen Karls und rührte sich nicht. Ihr Blick verlor sich in den Gewölben der Basilica. Als sie im Freien waren, schloss sie, da die Sonne blendete, die Augen. Erst am LKW setzte er sie ab. „Fahren wir, Cecilia", sagte er.

Sie stieg ein.

Der Platz vor der Kirche hatte sich weiter mit Händlern gefüllt, die an ihren Ständen bauten, die Radios spielten.

„Du bist mein Bestes", sagte er, als er anfuhr, „das ich gefunden habe. Du bist meine Europa, mein Ein und Alles. Ich liebe dich, Tesoro."

„Ich weiß“, sagte sie, „wohin geht es denn?“

„Nach Neapel.“

„Milchpulver?“

„Nein, Heilige. Kleine Ambrosiusse für ihre Krippen.“

„Wer war der blasse Herr“, fragte sie, „der am LKW stand und grinste?“

„Der mit der Motorradkappe?“

„Ja“, sagte sie. „Erzähl.“

Ende |

Wenn Ihnen der Roman von Ernst Kretschmer gefallen hat, dann können Sie auf der Homepage ***www.ernst.kretschmer.it*** mehr über ihn lesen. Oder aber die nachfolgenden Publikationen aus meinem Verlag könnten mit ihren ***Leserinteresse*** finden:

Ewart Reder hat 19 Erzählungen in ***„Ein und Aus"*** versammelt, darin er die Teenager-Jahre der heute 50-jährigen mit den Erlebnissen der aktuellen Teenager konfrontiert – und umgekehrt. Verstehen die sich? Und selbst da, wo sie sich Mühe geben um eine Vermittlung ihrer vergangenen, aber noch lebendigen und ihrer gegenwärtigen, aber noch kaum bewußten Jugend: Wo verlaufen die Gräben zwischen den Generationen, die doch scheinbar so nahe beieinander liegen wie keine zwei zuvor? – Ein schönes Buch in festem Einband und Fadenheftung, 176 Seiten mit Lesebändchen zu 19 Euro.

„Jetzt" heißt die Sammlung von 30 jungen Autoren, die 2010 am Wettbewerb „Antho-Logisch" teilnahmen und die interessantesten zeitgenössischen Erzählungen einreichten. ***Marco Frohberger*** hatte diesen Wettbewerb zum vierten Mal ausgeschrieben und das Buch mit den stärksten, eigensinnigsten Texten herausgegeben. Dabei ist ein Blick in die Erzählwelten der heute 20- bis 35-jährigen aufgegangen, die spannende Geschichten entdecken läßt. Man wird diese Stimmen sicher wieder und weiter zu hören bekommen! – Ebenfalls ein fest eingebundenes Buch, 160 Seiten zu 16 Euro.

Einer der die gedichthaft geballte Prosa beherrscht wie kaum einer, ist Olaf Velte: In seiner Erzählung „Neben mir einer, der sich Mörike nennt" läßt Velte (der schmale Bändchen unserer 16er Reihe auch über Christian Dietrich Grabbe und über Wilhelm Raabe geschrieben hat) den Leser mit dem Dichter Eduard Mörike über die Schwäbische Alb wandern, sich mit Schafhirten unterhalten und mit Dichtergenossen aus der Romantik wetteifern. – 66 Seiten in der von uns erfundenen „Schwäbischen Broschur", eine großartige Wanderung im 19. Jahrhundert zu schlanken 16 Euro.

Kurzprosa schafft auch ***Wolfgang Haak***, sein ***„Treibgut / Warmzeit"*** luzide Splitter aus der Weltsicht eines Zurückgezogenen versammelt: „Niemals sah ich die Finsternis. Dunkelheit, ja, aber immer war eine Nadelspitze Licht in den letzten Winkeln, ein Stern ..." – 170 Seiten Lust am Leben und seiner Beschreibung in Leinen, Lesebändchen, 20 Euro.

Ein Roman, der lange mißverstanden wurde als Kurzgeschichten-Sammlung und insofern in Deutschland nie vollständig vorlag: Der große Erzähler und Abenteurer ***Jack London*** reiht in seinem Buch ***„Die Zwangsjacke"*** 22 Geschichten aneinander, darin ein zum Tode Verurteilter im Jahre 1900 in wiedergängerischen Zeitreisen aus seiner Todeszelle sich wegträumt. Eine Entdeckung und 360 Seiten mit großer mysteriöser Literatur, übersetzt von Uschi Gnade, zu 20 Euro erhältlich.

Eine ganz andere Mysteriosität packt ***Iris Junker*** erzählerisch an: In dem Band ***„Das ist so"*** sind 12 kurze Erzählungen enthalten, die das Klaffen zwischen der Sehnsucht nach Nähe und Verständnis einerseits und den Distanziertheiten des Zwischenmenschlichen ausloten. Eine Kühle verbreitet sich um die Paare und Freundesbegegnungen dieses Erzählungen, die man so schnell nicht wieder aus dem Auge verliert, wenn man hernach im Kreis der eigenen Bekanntschaften unterwegs ist.

Einen Brückenschlag unternehmen die Bänder meiner Reihe ***„Die Wissenschafts-Romane"*** – eine Verbindung zwischen den einstweilen noch recht getrennten Welten der literarischen Buchkultur und der Wissenschaften. Darin ist unter anderem die Novelle ***„Nölting oder Die Erfindungsfolter"*** von ***Rolf Schönlaus*** erschienen, die in Robert Walser'scher

Tonlage die abstruse Geschichte eines Patentamtsbeamten zur Zeit von Herrn Benz' bahnbrechend-automobilisticher Erfindung erzählt. Der will eine generelle Theorie des Erfindens formulieren – und wird darüber ziemlich verrückt. – 80 Seiten mit Lesebändchen für 17 Euro.

In derselben Reihe ***„Die Wissenschafts-Romane"*** finden Sie einen Roman über das Eis und die Polkappen, ein Abenteuerroman und Expeditionstagebuch, eine Wissenschaftlerkarriere und die Geschichte einer verrückten Idee, der Kampf um wissenschaftliche Wahrheiten und die Beglückung des Festhaltens an der eigenen Sturheit: Alfred Wegener ist der deutsche Meteorologe und Geologe, der ab den 1910er Jahren die Idee faßte, es müßten die Kontinente der Erde über die erdgeschichtlichen Zeiten hinweg auf der Erdoberfläche gewandert sein – er entwickelte die Theorie der Wegenerschen Kontinentalplatten-Drift. Die walisisch-englische Geologin ***Clare Dudman*** hat einen den bewegenden Roman verfaßt über Wegeners Kampf für diese Theorie, deren Konzepte über viele Jahrzehnte hinweg abgelehnt, sogar verhöhnt wurden. Zu Lebzeiten wurde er anerkannt für seine drei deutschen Polar-Expeditionen, auf deren dritter er, gerade 50 Jahre alt geworden, dramatisch starb. The Guardian merkte zu dem Buch ***„Wegeners Laubsäge"*** an: „… eine vom Schnee durchzogene Erzählung, die Ihren Platz behauptet neben Jack London, Peter Hoeg und Andrea Barrett." – Weil mich das Buch so gepackt hatte, habe ich es selbst ins Deutsche übersetzt, es ist mit seinen 448 Seiten für 22 Euro im Handel oder bei uns erhältlich.

Noch nicht genug? Die Lyrik fehlt noch, die Essayistik? Dann orientieren Sie sich auf der Homepage meines Verlages über weiteren ***Lesestoff***, Sie werden ihn reichlich finden unter ***www.dielmann-verlag.de*** – oder schreiben Sie meinen Mitarbeitern und mir, was Sie als Leser interessiert, über Ihre Mail an neugier@dielmann-verlag.de freuen wir uns.

Bleiben Sie neugierig! Ihr Axel Dielmann